百衲本

北齊書

唐・李百藥撰

國家圖書館出版社

圖書在版編目（CIP）數據

百衲本北齊書 /（唐）李百藥撰．—北京：國家圖書館出版社，2014.9（2018. 5 重印）

（百衲本二十四史）

ISBN 978－7－5013－5405－4

Ⅰ.①百…　Ⅱ.①李…　Ⅲ.①中國歷史—北齊—紀傳體　Ⅳ.①K239.240.42

中國版本圖書館 CIP 數據核字（2014）第 148412 號

書　　名　百衲本北齊書
著　　者　[唐] 李百藥撰
叢 書 名　百衲本二十四史
責任編輯　陳　卓
重印編輯　張慧霞
封面設計　邢　毅

出　　版　國家圖書館出版社（100034 北京市西城區文津街 7 號）
（原書目文獻出版社　北京圖書館出版社）
發　　行　010—66114536　66126153　66151313　66175620
66121706（傳真）　66126156（門市部）
E—mail　nlcpress. com（郵購）
Website　www. nlcpress. com→投稿中心
經　　銷　新華書店
印　　裝　北京華藝齋古籍印務有限公司
版　　次　2014 年 9 月第 1 版　2018 年 5 月第 2 次印刷

開　　本　710×1000 毫米　1/16
印　　張　23. 25
字　　數　220 千字

書　　號　ISBN 978－7－5013－5405－4
定　　價　80. 00 圓

百衲本二十四史影印出版説明

『二十四史』是中國古代各朝被政府納爲正統的二十四部史書的總稱，其上起《史記》，下迄《明史》，記載了從傳説中的五帝時代到清朝初年約四千餘年中政治、經濟、文化等諸多方面的歷史，是我國古代最權威、最詳細的史學著作。

清代最通行的『二十四史』，是乾隆年間刊行的『欽定武英殿本二十四史』，即『殿本』。殿本版式疏朗，刻印精良，但是校勘不夠審慎，存在誤字、衍字、缺字甚至整段文字脱失的情況。而且，由於殿本的編纂官皆屬御用史官，不得不爲帝王所左右，史實記録上存在竄改等原因造成的缺憾。晚清時，又出現了由各省官書局刊刻的局本，廣爲流傳，但仍以殿本爲依據，存在不少問題。

二十世紀二十年代起，張元濟先生耗費巨資搜訪宋元善本，通過採用當時最先進的攝影製版技術，歷經多年努力，至一九三六年，終於出齊了整套影印版的『二十四史』。因各書底本多殘缺不全，不得不通過許多版本相互參校、補綴而成，猶如僧侣之『百衲衣』，故名之曰『百衲本二十四史』。其中除《舊五代史》《元史》《明史》以明清時的版本作爲底本外，均以宋元版爲主要底本。百衲本對殿本、局本中的謬誤多有匡正，其對歷史研究的功績有目共睹，影響深巨，被史學界一致公認爲『中國最佳全本正史』，是中國史學史上的一座豐碑，具有極高的版本價值、研究價值和收藏價值。百衲本二十四史自問世以來，曾數次被影印出版，其中的宣紙綫裝本，因價格不菲，不便學者購藏利用。而縮印本則多存在質量問題，其中質量較好的，當數二十世紀五十年代北京商務印書館的精裝二十四冊本。但年代既久，流傳亦少，已屬罕見。爲滿足文史工作者的研究需求，也讓更多的文史愛好者接觸到百衲本二十四史，我社決定將之再度影印出版。

本次影印，將每部正史單獨製作，採取每頁分上下雙欄的形式印製，並爲每部正史編製了分卷目録。需要説明的是，此次我社在編製目録時，爲更好地反映百衲本原貌，充分體現其與殿本、局本等其他系統傳本的差異，原則上均依原書卷端著録，部分保留了原書中使用的簡體字、俗體字及異體字等。對原書中有目無傳或有傳無目等情況，不予變動，僅對極個別處出現的明顯衍、漏、誤字等情況進行了修改。不當之處，請讀者批評指正。

國家圖書館出版社

二〇一四年七月

百衲本北齊書目録

北齊書目錄

凡五十卷

本紀八卷

傳四十二卷

馮翊王潤　漢陽王洽

傳第三　北齊書十一

文襄六王

河南康舒王孝瑜

廣寧王孝珩

河間王孝琬　蘭陵武王孝瓘

安德王延宗　漁陽王紹信

傳第四　北齊書十二

文宣四王

太原王紹德　范陽王紹義

西河王紹仁　隴西王紹廉

孝昭六王

樂陵王百年　始平王彥德

城陽王彥基　定陽王彥康

汝南王彥忠　汝南王彥理

武城十二王

南陽王綽　琅邪王儼

齊安王廓　北平王貞

高平王仁英　淮南王仁光

西河王仁幾　樂平王仁邕

潁川王仁儉　安陽王仁雅

丹陽王仁直　東海王仁謙

傳第五　北齊書十三

趙郡王琛子叡　清河王岳子勱

傳第六　北齊書十四

廣平公盛　陽州公永樂弟長弼

襄樂王顯國　上樂王思宗子元海

平秦王歸彥　武興王普

長樂太守靈山從兄伏護

傳第七　北齊書十五

竇泰　尉景

婁昭子叡　厙狄干子士文

韓軌　潘樂

傳第八　北齊書十六

段榮子韶

傳第九　北齊書十七

北齊書目録

帝紀第一　　北齊書一

隋太子通事舍人李　百藥　撰

神武上

齊高祖神武皇帝姓高名歡字賀六渾渤海蓨人也六世祖隱晉玄菟太守隱生慶慶生泰泰生湖三世仕慕容氏及慕容寶敗國亂湖率衆歸魏爲右將軍湖生四子第三子謐仕魏位至侍御史坐法徙居懷朔鎮謐生皇考樹性通率不事家業住居白道南數有赤光紫氣之異隣人

以爲怪勸徙居以避之皇考曰安知非吉居之自若及神武生而皇妣韓氏殂養於同產姊壻鎮獄隊尉景家神武既累世北邊故習其俗遂同鮮卑長而深沉有大度輕財重士爲豪俠所宗目有精光長頭高顴齒白如玉少有人傑表家貧及聘武明皇后始有馬得給鎮爲隊主鎮將遼西段長常奇神武貌謂曰君有康濟才終不徒然便以子孫爲託及貴追贈段長司空擢其子寧用之神武自隊主轉爲函使嘗乘驛過建

興雲霧晝晦雷聲隨之半日乃絶若有神應者每行道路往來無風塵之色又嘗夢履衆星而行覺而内喜爲函使六年每至洛陽給令史麻祥使祥嘗以肉啗神武神武性不立食坐而進之祥以爲慢已笞神武四十及自洛陽還傾產以結客親故怪問之荅曰吾至洛陽宿衛羽林相率焚領軍張彝宅朝廷懼其亂而不問爲政若此事可知也財物豈可常守邪自是乃有澄清天下之志與懷朔省事雲中司馬子如及秀

容人劉貴中山人賈顯智爲奔走之友懷朔戶曹史孫騰外兵史侯景亦相友結劉貴嘗得一白鷹與神武及尉景蔡儁子如賈顯智等獵於沃野見一赤兔每摶輒逸遂至迴澤澤中有茅屋將奔入有狗自屋中出噬之鷹兔俱死神武怒以鳴鏑射之狗斃屋中有二人出持神武襟甚急其母兩目盲曳杖呵其二子曰何故觸大家出甕中酒烹羊以飯客因自言善暗相遍捫諸人皆貴而指麾俱由神武又曰子如歷位顯

智不善終飯竟出行數里還更訪之則本無人居乃向非人也由是諸人益加敬異孝昌元年柔玄鎮人杜洛周反於上谷神武乃與同志從之醜其行事私與尉景段榮蔡儁圖之不果而逃爲其騎所追文襄及魏永熙后皆幼武明后於牛上抱負之文襄屢落牛神武彎弓將射之以决去后呼榮求救賴榮遽下取之以免遂奔葛榮又亡歸尒朱榮於秀容先是劉貴事榮盛言神武美至是始得見以憔悴故未之奇也貴乃爲神

武更衣復求見焉因隨榮之廄廄有惡馬榮命翦之神武乃不加羈絆而翦竟不蹄齧巳而起曰御惡人亦如此馬矣榮遂坐神武於牀下屛左右而訪時事神武曰聞公有馬十二各色別爲羣將此竟何用也榮曰但言爾意神武曰方今天子愚弱太后淫亂孽寵擅命朝政不行以明公雄武乘時奮發討鄭儼徐紇而清帝側覇業可舉鞭而成此賀六渾之意也榮大悦語自日中至夜半乃出自是每叅軍謀後從榮徙據并州

抵揚州邑人龐蒼鷹止團焦中每從外歸主人遥聞行響動地蒼鷹母數見團焦赤氣赫然屬天又蒼鷹嘗夜欲入有青衣人拔刀叱曰何故觸王言訖不見始以爲異密覘之唯見赤蛇蟠牀上乃益驚異因殺牛分肉厚以相奉蒼鷹母求以神武爲義子及得志以其宅爲第號爲南宅雖門巷開廣堂宇崇麗其本所住團焦以石堊塗之留而不毁至文宣時遂爲宫旣而榮以神武爲信都都督于時魏明帝銜鄭儼徐紇逼

靈太后未敢制私使榮舉兵内向榮以神武爲前鋒至上黨明帝又私詔停之及帝暴崩榮遂入洛因將篡位神武諫恐不聽請鑄像卜之鑄不成乃止孝莊帝立以定策勳封銅鞮伯及尒朱榮擊葛榮令神武喻下賊別稱王者七人後與行臺于暉破羊侃于泰山與元天穆破邢杲于濟南累遷第三鎮人酋長常在榮帳内榮嘗問左右曰一日無我誰可主軍皆稱尒朱兆榮曰此正可統三千騎以還堪代我主衆者唯賀六渾

耳因誡兆曰爾非其匹終當爲其穿鼻乃
以神武爲晉州刺史於是大聚斂因劉貴貨榮
下要人盡得其意時州庫角無故自鳴神武
異之無幾而孝莊誅榮及尒朱兆自晉陽將舉
兵赴洛召神武神武使長史孫騰辭以絳蜀汾胡
欲反不可委去兆恨焉騰復命神武曰兆舉兵
犯上此大賊也吾不能久事之自是始有圖
兆計及兆入洛執莊帝以北神武聞之大驚
又使孫騰僞賀兆因密覘孝莊所在將刼

以舉義不果乃以書喻之言不宜執天子以
受惡名於海内兆不納殺帝而與尒朱世隆等
立長廣王曄改元建明封神武爲平陽郡公及
費也頭紇豆陵步藩入秀容逼晉陽兆徵神武
神武將往賀拔焉過兒請緩行以獘之神武乃
往逗遛辭以河無橋不得渡步藩軍盛兆敗走
初孝莊之誅尒朱榮知其黨必有逆謀乃密敕
步藩令襲其後步藩既敗兆等以兵勢日
盛兆又請救於神武神武内圖兆復慮步藩

後之難除乃與兆悉力破之藩死深德神武誓
爲兄弟時世隆度律彦伯共執朝政天光據關
右兆據并州仲遠據東郡各擁兵爲暴天下苦
之葛榮衆流入并肆者二十餘萬爲契胡陵暴
皆不聊生大小二十六反誅夷者半猶草竊不
止兆患之問計於神武神武曰六鎮反殘不可
盡殺宜選王素腹心者私使統焉若有犯者直
罪其帥則所罪者寡兆曰善誰可行也賀拔允
時在坐請神武神武拳毆之折其一齒曰生平天柱

時奴輩伏處分如鷹犬今日天下安置在王而阿
鞠泥敢誣下罔上請殺之兆以神武爲誠遂以
委焉神武以兆醉恐醒後或致疑貳遂出宣言
受委統州鎮兵可集汾東受令乃建牙陽曲川
陳部分有款軍門者絳巾袍自稱梗楊驛子願
厠左右訪之則以力聞常於并州市搚殺人者
乃署爲親信兵士素惡兆而樂神武於是莫不
皆至居無何又使劉貴請兆以并肆頻歲霜
旱降戶掘黃鼠而食之皆面無穀色徒汚人國

土請令就食山東待温飽而處分之兆從其議其長史慕容紹宗諫曰不可今四方擾擾人懷異望況高公雄略又握大兵將不可爲兆曰香火重誓何所慮也紹宗曰親兄弟尚可難信論香火時兆左右已受神武金因譖紹宗與神武舊有隙兆乃禁紹宗而催神武發神武乃自晉陽出滏口路逢尒朱榮妻鄉郡長公主自洛陽來馬三百匹盡奪易之兆聞乃釋紹宗而問焉紹宗曰猶掌握中物也於是自追神武至襄

垣會漳水暴長橋壞神武隔水拜曰所以借公主馬非有他故備山東盜耳王受公主言自來賜追今渡河而死不辭此衆便叛兆自陳無此意因輕馬渡與神武坐幕下陳謝遂授刀引頭使神武斫已神武大哭曰自天柱薨背賀六渾更何所仰願大家千萬歲以申力用今旁人搆閒至此大家何忍復出此言兆投刀於地遂刑白馬而盟誓爲兄弟留宿夜飲尉景伏壯士欲執兆神武齧臂止之曰今殺之其黨必奔歸聚

結兵饑馬瘦不可相支若英雄崛起則爲害滋甚不如且置之兆雖勁捷而凶狡無謀不足圖也旦日兆歸營又召神武神武將上馬詣之孫騰牽衣乃止隔水肆罵馳還晉陽兆心腹念賢領降戶家累別爲營神武僞與之善觀其佩刀因取之以殺其從者從者盡散於是士衆咸悦倍願附從初魏真君 內學者奏言上黨有天子氣云在壺關大王山武帝於是南巡以厭當之累石爲三封斬其北鳳

皇山以毀 兵形後上黨人居晉陽者號上黨坊神武實居之及是行舍大王山六旬而進將出滏口倍加約束纖毫之物不聽侵犯將過麥地神武輒步牽馬遠近聞之皆稱高儀同將兵整肅益歸心焉遂前行屯鄴求糧相州刺史劉誕誕不供有車營租米神武自取之魏普泰元年二月神武自軍次信都高乾封隆之開門以待遂據冀州是月尒朱度律廢元曄而立節閔帝欲羈縻神武三月乃白節

閔帝封神武爲渤海王徵使入覲神武辭四月癸巳又加授東道大行臺第一鎮人酋長龐蒼鷹自太原來奔神武以爲行臺郎尋以爲安州刺史神武自向山東養士繕甲禁侵掠百姓歸心乃詐爲書言尒朱兆將以六鎮人配契胡爲部曲衆皆愁怨又爲并州符徵兵討步落稽發萬人將遣之孫騰尉景爲請留五日如此者再神武親送之郊雪涕執別人皆號慟哭聲動地神武乃喻之曰與爾俱失鄉

客義同一家不意在上乃爾徵召直向西已當死後軍期又當死配國人又當死柰何衆曰唯有反耳神武曰反是急計須推一人爲主衆願奉神武神武曰爾鄉里難制不見葛榮乎雖百萬衆無刑法終自灰滅今以吾爲主當與前異不得欺漢兒不得犯軍令生死任吾則可不爾不能爲取笑天下衆皆頓顙死生唯命神武曰若不得已明日椎牛饗士喻以討尒朱之意封隆之進曰千載一時普天幸甚

神武曰討賊大順也拯時大業也吾雖不武以死繼之何敢讓焉六月庚子建義於信都尚未顯背尒朱氏及李元忠與高乾平殷州斬尒朱羽生首來謁神武撫膺曰今日反決矣乃以元忠爲殷州刺史是時兵威旣振乃抗表罪狀尒朱氏世隆等祕表不通八月尒朱兆攻陷殷州李元忠來奔孫騰以爲朝廷隔絕不權立天子則衆望無所係十月壬寅奉章武王融子渤海太守朗爲皇帝年號中興是爲廢帝時度律

仲遠軍次洛陽尒朱兆會之神武用竇泰策縱反間度律仲遠不戰而還神武乃敗兆於廣阿十一月攻鄴相州刺史劉誕嬰城固守神武起土山爲地道往往建大柱一時焚之城陷入地麻祥時爲湯陰令神武呼之曰麻都祥慙而逃永熙元年正月壬午拔鄴城據之廢帝進神武大丞相柱國大將軍太師是時青州建義大都督崔靈珍大都督耿翔皆遣使歸附行汾州軍事劉貴棄城來降閏三月尒朱天光自長安

兆自幷州度律自洛陽仲遠自東郡同會鄴衆
號二十萬挾洹水而軍節閔以長孫承業爲大
行臺摠督焉神武令封隆之守鄴自出頓紫陌
時馬不滿二千步兵不至三萬衆寡不敵乃於
韓陵爲圓陣連牛驢以塞歸道於是將士皆有
死志四面赴擊之尒朱兆責神武以背己神武
曰本戮力者共輔王室今帝何在兆曰永安枉
害天柱我報讎耳神武曰我昔日親聞天柱計
汝在戶前立豈得言不反邪且以君殺臣何報

之有今日義絕矣乃合戰大敗之尒朱兆對慕
容紹宗叩心曰不用公言以至於此將輕走紹宗
反旗鳴角收聚散卒成軍容而西上高季式以
七騎追奔度野馬崗與兆遇高昂望之不見哭
曰喪吾弟矣夜久季式還血滿袖斛斯椿倍道
先據河橋初普泰元年十月歲星熒惑鎮星太
白聚於觜參色甚明太史占云當有王者興是
時神武起於信都至是而破兆等四月斛斯椿
執天光度律送洛陽長孫承業遣都督賈顯

智張歡入洛陽執世隆彥伯斬之兆奔幷州仲
遠奔梁州遂死焉時凶蠹既除朝廷慶悅初未
戰之前月章武人張紹夜中忽被數騎將踰城
至一大將軍前敕紹爲軍導向鄴云佐受命者
除殘賊紹迴視之兵不測整疾無聲將至鄴乃
放焉及戰之日尒朱氏軍人見陣外士馬四合蓋
神助也既而神武至洛陽廢節閔及中興主而
立孝武孝武既即位授神武大丞相天柱大將
軍太師世襲定州刺史增封幷前十五萬戶神

武辭天柱減戶五萬壬辰還鄴魏帝餞於乾脯
山執手而別七月壬寅神武帥師北伐尒朱兆
封隆之言侍中斛斯椿賀拔勝賈顯智等往事
尒朱普皆反噬今在京師寵任必搆禍隙神武
深以爲然乃歸天光度律於京師斬之遂自滏
口入尒朱兆大掠晉陽北保秀容幷州平神武
以晉陽四塞乃建大丞相府而定居焉尒朱兆
既至秀容分兵守險出入寇抄神武揚聲討之
師出止者數四兆意怠神武揣其歲首當宴

會遣竇泰以精騎馳之一日一夜行三百里神武以大軍繼之二年正月竇泰奄至尒朱兆庭軍人因宴休墮忽見泰軍驚走追破之於赤洪嶺兆自縊神武親臨厚葬之慕容紹宗以尒朱榮妻子及餘衆自保烏突城降神武以義故待之甚厚神武之入洛也尒朱仲遠部下都督橋寧張子期自滑臺歸命神武以其助亂且數反覆皆斬之斛斯椿由是內不自安乃與南陵王寶炬及武衛將軍元毗魏光王思政搆神武於

魏帝舍人元士弼又奏神武受敕大不敬故魏帝心貳於賀拔岳初孝明之時洛下以兩拔相擊謠言曰銅拔打鐵拔元家世將末好事者以二拔謂拓拔賀拔言俱將衰敗之兆時司空高乾密啓神武言魏帝之貳神武封呈魏帝殺之又遣東徐州刺史潘紹業密敕長樂太守龐蒼鷹令殺其弟昂昂先聞其兄死以稍刺柱伏壯士執紹業於路得敕書於袍領來奔神武抱其首哭曰天子枉害司空遽使以白武幡勞其家屬

時乾次弟慎在光州爲政嚴猛又縱部下取納魏帝使代之慎聞難將奔梁其屬曰公家勳重必不兄弟相及乃獘衣推鹿車歸渤海逢使者亦來奔於是魏帝與神武隙矣阿至羅慮正光以前常稱藩自魏朝多事皆叛神武遣使招納便附款先是詔以寇賊平罷行臺至是以殊俗歸降復授神武大行臺隨機處分神武常賚其粟帛議者以爲徒費無益神武不從撫慰如初其酋帥吐陳等感恩皆從指麾救曹泥取万俟

受洛干大收其用河西費也頭虜紇豆陵伊利居河池恃險擁衆神武遣長史侯景屢招不從

帝紀第一　北齊書一

隋太子通事舍人李　百藥　撰

神武下

天平元年正月壬辰神武西伐費也頭虜紇豆陵伊利於河西滅之遷其部於河東二月永寧寺九層浮圖災既而人有從東萊至云及海上人咸見之於海中俄而霧起乃滅說者以為天意若曰永寧見災魏不寧矣飛入東海渤海應矣魏帝既有異圖時侍中封隆之與孫騰私言隆

之喪妻魏帝欲妻以妹騰亦未之信心害隆之泄其言於斛斯椿椿以白魏帝又孫騰帶仗入省擅殺御史垂亡來奔稱魏帝撾舍人梁續於前光祿少卿元子幹攘臂擊之謂騰曰語爾高王元家兒拳正如此領軍婁昭辭疾歸晉陽魏帝於是以斛斯椿兼領軍分置督將及河南關西諸刺史華山王鷙在徐州神武使邸珍奪其管籥建州刺史韓賢濟州刺史蔡儁皆神武同義魏帝忌之故省建州以去賢使御史中尉綦儁察儁罪

以開府賈顯智為濟州儁拒之魏帝逾怒五月下詔云將征句吳發河南諸州兵增宿衛守河橋六月丁巳高祖密詔神武曰宇文黑獺自平破秦隴多求非分脫有變詐事資經略但表啓未全背戾進討事涉忿忿遂召群臣議其可否僉言假稱南伐內外戒嚴一則防黑獺不虞二則可威吳楚時魏帝將伐神武神武部署將帥慮疑故有此詔神武乃表曰荊州綰接蠻左密邇畿服關隴恃遠將有逆圖臣今潛勒兵馬三萬擬從

河東而渡又遣恒州刺史厙狄干瀛州刺史郭瓊汾州刺史斛律金前武衛將軍彭樂擬兵四萬從其來違津渡遣領軍將軍婁昭相州刺史竇泰前瀛州刺史堯雄并州刺史高隆之擬兵五萬以討荊州遣冀州刺史尉景前冀州刺史高敖曹濟州刺史蔡儁前侍中封隆之擬山東兵七萬突騎五萬以征江左皆約所部伏聽處分魏帝知覺其變乃出神武表命群官議之欲止神武諸軍神武乃集在州僚佐令其博議還以表聞

仍以信誓自明忠欵曰臣爲嬖佞所間陛下一
旦賜疑今猖狂之罪尒朱時討臣若不盡誠竭
節敢負陛下則使身受天殃子孫殄絶陛下若
垂信赤心使干戈不動佞臣一二人願斟量廢
出辛未帝復録在京文武議意以答神武使舍
人溫子昇草勑子昇逡巡未敢作帝據胡牀拔
劒作色子昇乃爲勑曰前持心血遠以示王深
冀彼此共相體悉而不良之徒坐生間貳近孫
騰倉卒向彼致使聞者疑有異謀故遣御史中

尉綦儁具申朕懷今得王啓言誓懇惻反覆思
之猶所未解以朕眇身遇王武略不勞尺刃坐
爲天子所謂生我者父母貴我者高王今若無
事背王規相攻討則使身及子孫還如王誓皇
天后土實聞此言近慮宇文爲亂賀拔勝應之
故纂嚴欲與王俱爲聲援宇文今日使者相望
觀其所爲更無異迹賀拔在南開拓邊境爲國
立功念無可責君若欲分謗何以爲辭東南不
賓爲日已久先朝已來置之度外今天下戶口

減半未宜窮兵極武朕既闇昧不知佞人是誰
可列其姓名令朕知也如聞庫狄干語王云本
欲取懦弱者爲主王無事立此長君使其不可駕
御今但作十五日行自可廢之更立餘者如此
議論自是王間勳人豈出佞臣之口去歲封隆
之背叛今年孫騰逃走不罪不送誰不怪王騰
既爲禍始曾無愧懼王若事君盡誠何不斬送
二首王雖啓圖西去而四道俱進或欲南度洛
陽或欲東臨江左言之者猶應自怪聞之者寧

能不疑王若守誠不貳晏然居北在此雖有百
萬之衆終無圖彼之心王脫信邪棄義舉旗南
指縱無匹馬隻輪猶欲奮空拳而爭死朕本寡
德王已立之百姓無知或謂實可若爲他所圖
則彰朕之惡假令還爲王殺幽辱虀粉了無遺
恨何者王既以德見推以義見舉一朝背德舍
義便是過有所歸本望君臣一體若合符契不
圖今日分疎到此古語云越人射我笑而道之
吾兄射我泣而道之朕既親王情如兄弟所以

投筆拊膺不覺歔欷初神武自京師將北以爲洛陽久經喪亂王氣衰盡雖有山河之固土地褊狹不如鄴請遷都魏帝曰高祖定鼎河洛爲永永之基經營制度至世宗乃畢王既功在社稷宜遵太和舊事神武奉詔至是復謀焉遣三千騎鎮建興益河東及濟州兵於白溝虜船不聽向洛諸州和糴粟運入鄴城魏帝又勑神武曰王若厭伏人情杜絕物議唯有歸河東之兵罷建興之戍送相州之粟追濟州之軍令蔡儁

受代使邸珍出徐止戈散馬各事家業脫須糧廩別遣轉輸則讒人結舌疑悔不生王高枕太原朕垂拱京洛終不舉足渡河以干戈相指王若馬首南向問鼎輕重朕雖無武欲止不能必爲社稷宗廟出萬死之策决在於王非朕能定爲山止簣相爲惜之魏帝時以任祥爲兼尚書左僕射加開府祥棄官走至河北據郡待神武魏帝乃勑文武官北來者任去留下詔罪狀神武爲北伐經營神武亦勒馬宣告曰孤遇尒朱

把權舉大義於四海奉戴主上義貫幽明橫爲斛斯椿讒構以誠節爲逆首昔趙鞅興晉陽之甲誅君側惡人今者南邁誅椿而已高昂爲前鋒曰若用司空言豈有今日之舉司馬子如荅神武曰本欲立小者正爲此耳魏帝徵兵關右召賀拔勝赴行在所遣大行臺長孫承業大都督潁川王斌之斛斯椿共鎮武牢汝陽王暹鎮石濟行臺長孫子彥帥前恒農太守元洪略鎮陝賈顯智率豫州刺史斛斯元壽伐蔡儁神武

使竇泰與左廂大都督莫多婁貸文逆顯智韓賢逆暹元壽軍降泰貸文與顯智遇於長壽津顯智陰約降引軍司元玄覺之馳還請益師魏帝遣大都督侯幾紹赴之戰於滑臺東顯智於軍降紹死之七月魏帝躬率大衆屯河橋神武至河北十餘里再遣口申誠款魏帝不報神武乃引軍渡河魏帝問計於羣臣或云南依賀拔勝或云西就關中或云守洛口死戰未決而元斌之與斛斯椿爭權不睦斌之棄椿徑還紿帝

云神武兵至即日魏帝遜於長安己酉神武入洛陽停於永寧寺八月甲寅召集百官謂曰為臣奉主匡救危亂若處不諫爭出不陪隨緩則耽寵爭榮急便逃竄臣節安在遂收開府儀同三司叱列延慶兼尚書左僕射辛雄兼吏部尚書崔孝芬都官尚書劉廞兼度支尚書楊機散騎常侍元士弼並殺之誅其貳也士弼籍沒家口神武以萬機不可曠廢乃與百僚議以清河王亶為大司馬居尚書下舍而承制決事焉王

稱警蹕神武醜之神武尋至恒農遂西剋潼關執毛洪賓進軍長城龍門都督薛崇禮降神武退舍河東命行臺尚書長史薛瑜守潼關大都督庫狄溫守封陵於蒲津西岸築城守華州以薛紹宗為刺史高昂行豫州事神武自發晉陽至此凡四十啓魏帝皆不荅九月庚寅神武還於洛陽乃遣僧道榮奉表關中又不荅乃集百僚四門耆老議所推立以為自孝昌喪亂國統中絕神主靡依昭穆失序永安以孝文為伯考

永熙遷孝明於夾室業喪祚短職此之由遂議立清河王世子善見議定白清河王王曰天子無父苟使兒立不惜餘生乃立之是為孝靜帝魏於是始分為二神武以孝武既西恐逼崤陝洛陽復在河外接近梁境如向晉陽形勢不能相接乃議遷鄴護軍祖瑩贊焉詔下三日車駕便發戶四十萬狼狽就道神武留洛陽部分事畢還晉陽自是軍國政務皆歸相府先是童謠曰可憐青雀子飛來鄴城裏羽翮垂欲成化作

鸚鵡子好事者竊言雀子謂魏帝清河王子鸚鵡謂神武也初孝昌中山胡劉蠡升自稱天子年號神嘉居雲陽谷西土歲被其寇謂之胡荒二年正月西魏渭州刺史可朱渾道元擁衆內屬神武迎納之壬戌神武襲擊劉蠡升大破之己巳魏帝褒詔以神武為相國假黃鉞劍履上殿入朝不趨神武固辭三月神武欲以女妻蠡升太子候其不設備辛酉潛師襲之其北部王斬蠡升首以送其衆復立其子南海王神武進

擊之又獲南海王及其弟西海王北海王皇后
公卿已下四百餘人胡魏五萬戶壬申神武朝
于鄴四月神武請給遷人廩各有差九月甲寅
神武以州郡縣官多乖法請出使問人疾苦三
年正月甲子神武帥厙狄干等萬騎襲西魏夏
州身不火食四日而至縛矟為梯夜入其城禽
其刺史費也頭斛拔俄彌突因而用之留都督
張瓊以鎮守遷其部落五千戶以歸西魏靈州
刺史曹泥與其壻涼州刺史劉豐遣使請內屬

周文圍泥水灌其城不沒者四尺神武命阿至
羅發騎三萬徑度靈州繞出西軍後獲馬五十
匹西師乃退神武率騎迎泥豐生拔其遺戶五
千以歸復泥官爵魏帝詔加神武九錫固讓乃
止二月神武令阿至羅逼西魏秦州刺史建忠
王萬俟普撥神武以衆應之三月甲午普撥與
其子太宰受洛干豳州刺史叱干寶樂右衛將
軍破六韓常及督將三百餘人擁部來降八月
丁亥神武請均斗尺班於天下九月辛亥汾州

胡王迢觸曹貳龍聚衆反署立百官年號平都
神武討平之十二月丁丑神武自晉陽西討遣
兼僕射行臺汝陽王暹司徒高昂等趣上洛
大都督竇泰入自潼關
四年正月癸丑竇泰軍敗自殺神武次蒲津以
冰薄不得赴救乃班師高昂攻剋上洛四月乙
酉神武以并肆汾建晉東雍南汾秦陝九州霜
旱人饑流散請所在開倉賑給六月壬申神武
如天池獲瑞石隱起成文曰六王三川十一月

壬辰神武西討自蒲津濟衆二十萬周文軍於
沙苑神武以地阨少却西人鼓譟而進軍大亂
棄器甲十有八萬神武跨槖駝候舡以歸元
象元年三月辛酉神武固請解丞相魏帝許之
四月庚寅神武朝于鄴壬辰還晉陽請開酒禁
并賑恤宿衛武官七月壬午行臺侯景司徒高
昂圍西魏將獨孤信於金墉西魏帝及周文並
來赴救大都督厙狄干帥諸將前驅神武揔衆
繼進八月辛卯戰於河陰大破西魏軍俘獲數

萬司徒高昂大都督李猛宗顯死之西師之敗獨孤信先入關周文留其都督長孫子彥守金墉遂燒營以遁神武遣兵追奔至崤不及而還初神武知西師來侵自晉陽帥衆馳赴至孟津未濟而軍有勝負既而神武渡河子彥亦棄城走神武遂毀金墉而還十一月庚午神武朝於京師十二月壬辰還晉陽興和元年七月丁丑魏帝進神武爲相國録尚書事固讓乃止十一月乙丑神武以新宮成朝於鄴魏帝與神武讌

射神武降階稱賀又辭渤海王及都督中外諸軍事詔不許十二月戊戌神武還晉陽

二年十二月阿至羅別部遣使請降神武帥衆迎之出武州塞不見大獵而還三年五月神武巡北境使使與蠕蠕通和

四年五月辛巳神武朝鄴請令百官每月面敷政事明揚側陋納諫屏邪親理獄訟褒黜勤怠牧守有愆節級相坐椒掖之內進御以序後園鷹犬悉皆棄之六月甲辰神武還晉陽九月神

武西征十月己亥圍西魏儀同三司王思政於玉壁城欲以致敵西師不敢出十二月癸未神武以大雪士卒多死乃班師武定元年二月壬申北豫州刺史高慎據武牢西叛三月壬辰周文率衆援高慎圍河橋南城戊申神武大敗之於芒山擒西魏督將已下四百餘人俘斬六萬計是時軍士有盜殺驢者軍令應死神武弗殺將至并州決之明日復戰奔西軍告神武所在西師盡銳來攻衆潰神武失馬赫連陽順下馬

以授神武與蒼頭馮文洛扶上俱走從者步騎六七人追騎至親信都督尉興慶曰王去矣興慶腰邊百箭足殺百人神武勉之曰事濟以爾爲懷州若死則用爾子興慶曰兒小願用兄許之興慶鬬矢盡而死西魏太師賀拔勝以十三騎逐神武河州刺史劉洪徽射中其二勝稍將中神武段孝先橫射勝馬殪遂免豫洛二州平神武使劉豐追奔拓地至弘農而還七月神武貽周文書責以殺孝武之罪八月辛未魏帝詔

神武爲相國錄尚書事大行臺餘如故固辭乃止是月神武命於肆州北山築城西自馬陵戍東至土隥四十日罷十二月己卯神武朝京師庚辰還晉陽二年三月癸巳神武巡行冀定二州因朝京師以冬春亢旱請蠲懸責賑窮乏宥死罪以下又請授老人板職各有差四月景辰神武還晉陽十一月神武討山胡破平之俘獲一萬餘戶口分配諸州三年正月甲午開府儀同三司爾朱文暢開府司馬任胄都督鄭仲禮

中府主簿李世林前開府參軍房子遠等謀賊神武因十五日夜打簇懷刃而入其黨薛季孝以告並伏誅丁未神武請於并州置晉陽宮以處配口三月乙未神武朝鄴丙午還晉陽十月丁卯神武上言幽安定三州北接奚蠕蠕請於險要修立城戍以防之躬自臨履莫不嚴固乙未神武請釋芒山俘桎梏配以人間寡婦四年八月癸巳神武將西伐自鄴會兵於晉陽殿中將軍曹魏祖曰不可今八月西方王以死氣逆生

氣爲客不利主人則可兵果行傷大將軍神武不從自東西魏構兵鄴下每先有黃黑蟻陣鬪占者以爲黃者東魏戎衣色黑者西魏戎衣色人間以此候勝負是時黃蟻盡死九月神武圍玉壁以挑西師不敢應西魏晉州刺史韋孝寬守玉壁城中出鐵面神武使元盜射之每中其目用李業興孤虛術萃其北北天險也乃起土山鑿十道又於東面鑿二十道以攻之城中無水汲於汾神武使移汾一夜而畢孝寬奪據土

山頓軍五旬城不拔死者七萬人聚爲一冢有星墜於神武營衆驢並鳴士皆讋懼神武有疾十一月庚子輿疾班師庚戌遣太原公洋鎮鄴辛亥徵世子澄至晉陽有惡鳥集亭樹世子使斛律光射殺之己卯神武以無功表解都督中外諸軍事魏帝優詔許焉是時西魏言神武中弩神武聞之乃勉坐見諸貴使斛律金勑勒歌神武自和之哀感流涕侯景素輕世子嘗謂司馬子如曰王在吾不敢有異王無吾不能與鮮

卑小兒共事子如掩其口至是世子爲神武書
召景景先與神武約得書書背微點乃來書至
無點景不至又聞神武疾遂擁兵自固神武謂
世子曰我雖疾爾面更有餘憂色何也世子未
對又問曰豈非憂侯景叛耶曰然神武曰景專
制河南十四年矣常有飛揚跋扈志顧我能養
豈爲汝駕御也今四方未定勿遽發喪庫狄干
鮮卑老公斛律金敕勒老公並性遒直終不負
汝可朱渾道元劉豐生遠來投我必無異心賀

拔焉過兒樸實無罪過潘相樂本作道人心
和厚汝兄弟當得其力韓軌少戇宜寬借之彭
相樂心腹難得宜防護之少堪敵侯景者唯有
慕容紹宗我故不貴之留以與汝宜深加殊禮
委以經略五年正月朔日蝕神武曰日蝕其爲
我耶死亦何恨丙午陳啓於魏帝是日崩於晉
陽時年五十二祕不發喪六月壬午魏帝於東
堂舉哀三日制緦衰詔凶禮依漢大將軍霍光
東平王蒼故事贈假黃鉞使持節相國都督中

外諸軍事齊王璽紱轀輬車黃屋左纛前後羽
葆鼓吹輕車介士兼備九錫殊禮謚獻武王八
月甲申葬於鄴西北漳水之西魏帝臨送於紫
陌天保初追崇爲獻武帝廟號太祖陵曰義平
天統元年改謚神武皇帝廟號高祖神武性深
密高岸終日儼然人不能測機權之際變化若
神至於軍國大略獨運懷抱文武將吏罕有預
之統馭軍衆法令嚴肅臨敵制勝策出無方聽
斷昭察不可欺犯知人好士全護勳舊性周給

每有文教常殷勤款悉指事論心不尚綺靡擢
人授任在於得才苟其所堪乃至拔於廝養有
虛聲無實者稀見任用諸將出討奉行方略罔
不克捷違失指畫多致奔亡雅尚儉素刀劍鞍
勒無金玉之飾少能劇飲自當大任不過三爵
居家如官仁恕愛士始范陽盧景裕以明經稱
魯郡韓毅以工書顯咸以謀逆見擒並蒙恩置
之第館教授諸子其文武之士盡節所事見執
獲而不罪者甚多故遐邇歸心皆思效力至南

威梁國北懷蠕蠕吐谷渾阿至羅咸所招納獲其力用規略遠矣

帝紀第二　　北齊書二

帝紀第三　　北齊書三

隋太子通事舍人李　百藥撰

文襄

世宗文襄皇帝諱澄字子惠神武長子也母曰婁太后生而岐嶷神武異之魏中興元年立爲渤海王世子就杜詢講學敏悟過人詢甚歎服二年加侍中開府儀同三司尚孝靜帝妹馮翊長公主時年十二神情儁爽便若成人神武試問以時事得失辨析無不中理自是軍國籌策

皆預之天平元年加使持節尚書令大行臺幷州刺史三年入輔朝政加領軍左右京畿大都督時人雖聞器識猶以少年期之而機略嚴明事無疑滯於是朝野振肅元象元年攝吏部尚書魏自崔亮以後選人常以年勞爲制文襄乃釐改前式銓擢唯在得人又沙汰尚書郎妙選人地以充之至于才名之士咸被薦擢假有未居顯位者皆致之門下以爲賓客每山園游燕必見招攜執射賦詩各盡其所長以爲娛適與

和二年加大將軍領中書監仍攝吏部尚書自
正光已後天下多事在任羣官廉絜者寡文襄
乃奏吏部郎崔暹爲御史中尉糾劾權豪無所
縱捨於是風俗更始私枉路絕乃牓於街衢具
論經國政術仍開直言之路有論事上書苦言
切至者皆優容之武定四年十一月神武西討
不豫班師文襄馳赴軍所侍衛還晉陽五年正
月丙午神武崩祕不發喪辛亥司徒侯景據河
南反潁州刺史司馬世雲以城應之景誘執豫

州刺史高元成襄州刺史李密廣州刺史暴顯
等遣司空韓軌率衆討之夏四月壬申文襄朝
于鄴六月己巳韓軌等自潁州班師丁丑文襄
還晉陽乃發喪告喻文武陳神武遺志七月戊
戌魏帝詔以文襄爲使持節大丞相都督中外
諸軍錄尚書事大行臺渤海王文襄啓辭位願
停王爵壬寅魏帝詔太原公洋攝理軍國遣中
使敦喻八月戊辰文襄啓申神武遺令請減國
邑分封將督各有差辛未朝鄴固辭丞相魏帝

詔曰既朝野攸憑安危所繫不得令遂本懷須
有權奪可復前大將軍餘如故議者咸云侯景
猶有北望之心但信命不至耳又景將蔡遵道
北歸稱景有悔過之心王以爲信然謂可誘而
致乃遺景書曰先王與司徒契闊夷險孤子相
依偏所眷屬義貫終始情存歲寒待爲國士者
乃立漆身之節饋以一飧者便致扶輪之効況
其重於此乎常以故舊之義欲將子孫相託方
爲秦晉之匹共成劉范之親況聞負杖行歌便

以狼顧反噬不蹈忠臣之路便陷叛人之地力
不足以自彊勢不足以自保率烏合之衆爲累
卵之危西取救於宇文南請援於蕭氏以狐疑
之心爲首鼠之事入秦則秦人不容歸吳則吳
人不信當是不逞之人曲爲無端之說遂懷市
虎之疑乃致投杼之惑比來舉止事已可見人
相疑誤想自覺知閭門大小悉在司寇意謂李
氏未滅猶言少卿可反孫子無狀招禍丁天酷
罰但禮由權奪志在忘私聊遣偏裨前驅致討

南兗揚州應時剋復即欲乘機席卷縣瓠屬以炎暑欲爲後圖且令還師待時更舉今寒膠向折白露將團方憑國靈龔行天罰器械精新士馬彊盛內外感恩上下勠力三令五申可赴湯火使旗鼓相望埃塵相接勢如沃雪事等注熒夫明者去危就安智者轉禍爲福寧人負我不我負人當開從善之途使有改迷之路若能卷甲來朝垂櫜還闕者即當授豫州必使終君身世所部文武更不追攝進得保其祿位退則不

喪功名今王思政等皆孤軍偏將遠來深入然其性命在君掌握脫能刺之想有餘力即相加授永保疆埸君門眷屬可以無患寵妻愛子亦送相還仍爲通家共成親好君今不能東封函谷南面稱孤受制於人威名頓盡得地不欲自守聚衆不以爲彊空使身有背叛之名家有惡逆之禍覆宗絕嗣自貽伊戚戴天履地能無愧乎孤子今日不應遣此但見蔡遵道云司徒本無西歸之心深有悔過之意未知此語爲虛爲實

吉凶之理想自圖之景報書曰僕鄉曲布衣本乖藝用出身爲國綿歷二紀犯危履難豈避風霜遂得富貴當年榮華身世一旦舉旗旆援鼓枹北面相抗者何哉寔以畏懼危亡恐招禍害故耳往年之暮尊王遘疾神不祐善祈禱莫瘳遂使嬖倖弄權心腹離貳妻子在宅無事見圍及迴歸長社希自陳狀簡書未遣斧鉞已臨既旌旗相對咫尺不遠飛書每奏冀申鄙情而羣帥恃雄眇然弗顧運戟推鋒專欲屠滅掘圍堰

水僅存三版舉目相看命懸漏刻不忍死亡出戰城下拘秦送地豈樂爲之但禽獸惡死人倫好生僕實不辜桓莊何罪且尊王平昔見與比肩勠力同心共獎帝室雖復權勢參差寒暑小異丞相司徒鴈行而已福祿官榮自是天爵勞而後授理不相干欲求吞炭何其謬也然竊人之財猶謂之盜祿去公室抑謂不取今魏德雖衰天命未改拜恩私第何足關言賜嗟不能東封函谷受制於人當似教僕賢祭仲而哀季氏

無主之國在禮未聞動而不法將何以訓竊以分財養幼事歸令終舍宅存孤誰云隙末復言僕衆不足以自彊身危如累卵然億兆夷人卒降十亂紂之百克終自無後潁川之戰即是殷監輕重由人非鼎在德苟能忠信雖弱必彊殷憂啓聖處危何苦況今梁道邕熙招攜以禮被我虎文縻之好爵方欲苑五岳而池四海掃氛穢以拯黎元東羈甌越西道汧隴吳越悍勁帶甲千羣秦兵冀馬控弦十萬大風一振枯幹必

摧凝霜暫落秋蔕自殞此而爲弱誰足稱雄又見誣兩端受疑二國斟酌物情一何太甚昔陳平背楚歸漢則彊百里出虞入秦斯霸蓋昏明由主用舍在人奉禮而行神其吐邪書稱士馬精新剋日齊舉誇張形勢必欲相滅切以寒膠白露節候乃同秋風揚塵馬首何異徒知北方之力爭未識西南之合從苟欲徇意於前塗不覺坑穽在其側去危就安今歸正朔轉禍爲福已脫網羅彼當嗤僕之過迷此亦笑君之晦昧

今引二邦揚旌北討熊虎齊奮剋復中原荆襄廣潁已屬關右項城縣懸亦奉江南幸自取之何勞見援然權變非一理有萬塗爲君計者莫若割地兩和三分鼎峙燕衛趙晉足相俸祿齊曹宋魯悉歸大梁使僕得輸力南朝北敦姻好東帛自行戎車不駕僕立當世之功君卒父禰之業各保疆壘聽享歲時百姓乂寧四人安堵孰若驅農夫於壟畝抗勍敵於三方避干戈於首尾當鋒鏑於心腹縱太公爲將不能獲存歸

之高明何以克濟來書曰妻子老幼悉在司寇以此見要庶其可反當是見疑褊心未識大趣昔王陵附漢母在不歸太上囚楚乞羹自若矧伊妻子而可介意脫謂誅之有益欲止不能救之無損復加阬戮家累在君何關僕也遵道所說頗亦非虛故重陳辭更論款曲昔與盟主事等琴瑟讒人間之翻爲讎敵撫弦搦矢不覺傷懷裂帛還書其何能述王尋覽書問誰爲作或曰其行臺郎王偉王曰偉才如此何因不使我

知王欲間景於梁又與景書而謬其辭云本使景陽叛欲與圖西西人知之故景更與圖南爲事漏其書於梁梁人亦不之信壬申東魏主與王獵於鄴東馳逐如飛監衛督都督烏那羅受工伐從後呼曰天子莫走馬大將軍怒王嘗侍飲舉大觴曰臣澄勸陛下酒東魏主不悅曰自古無不亡之國朕亦何用如此生王怒曰朕朕狗腳朕使崔季舒毆之三拳奮衣而出尋遣季舒入謝東魏主賜季舒綵季舒未敢即受啓之於王王使取一段東魏主以四百匹與之曰亦一段耳東魏主不堪憂辱詠謝靈運詩曰韓亡子房奮秦帝魯連恥本自江海人忠義感君子因流涕三月辛亥王南臨黎陽濟於虎牢自洛陽從太行而反晉陽於路遺書百僚以相戒勵朝野承風莫不震肅又令朝臣牧宰各舉賢良及驍武膽略堪守邊城務得其才不拘職業四月王巡北邊城戍賑賜有差七月王還晉陽辛卯王遇盜而殂時年二十九葬于峻成陵齊受

禪追謚爲文襄皇帝廟號世宗時有童謡曰百尺高竿摧折水底燃燈燈滅識者以爲王將殂之兆也數日前崔季舒無故於北宮門外諸貴之前誦鮑明遠詩曰將軍既下世部曲亦罕存聲甚悽斷淚不能已見者莫不怪之初梁將蘭欽子京爲東魏所虜王命以配廚欽請贖之王不許京再訴王使監廚蒼頭薛豐洛杖之曰更訴當殺爾京與其黨六人謀作亂時王居北城東柏堂莅政以寵琅邪公主欲其來往無所避忌所有侍衛皆出於外太史啓言宰輔星甚微變不出一月王曰小人新杖之故嚇我耳將欲受禪與陳元康崔季舒等屏斥左右署擬百官京將進食王却謂諸人曰昨夜夢此奴斫我宜殺却京聞之寘刀於盤冒言進食王怒曰我未索食爾何遽來京揮刀曰來將殺汝王自投傷足入于床下賊黨去床因而見殺先是讖言曰軟脫帽床底喘其言應矣時太原公洋在城東雙堂入而討賊臠割京等皆漆其頭祕不發喪

徐出言曰奴反夫將軍被傷無大苦也

帝紀第三　北齊書三

臣等詳文襄紀其首與北史同而末多出於東魏孝靜紀其間與侯景往復書見梁書景傳其所序列尤無倫次蓋雜取之以成此書非正史也

帝紀第四　北齊書四

隋太子通事舍人李　百藥　撰

文宣

顯祖文宣皇帝諱洋字子進高祖第二子世宗之母弟后初孕每夜有赤光照室后私嘗怪之初高祖之歸尒朱榮時經危亂家徒壁立后與親姻相對共憂寒餒帝時尚未能言欻然應曰得活太后及左右大驚而不敢言鱗身重踝不好戲弄深沈有大度晉陽曾有沙門乍愚乍智

時人不測呼爲阿禿師帝曾與諸童共見之歷問祿位至帝舉手再三指天而已口無所言見者異之高祖嘗試觀諸子意識各使治亂絲帝獨抽刀斬之曰亂者須斬高祖是之又各配兵四出而使甲騎僞攻之世宗等怖撓帝乃勒衆與彭樂敵樂免胄言情猶擒之以獻後從世宗行過遼陽山獨見天門開餘人無見者內雖明敏貌若不足世宗每嗤之云此人亦得富貴相法亦何由可解唯高祖異之謂薛琡曰此兒意

識過吾幼時師事范陽盧景裕默識過人景裕不能測也天平二年授散騎常侍驃騎大將軍儀同三司左光祿大夫太原郡開國公武定元年加侍中二年轉尚書左僕射領軍將軍五年授尚書令中書監京畿大都督武定七年八月世宗遇害事出倉卒內外震駭帝神色不變指麾部分自臠斬羣賊而漆其頭徐宣言曰奴反大將軍被傷無大苦也當時內外莫不驚異焉乃赴晉陽親總庶政務從寬厚事有不便者咸

蠲省焉冬十月癸未朔以咸陽王坦爲太傅潘相樂爲司空十一月戊午吐谷渾國遣使朝貢梁齊州刺史茅靈斌德州刺史劉領隊南豫州刺史皇甫眘等並以州內屬十二月己酉以并州刺史彭樂爲司徒太保賀拔仁爲并州刺史八年春正月庚申梁楚州刺史宋安顧以州內屬辛酉魏帝爲世宗舉哀於東堂梁定州刺史田聰能洪州刺史張顯等以州內屬戊辰魏詔進帝位使持節丞相都督中外諸軍事錄尚書

事大行臺齊郡王食邑一萬戶甲戌地豆于國遣使朝貢三月辛酉又進封齊王食冀州之渤海長樂安德武邑瀛州之河間五郡邑十萬戶自居晉陽寢室夜有光如晝既爲王夢人以筆點已額旦以告館客王曇哲曰吾其退乎曇哲再拜賀曰王上加點便成主字乃當進也夏五月辛亥帝如鄴甲寅進相國總百揆封冀州之渤海長樂安德武邑瀛州之河間高陽章武定州之中山常山博陵十郡邑二十萬戶加九錫

殊禮齊王如故魏帝遣兼太尉彭城王韶司空潘相樂冊命曰於戲敬聽朕命夫惟天爲大列晷宿而垂象謂地蓋厚蹠川岳以阜物所以四時代序萬類駢羅庶品得性羣形不夭然則皇王統曆深視高居拱默垂衣寄成師相此則夏伯殷尹竭其股肱周成漢昭無爲而治頃者天下多難國命如旒則我建國之業將墜于地齊獻武王奮迅風雲大濟艱危匡翼朕躬國爲再造經營庶土以至勤憂及文襄承構愈廣前

業康邦夷難道格穹蒼王縱德應期千齡一出
惟幾惟深乃神乃聖太宗霸德寔是廣相猷雖實
功妙賓窺絕言象標聲示迹典禮宜宣今申後
命其敬虛受王摶風初舉建旟上地庇民立政
時雨滂流下識廉恥仁加水陸移風易俗自齊
變魯此王之功也仍攝天臺揔參戎律策出若
神威行朔土引弓竄跡松塞無煙此又王之功
也逮光統前緒持衡匡合華戎混一風澤調夷
日月光華天地清晏聲接響隨無思不偃此又

王之功也逖矣炎方逋違正朔懷文曜武授略
申規淮楚連城灌然衆落此又王之功也闡峴
衿帶跨躡蕭條腸胃之地岳立鷗跱偏師纔指
渙同冰散此又王之功也晉熙之所險薄江雷
過隣聲教迷方未改命將鞠旅覆其巢穴威略
風騰傾懾南海此又王之功也羣蠻跋扈世絕
南疆搖蕩邊垂亟爲塵梗懷德畏威向風請順
傾慨盡落其至如雲此又王之功也胡人別種
延蔓山谷酋渠萬族廣袤千里憑險不恭恣其

桀黠有樂淳風相攜叩款粟帛之調王府充積
此又王之功也茫茫涉海世敵諸華風行鳥逝
倏來忽往既飲醇醪附同膠漆氈裘委仞奇獸
銜尾此又王之功也秦川尚阻作我仇讎爰拖
椒蘭飛書請好天動其衷辭卑禮厚區宇乂寧
遐邇畢至此又王之功也江陰告禍民無適歸
蕭宗子弟尚相投庇如鳥還山猶川赴海荊江
十部俄而獻割乘此會也將混來方此又王之
功也天平地成率土咸茂禎符顯見史不停筆

既連百木兼呈九尾素過秦雀蒼比周烏此又
王之功也搜揚管庫衣冠獲序禮云樂云銷沉
俱振輕徭徹賦矜獄寬刑大信外彰深仁遠洽
此又王之功也王有安自下之大勳加以表光
明之盛德宣贊洪猷以左右朕言昔旦奭外分
毛畢入佐出內之任王宜揔之人謀鬼謀兩儀
協契錫命之行義申公道以王踐律蹈禮軌物
蒼生圓首安志率心歸道是以錫王大路戎路各
一玄牡二駟王深重民天唯本是務衣食之用

榮辱所由是用錫王袞冕之服赤舃副焉王深
廣惠和易調風化神祇且格功德可象是用錫
王軒懸之樂六佾之舞王風聲振赫九域咸綏
遠人率俾奔走委贄是用錫王朱户以居王求
賢選衆草萊以盡陳力就列罔非其人是用錫
王納陛以登王英圖猛槩抑揚千品毅然之節
肅是非違是用錫王武賁之士三百人王興亡
所繫制極幽顯糺行天討罪人咸得是用錫王
鈇鉞各一王鷹揚豹變實扶下土狼顧鴟張罔

不彈射是用錫王彤弓一彤矢百盧弓十盧矢
千王孝悌之至通於神明率民興行感達區宇
是用錫王秬鬯一卣珪瓚副焉往欽哉其祇順
往册保弼皇家用終爾休德對揚我太祖之顯
命魏帝以天人之望有歸景辰下詔曰三才剖
判百王代興治天靜地和神衛鬼庇民造物咸
自靈符非一人之大寶實有道之神器昔我宗
祖應運奄一區宇歷聖重光暨於九葉德之不
嗣仍離屯圮盜名字者遍於九服擅制命者非

止三公主殺朝危人神靡繫天下之大將非魏
有賴齊獻武王奮揚靈武克翦多難重懸日月
更綴參辰廟以掃除國由再造鴻勳巨業無德
而稱遠文襄承構世業逾廣邇安遠服海内晏
如國命已康生生得性迄相國齊王緯文經武
統茲大業盡叡窮幾研深測化思隨冥運智與
神行恩比春天威同夏日坦至心於萬物被大
道於八方故百僚師師朝無秕政網疏澤洽率
土歸心外盡江淮風靡屈膝辟地懷人百城奔

走關隴慕義而請好瀚漠仰德而致誠伊所謂
命世應期寔撫千載禎符雜遝異物同途謳頌
塡委殊方一致代終之迹斯表人靈之契已合
天道不遠我不獨知朕入纂鴻休將承世祀籍
援立之厚延宗社之筭靜言大運欣於避賢遠
惟唐虞禪代之典近想魏晉揖讓之風其可昧
興替之禮稽神祇之望今便遜於別宮歸帝位
於齊國推聖與能眇符前軌主者宣布天下以
時施行又使兼太尉彭城王韶兼司空敬顯儁

奉冊曰咨爾相國齊王天氣分形化物繫君長
皇王遞興人非一姓昔放勛馭世沉璧屬子重
華握曆持衡擁璇所以英賢茂實昭晳千古豈
盛衰有運興廢在時知命不得不授畏天不可
不受是故漢劉告否當塗順民曹歷不永金行
納禪此皆重規襲矩率由舊章者也我祖宗光
宅混一萬寓迄於正光之末奸孽乘權厥政多
僻九域離蕩永安運窮人靈殄瘁羣逆滔天割
裂四海國土臣民行非魏有齊獻武王應期授

手鳳舉龍驤舉廢極以立天扶傾柱而鎮地剪
滅黎毒臣我墜曆有大德於魏室被博利於蒼
生及文襄繼軌誕光前業內剿凶權外摧侵叛
遐邇肅晏功格上玄王神祇協德舟梁一世體
文昭武追變窮微自舉跡藩旗頌歌揔集入統
機衡風猷弘遠及大承世業扶國昌家相德日
躋霸風俞遠威靈斯暢則荒遠奔馳聲略所播
而隣敵順款以富有之資運英特之氣顧盼之
間無思不服圖謀潛蘊千祀彰明嘉禎幽祕一

朝紛委以表代德之期用啓興邦之迹蒼蒼在
上照臨不遠朕以虛昧猶未遑巡靜言愧之坐
而待旦且時來運往媯舜不暇以當陽世革命
改伯禹不容於北面況於寡薄而可踟躕是以
仰協穹昊俯從百姓敬以帝位式授於王天祿
永終大命格矣於戲其祗承曆數允執其中對
揚天休斯年千萬豈不盛歟又致璽書於帝遣
兼太保彭城王韶兼司空敬顯儁奉皇帝璽綬
禪代之禮一依唐虞漢魏故事又尚書令高隆

之率百寮勸進戊午乃即皇帝位於南郊升壇
柴燎告天曰皇帝臣諱敢用玄牡昭告於皇皇
后帝否泰相沿廢興迭用至道無親應運斯輔
上覽唐虞下稽魏晉莫不先天揖讓考歷歸終
魏氏多難年將三十孝昌已後內外去之世道
横流蒼生塗炭賴我獻武拯其將溺三建元首
再立宗祧掃絕羣凶芟夷姦宄德被黔黎勳光
宇宙文襄嗣武克構鴻基功浹寰宇威稜海外
窮髮懷音西冠納款青丘保候丹穴來庭扶翼

危機重臣頹運是則有大造於魏室也魏　帝以
卜世告終上靈厭德欽若昊天允歸大命以禪
於臣諱夫四海至公天下爲一惣民宰世樹之
以君既川岳啓符人神效祉羣公卿士八方兆
庶僉曰皇極乃顧於上魏朝推進於下天位不
可以暫虛遂逼羣議恭膺大典猥以寡薄託於
兆民之上雖天威在顏咫尺無遠循躬自省實
懷祗惕敬簡元辰外壇受禪肆類上帝以荅萬
國之心永隆嘉祚保祐有齊以被於無窮之作

是日京師獲赤雀獻於南郊事畢還宮御太極
前殿詔曰無德而稱代刑以禮不言而信先春
後秋故知惻隱之化天人一揆弘宥之道今古
同風朕以虛薄功業無紀昔先獻武王值魏世
不造九鼎行出乃驅御侯伯大號燕趙拯厥顛
墜俾亡則存文襄王外挺武功内資明德纂戎
先業闢土服遠年踰二紀世歷兩都獄訟有適
謳歌斯在故魏帝俯遵曆數爰念褰裳遠取唐
虞終同脫屣寅賓幽憂未已志在陽城而羣公卿

士誠守愈切遂屬代終居於民上如涉深水
有勝終朝始發晉陽九尾呈瑞外壇告天赤雀
效祉惟爾文武不貳心之臣股肱爪牙之將左
右先王克隆大業永言誠節共斯休祉思與
億兆同始兹日其大赦天下改武定八年爲天
保元年其百官進階男子賜爵鰥寡六疾義夫
節婦旌賞各有差己未詔封魏帝爲中山王食
邑一萬戶上書不稱臣荅不稱詔載天子旌旗
行魏正朔乘五時副車封王諸子爲縣公邑一

千戶奉絹萬匹錢千萬粟二萬石奴婢二百人
水碾一具田百頃園一所詔追尊皇祖文穆王
爲文穆皇帝妣爲文穆皇后皇考獻武王爲獻
武皇帝皇兄文襄王爲文襄皇帝祖宗之稱付
外速議以聞辛酉尊王太后爲皇太后乙丑詔
降魏朝封爵各有差其信都從義及宣力霸朝
者及西來人并武定六年以來南來投化者不
在降限辛未遣大使於四方觀察風俗問民疾
苦嚴勤長吏厲以廉平興利除害務存安靜若

法有不便於時政有未盡於事者具條得失還
以聞奏甲戌遷神主於太廟六月己卯高麗遣
使朝貢辛巳詔曰頃者風俗流宕浮競日滋家
有吉凶務求勝異婚姻喪葬之費車服飲食之
華動竭歲資以營日富又奴僕帶金玉婢妾衣
羅綺始以剏出爲奇後以過前爲麗上下貴賤
無復等差今運屬惟新思蠲往弊反朴還淳納
民軌物可量事具立條式使儉而獲中又詔封
崇聖侯邑一百户以奉孔子之祀并下魯郡以

時脩治廟宇務盡褒崇之至詔分遣使人致祭
於五岳四瀆其堯祠舜廟下及孔父老君等載
於祀典者咸秩罔遺詔曰冀州之渤海長樂二
郡先帝始封之國義旗初起之地并州之太原
青州之齊郡霸業所在王命是基君子有作貴
不忘本思申恩洽蠲復田租齊郡渤海可並復
一年長樂二年太原復三年詔故太傅孫騰故
太保尉景故大司馬婁昭故司徒高昂故尚書
左僕射慕容紹宗故領軍万俟干故定州刺史

段榮故御史中尉劉貴故御史中尉竇泰故殷州
刺史劉豐故濟州刺史蔡儁等並左右先帝經
贊皇基或不幸早徂或殞身王事可遣使者就
墓致祭并撫問妻子慰逮存亡又詔封宗室高岳
爲清河王高隆之爲平原王高歸彥爲平秦王高
思宗爲上洛王高長弼爲廣武王高普爲武興王高
子瑗爲平昌王高顯國爲襄樂王高叡爲趙郡王
高孝緒爲循城王又詔封功臣厙狄干爲章武王
斛律金爲咸陽王賀拔仁爲安定王韓軌爲安

德王可朱渾道元爲扶風王彭樂爲陳留王潘相
樂爲河東王癸未詔封諸弟青州刺史浚爲永安
王尚書左僕射淹爲平陽王定州刺史浟爲彭城
王儀同三司演爲常山王冀州刺史渙爲上黨王
儀同三司淯爲襄城王儀同三司湛爲長廣王湝
爲任城王湜爲高陽王濟爲博陵王凝爲新平王
潤爲馮翊王洽爲漢陽王丁亥詔立王子殷爲皇
太子王后李氏爲皇后庚寅詔以太師厙狄干
爲太宰司徒彭樂爲太尉司空潘相樂爲司徒

開府儀同三司司馬子如爲司空辛卯以前太尉淸河王岳爲使持節驃騎大將軍司州牧壬辰詔曰自今已後諸有文啓論事幷陳要密有司悉爲奏聞己亥以皇太子初入東宮赦畿內及幷州死罪已下餘州死降徒流已下一皆原免秋七月辛亥詔尊文襄妃元氏爲文襄皇后宮曰靜德又詔封文襄皇帝子孝琬爲河間王孝瑜爲河南王乙卯以尚書令平原王隆之錄尚書事尚書左僕射平陽王淹爲尚書令又詔

曰古人鹿皮爲衣書囊成帳有懷盛德風流可想其魏御府所有珍奇雜綵常所不給人者徒爲蓄積今宜悉出送內後園以供七日宴賜八月詔郡國脩立黌序廣延髦雋敦述儒風其國子學生亦仰依舊詮補服膺師說研習禮經往者文襄皇帝所建蔡邕石經五十二枚卽宜移置學館依次脩立又詔曰有能直言正諫不避罪辜謇謇若朱雲諤諤若周舍開朕意沃朕心弼于一人利兼百姓者必當寵以榮祿待以不

次又曰諸牧民之官仰專意農桑勤心勸課廣收天地之利以備水旱之災庚寅詔曰朕以虛寡嗣弘王業思所以贊揚盛績播之萬古雖史官執筆有聞無墜猶恐緖言遺美時或未書在位王公文武大小降及民庶爰至僧徒或親奉音旨或承傳傍說凡可載之文籍悉宜條錄封上甲午詔曰魏世議定麟趾格遂爲通制官司施用猶未盡善可令羣官更加論究適治之方先盡要切引綱理目必使無遺九月癸丑以散

騎常侍車騎將軍領東夷校尉遼東郡開國公高麗王成爲使持節侍中驃騎大將軍領護東夷校尉王公如故詔梁侍中使持節假黃鉞都督中外諸軍事大將軍承制邵陵王蕭綸爲梁王庚午帝如晉陽拜辭山陵是日皇太子入居涼風堂監總國事冬十月己卯備法駕御金輅入晉陽宮朝皇太后於內殿辛巳曲赦幷州太原郡晉陽縣及相國府四獄囚癸未茹茹國遣使朝貢乙酉以特進元韶爲尚書左僕射幷州

刺史段韶爲尚書右僕射景戌吐谷渾國遣使朝貢壬辰罷相國府留騎兵外兵曹各立一省別掌機密十一月周文帝率衆至陝城分騎北渡至建州甲寅梁湘東王蕭繹遣使朝貢景寅帝親戎出次城東周文帝聞帝軍容嚴盛歎曰高歡不死矣遂退師庚午還宮十二月丁丑茹茹庫莫奚國並遣使朝貢辛丑帝至自晉陽

二年春正月丁未梁湘東王蕭繹遣使朝貢辛亥有事于圓丘以神武皇帝配癸亥 親耕籍田

于東郊乙酉前黃門侍郎元世寶通直散騎侍郎彭貴平謀逆免死配邊有事於太廟甲戌帝汎舟於城東二月壬辰太尉彭樂謀反伏誅壬寅茹茹國遣使朝貢三月丙午襄城王淯薨己未詔梁承制湘東王繹爲梁使持節假黃鉞相國建梁臺摠百揆承制梁交州刺史李景盛梁州刺史馬嵩仁義州刺史夏侯珍洽新州刺史李漢等並率州內附庚申司空司馬子如坐事免夏四月壬辰梁王蕭繹遣使朝貢閏月乙丑

室韋國遣使朝貢五月丙戌合州刺史斛斯顯攻剋梁歷陽鎮丁亥高麗國遣使朝貢是月侯景廢梁簡文立蕭棟爲主六月庚午以前司空司馬子如爲太尉七月壬申茹茹遣使朝貢癸酉行臺郎邢景遠破梁龍安戍獲鎮城李洛文己卯改顯陽殿爲昭陽殿九月壬申詔免諸伎作屯牧雜色役隸之徒爲白戶癸巳帝如趙定二州因如晉陽冬十月戊申起宣光建始嘉福仁壽諸殿庚申蕭繹遣使朝貢丁卯文襄皇帝

神主入于廟十一月侯景廢梁主僭即僞位於建鄴自稱曰漢十二月中山王殂

三年春正月丙申帝親討庫莫奚於代郡大破之獲雜畜十餘萬分賚將士各有差以奚口付山東爲民二月茹茹主阿那瓌爲突厥虜所破瓌自殺其太子菴羅辰及瓌從弟登注俟利發注子庫提並擁衆來奔茹茹餘衆立注次子鐵伐爲主辛丑契丹遣使朝貢三月戊子以司州牧清河王岳爲使持節南道大都督司徒潘相

樂爲使持節東南道大都督及行臺辛術率衆南伐癸巳詔進梁王蕭繹爲梁主夏四月壬申東南道行臺辛術於廣陵送傳國璽甲申以吏部尚書楊愔爲尚書右僕射丙申室韋國遣使朝貢六月乙亥清河王岳等班師丁未帝至自晉陽乙卯帝如晉陽九月辛卯帝自并州幸離石冬十月乙未至黃櫨嶺仍起長城北至社干戍四百餘里立三十六戍十一月辛巳梁主蕭繹即帝位於江陵是爲元帝遣使朝貢十二月壬

子帝還宮戊午帝如晉陽

四年春正月丙子山胡圍離石戊寅帝討之未至胡已逃竄因巡三堆戍大狩而歸戊寅庫莫奚遣使朝貢己丑改鑄新錢文曰常平五銖二月送茹茹主鐵伐登注及子庫提還北鐵伐尋爲契丹所殺國人復立登注爲主仍爲其大人阿富提等所殺國人復立庫提爲主夏四月戊戌帝還宮戊午西南有大聲如雷五月庚午帝校獵於林慮山戊子還宮九月契丹犯塞壬午帝北巡冀定幽安仍北討契丹冬十月丁酉帝至平州遂從西道趣長塹詔司徒潘相樂率精騎五千自東道趣青山辛丑至白狼城壬寅經昌黎城復詔安德王韓軌率精騎四千東趣斷契丹走路癸卯至陽師水倍道兼行掩襲契丹甲辰帝親踰山嶺爲士卒先指麾奮擊大破之虜獲十萬餘口雜畜數十萬頭樂又於青山大破契丹別部所虜生口皆分置諸州是行也帝露頭袒膊晝夜不息行千餘里唯食肉飲水壯氣

彌厲丁未至營州丁巳登碣石山臨滄海十一月己未帝自平州遂如晉陽閏月壬寅梁帝遣使來聘十二月己未突厥復攻茹茹茹茹舉國南奔癸亥帝自晉陽北討突厥迎納茹茹乃廢其主庫提立阿那瓌子菴羅辰爲主置之馬邑州給其稟餼繒帛親追突厥於朔州突厥請降許之而還於是貢獻相繼

五年春正月癸巳帝討山胡從離石道遣太師咸陽王斛律金從顯州道常山王演從晉州道

掎角夾攻大破之斬首數萬獲雜畜十餘萬遂
平石樓石樓絶險自魏世所不能至於是遠近山胡
莫不懾服是月周文帝廢西魏立齊王廓是爲
恭帝三月茹茹菴羅辰叛帝親討大破之辰父
子北遁太保賀拔仁坐違節度除名夏四月茹
茹寇肆州丁巳帝自晉陽討之至恒州黃瓜堆
虜騎走時大軍已還帝率麾下千餘騎遇茹茹
別部數萬四面圍逼帝神色自若指畫形勢虜
衆披靡遂縱兵潰圍而出虜不退走追擊之伏

尸二十里獲菴羅辰妻子及生口三萬餘人五
月丁亥地豆干契丹等國並遣使朝貢丁未北
討茹茹大破之六月茹茹率部衆東徙將南侵
帝率輕騎於金山下邀擊之茹茹聞而遠遁秋
七月戊子肅愼遣使朝貢壬辰降罪人庚戌帝
至自北伐八月丁巳突厥遣使朝貢庚子以司
州牧清河王岳爲太保司空尉粲爲司徒太子
太師侯莫陳相爲司空尚書令平陽王淹錄尚
書事常山王演爲尚書令中書令上黨王渙爲

尚書左僕射乙亥儀同三司元旭以罪賜死丁
丑帝幸晉陽己卯開府儀同三司錄尚書事平
原王高隆之薨是月詔常山王演上黨王渙清
河王岳平原王段韶等率衆於洛陽西南築
伐惡城新城嚴城河南城九月帝親自臨幸欲
以致周師周師不出乃如晉陽冬十月西魏伐
梁元帝於江陵詔清河王岳河東王潘相樂平
原王段韶等率衆救之未至而江陵陷梁元帝
爲西魏將于謹所殺梁將王僧辯在建康共推

晉安王蕭方智爲太宰都督中外諸軍承制置
百官十二月庚申帝北巡至達速嶺覽山川險
要將起長城

六年春正月壬寅清河王岳以衆軍渡江克夏
首送梁郢州刺史陸法和詔以梁散騎常侍貞
陽侯蕭明爲梁王遣尚書左僕射上黨王渙率
衆送之二月甲子以陸法和爲使持節都督荆
雍江巴梁益湘萬交廣十州諸軍事太尉公大
都督西南道大行臺梁鎮北將軍侍中荆州刺

史宋蒞爲使持節驃騎大將軍郢州刺史甲戌
上黨王渙剋譙郡三月丙戌上黨王渙剋東關
斬梁將裴之橫俘斬數千景申帝至自晉陽封
世宗二子孝珩爲廣寧王延宗爲安德王戊戌
帝臨昭陽殿聽獄決訟夏四月庚申帝如晉陽
丁卯儀同蕭軌克梁晉熙城以爲江州戊寅突
厥遣使朝貢梁交人李山花自號天子逼魯山
城五月乙酉鎮城李仲偘擊斬之庚寅帝至自晉
陽蕭明入于建鄴丁未茹茹遣使朝貢六月壬

北齊帝紀四　二十三

子詔曰梁國遘禍主喪臣離逷彼炎方盡生荊
棘興亡繼絕義在於我納以長君拯其危弊比
送梁主已入金陵藩禮既脩分義方篤越鳥之
思豈忘南枝凡是梁民宜聽反國以禮發遣丁
卯帝如晉陽壬申親討茹茹甲戌諸軍大會於
祁連池乙亥出塞至厙狄谷百餘里內無水泉
六軍渴之俄而大雨戊寅梁主蕭明遣其子章
兼侍中袁泌兼散騎常侍楊裕奉表朝貢秋七
月己卯帝頓白道留輜重親率輕騎五千追茹

茹壬午及於懷朔鎮帝躬當矢石頻大破之遂至
沃野獲其俟利藹焉力婁阿帝吐頭發郁久閭
狀延等并口二萬餘牛羊數十萬頭茹茹俟利
郁久閭李家提率部人數百降壬辰帝還晉陽
九月乙卯帝至自晉陽冬十月梁將陳霸先襲
王僧辯殺之廢蕭明復立蕭方智爲主辛亥帝
如晉陽十一月丙戌高麗遣使朝貢梁秦州刺
史徐嗣輝南豫州刺史任約等襲據石頭城並
以州內附壬辰大都督蕭軌率衆至江遣都督

北齊帝紀四　二十三　五

柳達摩等渡江鎮石頭東南道行臺趙彥深獲
秦郡等五城戶二萬餘所在安緝之己亥太保
司州牧清河王岳薨是月柳達摩爲霸先攻逼
以石頭降十二月戊申庫莫奚遣使朝貢是年
發夫一百八十萬人築長城自幽州北夏口至
恒州九百餘里
七年春正月甲辰帝至自晉陽於鄴城西馬射
大集衆庶而觀之二月辛未詔常山王演等於
涼風堂讀尚書奏按論定得失帝親決之三月

丁酉大都督蕭軌等率衆濟江夏四月乙丑儀
同婁叡率衆討魯陽蠻大破之丁亥詔造金華
殿五月景申漢陽王洽薨是月帝以肉為斷慈
遂不復食六月乙卯蕭軌等與梁師戰於鍾山
之西遇霖雨失利軌及都督李希光王敬寶東
方老軍司裴英起並沒士卒散還者十二三乙
丑梁湘州刺史王琳獻馴象是年脩廣三臺宮
殿秋七月己亥大赦天下八月庚申帝如晉陽
九月甲辰庫莫奚遣使朝貢冬十月丙戌契丹

遣使朝貢是月發山東寡婦二千六百人以配
軍士有夫而濫奪者五分之一是月周文帝殂
十一月壬子詔曰昆山作鎮厥號神州瀛海為
池是稱赤縣蒸民乃粒司牧存焉王者之制沿
革迭起方割成災肇分十二水土既平還復九
州道或繁簡義在通時殷因於夏無所改作然
則日月纏於天次王公國於地野皆所以上叶
玄儀下符川嶽逮于秦政鞭撻區宇罷侯置守
天下為家洎兩漢承基曹馬屬統其間損益難

以勝言魏自孝昌之季數鍾澆否祿去公室政
出多門衣冠道盡黔首塗炭銅馬鐵脛之徒黑
山青犢之侶梟張晉趙豕突燕秦綱紀從茲而
頹彝章因此而紊是使豪家大族鳩率鄉部託
迹勤王規自署置或外家公主女謁內成昧利
納財啓立州郡離大合小本逐時宜剖竹分符
蓋不獲已牧守令長虛增其數求功錄實諒足
為煩損害公私為弊殊久既乖為政之禮徒有
驅羊之費自爾因循未遑刪改朕寅膺寶曆恭

臨八荒建國經野務存簡易將欲鎮躁歸靜反
薄還淳苟失其中理從刊正傍觀舊史逖聽前
言周曰成康漢稱文景編戶之多古今為最而
丁口減於疇日守令倍於昔辰非所以馭俗調
風示民軌物且五嶺內賓三江迴化拓土開疆
利窮南海但要荒之所舊多浮偽百室之邑便
立州名三戶之民空張郡目譬諸木犬猶彼泥
龍循名督實事歸烏有今所併省一依別制於
是併省三州一百五十三郡五百八十九縣二

鎮二十六戍人制刺史令盡行兼不給幹物十二月西魏相宇文覺受魏禪先是自西河總秦戍築長城東至於海前後所築東西凡三千餘里率十里一戍其要害置州鎮凡二十五所

八年春三月大熱人或暍死夏四月庚午詔諸取蝦蠏蜆蛤之類悉令停斷唯聽捕魚乙酉詔公私鷹鷂俱亦禁絕以太師咸陽王斛律金爲右丞相前大將軍扶風王可朱渾道元爲太傅開府儀同三司賀拔仁爲太保尚書令常山王

演爲司空録尚書事長廣王湛爲尚書令尚書右僕射楊愔爲尚書左僕射以并省尚書右僕射崔暹爲尚書右僕射上黨王渙録尚書事是月帝在城東馬射勑京師婦女悉赴觀不赴者罪以軍法七月乃止五月辛酉冀州民劉向於京師謀逆黨與皆伏誅秋八月己巳庫莫奚遣使朝貢庚辰詔丘郊禘祫時祀皆仰市取少牢不得剖割有司監視必令豐備農社先蠶酒肉而已雩禖風雨司民司禄靈星雜祀果餅酒脯唯當務盡誠敬義同如在自夏至九月河北六州河南十二州畿内八郡大蝗是月飛至京師蔽日聲如風雨甲辰詔今年遭蝗之處免租是月周冢宰宇文護殺其主閔帝而立帝弟毓是爲明帝冬十月乙亥陳霸先弑其主方智自立是爲陳武帝遣使稱藩朝貢是年於長城内築重城自庫洛拔而東至於塢紇戍凡四百餘里

九年春二月丁亥降罪人己丑詔限仲冬一月燎野不得他時行火損昆虫草木三月丁酉帝

至自晉陽夏四月辛巳大赦是夏大旱帝以祈雨不應毀西門豹祠掘其冢山東大蝗差夫役捕而坑之是月北豫州刺史司馬消難以城叛入於周五月辛巳尚書令長廣王湛録尚書事驃騎大將軍平秦王歸彥爲尚書左僕射甲辰以前尚書左僕射楊愔爲尚書令六月乙丑帝自晉陽北巡己巳至祁連池戊寅還晉陽秋七月辛丑給京畿老人劉奴等九百四十三人版職及杖帽各有差戊申詔趙燕瀛定南營五州

及司州廣平清河二郡去年螽澇損田兼春夏
少雨苗稼薄者免今年租賦八月乙丑至自晉
陽甲戌帝如晉陽是月陳江州刺史沈泰以三
千人内附先是發丁匠三十餘萬營三臺於鄴
下因其舊基而高博之大起宮室及遊豫園至
是三臺成改銅爵曰金鳳金獸曰聖應冰井曰
崇光十一月甲午帝至自晉陽登三臺御乾象
殿朝讌羣臣竝命賦詩以宮成丁酉大赦内外
文武普汎一大階丁巳梁湘州刺史王琳遣使

請立蕭莊爲梁主仍以江州内屬令莊居之十
二月癸酉詔梁王蕭莊爲梁主進居九派戊寅
以太傅可朱渾道元爲太師司徒尉粲爲太尉
冀州刺史段韶爲司空録尚書事常山王演爲
大司馬録尚書事長廣王湛爲司徒是月起大
莊嚴寺是年殺永安王浚上黨王渙
十年春正月戊戌以司空侯莫陳相爲大將軍
甲寅帝如遼陽甘露寺乙卯詔於麻城置衞州
二月丙戌帝於甘露寺禪居深觀唯軍國大政

奏聞三月戊戌以侍中高德政爲尚書右僕射
丙辰帝至自遼陽是月梁主蕭莊至郢州遣使
朝貢閏四月丁酉以司州牧彭城王浟爲司空
侍中高陽王湜爲尚書右僕射乙巳以司空彭
城王浟兼太尉封皇子紹廉爲長樂郡王五月
癸未誅始平公元世東平公元景式等二十五
家特進元韶等十九家竝令禁止六月陳武帝
殂兄子蒨立是爲文帝秋八月戊戌封皇太子
紹義爲廣陽郡王以尚書右僕射河間王孝琬

爲尚書左僕射癸卯詔諸軍民或有父祖改姓
冒入元氏或假託攜認妄稱姓元者不問世數
遠近悉聽改復本姓九月己巳帝如晉陽是月
使酈懷則陸仁惠使於蕭莊冬十月甲午帝暴
崩於晉陽宮德陽堂時年三十一遺詔凡諸凶
事一依儉約三年之喪雖曰達禮漢文革刱通
行自昔義有存焉同之可也喪月之斷限以三
十六日嗣主百寮内外遐邇奉制割情悉從公
除癸卯發喪斂於宣德殿十一月辛未梓宮還

京師十二月乙酉殯於太極前殿
乾明元年二月丙申葬於武寧陵謚曰文宣皇
帝廟號威宗武平初又改為文宣廟號顯祖帝
少有大度志識沉敏外柔內剛果敢能斷雅好
吏事測始知終理劇處繁終日不倦初踐大位
留心政術以法馭下公道為先或有違犯憲章
雖密戚舊勳必無容舍內外清靖莫不祗肅
至於軍國幾策獨決懷抱規模宏遠有人君大略
又以三方鼎跱諸夷未賓修繕甲兵簡練士卒左

右宿衛置百保軍士每臨行陣親當矢石鋒刃
交接唯恐前敵之不多屢犯艱危常致克捷常
於東山遊讌以關隴未平投杯震怒召魏收於
御前立為詔書宣示遠近將事西伐是歲周文
帝殂西人震恐常為度隴之計既征伐四克威
振戎夏六七年後以功業自矜遂留連耽湎肆
行淫暴或躬自鼓舞歌謳不息從旦通宵以夜
繼晝或袒露形體塗傅粉黛散髮胡服雜衣錦
綵拔刃張弓遊於市肆勳戚之第朝夕臨幸時

乘馲駝牛驢不施鞍勒盛暑炎赫隆冬酷寒或
日中暴身去衣馳騁從者不堪帝居之自若親
戚貴臣左右近習侍從錯雜無復差等徵集淫
嫗分付從官朝夕臨視以為娛樂凡諸殺害多
令支解或焚之於火或投之於河沉酗既久彌
以狂惑至於末年每言見諸鬼物亦云聞異音
聲情有蒂芥必在誅戮諸元宗室咸加屠剿永
安上黨並致冤酷高隆之高德政杜弼王元景
李蒨之等皆以非罪加害嘗在晉陽以矟戲刺

都督尉子耀應手即殞又在三臺大光殿上以
鋸鋸都督穆嵩遂至於死又嘗幸開府暴顯家
有都督韓哲無罪忽於眾中喚出斬之自餘酷
濫不可勝紀朝野懵懵各懷怨毒而素以嚴斷
臨下加之默識彊記百寮戰慄不敢為非文武
近臣朝不謀夕又多所營繕百役繁興舉國騷
擾公私勞弊凡諸賞賚無復節限府藏之積遂
至空虛自皇太后諸王及內外勳舊愁懼危悚
計無所出暨于末年不能進食唯數飲酒麴糵

成災因而致斃

論曰高祖平定四胡威權延世遷鄴之後雖主器有人號令所加政皆自出顯祖因循鴻業內外協從自朝及野羣心屬望東魏之地舉世樂推曾未朞月玄運集已始則存心政事風化肅然數年之間翕斯致治其後縱酒肆欲事極猖狂昏邪殘暴近世未有饗國弗永實由斯疾胤嗣殄絕固亦餘殃者也

贊曰天保定位受終攸屬奄宅區夏爰膺帝籙

勢叶謳歌情毀龜玉始存政術聞斯德音罔遵克念乃肆其心窮理殘虐盡性荒淫

帝紀第四　北齊書四

帝紀第五　北齊書五

隋太子通事舍人李　百藥　撰

廢帝

廢帝殷字正道文宣帝之長子也母曰李皇后天保元年立為皇太子時年六歲性敏慧初學反語於跡字下注云自反時侍者未達其故太子曰跡字足傍亦為跡豈非自反耶常宴北宮獨令河間王勿入左右問其故太子曰世宗遇賊處河間王復何宜在此文宣每言太子得漢家性質不似我欲廢之立太原王初詔國子博

士李寶鼎傅之寶鼎卒復詔國子博士邢峙侍講太子雖富於春秋而溫裕開朗有人君之度貫綜經業省覽時政甚有美名七年冬文宣召朝臣文學者及禮學官於宮宴會令以經義相質親自臨聽太子手筆措問在坐莫不歎美九年文宣在晉陽太子監國集諸儒講孝經令楊愔傳旨謂國子助教許散愁曰先生在世何以自資對曰散愁自少以來不登孌童之床不入

季女之室服膺簡策不知老之將至平生素懷若斯而已太子曰顏子縮屋稱貞柳下嫗而不亂未若此翁白首不娶者也乃賚絹百疋後文宣登鳳臺召太子使手刃囚太子惻然有難色再三不斷其首文宣怒親以馬鞭撞太子三下由是氣悸語吃精神時復昏擾十年十一月文宣崩癸卯太子即帝位於晉陽宣德殿大赦內外百官普加汎級亡官失爵聽復資品庚戌尊皇太后爲太皇太后皇后爲皇太后詔九州軍

人七十已上授以板職武官年六十已上及癃病不堪驅使者竝皆放免土木營造金銅鐵諸雜作工一切停罷十一月乙卯以右丞相咸陽王斛律金爲左丞相以錄尚書事常山王演爲太傅以司徒長廣王湛爲太尉以司空段韶爲司徒以平陽王淹爲司空高陽王湜爲尚書左僕射河間王孝琬爲司州牧侍中燕子獻爲右僕射戊午分命使者巡省四方求政得失省察風俗問人疾苦十二月戊戌改封上黨王紹仁爲漁陽王紹義爲范陽王長樂王紹廣爲隴西王是歲周武成元年

乾明元年庚辰春正月癸丑朔改元己未詔寬徭賦癸亥高陽王湜薨是月車駕至自晉陽癸亥以太傅常山王演爲太師錄尚書事以大尉長廣王湛爲大司馬并省錄尚書事以尚書左僕射平秦王歸彥爲司空趙郡王叡爲尚書左僕射詔諸元良口配沒宮內及賜人者竝放免甲辰帝幸芳林園親錄囚徒死罪已下降免各

有差乙巳太師常山王演矯詔誅尚書令楊愔尚書左僕射燕子獻領軍大將軍可朱渾天和侍中宋欽道散騎常侍鄭子默戊申以常山王演爲大丞相都督中外諸軍錄尚書事以大司馬長廣王湛爲太傅京畿大都督以司徒段韶爲大將軍以前司空平陽王淹爲太尉以司空平秦王歸彥爲司徒彭城王浟爲尚書令又以高麗王世子湯爲使持節領東夷校尉遼東郡公高麗王是月王琳爲陳所敗蕭莊自拔至和

州三月甲寅詔軍國事皆申晉陽稟大丞相常山王規筭壬申封文襄第二子孝珩爲廣寧王第三子長恭爲蘭陵王夏四月癸亥詔河南定冀趙瀛滄南膠光青九州往因螽水頗傷時稼遣使分塗贍恤是月周明帝崩五月壬子以開府儀同三司劉洪徽爲尚書右僕射秋八月壬午太皇太后令廢帝爲濟南王令食一郡以大丞相常山王演入纂大統是日王居別宮皇建二年九月殂於晉陽年十七帝聰慧夙成寬厚

仁智天保間雅有令名及承大位楊愔燕子獻宋欽道等同輔以常山王地親望重內外畏服加以文宣初崩之日太后本欲立之故愔等並懷猜忌常山王憂悵乃白太后誅其黨時平秦王歸彥亦預謀焉皇建二年秋天文告變歸彥慮有後害仍白孝昭以王當咎乃遣歸彥馳駟至晉陽宮殺之王薨後孝昭不豫見文宣爲祟孝昭深惡之厭勝術備設而無益也薨三旬而孝昭崩大寧二年葬於武寧之西北謚閔悼王

初文宣命邢卲制帝名殷字正道帝從而尤之曰殷家弟及正字一止吾身後兒不得也卲懼請改焉文宣不許曰天也因謂孝昭帝曰奪但奪慎勿殺也

帝紀第五　北齊書五

此卷與北史同

隋太子通事舍人李百藥撰

孝昭

孝昭皇帝演字延安神武皇帝第六子文宣皇帝之母弟也幼而英特早有大成之量武明皇太后早所愛重魏元象元年封常山郡公及文襄執政遣中書侍郎李同軌就霸府爲諸弟師帝所覽文籍源其指歸而不好辭彩每歎云雖盟津之師左驂震而不衂以爲能遂篤志讀漢

書至李陵傳恒壯其所爲焉聰敏過人所與遊處一知其家諱終身未嘗誤犯同軌病卒又命開府長流參軍刁柔代之性嚴褊不適誘訓之宜中被遣出帝送出閤慘然斂容淚數行下左右莫不歔欷其敬業重舊也如此天保初進爵爲王五年除并省尚書令帝善斷割長於文理省内畏服七年從文宣還鄴文宣以尚書奏事多有異同令帝與朝臣先論定得失然後敷奏帝長於政術剖斷咸盡其理文宣歎重之八年轉司空録尚書事九年除大司馬仍録尚書時文宣溺於遊宴帝憂憤表於神色文宣覺之謂帝曰但令汝在我何爲不縱樂帝唯啼泣拜伏竟無所言文宣亦大悲抵盃於地曰汝以此嫌我自今敢進酒者斬之因取所御盃盡皆壞棄後益沉湎或入諸貴戚家角力批拉不限貴賤唯常山王至内外肅然帝又密撰事條將諫其友王晞以爲不可帝不從因閒極言遂逢大怒順成后本魏朝宗室文宣欲帝離之陰爲帝廣

求淑媛望移其寵帝雖承旨有納而情義彌重帝性頗嚴尚書郎中剖斷有失輒加捶楚令史姦慝便即考竟文宣乃立帝於前以刀環擬脅召被帝罰者臨以白刃求帝之短咸無所陳方見解釋自是不許笞箠郎中後賜帝魏時宮人醒而忘之謂帝擅取遂以刀環亂築因此致困皇太后日夜啼泣文宣不知所爲先是禁友王晞乃捨之令侍帝帝月餘漸瘳不敢復諫及文宣崩帝居禁中護喪事幼主即位乃即朝班除

太傅録尚書朝政皆决於帝月餘乃居藩邸自
是詔勅多不關帝客或言於帝曰鷙鳥捨巢必
有探卵之患今日之地何宜屡出乾明元年從
廢帝赴鄴居于領軍府時楊愔燕子獻可朱渾
天和宋欽道鄭子默等以帝威望既重内懼權
逼請以帝爲太師司州牧録尚書事長廣王湛
爲大司馬録并省尚書事解京畿大都督帝時
以尊親而見猜斥乃與長廣王期獵謀之於野
三月甲戌帝初上省旦發領軍府大風暴起壞

所御車幔帝甚惡之及至省朝士咸集坐定酒
數行於坐執尚書令楊愔右僕射燕子獻領軍
可朱渾天和侍中宋欽道等於坐帝戎服與平
原王段韶平秦王高歸彦領軍劉洪徽入自雲
龍門於中書省前遇散騎常侍鄭子默又執之
同斬於御府之内帝至東閤門都督成休寧抽
刃呵帝帝令高歸彦喻之休寧厲聲大呼不從
歸彦既爲領軍素爲兵士所服悉皆弛仗休
寧歎息而罷帝入至昭陽殿幼主太皇太后皇

太后並出臨御坐帝奏愔等罪求伏專擅之辜
時庭中及兩廊下衛士二千餘人皆被甲待詔
武衛娥永樂武力絶倫又被文宣重遇撫刃思
効廢帝性吃訥兼倉卒不知所言太皇太后又
爲皇太后誓言帝無異志唯去逼而已高歸彦
勅勞衛士解嚴永樂乃内刃而泣帝乃令歸彦
引侍衛之士向華林園以京畿軍入守門閤斬
娥永樂於園詔以帝爲大丞相都督中外諸軍
録尚書事相府佐史進位一等帝尋如晉陽有

詔軍國大政咸諮決焉帝既當大位知無不爲
擇其令典考綜名實廢帝恭己以聽政太皇太
后尋下令廢少主命帝統大業

皇建元年八月壬午皇帝即位於晉陽宣德殿
大赦改乾明元年爲皇建詔奉太皇太后還稱
皇太后皇太后稱文宣皇后宮曰昭信乙酉詔
自太祖創業已來諸有佐命功臣子孫絶滅國
統不傳者有司搜訪近親以名聞當量爲主後
諸郡國老人各授版職賜黄帽鳩杖又詔謇正

之士竝聽進見陳事軍人戰亡死王事者以時申聞當加榮贈督將朝士名望素高位歷通顯天保以來未蒙追贈者亦皆録奏又以廷尉中丞執法所在繩違按罪不得舞文弄法其官奴婢年六十已上免爲庶人戊子以太傅長廣王湛爲右丞相以太尉平陽王淹爲太傅以尚書令彭城王浟爲大司馬壬辰詔分遣大使巡省四方觀察風俗問人疾苦考求得失搜訪賢良甲午詔曰昔武王克殷先封兩代漢魏二晉無

廢茲典及元氏統歷不率舊章朕纂承大業思弘古典但二王三恪舊說不同可議定是非列名條奏其禮儀體式亦仰議之又詔國子寺可備立官屬依舊置生講習經典歲時考試其文襄帝所運石經宜即施列於學館外州大學亦仰典司勤加督課景申詔九州勳人有重封者聽分授子弟以廣骨肉之恩九月壬申詔議定三祖樂冬十一月辛亥立妃元氏爲皇后世子百年爲皇太子賜天下爲父後者爵一級癸丑

有司奏太祖獻武皇帝廟宜奏武德之樂舞昭烈之舞世宗文襄皇帝廟宜奏文德之樂舞宣政之舞顯祖文宣皇帝廟宜奏文正之樂舞光大之舞詔曰可庚申詔以故太師尉景故太師竇泰故太師太原王婁昭故太宰章武王厙狄干故太尉段榮故太師万俟普故司徒蔡儁故太師高乾故司徒莫多婁貸文故太保劉貴故太保封祖裔故廣州刺史王懷十三人配饗太祖廟庭故太師清河王岳故太宰安德王韓軌

故太宰扶風王可朱渾道元故太師高昂故大司馬劉豐故太師万俟受洛干故太尉慕容紹宗七人配饗世宗廟庭故太尉河東王潘相樂故司空薛脩義故太傅破六韓常三人配饗顯祖廟庭是月帝親戎北討庫莫奚出長城虜奔遯分兵致討大獲牛馬括揔入晉陽宮十二月景午車駕至晉陽

二年春正月辛亥祀圓丘壬子禘於太廟癸丑詔降罪人各有差二月丁丑詔內外執事之官

從五品已上及三府主簿録事參軍諸王文學侍御史廷尉三官尚書郎中中書舍人每二年之內各舉一人冬十月景子以尚書令彭城王浟爲太保長樂王尉粲爲太尉己酉野雉栖于前殿之庭十一月甲辰詔曰朕嬰此暴疾奄忽無逮今嗣子沖眇未閑政術社稷業重理歸上德右丞相長廣王湛研機測化體道居宗人雄之望海內瞻仰同胞共氣家國所憑可遣尚書左僕射趙郡王叡喻旨徵王統茲大寶其喪紀

之禮一同漢文三十六日悉從公除山陵施用務從儉約先是帝不豫而無闕聽覽是月崩於晉陽宮時年二十七大寧元年閏十二月癸卯梓宮還鄴上謚曰孝昭皇帝庚午葬於文靖陵帝聰敏有識度深沉能斷不可窺測身長八尺腰帶十圍儀望風表迥然獨秀自居臺省留心政術閑明簿領吏所不逮及正位宸居彌所尅勵輕傜薄賦勤恤人隱內無私寵外收人物雖后父位亦特進無別日昃臨朝務知人之善惡

每訪問左右冀獲直言曾問舍人裴澤在外議論得失澤率爾對曰陛下聰明至公自可遠侔古昔而有識之士咸言傷細帝王之度頗爲未弘帝笑曰誠如卿言朕初臨萬機慮不周悉故致爾耳此事安可久行恐後又嫌踈漏澤因被寵遇其樂聞過也如此趙郡王叡與庫狄顯安侍坐帝曰須拔我同堂弟顯安我親姑子今序家人禮除君臣之敬可言我之不逮顯安曰陛下多妄言曰若何對曰陛下昔見文宣以馬鞭

撻人常以爲非而今行之非妄言耶帝握其手謝之又使直言對曰陛下太細天子乃更似吏帝曰朕甚知之然無法來久將整之以至無爲耳又問王晞晞荅如顯安皆從容受納性至孝太后不豫出居南宮帝行不正履容色貶悴衣不解帶殆將四旬殿去南宮五百餘步雞鳴而去辰時方還來去徒行不乘輿輦太后所苦小增便即寢伏閤外食飲藥物盡皆躬親太后常心痛不自堪忍帝立侍帷前以爪掐手心血流

出紬友愛諸弟無君臣之隔雄斷有謀于時國
富兵強將雪神武遺恨意在頓駕平陽爲進取
之策遠圖不遂惜哉初帝與濟南約不相害及
輿駕在晉陽武成鎮鄴望氣者云鄴城有天子
氣帝常恐濟南復興乃密行鴆毒濟南不從乃
扼而殺之後頗愧悔初苦內熱頻進湯散時有
尚書令史姓趙於鄴見文宣從楊愔燕子獻等
西行言相與復讎帝在晉陽宮與毛夫人亦見
焉遂漸危篤備禳厭之事或煑油四灑或持炬

燒逐諸厲方出殿梁騎棟上歌呼自若了無懼
容時有天狗下乃於其所講武以厭之有兔驚
馬帝墜而絕肋太后視疾問濟南所在者三帝
不對太后怒曰殺去耶不用吾言死其宜矣臨
終之際唯扶服床枕叩頭求哀遣使詔追長廣
王入纂大統手書云宜將吾妻子置一好處勿
學前人也

論曰神武平定四方威權在己遷鄴之後雖主
器有人號令所加政皆自出文宣因循鴻業內
外叶從自朝及野群心屬望東魏之地舉國樂
推曾未朞月遂登宸極始則存心政事風化肅
然數年之間朝野安乂其後縱酒肆欲事極猖
狂昏邪殘暴近代未有饗國不永實由斯疾濟
南繼業大革其弊風教粲然搢紳稱幸股肱輔
弼雖懷厥誠既不能贊弘道德和睦親懿又不
能遠慮防身深謀衞主應斷不斷自取其咎臣
既誅夷君尋廢辱皆任非其器之所致爾孝昭
早居臺閣故事通明人吏之間無所不委文宣

崩後大革前弊及臨尊極留心更深時人服其
明而識其細也情好稽古率由禮度將封先代
之胤且敦學校之風徵召英賢文武畢集于時
周氏朝政移於宰臣主將相猜不無危殆乃睠
關右實懷兼并之志經謀宏遠實當代之明主
而降年不永其故何哉豈幽顯之間實有報復
將齊之基宇止存於斯欲帝大之天不許也

帝紀第六　北齊書六

帝紀第七　北齊書七

隋太子通事舍人李　百藥　撰

武成

世祖武成皇帝諱湛神武皇帝第九子孝昭皇帝之母弟也儀表瓌傑神武尤所鍾愛神武方招懷荒遠乃爲帝聘蠕蠕太子菴羅辰女號隣和公主帝時年八歲冠服端嚴神情閑遠華戎歎異元象中封長廣郡公天保初進爵爲王拜尚書令尋兼司徒遷太尉乾明初楊愔等密相

疎忌以帝爲大司馬領并州刺史帝既與孝昭謀誅諸執政遷太傅録尚書事領京畿大都督皇建初進位右丞相孝昭幸晉陽帝以懿親居守鄴政事咸見委託二年孝昭崩遺詔徵帝入統大位及晉陽宮發喪於崇德殿皇太后令所司宣遺詔左丞相斛律金率百僚敦勸三奏乃許之

大寧元年冬十一月癸丑皇帝即位於南宮大赦改皇建二年爲大寧乙卯以司徒平秦王歸彥爲太傅以尚書右僕射趙郡王叡爲尚書令以太尉尉粲爲太保以尚書令段韶爲大司馬以豐州刺史婁叡爲司空以太傅平陽王淹爲太宰以太保彭城王浟爲太師録尚書事以冀州刺史博陵王濟爲太尉以中書監任城王湝爲尚書左僕射以并州刺史斛律光爲右僕射封孝昭皇帝太子百年爲樂陵郡王庚申詔大使巡行天下求政善惡問人疾苦擢進賢良是歲周武帝保定元年

河清元年春正月乙亥車駕至自晉陽辛巳祀南郊壬午享太廟景戌立妃胡氏爲皇后子緯爲皇太子大赦內外百官普加汎級諸爲父後者賜爵一級己亥以前定州刺史馮翊王潤爲尚書左僕射詔斷屠殺以順春令二月丁未以太宰平陽王淹爲青州刺史太傅領司徒以領軍大將軍宗師平秦王歸彥爲太宰冀州刺史乙卯以兼尚書令任城王湝爲司徒詔散騎常侍崔瞻聘于陳夏四月辛丑皇太后婁氏崩乙

巳青州刺史上言今月庚寅河濟清以河濟清
改大寧二年爲河清降罪人各有差五月甲申
祔葬武明皇后於義平陵巳丑以尚書右僕射
斛律光爲尚書令秋七月太宰冀州刺史平章
王歸彥據土反詔大司馬段韶司空婁叡討擒
之乙未斬歸彥幷其三子及黨與二十人於都
市丁酉以大司馬段韶爲太傅以司空婁叡爲
司徒以太傅平陽王淹爲太宰以尚書令斛律
光爲司空以太子太傅趙郡王叡爲尚書令中

書監河間王孝琬爲尚書左僕射癸亥行幸晉
陽陳人來聘冬十一月丁丑詔兼散騎常侍封
孝琰使於陳十二月景辰車駕至自晉陽是歲
殺太原王紹德
二年春正月乙亥帝詔臨朝堂策試秀才以太
子少傅魏收爲兼尚書右僕射巳卯兼右僕射
魏收以阿縱除名丁丑以武明皇后配祭北郊辛
卯帝臨都亭錄見囚降在京罪人各有差三月
乙丑詔司空斛律光督五營軍士築戍於軹關

壬申室韋國遣使朝貢景戌以兼尚書右僕射
趙彥琛爲左僕射夏四月并汾京東雍南汾五
州蟲旱傷稼遣使賑恤戊午陳人來聘五月壬
午詔以城南雙堂閏位之苑迴造大總持寺六
月乙巳齊州言濟河水口見八龍昇天乙卯詔
兼散騎常侍崔子武使于陳庚申司州牧河南
王孝瑜薨秋八月辛丑詔以三臺宮爲大興聖
寺冬十二月癸巳陳人來聘巳酉周將楊忠師
突厥阿史那木可汗等二十餘萬人自恒州分

爲三道殺掠吏人是時大雨雪連月南北千餘
里平地數尺霜晝下雨血於太原戊午帝至晉
陽巳未周軍逼并州又遣大將軍達奚武帥衆
數萬至東雍及晉州與突厥相應是歲室韋庫
莫奚靺鞨契丹竝遣使朝貢
三年春正月庚申朔周軍至城下而陳戰於城
西周軍及突厥大敗人畜死者相枕數百里不
絕詔平原王段韶追出塞而還三月辛酉以律令
班下大赦巳巳盜殺太師彭城王浟庚辰以司空

斛律光爲司徒以侍中武興王普爲尚書左僕射甲申以尚書令馮翊王潤爲司空夏四月辛卯詔兼散騎常侍皇甫亮使於陳五月甲子帝至自晉陽壬午以尚書令趙郡王叡爲録尚書事以前司徒婁叡爲太尉甲申以太傅段韶爲太師丁亥以太尉任城王湝爲大將軍壬辰行幸晉陽六月庚子大雨晝夜不息至甲辰乃止是月晉陽訛言有鬼兵百姓競擊銅鐵以捍之殺樂陵王百年歸宇文媪于周秋九月乙丑封

皇子綽爲南陽王儼爲東平王是月歸閻媪于周陳人來聘突厥寇幽州入長城虜掠而還閏月乙未詔遣十二使巡行水潦州免其租調乙巳突厥寇幽州周軍三道竝出使其將尉遲迥寇洛陽楊標入軹關權景宣趣懸瓠冬十一月甲午迥等圍洛陽戊戌詔兼散騎常侍劉逖使於陳甲辰太尉婁叡大破周軍於軹關擒楊標十二月乙卯豫州刺史王士良以城降周將權景宣丁巳帝自晉陽南討己未太宰平陽王淹

薨壬戌太師段韶大破尉遲迥等解洛陽圍丁卯帝至洛陽免洛州經周軍處一年租賦赦州城内死罪已下囚己巳以太師段韶爲太宰以司徒斛律光爲太尉并州刺史蘭陵王長恭爲尚書令壬申帝至武牢經滑臺次於黎陽所經減降罪人景子車駕至自洛陽是歲高麗靺鞨新羅竝遣使朝貢山東大水飢死者不可勝計詔發賑給事竟不行

四年春正月癸卯以大將軍任城王湝爲大司

馬辛未幸晉陽二月甲寅詔以新羅國王金真興爲使持節東夷校尉樂浪郡公新羅王壬申以年穀不登禁酤酒己卯詔減百官食禀各有差三月戊子詔給西兗梁滄趙州司州之東郡陽平清河武都冀州之長樂渤海遭水潦之處貧下戶粟各有差家別斗升而已又多不付是月彗星見有物隕於殿庭如赤漆鼓帶小鈴殿上石自起兩兩相對又有神見於後園萬壽堂前山穴中其體壯大不辨其面兩齒絶白長出

於曆帝直宿嬪御已下七百人咸見焉帝又夢之夏四月戊午大將軍東安王婁叡坐事免乙亥陳人來聘太史奏天文有變其占當有易主景子乃使太宰段韶兼太尉持節奉皇帝璽綬傳位於皇太子大赦改元爲天統元年百官進級降罪各有差又詔皇太子妃斛律氏爲皇后於是群公上尊號爲太上皇帝軍國大事咸以奏聞始將傳政使內參乘子尚乘驛送詔書於鄴子尚出晉陽城見人騎隨後忽失之尚未至

鄴而其言已布矣天統四年十二月辛未太上皇帝崩於鄴宮乾壽堂時年三十二謚曰武成皇帝廟號世祖五年二月甲申葬於永平陵

帝紀第七　北齊書七

此卷與北史同

帝紀第八　北齊書八

隋太子通事舍人李　百藥　撰

後主

幼主

後主諱緯字仁綱武成皇帝之長子也母曰胡皇后夢於海上坐玉盆日入裙下遂有娠天保七年五月五日生帝於并州邸帝少美容儀武成特所愛寵拜王世子及武成入纂大業大寧二年正月景戌立爲皇太子河清四年武成禪

位於帝

天統元年夏四月景子皇帝即位於晉陽宮大赦改河清四年爲天統丁丑以太保賀拔仁爲太師太尉侯莫陳相爲太保司空馮翊王潤爲司徒錄尚書事趙郡王叡爲司空尚書左僕射河間王孝琬爲尚書令庚寅以瀛州刺史尉粲爲太尉斛律光爲大將軍東安王婁叡爲太尉尚書僕射趙彥深爲左僕射六月壬戌彗星出文昌東北其大如手後稍長乃至丈餘百日乃

此本葉第七行下九字原缺據明北監本補

滅己巳太上皇帝詔兼散騎常侍王季高使於
陳秋七月乙未太上皇帝詔增置都水使者一
人冬十一月癸未太上皇帝至自晉陽己丑太
上皇帝詔改太祖獻武皇帝爲神武皇帝廟號
高祖獻明皇后爲武明皇后其文宣謚號委有
司議定十二月庚戌太上皇帝狩於北郊壬子
狩於南郊乙卯狩於西郊壬戌太上皇帝幸晉
陽丁卯帝至自晉陽庚午有司奏改高祖文宣
皇帝爲威宗景烈皇帝是歲高麗契丹靺鞨竝

遣使朝貢河南大疫

二年丙戌春正月辛卯祀圓丘癸巳祫祭於太
廟詔降罪人各有差景申以吏部尚書尉瑾爲
尚書右僕射庚子行幸晉陽二月庚戌太上皇
帝至自晉陽壬子陳人來聘三月乙巳太上皇
帝詔以三臺施興聖寺以旱故降禁囚夏四月
陳文帝殂五月乙酉以兼尚書左僕射武興王
普爲尚書令己亥封太上皇帝子儼爲東平王
仁弘爲齊安王仁固爲北平王仁英爲高平王

仁光爲淮南王六月太上皇帝詔兼散騎常侍
韋道儒聘於陳秋八月太上皇帝幸晉陽冬十
月己卯以太保侯莫陳相爲太傅大司馬任城
王湝爲太保太尉婁叡爲大司馬徙馮翊王潤
爲太尉開府儀同三司韓祖念爲司徒十一月
大雨雪盜竊太廟御服十二月乙丑陳人來聘
是歲殺河間王孝琬突厥靺鞨國竝遣使朝貢
於周爲天和元年

三年春正月壬辰太上皇帝至自晉陽乙未大

雪平地二尺戊戌太上皇帝詔京官執事散官
三品已上各舉三人五品已上各舉二人稱事
七品已上及殿中侍御史尚書都檢校御史主
書及門下録事各舉一人鄴宮九龍殿災延燒
西廊二月壬寅朔帝加元服大赦九州職人各
進四級內外百官普進二級夏四月癸丑太上
皇帝詔兼散騎常侍司馬幼之使於陳五月甲
午太上皇帝詔以領軍大將軍東平王儼爲尚
書令乙未大風晝晦發屋拔樹六月己未太上

皇帝詔封皇子仁機爲西河王仁約爲樂浪王
仁儉爲潁川王仁雅爲安樂王仁統爲丹陽王仁謙
爲東海王閏六月辛巳左丞相斛律金薨壬午
太上皇帝詔尚書令東平王儼録尚書事以尚
書左僕射趙彥深爲尚書令并省尚書左僕射
婁定遠爲尚書左僕射中書監徐之才爲右僕
射秋八月辛未太上皇帝詔以太保任城王湝
爲太師太尉馮翊王潤爲大司馬太宰段韶爲
左丞相太師賀拔仁爲右丞相太傅侯莫陳相

爲太宰大司馬婁叡爲太傅大將軍斛律光爲
太保司徒韓祖念爲大將軍司空趙郡王叡爲
太尉尚書令東平王儼爲司徒九月己酉太上皇
帝詔諸寺署所綰雜保戶姓高者天保之初雖
有優勑權假力用未免者今可悉蠲雜戶任屬
郡縣一准平人丁已太上皇帝幸晉陽是秋山
東大水人飢僵尸滿道冬十月突厥大莫婁室
韋百濟靺鞨等國各遣使朝貢十一月甲午以
晉陽大明殿成故大赦文武百官進二級免并

州居城太原一郡來年租賦癸未太上皇帝至
自晉陽十二月己巳太上皇帝詔以故左丞相
趙郡王琛配饗神武廟庭
四年正月詔以故清河王岳河東王潘相樂十
人並配饗神武廟庭癸亥太上皇帝詔兼散騎
常侍鄭大護隨於陳三月乙巳太上皇帝詔以
司徒東平王儼爲大將軍南陽王綽爲司徒開
府儀同三司徐顯秀爲司空開府儀同三司廣
寧王孝珩爲尚書令夏四月辛未鄴宮昭陽殿

災及宣光瑤華等殿辛巳太上皇帝幸晉陽五
月癸卯以尚書右僕射胡長仁爲左僕射中書
監和士開爲右僕射壬戌太上皇帝至自晉陽
自正月不雨至於是月六月甲子朔大雨甲申
大風拔木折樹是月彗星見于東井秋九月景
申周人來通和太上皇帝詔侍中斛斯文略報
聘于周冬十月辛巳以尚書令廣寧王孝珩爲
録尚書左僕射胡長仁爲尚書令右僕射和士
開爲左僕射中書監唐邕爲右僕射十一月壬

辰太上皇帝詔兼散騎常侍李翥使於陳是月陳安成王頊廢其主伯宗而自立十二月辛未太上皇帝崩景子大赦九州職人普加一級內外百官並加兩級戊寅太上皇后尊號爲皇太后甲申詔細作之務及所在百工悉罷之又詔掖庭晉陽中山宮人等及鄴下并州太官官口二處其年六十已上及有癃患者仰所司簡放庚寅詔天保七年已來諸家緣坐配流者所在令還是歲契丹靺鞨國並遣使朝貢

五年春正月辛亥詔以金鳳等三臺未入寺者施大興聖寺是月殺定州刺史博陵王濟二月乙丑詔應宮刑者普免刑爲官口又詔禁網捕鷹鷂及畜養籠放之物癸酉大莫婁國遣使朝貢己丑改東平王儼爲琅邪王詔侍中叱列長文使於周是月殺太尉趙郡王叡三月丁酉以司空徐顯秀爲太尉并省尚書令婁定遠爲司空是月行幸晉陽夏四月甲子詔以并州尚書省爲大基聖寺晉祠爲大崇皇寺乙丑車駕至自晉陽秋七月己丑詔降罪人各有差戊申詔使巡省河北諸州無雨處境內偏旱者優免租調冬十月壬戌詔禁造酒十一月辛丑詔以太保斛律光爲太傅大司馬馮翊王潤爲太保大將軍琅邪王儼爲大司馬十二月庚午以開府儀同三司蘭陵王長恭爲尚書令庚辰以中書監魏收爲尚書右僕射

武平元年春正月乙酉朔改元太師并州刺史東安王婁叡薨戊申詔兼散騎常侍裴獻之聘

于陳二月癸亥以百濟王餘昌爲使持節侍中驃騎大將軍帶方郡公王如故己巳以太傅咸陽王斛律光爲右丞相并州刺史右丞相安定王賀拔仁爲錄尚書事冀州刺史任城王湝爲太師景子降死罪已下囚閏月戊戌錄尚書事安定王賀拔仁薨三月辛酉以開府儀同三司徐之才爲尚書左僕射夏六月乙酉以廣寧王孝珩爲司空甲辰以皇子恒生故大赦內外百官普進二級九州職人普進四級己酉詔以開

府儀同三司唐邕爲尚書右僕射秋七月癸丑封孝昭皇帝子彥基爲城陽王彥康爲定陵王彥忠爲梁郡王甲寅以尚書令蘭陵王長恭爲録尚書事中領軍和士開爲尚書令癸亥靺鞨國遣使朝貢癸酉以華山王凝爲太傅八月辛夘行幸晉陽九月乙巳立皇子恒爲皇太子冬十月辛巳以司空廣寧王孝珩爲司徒以上洛王思宗爲司空封蕭莊爲梁王戊子曲降并州死罪已下囚己丑復改威宗景烈皇帝謚號爲顯祖文宣皇帝十二月丁亥車駕至自晉陽詔左丞相斛律光出晉州道脩城戍

二年春正月丁巳詔兼散騎常侍劉環儁使於陳戊寅以百濟王餘昌爲使持節都督東青州刺史二月壬寅以録尚書事蘭陵王長恭爲太尉并省録尚書事趙彥深爲司空尚書令和士開録尚書事左僕射徐之才爲尚書令右僕射唐邕爲左僕射吏部尚書馮子琮爲右僕射夏四月壬午以大司馬琅邪王儼爲太保甲午陳

遣使連和謀伐周朝議弗許六月段韶攻周汾州剋之獲刺史楊敷秋七月庚午太尉琅邪王儼矯詔殺録尚書事和士開於南臺即日誅領軍大將軍厙狄伏連侍書御史王子宜等尚書左僕射馮子琮賜死殿中八月己亥行幸晉陽九月辛亥以太師任城王湝爲太宰馮翊王潤爲太師己未左丞相平原王段韶薨戊午曲降并州界内死罪已下各有差庚午殺太保琅邪王儼壬申陳人來聘冬十月罷京畿府入領軍

府己亥車駕至自晉陽十一月庚戌詔侍中赫連子悅使於周景寅以徐州行臺廣寧王孝珩録尚書事庚午以録尚書事廣寧王孝珩爲司徒癸酉以右丞相斛律光爲左丞相

三年春正月己巳祀南郊辛亥追贈故琅邪王儼爲楚王二月己卯以衛菩薩爲太尉辛巳以并省吏部尚書高元海爲尚書右僕射庚寅以左僕射唐邕爲尚書令侍中祖珽爲左僕射是月勅撰玄洲苑御覽後改名聖壽堂御覽三月辛

酉詔文武官五品已上各舉一人是月周誅冢宰宇文護夏四月周人來聘秋七月戊辰誅左丞相咸陽王斛律光及其弟幽州行臺荊山公豐樂八月庚寅廢皇后斛律氏爲庶人以太宰任城王湝爲右丞相太師馮翊王潤爲太尉蘭陵王長恭爲大司馬廣寧王孝珩爲大將軍安德王延宗爲大司徒使領軍封輔相聘于周戊子拜右昭儀胡氏爲皇后己丑以司州牧北平王仁堅爲尚書令特進許季良爲左僕射彭城

王寶德爲右僕射癸巳行幸晉陽是月聖壽堂御覽成勑付史閣後改爲脩文殿御覽九月陳人來聘冬十月降死罪已下囚甲午拜弘德夫人穆氏爲左皇后大赦十二月辛丑廢皇后胡氏爲庶人是歲新羅百濟勿吉突厥並遣使朝貢於周爲建德元年

四年春正月戊寅以并省尚書令高阿那肱爲録尚書事庚辰詔兼散騎常侍崔象使於陳是月鄴都并州並有狐媚多截人髮二月乙巳拜

左皇后穆氏爲皇后景午置文林館乙卯以尚書令北平王仁堅爲録尚書事丁巳行幸晉陽是月周人來聘三月辛未盜入信州殺刺史和士休南兗州刺史鮮于世榮討平之庚辰車駕至晉陽夏四月戊午以大司馬蘭陵王長恭爲太保大將軍定州刺史南陽王綽爲大司馬大司馬太尉衛菩薩大將軍司徒安德王延宗爲太尉司空武興王普爲司徒開府儀同三司宜陽王趙彥深爲司空癸丑祈皇祠壇壝蕝之內

忽有車軌之轍按驗傍無人跡不知車所從來乙卯詔以爲大慶班告天下己未周人來聘五月景子詔史官更撰魏書癸巳以領軍穆提婆爲尚書左僕射以侍中中書監段孝言爲右僕射是月開府儀同三司尉破胡長孫洪略等與陳將吳明徹戰於呂梁南大敗破胡走以免洪略戰没遂陷秦涇二州明徹進陷和合二州是月殺太保蘭陵王長恭六月明徹進軍圍壽陽壬子幸南苑從官暍死者六十人以録尚書事

高阿那肱爲司徒景辰詔開府王師羅使於周
九月校獵于鄴東冬十月陳將吳明徹陷壽陽
辛丑殺侍中崔季舒張彫唐散騎常侍劉逖封
孝琰黄門侍郎裴澤郭遵癸卯行幸晉陽十二
月戊寅以司徒高阿那肱爲右丞相是歲高麗
靺鞨並遣使朝貢突厥使求婚
五年春正月乙丑置左右娥英各一人二月乙
未車駕至自晉陽朔州行臺南安王思好反辛
丑行幸晉陽尚書令唐邕等大破思好投火死

焚其屍并其妻李氏丁未車駕至自晉陽甲寅
以尚書令唐邕爲録尚書事夏五月大旱晉陽
得死魃長二尺面頂各二目帝聞之使刻木爲
其形以獻庚午大赦丁亥陳人寇淮北秋八月
癸卯行幸晉陽甲辰以高勵爲尚書右僕射是
歲殺南陽王綽
六年春三月乙亥車駕至自晉陽丁丑烹妖賊
鄭子饒於都市是月周人來聘夏四月庚子以
中書監楊休之爲尚書右僕射癸卯靺鞨遣使

朝貢秋七月甲戌行幸晉陽八月丁酉冀定趙
幽滄瀛六州大水是月周師入洛川屯芒山攻
逼洛城縱火船焚浮橋河橋絶閏月己丑遣右
丞相高阿那肱自晉陽禦之師次河陽周師夜
遁庚辰以司空趙彦深爲司徒斛律阿列羅爲
司空辛巳以軍國資用不足稅關市舟車山澤
鹽鐵店肆輕重各有差開酒禁
七年春正月壬辰詔去秋已來水潦人飢不自
立者所在付大寺及諸富戶濟其性命甲寅大

赦乙卯車駕至自晉陽二月辛酉括雜戶女年
二十已下十四已上未嫁悉集省隱匿者家長
處死刑二月景寅風從西北起發屋拔樹五日
乃止夏六月戊申朔日有蝕之庚申司徒趙彦
深薨秋七月丁丑大雨霖是月以水澇遣使巡
撫流亡人戶八月丁卯行幸晉陽雉集於御坐
獲之有司不敢以聞詔營邯鄲宮冬十月景辰
帝大狩於祁連池周師攻晉州癸亥帝還晉陽
甲子出兵大集晉祠庚午帝發晉陽癸酉帝列

陣而行上鷄栖原與周齊王憲相對至夜不戰
周師歛陣而退十一月周武帝退還長安留偏
師守晉州高阿那肱等圍晉州城戊寅帝至圍
所十二月戊申武帝來救晉州庚申戰于城南
我軍大敗帝棄軍先還癸丑入晉陽憂懼不知
所之甲寅大赦帝謂朝臣曰周師甚盛若何群
臣咸曰天命未改一得一失自古皆然宜停百賦
安慰朝野收拾遺兵背城死戰以存社稷帝意
猶豫欲向北朔州乃留安德王延宗廣寧王孝

珩等守晉陽若晉陽不守即欲奔突厥群臣皆
曰不可帝不從其言開府儀同三司賀拔伏恩封
輔相慕容鍾葵等宿衛近臣三十餘人西奔周師
乙夘詔募兵遣安德王延宗爲左廣寧王孝珩
爲右延宗入見帝告欲向北朔州延宗泣諫不從
帝密遣王康德與中人齊紹等送皇太后皇太
子於北朔州景辰帝幸城南軍勞將士其夜欲
遯諸將不從丁巳大赦改武平七年爲隆化元年
其日穆提婆降周詔除安德王延宗爲相國委

以備禦延宗流涕受命帝乃夜斬五龍門而出
欲走突厥從官多散領軍梅勝郎叩馬諫乃廻
之鄴時唯高阿那肱等十餘騎廣寧王孝珩襄
城王彥道續至得數十人同行戊午延宗從衆
議即皇帝位於晉陽改隆化爲德昌元年庚申
帝入鄴辛酉延宗與周師戰於晉陽大敗爲周
師所虜帝遣募人重加官賞雖有此言而貢不
出物廣寧王孝珩奏請出宮人及珍寶班賜將
士帝不悦斛律孝卿居中受委帶甲以處分請

帝親勞爲帝撰辭且曰宜慷慨流涕感激人心
帝既出臨衆將令之不復記所受言遂大笑左
右亦群咍將士莫不解體於是自大丞相已下
太宰三師大司馬大將軍三公等官並增員而
授或三或四不可勝數甲子皇太后從北道至
引文武一品已上入朱華門賜酒食給紙筆問
以禦周之方群臣各異議帝莫知所從又引高
元海宋士素盧思道李德林等欲議禪位皇太
子先是望氣者言當有革易於是依天統故事

授位幼主

幼主名恒帝之長子也母曰穆皇后武平元年六月生於鄴其年十月立爲皇太子隆化二年春正月乙亥即皇帝位時八歲改元爲承光元年大赦尊皇太后爲太皇太后帝爲太上皇帝后爲太上皇后於是黄門侍郎顔之推中書侍郎薛道衡侍中陳德信等勸太上皇帝往河外募兵更爲經略若不濟南投陳國從之丁丑太皇太后太上皇自鄴先趣濟州周師漸逼癸未幼

主又自鄴東走己丑周師至紫陌橋癸巳燒城西門太上皇將百餘騎東走乙亥渡河入濟州其日幼主禪位於大丞相任城王湝令侍中斛律孝卿送禪文及璽紱於瀛州孝卿乃以之歸周又爲任城王詔尊太上皇爲無上皇幼主爲守國天王留太皇太后濟州遣高阿那肱留守太上皇并皇后攜幼主走青州韓長鸞鄧顒等數十人從太上皇既至青州即爲入陳之計而高阿那肱召周軍約生致齊主而屢使人告言賊

軍在遠已令人燒斷橋路太上所以停緩周軍奄至青州太上窘急將遜於陳置金囊於鞍後與長鸞淑妃等十數騎至青州南鄧村爲周將尉遲綱所獲送鄴周武帝與抗賓主禮并太后幼主諸王俱送長安封帝溫國公至建德七年誣與宜州刺史穆提婆謀反及延宗等數十人無少長咸賜死神武子孫所存者一二而已至大象末陽休之陳德信等啓大丞相隋公請收葬之聽之葬長安北原洪瀆川帝幼而念善及長

頗學綴文置文林館引諸文士焉而言語澀吶無志度不喜見朝士自非寵私昵狎未嘗交語性懦不堪人視者即有忿責其奏事者雖三公令録莫得仰視皆略陳大旨驚走而出每災異寇盜水旱亦不貶損唯諸處設齋以此爲脩德雅信巫覡解禱無方初琅琊王舉兵人告者誤云庫狄伏連反帝曰此必仁威也又斛律光死後諸武官舉高思好堪大將軍帝曰思好喜反皆如所言遂自以策無遺筭乃益驕縱盛爲無

愁之曲帝自彈胡琵琶而唱之侍和之者以百
數人間謂之無愁天子嘗出見群厲盡殺之或
剥人面皮而視之任陸令萱和士開高阿那肱
穆提婆韓長鸞等宰制天下陳德信鄧長顒何
洪珍參預機權各引親黨超居非次官由財進
獄以賄成其所以亂政害人難以備載諸宮奴
婢閹人商人胡戶雜戶歌舞人見鬼人濫得富
貴者將萬數庶姓封王者百數不復可紀開府
千餘儀同無數領軍時二十連判文書各作依

字不具姓名莫知誰也諸貴寵祖禰追贈官歲
一進位極乃止宮掖婢皆封郡君宮女寶衣玉
食者五百餘人一裙直萬疋鏡臺直千金競爲
變巧朝衣夕弊承武成之奢麗以爲帝王當然
乃更增益宮苑造偃武修文臺其嬪嬙諸宮中
起鏡殿寶殿瑇瑁殿丹青彫刻妙極當時又於
晉陽起十二院壯麗逾於鄴下所愛不恒數毀
而又復夜則以火照作寒則以湯爲泥百工困
窮無時休息鑿晉陽西山爲大佛像一夜然油

萬盆光照宮內又爲胡昭儀起大慈寺未成改
爲穆皇后大寶林寺窮極工巧運石塡泉勞費
億計人牛死者不可勝紀御馬則藉以氈罽食
物有十餘種將合牝牡則設青廬具牢饌而親
觀之狗則飼以粱肉馬及鷹犬乃有儀同郡君
之號故有赤彪儀同逍遙郡君凌霄郡君高思
好書所謂駮龍逍遙者也犬於馬上設褥以抱
之鬬雞亦號開府犬馬雞鷹多食縣邑鷹之入
養者稍割犬肉以飼之至數日乃死又於華林

園立貧窮村舍帝自弊衣爲乞食兒又爲窮兒
之市躬自交易寫築西鄙諸城黑衣爲羌兵鼓
噪凌之親率內參臨拒或實彎弓射人自晉陽
東巡單馬馳騖衣解髮散而歸又好不急之務
曾一夜索蝎及旦得三升特愛非時之物取求
火急皆須朝徵夕辦當勢者因之貸一而責十
焉賦斂日重徭役日繁人力既殫帑藏空竭乃
賜諸佞幸賣官或得郡兩三或得縣六七各分
州郡下逮鄉官亦多降中者故有敕用州主簿

勑用郡功曹於是州縣職司多出富商大賈競爲貪縱人不聊生爰自鄴都及諸州郡所在徵稅百端俱起凡此諸役皆漸於武成至帝而增廣焉然未嘗有帷薄淫穢唯此事頗優於武成云初河清末武成夢大蝟攻破鄴城故索境內蝟膏以絕之識者以後主名聲與蝟相協亡齊徵也又婦人皆剪剔以着假髻而危邪之狀如飛鳥至於南面則髻心正西始自宮內爲之被於四遠天意若曰元首剪落危側當走西也又

爲刀子者刃皆狹細名曰盡勢遊童戲者好以兩手持繩拂地而却上跳且唱曰高末高末之言蓋高氏運祚之末也然則亂亡之數蓋有兆云

論曰武成風度高爽經算弘長文武之官俱盡其力有帝王之量矣但愛狎庸豎委以朝權帷薄之間淫侈過度滅亡之兆其在斯乎玄象告變傳位元子名號雖殊政猶己出迹有虛飭事非憲典聰明臨下何易可誣又河南河間樂陵等諸王或以時嫌或以猜忌皆無罪而殞非

所謂知命任天道之義也後主以中庸之姿懷易染之性永言先訓教匪義方始自繈褓至于傳位隔以正人閉其善道養德所履異乎春誦夏弦過庭所聞莫非不軌不物輔之以中宮妳媼屬之以麗色淫聲縱韝紲之娛恣朋淫之好語曰從惡若崩蓋言其易武平在御彌見淪胥罕接朝士不親政事一日萬機委諸凶族內侍帷幄外吐絲綸威厲風霜志迴天日虐人害物摶噬無猒賣獄鬻官溪壑難滿重以名將貽禍

忠臣顯戮始見浸弱之萌俄觀土崩之勢周武因機遂混區夏悲夫蓋桀紂罪人其亡也忽焉自然之理矣鄭文貞公魏徵總而論之曰神武以雄傑之姿始基霸業文襄以英明之略伐叛柔遠于時喪君有君師出以律河陰之役摧宇文如反掌渦陽之戰掃侯景如拉枯故能氣攝西隣威加南服王室是賴東夏宅心文宣因累世之資膺樂推之會地居當壁遂遷魏鼎懷譎詭非常之才運屈奇不測之智網羅俊乂明察

臨下文武名臣盡其力用親戎出塞命將臨江
定單于於龍城納長君於梁國外內充實疆場
無警胡騎息其南侵秦人不敢東顧既而荒淫
敗德罔念作狂爲善未能亡身餘殃足以傳後
得以壽終幸也胤嗣不永宜哉孝昭地逼身危
逆取順守外敷文教內藴雄圖將以牢籠區域
奄一函夏享齡不永勣用無成若或天假之年
足使秦吳旰食武成即位雅道陵遲昭襄之風
濯焉已墜洎乎後主外內崩離衆潰於平陽身

禽於青土天道深遠或未易談吉凶由人抑可
揚搉觀夫有齊全盛控帶遐阻西苞汾晉南極
江淮東盡海隅北漸沙漠六國之地我獲其五
九州之境彼分其四料甲兵之衆寡校帑藏之
虛實折衝千里之將帷幄六奇之士比二方之
優劣無等級以寄言然其太行長城之固自若
也江淮汾晉之險不移也帑藏輸稅之賦未虧
也士庶甲兵之衆不缺也然而前王用之而有
餘後主守之而不足其故何哉前王之御時也

沐雨櫛風拯其溺而救其焚信賞必罰安而利
之既與共其存亡故得同其生死後主則不然以
人從欲損物益己彫牆峻宇酣酒嗜音鄽肆變
於宮園禽色荒於外內俾晝作夜罔水行舟所
欲必成所求必得既不軌物又暗於聽受忠信
不聞萋斐必入視人如草芥從惡如順流佞閹
處當軸之權婢媼擅迴天之力賣官鬻獄亂政
淫刑刳剒被於忠良祿位加於犬馬讒邪並進
法令多聞持瓢者非止百人搖樹者不唯一手

於是土崩瓦解衆叛親離顧瞻周道咸有西歸
之志方更盛其宮觀窮極荒淫謂黔首之可誣
指白日以自保馳倒戈之旅抗前歌之師五世
崇基一舉而滅豈非鐫金石者難爲功摧枯朽
者易爲力歟抑又聞之皇天無親唯德是輔天
時不如地利地利不如人和齊自河清之後逮
于武平之末土木之功不息嬪嬙之選無已征
稅盡人力殫物產無以給其求江海不能贍其
欲所謂火既熾矣更負薪以足之數既窮矣又

爲惡以促之欲求大厦不燔延期過曆不亦難乎由此言之齊氏之敗亡蓋亦由人匪唯天道也

帝紀第八　　北齊書八

此卷與北史同

列傳第一　　北齊書九

隋太子通事舍人李　百藥撰

神武明皇后婁氏諱昭君贈司徒内干之女也少明悟強族多聘之並不肯行及見神武於城上執役驚曰此眞吾夫也乃使婢通意又數致私財使以聘己父母不得已而許焉神武既有澄清之志傾産以結英豪密謀祕策后恒參預及拜渤海王妃閫闈之事悉決焉后高明嚴斷雅遵儉約往來外舍侍從不過十人性寛厚不妒忌神武姬侍咸加恩待神武常將西討出

師后夜孿生一男一女左右以危急請追告神武后弗聽曰王出統大兵何得以我故輕離軍幕死生命也來復何爲神武聞之嗟歎良久沙苑敗後侯景屢言請精騎二萬必能取之神武悅以告于后后曰若如其言豈有還理得獺失景亦有何利乃止神武逼於茹茹欲娶其女而未決后曰國家大計願不疑也及茹茹公主至后避正室處之神武愧而拜謝焉曰彼將有覺願絕勿顧慈愛諸子不異己出躬自紡績人賜

一袍一袴手縫戎服以帥左右弟昭以功名自達其餘親屬未嘗爲請爵位每言有材當用義不以私亂公文襄嗣位進爲太妃文宣將受魏禪后固執不許帝所以中止天保初尊爲皇太后宮曰宣訓濟南即位尊爲太皇太后尚書令楊愔等受遺詔輔政踈忌諸王太皇太后密與孝昭及諸大將定策誅之下令廢立孝昭即位復爲皇太后孝昭帝崩太后又下詔立武成帝大寧二年春太后寢疾衣忽自舉用巫媼言改

姓氏四月辛丑崩於北宮時年六十二五月甲申合葬義平陵太后凡孕六男二女皆感夢孕文襄則夢一斷龍孕文宣則夢大龍首尾屬天地張口動目勢狀驚人孕孝昭則夢蠕龍於地孕武成則夢龍浴於海孕魏二后並夢月入懷孕襄城博陵二王夢鼠入衣下后未崩有童謠曰九龍母死不作孝及后崩武成不改服緋袍如故未幾登三臺置酒作樂帝女進白袍帝怒投諸臺下和士開請止樂帝大怒撻之帝於昆

季次實九蓋其徵驗也

文襄敬皇后元氏魏孝靜帝之姊也孝武帝時封馮翊公主而歸於文襄容德兼美曲盡和敬初生河間王孝琬時文襄爲世子三日而孝靜帝幸世子第贈錦綵及布帛萬疋世子辭求通受諸貴禮遺於是十屋皆滿次生兩公主文宣受禪尊爲文襄皇后居靜德宮及天保六年文宣漸致昏狂乃移居於高陽之宅而取其府庫曰吾兄昔姦我婦我今須報乃淫於后其高氏

女婦無親疎皆使左右亂交之於前以葛爲絙
令魏安德王騎上使人推引之又命胡人苦辱
之帝又自呈露以示群下武平中后崩祔葬義
平陵

文宣皇后李氏諱祖娥趙郡李希宗女也容德
甚美初爲太原公夫人及帝將建中宮高隆之
高德正言漢婦人不可爲天下母宜更擇美配
楊愔固請依漢魏故事不改元妃而德正猶固
請廢后而立段昭儀欲以結勳貴之援帝竟不

從而立后焉帝好捶撻嬪御乃至有殺戮者唯
后獨蒙禮敬天保十年改爲可賀敦皇后孝昭
即位降居昭信宮號昭信皇后武成踐祚逼后
淫亂云若不許我當殺爾兒后懼從之後有娠
太原王紹德至閤不得見慍曰兒豈不知耶姊
姊腹大故不見兒后聞之大慙由是生女不舉
帝橫刀詬曰爾殺我女我何不殺爾兒對后前
築殺紹德后大哭帝愈怒裸后亂撾撻之號天
不已盛以絹囊流血淋漉投諸渠水良久乃蘇

犢車載送妙勝尼寺后性愛佛法因此爲尼齊
亡入關隋時得還趙郡

孝昭皇后元氏開府元蠻女也初爲常山王妃
天保末賜姓步六孤孝昭即位立爲皇后帝崩
梓宮之鄴始渡汾橋武成聞后有奇藥追索之
不得使閹人就車頓辱之降居順成宮武成既殺
樂陵王元被閉隔不得與家相知宮闈內忽有飛
語帝令檢推得后父兄書信元蠻由是坐免官
后以齊亡入周氏宮中隋文帝作相放還山東

武成皇后胡氏安定胡延之女其母范陽盧道
約女初懷孕有胡僧詣門曰此宅瓠蘆中有月
既而生后天保初選爲長廣王妃產後主日鴞
鳴於產帳上武成崩尊爲皇太后陸媼及和士
開密謀殺趙郡王叡出婁定遠高文遙爲刺史
和陸諂事太后無所不至初武成時后與諸閹
人褻狎武成寵幸和士開每與后握槊因此與
后姦通自武成崩後數出詣佛寺又與沙門曇
獻通布金錢於獻席下又挂寶裝胡床於獻屋

壁武成平生之所御也乃置百僧於内殿託以聽講日夜與曇獻寢處以獻爲昭玄統僧徒遥指太后以弄曇獻乃至謂之爲太上者帝聞太后不謹而未之信後朝太后見二少尼悦而召之乃男子也於是曇獻事亦發皆伏法并殺元山王三郡君皆太后之所昵也帝自晉陽奉太后還鄴至紫陌卒遇大風舍人魏僧伽明風角奏言即時當有暴逆事帝詐云鄴中有急彎弓纏矟馳入南城令鄧長顒幽太后北宮仍有勑

内外諸親一不得與太后相見久之帝復迎太后太后初聞使者至大驚慮有不測每太后設食帝亦不敢嘗周使元偉來聘作述行賦叙鄭莊公剋段而遷姜氏文雖不工當時深以爲愧齊亡入周恣行姦穢隋開皇中殂

後主皇后斛律氏左丞相光之女也初爲皇太子妃後主受禪立爲皇后武平三年正月生女帝欲悦光詐稱生男爲之大赦光誅后廢在别宫後令爲尼齊滅嫁爲開府元仁妻

後主皇后胡氏隴東王長仁女也胡太后失母儀之道深以爲愧欲求悦後主故飾后於宮中令帝見之帝果悦立爲弘德夫人進左昭儀大被寵愛斛律后廢陸媪欲以穆夫人代之太后不許祖孝徵請立胡昭儀遂登爲皇后陸媪既非勸立又意在穆夫人其後於太后前作色而言曰何物親姪女作如此語言太后問有何言曰不可道固問之乃曰語大家云太后行多非法不可以訓太后大怒喚后出立剃其髮送令還

家帝思之每致物以通意後與斛律廢后俱召入内數日而鄴不守後亦改嫁

後主皇后穆氏名邪利本斛律后從婢也母名輕霄本穆子倫婢也轉入侍中宋欽道家姦私而生后莫知氏族或云后即欽道女子也小字黄花後字舍利欽道婦妒黥輕霄面爲宋字欽道伏誅黄花因此入宮有幸於後主宮内稱爲舍利大監女侍中陸大姬知其寵養以爲女薦爲弘德夫人武平元年六月生皇子恒於時後

主未有儲嗣陸陰結待以監撫之任不可無主時皇后斛律氏丞相光之女也慮其懷恨先令母養之立爲皇太子陸以國姓之重穆陸相對又奏賜姓穆氏胡庶人之廢也陸有助焉故遂立爲皇后大赦初有折衝將軍元正烈於鄴城東水中得璽以獻文曰天王后璽蓋石氏所作詔書頒告以爲穆后之瑞焉武成時爲胡后造真珠裙袴所費不可稱計被火所燒後主既立穆皇后復爲營之屬周武遭太后喪詔侍中薛

孤康買等爲弔使又遣商胡賫錦綵三萬疋與弔使同往欲市真珠爲皇后造七寶車周人不與交易然而竟造焉先是童謠曰黄花勢欲落清觴滿盃酌言黄花不久也後主自立穆后以後昏飲無度故云清觴滿杯酌陸息駱提婆詔改姓爲穆陸大姬皆以皇后故也后既以陸爲母提婆爲家更不採輕霄輕霄自療　欲求見太后陸媪使禁掌之竟不得見

列傳第一　北齊書九

列傳第二　北齊書十

隋太子通事舍人李　百藥　撰

高祖十一王

永安簡平王浚

平陽靖翼王淹

彭城景思王浟

上黨剛肅王渙

襄城景王淯

任城王湝

高陽康穆王湜

博陵文簡王濟

華山王凝

馮翊王潤

漢陽王洽

神武皇帝十五男武明婁皇后生文襄皇帝文宣皇帝孝昭皇帝襄城景王淯武成皇帝博陵文簡王濟王氏生永安簡平王浚穆氏生平陽靖翼王淹大爾朱氏生彭城景思王浟華山王

疑韓氏生上黨剛肅王渙小爾朱氏生任城王湝游氏生高陽康穆王湜鄭氏生馮翊王潤馬氏生漢陽敬懷王洽

永安簡平王浚字定樂神武第三子也初神武納浚母當月而有孕及產浚疑非巳類不甚愛之而浚早慧後更被寵年八歲時問於博士盧景裕曰祭神如神在爲有神邪無神邪對曰有浚曰有神當云祭神神在何煩如字景裕不能荅及長嬉戲不節曾以屬請受納大見杖罰拘

禁府獄既而見原後稍折節頗以讀書爲務元象中封永安郡公豪爽有氣力善騎射爲文襄所愛文宣性雌懦每參文襄有時涕出浚常責帝左右何因不爲二兄拭鼻由是見銜累遷中書監兼侍中出爲青州刺史頗好畋獵聰明矜恕上下畏悅之保定初進爵爲王文宣末年多酒浚謂親近曰二兄舊來不甚了了自登祚巳後識解頓進今因酒敗德朝臣無敢諫者大敵未滅吾甚以爲憂欲乘驛至鄴面諫不知用

吾不人有知密以白帝又見銜八年來朝從幸東山帝裸裎爲樂雜以婦女又作狐掉尾戲浚進言此非人主所宜帝甚不悅浚又於屛處召楊遵彥譏其不諫帝時不欲大臣與諸王交通遵彥懼以奏帝大怒曰小人由來難忍遂罷酒還宮浚尋還州又上書切諫詔令徵浚浚懼禍謝疾不至上怒馳驛收浚老幼泣送者數千人至盛以鐵籠與上黨王渙俱寘北城地牢下飲食溲穢共在一所明年帝親將左右臨穴歌謳令浚

和之浚等惶怖且悲不覺聲戰帝爲愴然因泣將赦之長廣王湛先與浚不睦進曰猛獸安可出穴帝嘿然浚等聞之呼長廣小字曰步落稽皇天見汝左右聞者莫不悲傷浚與渙皆有雄略爲諸王所傾服帝恐爲害乃自刺渙又使壯士劉桃枝就籠亂刺槊每下浚渙輒以手拉折之號哭呼天於是薪火亂投燒殺之塡以石土後出皮髮皆盡屍色如炭天下爲之痛心後帝以其妃陸氏配儀同劉郁捷舊帝蒼頭也以

本葉原缺據明監本補

軍功見用時令郁提害浚故以配馬後數日帝以陸氏先無寵於浚勑與離絶乾明元年贈太尉無子詔以彭城王浟第二子準嗣

平陽靖翼王淹字子邃神武第四子也元象中封平陽郡公累遷尚書左僕射天保初進爵爲王歴位尚書令開府儀同三司司空太尉皇建初爲太傅與彭城河間王並給仗衛羽林百人太寧元年遷太宰性沉謹以寛厚稱河清三年薨於晉陽或云酖終還葬鄴贈假黄鉞太宰録尚書事子德素嗣

彭城景思王浟字子深神武第五子也元象二年拜通直散騎常侍封長樂郡公博士韓毅教浟書見浟筆迹未工戲浟曰五郎書畫如此忽爲常侍開國今日後宜更用心浟正色荅曰昔甘羅幼爲秦相未聞能書凡人唯論才具何如豈必動誇筆迹博士當今能者何爲不作三公時年蓋八歲矣毅甚慙武定六年出爲滄州刺史爲政嚴察部内肅然守令參佐下及胥吏行遊往來皆自賫粮食浟纖介知人間事有濕沃縣主簿張達嘗詣州夜投人舍食鷄羹浟察知之守令畢集浟對衆曰食鷄羹何不還價直也達即伏罪合境號爲神明又有一人從幽州來驢馱鹿脯至滄州界脚痛行遲偶會一人爲伴遂盜驢及脯去明旦告州浟乃令左右及府僚吏分市鹿脯不限其價其主見脯識之推獲盜者轉都督定州刺史時有人被盜黑牛背上有白毛長史韋道建謂中從事魏道勝曰使君在

滄州日擒姦如神若捉得此賊定神矣浟乃詐爲上府市牛皮倍酬價直使牛主認之因獲其盜建等歎服又有老母姓王孤獨種菜三畝數被偷浟乃令人密往書菜葉爲字明日市中看菜葉有字獲賊爾後境内無盜政化爲當時第一天保初封彭城王四年徵爲侍中人吏送別悲號有老公數百人相率具饌曰自殿下至來五載人不識吏吏不欺人百姓有識已來始逢今化殿下唯飲此鄉水未食此鄉食聊獻疏薄浟

本葉原缺據明藍本補

重其意爲食一口七年轉司州牧選從事皆取文才士明剖斷者當時稱爲美選州舊案五百餘淑未朞悉斷盡別駕羊脩等恐犯權戚乃詣閤諮陳浟使告曰吾直道而行何憚權戚卿等當成人之美反以權戚爲言脩等慙悚而退後加特進兼司空太尉州牧如故太妃薨解任尋詔復本官俄拜司空兼尚書令濟南嗣位除開府儀同三司尚書令領大宗正卿皇建初拜大司馬兼尚書令轉太保武成入承大業遷太師錄

尚書事浟明練世務果於斷決事無大小咸悉以情趙郡李公統預高歸彥之逆其母崔氏即御史中丞崔昂從父子兼右僕射魏收之內妹也依令年出六十例免入官崔增年陳訴所司以昂收故崔遂獲免浟摘發其事昂等以罪除名自車駕巡幸浟常留鄴河清三年二月群盜田子禮等數十人謀劫浟爲主詐稱使者徑向浟第至內室稱勑牽浟上馬臨以白刃欲引向南殿浟大呼不從遂遇害時年三十二朝野痛惜焉初

浟未被劫前其妃鄭氏夢人斬浟頭持去惡之數日而浟見殺贈假黃鉞太師太尉錄尚書事給轀輬車子寶德嗣位開府兼尚書左僕射

上黨剛肅王渙字敬壽神武第七子也天姿雄傑俶儻不群雖在童幼恒以將略自許神武壯而愛之曰此兒似我及長力能扛鼎材武絶倫每謂左右曰人不可無學但要不爲博士耳故讀書頗知梗槩而不甚耽習元象中封平原郡公文襄之遇賊渙年尚幼在西學聞宮中讙譟

曰大兄必遭難矣彎弓而出武定末除冀州刺史在州有美政天保初封上黨王歷中書令尚書左僕射與常山王演等築伐惡諸城遂聚鄴下輕薄凌犯郡縣爲法司所糾文宣戮其左右數人渙亦被譴六年率衆送梁王蕭明還江南仍破東關斬梁特進裴之橫等威名甚盛八年錄尚書事初術士言亡高者黑衣由是自神武後每出行不欲見沙門爲黑衣故也是時文宣幸晉陽以所忌問左右曰何物是黑莫過漆帝

以渙第七子爲當之乃使庫真都督破六韓伯昇之鄴徵渙渙至紫陌橋殺伯昇以逃憑河而度土人執以送帝鐵籠盛之與永安王浚同置地牢下歲餘與浚同見殺時年二十六以其妃李氏配馮文洛是帝家舊奴積勞位至刺史帝令文洛等殺渙故以其妻妻焉至乾明元年收二王餘骨葬之贈司空謚曰剛肅有勑李氏還第而文洛尚以故意修飾詣李李盛列左右引文洛立於階下數之曰遭難流離以至

大辱志操寡薄不能自盡幸蒙恩詔得反藩闈汝是誰家執奴猶欲見侮於是杖之一百流血洒地渙無嫡子庶長子寶嚴以河清二年襲爵位金紫光祿大夫開府儀同三司

襄城景王淯神武第八子也容貌甚美弱年有器望元象中封章武郡公天保初封襄城郡王二年春薨齊氏諸王選國臣府佐多取富商群小鷹犬少年唯襄城廣寧蘭陵王等頗引文藝清識之士當時以此稱之乾明元年二月贈假黃鉞太師太尉録尚書事無子詔以常山王演第二子亮嗣亮字彥道性恭孝美風儀好文學爲徐州刺史坐奪商人財物免官後主敗奔鄴亮從焉遷兼太尉太傅周師入鄴亮於啓夏門拒守諸軍皆不戰而敗周軍於諸城門皆入亮軍方退走亮入太廟行馬内慟哭拜辭然後爲周軍所執入關依例受儀同分配遠邊卒於龍州

任城王湝神武第十子也少明慧天保初封孝昭武成時車駕還鄴常令湝鎮晉陽總并省事歷司徒太尉并省録尚書事天統三年拜太保并州刺史別封平正郡公時有婦人臨汾水浣衣有乘馬人換其新靴馳而去者婦人持故靴詣州言之湝召城外諸嫗以靴示之紿曰有乘馬人在路被賊刼害遺此靴焉得無親屬乎一嫗撫膺哭曰兒昨着此靴向妻家如其語捕獲之時稱明察武平初遷太師司州牧出爲冀州刺史加太宰遷右丞相都督青州刺史湝頻牧

大藩雖不潔己然寛恕爲吏人所懷五年青州崔蔚波等夜襲州城湝部分倉卒之際咸得齊整擊賊大破之拜左丞相轉瀛州刺史及後主奔鄴加湝大丞相及安德王稱尊號於晉陽使劉子昂修啓於湝至尊出奔宗廟既重群公勸迫權主號令事寧終歸叔父湝曰我人臣何容受此啓執子昂送鄴帝至濟州禪位於湝啓竟不達湝與廣寧王孝珩於冀州召募得四萬餘人拒周軍周齊王憲來伐先遣送書并赦詔湝並

沉諸井戰敗湝孝珩俱被擒憲曰任城王何苦至此湝曰下官神武帝子兄弟十五人幸而獨存逢宗社顛覆今日得死無愧墳陵憲壯之歸其妻子將至鄴城湝上馬哭自投于地流血滿面至長安尋與後主同死妃盧氏賜斛斯徵蓬首垢面長齋不言笑徵放之乃爲尼隋開皇三年表請文帝葬湝及五子於長安北原

高陽康穆王湜神武第十一子也天保元年封十年稍遷尚書令以滑稽便辟有寵於文宣帝左右行杖以撻諸王太后深銜之其妃父護軍長史張晏之嘗要道拜湜湜不禮焉帝問其故對曰無官職漢何須禮帝於是擢拜晏之爲徐州刺史文宣崩兼司徒導引梓宮吹笛云至尊頗知臣不又擊胡鼓爲樂太后杖湜百餘未幾薨太后哭之哀曰我恐其不成就與杖何期帶創死也乾明初贈假黃鉞太師司徒録尚書事子士義襲爵

博陵文簡王濟神武第十二子也天保元年封

濟嘗從文宣巡幸在路忽憶太后遂逃歸帝怒臨以白刃因此驚恍歷位太尉河清初出爲定州刺史天統五年在州語人云計次第亦應到我後主聞之陰使人殺之贈假黃鉞太尉録尚書子智襲爵

華山王凝神武第十三子也天保元年封新平郡王九年改封安定十五年封華山歷位中書令齊州刺史就加太傅薨於州贈左丞相太師録尚書凝諸王中最爲孱弱妃王氏太子洗馬

王洽女也與倉頭姦疑知而不能限禁後事發
王氏賜死詔杖凝二百其愚如此
馮翊王潤字子澤神武第十四子也幼時神武
稱曰此吾家千里駒也天保初封歷位東北道
大行臺右僕射都督定州刺史潤美姿儀年十
四五母鄭妃與之同寢有穢雜之聲及長廉
慎方雅習於吏職至擿發隱偽姦吏無所匿其
情開府王迴洛與六州大都督獨孤枝侵竊官
田受納賄賂潤按舉其事二人表言王出送臺

使登魏文舊壇南望歎息不測其意武成使
元文遙就州宣勑曰馮翊王少小謹慎在州不
爲非法朕信之熟矣登高遠望之常情鼠輩
欲相輕間構曲生眉目於是迴洛決鞭二百獨
孤枝決杖一百尋爲尚書令領太子少師歷司
徒太尉大司馬司州牧太保河南道行臺領錄
尚書別封文成郡公太師太宰復爲定州刺史
薨贈假黃鉞左丞相子茂德嗣
漢陽敬懷王洽字敬延神武第十五子也天
保元年封五年薨年十三乾明元年贈太保
司空無子以任城王第二子建德爲後

列傳第二　　北齊書十

此卷與北史同

列傳第三　北齊書十一

隋太子通事舍人李　百藥　撰

文襄六王

文襄六男文敬元皇后生河間王孝琬宋氏生河南王孝瑜王氏生廣寧王孝珩蘭陵王長恭不得母氏姓陳氏生安德王延宗燕氏生漁陽王紹信

河南康舒王孝瑜字正德文襄長子也初封河南郡公齊受禪進爵為王歷位中書令司州牧初孝瑜養於神武宮中與武成同年相愛將誅楊愔等孝瑜預其謀及武成即位禮遇特隆帝在晉陽手敕之曰吾飲汾清二盃勸汝於鄴酌兩盃其親愛如此孝瑜容貌魁偉精彩雄毅謙慎寬厚兼愛文學讀書敏速十行俱下覆碁不失一道初文襄於鄴東起山池遊觀時俗眩之孝瑜遂於第作水堂龍舟植幡矟於舟上數集諸弟宴射為樂武成幸其第見而悅之故盛興後園之翫於是貴賤慕斆處處營造武成常使和士開與胡后對坐握槊孝瑜諫曰皇后天下之母不可與臣下接手帝深納之後又言趙郡王父死非命不可親由是叡及士開皆側目士

開密告其奢僭叡又言山東唯聞河南王不聞有陛下帝由是忌之尒朱御女名摩女本事太后孝瑜先與之通後因太子婚夜孝瑜竊與之言武成大怒頓飲其酒三十七盃體至肥大腰帶十圍使婁子彥載以出擿之於車至西華門煩熱躁悶投水而絕贈太尉錄尚書事子弘節嗣孝瑜母魏吏部尚書宋弁孫也本魏潁川王斌之妃為文襄所納生孝瑜孝瑜還第為太妃孝瑜妃盧正山女武成胡后之內姊也孝瑜薨

後宋太妃爲盧妃所譖訴武成殺之
廣寧王孝珩文襄第二子也歷位司州牧尚書令司空司徒録尚書大將軍大司馬孝珩愛賞人物學涉經史好綴文有伎藝嘗於廳事壁自畫一蒼鷹見者皆以爲眞又作朝士圖亦當時之妙絶後主自晉州敗奔鄴詔王公議於含光殿孝珩以大敵既深事藉機變宜使任城王領幽州道兵入玉門揚聲趣并州獨孤永業領洛州兵趣潼關揚聲趣長安臣請領京畿兵出滏

口鼓行逆戰敵聞南北有兵自然潰散又請出宮人珍寶賜將士帝不能用承光即位以孝珩爲太宰與呼延族莫多婁敬顯尉相願同謀期正月五日孝珩於千秋門斬高阿那肱相願在内以禁兵應之族與敬顯自遊豫園勒兵出既而阿那肱從別宅取便路入宮事不果乃求出拒西軍謂阿那肱韓長鸞陳德信等云朝廷不賜遣擊賊豈不畏孝珩反耶孝珩破宇文邕遂至長安反時何與國家事以今日之急猶作如此猜疑高韓恐其變出孝珩爲滄州刺史至州以五千人會任城王於信都共爲匡復計周齊王憲來伐兵弱不能敵怒曰由高阿那肱小人吾道窮矣齊叛臣乞扶令和以矟刺孝珩墜馬奴白澤以身扞之孝珩猶傷數處遂見虜齊王憲問孝珩齊亡所由孝珩自陳國難辭淚俱下俯仰有節憲爲之改容親爲洗瘡傅藥禮遇甚厚孝珩獨歎曰李穆叔言齊氏二十八年今果然矣自神武皇帝以外吾諸父兄弟無一人得

至四十者命也嗣君無獨見之明宰相非柱石之寄恨不得握兵符受廟筭展我心力耳至長安依例授開府縣侯後周武帝在雲陽宴齊君臣自彈胡琵琶命孝珩吹笛辭曰亡國之音不足聽也固命之舉笛裁至口淚下嗚咽武帝乃止其年十月疾甚啓歸葬山東從之尋卒令還葬鄴
河間王孝琬文襄第三子也天保元年封天統中累遷尚書令初突厥與周師入太原武成將

避之而東孝琬叩馬諫請委趙郡王部分之必
整齊帝從其言孝琬免冑將出帝使追還周軍
退拜并州刺史孝琬以文宣世驕矜自負河南
王之死諸王在宮內莫敢舉聲唯孝琬大哭而
出又怨執政爲草人而射之和士開與祖珽譖
之云草人擬聖躬也又前突厥至州孝琬脫兜
鍪抵地云豈是老嫗須着此此言屬大家也初
魏世謠言河南種穀河北生白楊樹頭金鷄鳴
珽以說曰河南河北河間也金雞鳴孝琬將建

金雞而大赦帝頗惑之時孝琬得佛牙置於第
內夜有神光照室玄都法順請以奏聞不從帝
聞使搜之得鎮庫矟幡數百帝聞之以爲反訊
其諸姬有陳氏者無寵誣對曰孝琬畫作陛下
形哭之然實是文襄像孝琬時時對之泣帝怒
使武衛赫連輔玄倒鞭撾之孝琬呼阿叔帝怒
曰誰是爾叔敢喚我作叔孝琬曰神武帝嫡孫
文襄皇帝嫡子魏孝靜皇帝外甥何爲不得喚
作叔也帝愈怒折其兩脛而死瘞諸西山帝崩

後乃改葬子正禮嗣幼聰穎能誦左氏春秋齊
亡遷綿州卒
蘭陵武王長恭一名孝瓘文襄第四子也累遷
并州刺史突厥入晉陽長恭盡力擊之芒山之
敗長恭爲中軍率五百騎再入周軍遂至金墉
之下被圍甚急城上人弗識長恭免冑示之面
乃下弩手救之於是大捷武士共歌謠之爲蘭
陵王入陣曲是也歷司州牧青瀛二州頗受貨
後爲太尉與段韶討栢谷又攻定陽韶病長恭

摠其衆前後以戰功別封鉅鹿長樂樂平高陽
等郡公芒山之捷後主謂長恭曰入陣太深失
利悔無所及對曰家事親切不覺遂然帝嫌其
稱家事遂忌之及在定陽其屬尉相願謂曰王
既受朝寄何得如此貪殘長恭未荅相願曰豈
不曰芒山大捷恐以威武見忌欲自穢乎長恭
曰然相願曰朝廷若忌王於此犯便當行罰求
福反以速禍長恭泣下前膝請以安身術相願
曰王前既有勳今復告捷威聲太重宜屬疾在

家勿預事長恭然其言未能退及江淮寇擾恐
復爲將歎曰我去年面腫今何不發自是有疾
不療武平四年五月帝使徐之範飲以毒藥長
恭謂妃鄭氏曰我忠以事上何辜於天而遭鴆
也妃曰何不求見天顔長恭曰天顔何由得見
遂飲藥薨贈太尉長恭貌柔心壯音容兼美爲
將躬勤細事每得甘美雖一瓜數果必與將士
共之初在瀛州行參軍陽士深表列其贓免官
及討定州陽士深在軍恐禍及長恭聞之曰吾

本無此意乃求小失杖士深二十以安之嘗入
朝而僕從盡散唯有一人長恭獨還無所譴罰
武成賞其功命賈護爲買妾二十人唯受其一
有千金責券臨死日盡燔之

安德王延宗文襄第五子也母陳氏廣陽王妓
也延宗幼爲文宣所養年十二猶騎置腹上令
溺己臍中抱之曰可憐止有此一箇問欲作何
王對曰欲作衡天王文宣問楊愔愔曰天下無
此郡名願使安於德於是封安德焉爲定州刺

史於樓上大便使人在下張口承之以蒸豬糝
和人糞以飼左右有難色者鞭之孝昭帝聞之
使趙道德就州杖之一百道德以延宗受杖不
謹又加三十又以囚試刀驗其利鈍驕縱多不
法武成使撻之殺其昵近九人從是深自改悔
蘭陵王芒山凱捷自陳兵勢諸兄弟咸壯之延
宗獨曰四兄非大丈夫何不乘勝徑入使延宗
當此勢關西豈得復存及蘭陵死妃鄭氏以頸
珠施佛廣寧王使贖之延宗手書以諫而淚滿

紙河間死延宗哭之淚亦甚又爲草人以像武
成鞭而訊之曰何故殺我兄奴告之武成覆臥
延宗於地馬鞭撾之二百幾死後歷司徒太尉
及平陽之役後主自禦之命延宗率右軍先戰
城下擒周開府宗挺及大戰延宗以麾下再入
周軍莫不披靡諸軍敗延宗獨全軍後主將奔
晉陽延宗言大家但在營莫動以兵馬付臣臣
能破之帝不納及至并州又聞周軍已入鼬鼠
谷乃以延宗爲相國并州刺史摠山西兵事謂

曰并州阿兄自取兒今去也延宗曰陛下爲社稷莫動臣爲陛下出死力戰駱提婆曰至尊計已成王不得輒沮後主竟奔鄴在并將率咸請曰王若不作天子諸人實不能出死力延宗不得已即皇帝位下詔曰武平孱弱政由宦豎釁結蕭墻盜起疆埸斬關夜遁莫知所之則我高祖之業將墜於地王公卿士猥見推逼今便祗承寶位可大赦天下改武平七年爲德昌元年以晉昌王唐邕爲宰輔齊昌王莫多婁敬顯沭

陽王和阿于子右衛大將軍段暢武衛將軍相里僧伽開府韓骨胡侯莫陳洛州爲爪牙衆聞之不召而至者前後相屬延宗容貌充壯坐則仰偃則伏人笑之乃嚇然奮發氣力絕異馳騁行陣勁捷若飛傾覆府藏及後宮美女以賜將士籍沒內參千餘家後主謂近臣曰我寧使周得并州不欲安德得之左右曰理然延宗見士卒皆親執手陳辭自稱名流涕嗚咽衆皆爭爲死童兒女子亦乘屋攘袂投甎石以禦周軍特

進開府那盧安生守太谷以萬兵叛周軍圍晉陽望之如黑雲四合延宗命莫多婁敬顯韓骨胡拒城南和阿于子段暢拒城東延宗親當周齊王於城北奮大矟往來督戰所向無前尚書令史沮山亦肥大多力捉長刀步從殺傷甚多武衛蘭芙蓉綦連延長皆死於陣阿于子段暢以千騎投周周軍攻東門際昏遂入進兵焚佛寺門屋飛焰照天地延宗與敬顯自門入夾擊之周軍大亂爭門相填壓齊人從後斫刺死者

二千餘人周武帝左右略盡自拔無路承御上士張壽輒牽馬頭賀拔佛恩以鞭拂其後崎嶇僅得出齊人奮擊幾中焉城東阨曲佛恩及降者皮子信爲之導僅免時四更也延宗謂周武帝崩於亂兵使於積屍中求長鬣者不得時齊人既勝入坊飲酒盡醉臥延宗不復能整周武帝出城饑甚欲爲遁逸計齊王憲及柱國王誼諫以爲去必不免延宗叛將段暢亦盛言城內空虛周武帝乃駐馬鳴角收兵俄頃復振詰旦

還攻東門剋之又入南門延宗戰力屈走至城北於人家見禽周武帝自投下馬執其手延宗辭曰死人手何敢迫至尊帝曰兩國天子有何怨惡直爲百姓來耳勿怖終不相害使復衣帽禮之先是高都郡有山馬絕壁臨水忽有黑書見云齊亡延宗洗視逾明帝使人就寫使者改亡爲上至是應焉延宗敗前在鄴聽事見兩日相連置以十二月十三日晡時受勑守并州明日建尊號不間日而被圍經宿至食時而敗年號

德昌好事者言其得二日云既而周武帝問取鄴計辭曰亡國大夫不可以圖存此非臣所及彊問之乃曰若任城王援鄴臣不能知若今主自守陛下兵不血刃及至長安周武與齊君臣飲酒令後主起舞延宗悲不自持屢欲仰藥自裁傅婢苦執諫而止未幾周武誣後主及延宗等云逕應穆提婆反使並賜死皆自陳無之延宗攘袂泣而不言皆以椒塞口而死明年李起收殯之後主之傳位於太子也孫正言竊謂人曰我保定中爲廣州士曹聞襄城人曹普演有言高王諸兒阿保當爲天子至高德之承之當滅阿保謂天保德之謂德昌也承之謂後主年號承光其言竟信云

漁陽王紹信文襄第六子也歷特進開府中領軍護軍青州刺史行過漁陽與大富人鍾長命同床坐太守鄭道蓋謁長命欲起紹信不聽曰此何物小人而主人公爲起乃與長命結爲義兄弟妃與長命妻爲姊妹責其闔家幼長皆有贈賄鍾氏因此遂貧齊滅死於長安

列傳第三　北齊書十一

此卷與北史同

列傳第四　北齊書十二

隋太子通事舍人李　百藥　撰

文宣四王

太原王紹德

范陽王紹義

西河王紹仁

隴西王紹廉

孝昭六王

樂陵王百年

始平王彥德

城陽王彥基

定陽王彥康

汝南王彥忠

汝南王彥理

武成十二王

南陽王綽

琅邪王儼

齊安王廓

北平王貞

高平王仁英

淮南王仁光

西河王仁幾

樂平王仁邕

潁川王仁儉

安陽王仁雅

丹陽王仁直

東海王仁謙

文宣五男李后生廢帝及太原王紹德馮世婦生范陽王紹義裴嬪生西河王紹仁顏嬪生隴西王紹廉

太原王紹德文宣第二子也天保末爲開府儀同三司武成因怒李后罵紹德曰你父打我時竟不來救以刀環築殺之親以土埋之遊豫園武平元年詔以范陽王子辨才爲後襲太原王

范陽王紹義文宣第三子也初封廣陽後封范陽歷位侍中清都尹好與羣小同飲擅置內參

打殺博士任方榮武成嘗杖之二百送付昭信
后后又杖一百及後主奔鄴以紹義爲尚書令
定州刺史周武帝剋幷州以封輔相爲北朔州
摠管此地齊之重鎮諸勇士多聚焉前率長趙
穆司馬王當萬等謀執輔相迎任城王於瀛州
事不果便迎紹義紹義至馬邑輔相及其屬韓
阿各奴等數十人皆齊叛臣自肆州以北城戍
二百八十餘盡從輔相及紹義至皆反焉紹義
與靈州刺史袁洪猛引兵南出欲取幷州至新

興而肆州已爲周守前隊二儀同以所部降周
周兵擊顯州執刺史陸瓊又攻陷諸城紹義還
保北朔周將宇文神舉軍逼馬邑紹義遣杜明
達拒之兵大敗紹義曰有死而已不能降人遂
奔突厥衆三千家令之曰欲還者任意於是哭
拜別者太半突厥他鉢可汗謂文宣爲英雄天
子以紹義重踝似之甚見愛重凡齊人在北者
悉隸紹義高寶寧在營州表上尊號紹義遂即
皇帝位稱武平元年以趙穆爲天水王他鉢聞

寶寧得平州亦招諸部各舉兵南向云共立范
陽王作齊帝爲其報讎周武帝大集兵於雲陽
將親北伐遇疾暴崩紹義聞之以爲天賛已盧
昌期據范陽亦表迎紹義俄而周將宇文神舉
攻滅昌期其日紹義適至幽州聞周摠管出兵
于外欲乘虛取薊城列天子旌旗登燕昭王冢
乘高望遠部分兵衆神舉遣大將軍宇文恩將
四千人馳救幽州半爲齊軍所殺紹義聞范陽
城陷素服舉哀迴軍入突厥周人購之於他鉢

又使賀若誼往說之他鉢猶不忍遂僞與紹義
獵於南境使誼執之流于蜀紹義妃渤海封孝
琬女自突厥逃歸紹義在蜀遺妃書云夷狄無
信送吾於此竟死蜀中

西河王紹仁文宣第四子也天保末爲開府儀
同三司尋薨

隴西王紹廉文宣第五子也初封長樂後改焉
性麤暴嘗拔刀逐紹義紹義走入廐閉門拒之
紹義初爲清都尹未及理事紹廉先往喚囚悉

由率意決遣之能飲酒一舉數升終以此薨
孝昭七男元后生樂陵王百年桑氏生襄城王
亮出後襄城景王諸姬生汝南王彥理始平王
彥德城陽王彥基定陽王彥康汝陽王彥忠
樂陵王百年孝昭第二子也孝昭初即位在晉
陽羣臣請建中宮及太子帝謙未許都下百寮
又請乃稱太后令立爲皇太子帝臨崩遺詔傳
位於武成并有手書其末曰百年無罪汝可以
樂處置之勿學前人大寧中封樂陵王河清三

年五月白虹圍日再重又橫貫而不達赤星見
帝以盆水承星影而蓋之一夜盆自破欲以百
年厭之會博陵人賈德胄教百年書百年嘗作
數勑字德胄封以奏帝乃發怒使召百年百年
被召自知不免割帶玦留與妃斛律氏見帝於
玄都苑涼風堂使百年書勑字驗與德胄所奏
相似遣左右亂捶擊之又令人曳百年遶堂且
走且打所過處血皆遍地氣息將盡曰乞命願
與阿叔作奴遂斬之棄諸池池水盡赤於後園

親看埋之妃把玦哀號不肯食月餘亦死玦猶
在手拳不可開時年十四其父光自擘之乃開
後主時改九院爲二十七院掘得一小屍緋袍
金帶一髻一解一足有靴諸內參竊言百年太
子也或言太原王紹德詔以襄成王子白澤襲
爵樂陵王齊亡入關徙蜀死
汝南王彥理武平初封王位開府清都尹齊亡
入關隨例授儀同大將軍封縣子女入太子宮
故得不死隋開皇中卒幷州刺史

始平王彥德城陽王彥基定陽王彥康汝南王
彥忠與汝南同受封並加儀同三司後事闕
武成十三男胡皇后生後主及琅邪王儼李夫
人生南陽王綽後宮生齊安王廓北平王貞高
平王仁英淮南王仁光西河王仁幾樂平王仁
邕潁川王仁儉安樂王仁雅丹楊王仁直東海王
仁謙
南陽王綽字仁通武成長子也以五月五日景
時生至午時後主乃生武成以綽母李夫人非

正嫡故貶爲第二名融字君明出後漢陽王河
清三年改封南陽別爲漢陽置後綽始十餘歲
留守晉陽愛波斯狗尉破胡諫之欻然斫殺數
狗狼籍在地破胡驚走不敢復言後爲司徒冀
州刺史好裸人使踞爲獸狀縱犬噬而食之左
轉定州汲井水爲後池在樓上彈人好微行遊
獵無度恣情彊暴云學文宣伯爲人有婦人抱
兒在路走避入草綽奪其兒飼波斯狗婦人號
哭綽怒又縱狗使食狗不食塗以兒血乃食焉

後主聞之詔鏁綽赴行在所至而宥之問在州
何者最樂對曰多取蠍將蛆混看極樂後主即
夜索蠍一斗比曉得三二升置諸浴斛使人裸
卧斛中號叫宛轉帝與綽臨觀喜噱不已謂綽
曰如此樂事何不早馳驛奏聞綽由是大爲後
主寵拜大將軍朝夕同戲韓長鸞聞之除齊州
刺史將發長鸞令綽親信誣告其反奏云此犯
國法不可赦後主不忍顯戮使寵胡何猥薩後
園與綽相撲搤殺之瘞於興聖佛寺經四百餘

日乃大斂顏色毛髮皆如生俗云五月五日生
者腦不壞綽兄弟皆呼父爲兄兄嫡母爲家家
乳母爲姊姊婦爲妹妹齊亡妃鄭氏爲周武帝
所幸請葬綽勑所司葬於永平陵北

琅邪王儼字仁威武成第三子也初封東平王
拜開府侍中中書監京畿大都督領軍大將軍
領御史中丞遷大司徒尚書令大將軍錄尚書
事大司馬魏氏舊制中丞出清道與皇太子分
路行王公皆遙住車去牛頓軛於地以待中丞

過其或遲違則赤棒棒之自都鄴後此儀浸絶
武成欲雄寵儼乃使一依舊制初從北宮出將
上中丞凡京畿步騎領軍之官屬中丞之威儀
司徒之鹵簿莫不畢備帝與胡后在華林園東
門外張幕隔青紗步障觀之遣中貴驟馬趣仗
不得入自言奉勑赤棒應聲碎其鞍馬驚人墜
帝大笑以爲善更勑令駐車傳語良久觀者傾
京邑儼恒在宮中坐含光殿以視事諸父皆拜
馬帝幸并州儼常居守每送駕或半路或至晉

陽乃還王師羅常從駕後至武成欲罪之辭曰
臣與第三子別留連不覺晚武成憶儼爲之下
泣舍師羅不問儼器服玩飾皆與後主同所須
悉官給於南宮嘗見新冰早李還怒曰尊兄已
有我何意無從是後後主先得新奇屬官及工匠
必獲罪太上胡后猶以爲不足儼常患喉使醫
下鍼張目不瞬又言於帝曰阿兄懦何能率左
右帝每稱曰此黠兒也當有所成以後主爲劣
有廢立意武成崩改封琅邪儼以和士開駱提

婆等奢恣盛修第宅意甚不平嘗謂曰君等所
營宅早晚當就何太遲也二人相謂曰琅邪王
眼光奕奕數步射人向者暫對不覺汗出天子
前奏事尚不然由是忌之武平二年出儼居北
宮五日一朝不復得每日見太后四月詔除太
保餘官悉解猶帶中丞督京畿以北城有武庫
欲移儼於外然後奪其兵權治書侍御史王子
宜與儼左右開府高舍洛中常侍劉辟疆說儼
曰殿下被疏正由士開間構何可出北宮入百

姓叢中也儼謂侍中馮子琮曰士開罪重兒欲
殺之子琮心欲廢帝而立儼因贊成其事儼乃
令子宜表彈士開罪請付禁推子琮雜以他文
書奏之後主不審省而可之儼誑領軍庫狄伏
連曰奉勑令領軍收士開伏連以諮子琮且請
覆奏子琮曰琅邪王受勑何須重奏伏連信之
伏五十人於神獸門外詰旦執士開送御史儼
使馮永洛就臺斬之儼徒本意唯殺士開及是
因逼儼曰事既然不可中止儼遂率京畿軍士

三千餘人屯千秋門帝使劉桃枝將禁兵八十
人召儼桃枝遥拜儼命反縛將斬之禁兵散走
帝又使馮子琮召儼儼辭曰士開昔來寔合萬
死謀廢至尊剃家家頭使作阿尼故擁兵馬欲
坐着孫鳳珍宅上臣爲是矯詔誅之尊兄若欲
殺臣不敢逃罪若放臣願遣姊姊來迎臣臣即
入見姊姊即陸令萱也儼欲誘出殺之令萱執
刀帝後聞之戰慄又使韓長鸞召儼儼將入劉
辟彊牽衣諫曰若不斬提婆母子殿下無由得

入廣寧安德二王適從西來欲助成其事曰何
不入辟彊曰人少安德王顧衆而言曰孝昭帝
殺楊遵彥止八十人今乃數千何言人少後主
泣啓太后曰有緣更見家家無緣永別乃急召
斛律光儼亦召之光聞殺士開撫掌大笑曰龍
子作事固自不似凡人入見後主於永巷帝率
宿衛者步騎四百授甲將出戰光曰小兒輩弄
兵與交手即亂鄙諺云奴見大家心死至尊宜
自至千秋門琅邪必不敢動皮景和亦以爲然

後主從之光步道使人出曰大家來儼徒駭散
帝駐馬橋上遥呼之儼猶立不進光就謂曰天
子弟殺一漢何所苦執其手彊引以前請帝曰
琅邪王年少腸肥腦滿輕爲舉措長大自不復
然願寬其罪帝拔儼帶刀環亂築辮頭良久乃
釋之收伏連及高舍洛王子宜劉辟彊都督翟
顯貴於後園帝親射之而後斬皆支解暴之都
街下文武職吏盡欲殺之光以皆勳貴子弟恐
人心不安趙彥深亦云春秋責帥於是罪之各

有差儼之未獲罪也鄴北城有白馬佛塔是石
季龍爲澄公所作儼將修之巫曰若動此浮圖
北城失主不從破至第二級得白蛇長數丈回
旋失之數旬而敗自是太后處儼於宫内食必
自嘗之陸令萱說帝曰人稱琅邪王聰明雄勇
當今無敵觀其相表殆非人臣自專殺以來常
懷恐懼宜早爲計何洪珍與和士開素亦請殺
之未決以食輿密迎祖珽問之珽稱周公誅管
叔季友酖慶父帝納其言以儼之晉陽使右衛

大將軍趙元侃誘執儼元侃曰臣昔事先帝日
見先帝愛王今寧就死不能行帝出元侃爲豫
州刺史九月下旬帝啓太后曰明旦欲與仁威
出獵須早出早還是夜四更帝召儼儼疑之陸
令萱曰兄兄喚兒何不去儼出至永巷劉桃枝
反接其手儼呼曰乞見家家尊兄桃枝以袂塞
其口反袍蒙頭負出至大明宫鼻血滿面立殺
之時年二十四不脫靴裹以席埋於室内帝使
啓太后臨哭十餘聲便擁入殿明年三月葬於

鄴西贈謚曰楚恭哀帝以慰太后有遺腹四男生數月皆幽死以平陽王淹孫世俊嗣儼妃李祖欽女也進爲楚帝后居宣則宮齊亡乃嫁焉

齊安王廓字仁弘武成第四子也性長者無過行位特進開府儀同三司定州刺史

北平王貞字仁堅武成第五子也沉審寬恕帝常曰此兒得我鳳毛位司州牧京畿大都督兼尚書令録尚書事帝行幸揔留臺事積年後主以貞長大漸忌之阿那肱承旨令馮士幹劾繫

貞於獄奪其留後權

高平王仁英武成第六子也舉止軒昂精神無檢格位定州刺史

淮南王仁光武成第七子也性躁且暴位清都尹次河西王仁幾生而無骨不自支持次樂平王仁邕次潁川王仁儉次安樂王仁雅從小有瘖疾次丹陽王仁直次東海王仁謙皆養於北宮琅邪王死後諸王守禁彌切武平末年仁邕已下始得出外供給儉薄取充而已尋後主窮蹙以廓爲光州貞爲青州仁英爲冀州仁儉爲膠州仁直爲濟州刺史自廓已下多與後主死於長安仁英以清狂仁雅以瘖疾獲免俱從蜀隋開皇中追仁英詔與蕭琮陳叔寶修其本宗祭祀未幾而卒

後主五男穆皇后生幼主諸姬生東平王恪次善德次買德次質錢胡太后以恪嗣琅邪王尋夭折齊滅周武帝以任城已下大小三十王歸長安皆有封爵其後不從戮者散配西土皆死邊

論曰文襄諸子咸有風骨雖文雅之道有謝間平然武藝英姿多堪禦侮縱咸陽賜劒覆敗有徵若使蘭陵獲全未可量也而終見誅剪以至土崩可爲太息者矣安德以時艱主暗匿迹韜光及平陽之陣奮其忠勇蓋以臨難見危義深家國德昌大舉事迫羣情理至淪亡無所歸命廣寧請出後宮竟不獲遂非孝珩辭致有謝李同自是後主心識去矣平原已遠存亡事異安可同年而說武成殘忍姦穢事極人倫太原跡

異猜嫌情非釁逆禍起昭信遂及淫刑嗟乎欲
求長世未之有也以孝昭德音庶可慶流後嗣
百年之酷蓋濟南之濫觴其云莫効前人之言
可爲傷歎各愛其子豈其然乎琅邪雖無師傅
之資而早聞氣尚士開淫亂多歷歲年一朝勦
絕慶集朝野以之受斃深可痛焉然專戮之釁
未之或免贈帝諡恭矯枉過直觀過知仁不亦
異於是乎

列傳第四　北齊書十二

此卷與北史同

列傳第五　北齊書十三

隋太子通事舍人李　百藥　撰

趙郡王琛　子叡

清河王岳　子勱

趙郡王琛字永寶高祖之弟也少時便弓馬有
志氣高祖既匡天下中興初授散騎常侍鎮西
將軍金紫光祿大夫既居禁衛恭勤慎密率先
左右太昌初除車騎大將軍左光祿大夫封南
趙郡公食邑五千戶尋拜驃騎大將軍特進開

府儀同三司散騎常侍永熙二年除使持節都
督定州刺史六州大都督琛推誠撫納拔用人
士甚有聲譽及斛斯椿等釁結高祖將謀內討
以晉陽根本召琛留掌後事以爲并肆汾大行
臺僕射領六州九酋長大都督其相府政事琛
悉決之天平中除御史中尉正色糾彈無所回
避遠近肅然尋亂高祖後庭高祖責罰之因杖
而斃時年二十三贈使持節侍中都督冀定滄
瀛幽殷并肆雲朔十州諸軍事驃騎大將軍冀

州刺史太尉尚書令謚曰貞平天統三年又贈
假黄鉞左丞相太師録尚書事冀州刺史進爵
爲王配饗高祖廟庭子叡嗣
叡小名須拔生三旬而孤聰慧夙成特爲高祖
所愛養於宫中令游孃母之恩同諸子魏興和
中襲爵南趙郡公至四歲未嘗識母其母則魏
華陽公主也有鄭氏者叡母之從母姊妹之女
戲語叡曰汝是我姨兒何因倒親游氏叡因問
訪遂精神不怡高祖甚以爲怪疑其感疾欲命

醫看之叡對曰兒無患苦但聞有所生欲得覲
見高祖驚曰誰向汝道耶叡具陳本末高祖命
元夫人令就宫與叡相見叡前跪拜因抱頭大
哭高祖甚以悲傷語平秦王曰此兒天生至孝
我兒子無有及者遂爲休務一日叡初讀孝經
至資於事父輒流涕歔欷十歲喪母高祖親送
叡至領軍府爲叡發喪舉聲殞絶哀感左右三
日水漿不入口高祖與武明婁皇后慇懃敦譬
方漸順旨居喪盡禮持佛象長齋至于骨立杖

而後起高祖令常山王共卧起日夜説喻之并
勑左右不聽進水雖絶清漱午後輒不肯食由
是高祖食必喚叡同案其見愍惜如此高祖崩
哭泣歐血及壯將爲婚娶而貌有戚容世宗謂
之曰我爲爾娶鄭述祖女門閥甚高汝何所嫌
而精神不樂叡對曰自痛孤遺常深膝下之慕
方從婚冠彌用感切言未卒嗚咽不自勝世宗
爲之憫默勵己勤學常夜久方罷武定末除太
子庶子顯祖受禪進封爵爲南趙郡王邑一千

二百戸遷散騎常侍叡身長七尺容儀甚偉閑
習吏職有知人之鑒二年出爲定州刺史加撫
軍將軍六州大都督時年十七叡留心庶事糾
擿姦非勸課農桑接禮民儁所部大治稱爲良
牧三年加儀同三司六年詔叡領山東兵數萬
監築長城于時盛夏六月叡在途中屏除蓋扇
親與軍人同其勞苦而定州先有氷室每歲藏
氷長史宋欽道以叡冒犯暑熱遂遣輿氷倍道
追送正値日中停軍炎赫尤甚人皆不堪而送

冰者至咸謂得冰一時之要叡乃對之歎息云三軍之人皆飲溫水吾以何義獨進寒冰非追名古將實情所不忍遂至消液竟不一嘗兵人感悅遐邇稱歎先是役徒罷作任其自返丁壯之輩各自先歸羸弱之徒棄在山北加以飢病多致僵殞叡於是親帥所部與之俱還配合州鄉部分營伍督帥監領強弱相持遇善水草即為停頓分有餘贍不足賴以全者十三四焉七年詔以本官都督滄瀛幽安平東燕六州諸軍

事滄州刺史八年徵叡赴鄴仍除北朔州刺史都督北燕北蔚北恒三州及庫推以西黃河以東長城諸鎮諸軍事叡慰撫新遷量置烽戍內防外禦備有條法大為兵民所安有無水之處禱而掘井鍬鍤裁下泉源湧出至今號曰趙郡王泉九年車駕幸樓煩叡朝於行宮仍從還晉陽時濟南以太子監國因立大都督府與尚書省分理衆事仍開府置佐顯祖特崇其選乃除叡侍中攝大都督府長史叡後因侍宴顯祖

從容顧謂常山王諱等曰由來亦有如此長史不吾用此長史何如諱對曰陛下垂心庶政優賢禮物須拔進居蟬珥之榮退當委要之職自昔以來實未聞如此銓授帝曰吾於此亦自謂得宜十年轉儀同三司侍中將軍長史王如故尋加開府儀同三司驃騎大將軍太子太保皇建初行并州事孝昭臨崩預受顧託奉迎世祖於鄴以功拜尚書令別封浮陽郡公監太史太子太傅議律令又以討北狄之功封潁川郡公

復拜尚書令攝大宗正卿天統中追贈叡父琛假黃鉞母元氏贈趙郡王妃謚曰貞昭華陽長公主如故有司備禮儀就墓拜授時隆冬盛寒叡跣步號哭面皆破裂嘔血數升及還不堪參謝帝親就第看問拜司空攝錄尚書事突厥嘗侵軼至并州帝親御戎六軍進止皆令取叡節度以功復封宣城郡公攝宗正卿進拜太尉監議五禮叡久典朝政清貞自守譽望日隆漸被踈忌乃撰古之忠臣義士號曰要言以致其意

世祖崩葬後數日叡與馮翊王潤安德王延宗及元文遙奏後主云和士開不宜仍居內任并入奏太后因出士開爲兗州刺史太后曰士開舊經驅使欲留過百日叡正色不許數日之內太后數以爲言有中官要人知太后密旨謂叡曰太后意既如此殿下何宜苦違叡曰吾國家事重死且不避若貪生苟全令國家擾擾非吾志也況受先皇遺旨委寄不輕今嗣主幼沖豈可使邪臣在側不守之以正何面戴天遂重進

言詞理懇切太后令酌酒賜叡叡正色曰今論國家大事非爲卮酒言訖便出其夜叡方寢見一人可長丈五臂長丈餘當門向床以臂壓叡良久遂失所在叡意甚惡之便起坐獨歎曰大丈夫命運一朝至此恐爲太后所殺且欲入朝妻子咸諫止之叡曰自古忠臣皆不顧身命社稷事重吾當以死効之豈容令一婦人傾危宗廟且和士開何物豎子如此縱橫吾寧死事先皇不忍見朝廷顛沛至殿門又有人曰願殿下

勿入慮有危變叡曰吾上不負天死亦無恨入見太后太后復以爲言叡執之彌固出至永巷遇兵被執送華林園於雀離佛院令劉桃枝拉而殺之時年三十六大霧三日朝野冤惜之朞年後詔聽以王禮葬竟無贈諡焉子整信嗣歷散騎常侍儀同三司好學有行檢少年時因獵墜馬傷腰脚卒不能行起終於長安琛同母弟惠寶早亡元象初贈侍中尚書令都督四州諸軍事青州刺史天統三年重贈十州都督封陳

留王諡曰文恭以清河王岳第十子敬文嗣

清河王岳字洪略高祖從父弟也父翻字飛雀魏朝贈太尉諡孝宣公岳幼時孤貧人未之知也長而敦直姿貌嶷然沈深有器量初岳家于洛邑高祖每奉使入洛必止于岳舍岳母山氏嘗夜起見高祖室中有光密往覘之乃無燈即移高祖於別室如前所見怪其神異詣卜者筮之遇乾之大有占之曰吉易稱飛龍在天大人造也飛龍九五大人之卦貴不可言山氏歸報

高祖後高祖起兵於信都山氏聞之大喜謂岳曰赤光之瑞今當驗矣汝可間行從之共圖大計岳遂往信都高祖見之大悅中興初除散騎常侍鎮東將軍金紫光祿大夫領武衛將軍高祖與四胡戰于韓陵高祖將中軍高昂將左軍岳將右軍中軍敗績賊乘之岳舉麾大呼橫衝賊陣高祖方得回師表裏奮擊因大破賊以功除衛將軍右光祿大夫仍領武衛太昌初除車騎將軍左光祿大夫領左右衛封清河郡公食

邑二千戶母山氏封爲郡君授女侍中入侍皇后時爾朱兆猶據幷州高祖將討之令岳留鎮京師遷驃騎大將軍儀同三司天平二年除侍中六州軍事都督尋加開府岳辟引時賢以爲僚屬論者以爲美尋都監典書復爲侍學除使持節六州大都督冀州大中正俄拜京畿大都督其六州事悉詣京畿時高祖統務晉陽岳與侍中孫騰等在京師輔政元象二年遭母憂去職岳性至孝盡力色養母若有疾衣不解帶及

遭喪哀毀骨立高祖深以憂之每日遣人勞勉尋起復本任二年除兼領軍將軍興和初世宗入總朝政岳出爲使持節都督冀州刺史侍中驃騎開府儀同如故三年轉青州刺史岳任權日久素爲朝野畏服及之爲藩百姓望風讋憚武定元年除晉州刺史西南道大都督得綏邊之稱時岳遇患高祖令還并治療疾瘳復令赴職及高祖崩侯景叛世宗徵岳還并共圖取景之計而梁武帝乘間遣其貞陽侯明率衆於寒

山擁泗水灌彭城與景爲掎角聲援岳總帥諸軍南討與行臺慕容紹宗等擊明大破之臨陣擒明及其大將胡貴孫自餘俘馘數萬景乃擁衆於渦陽與左衛將軍劉豐等相持岳回軍追討又破之景單騎逃竄六年以功除侍中太尉餘如故別封新昌縣子又拜使持節河南總管大都督統慕容紹宗劉豐等討王思政於長社思政嬰城自守岳等引洧水灌城紹宗劉豐爲思政所獲關西出兵援思政岳內外防禦甚有謀

等城不没者三板會世宗親臨數日城下獲思
政等以功别封真定縣男世宗以爲已功故賞
典弗弘也世宗崩顯祖出撫晉陽令岳以本官
兼尚書左僕射留鎮京師天保初進封清河郡
王尋除使持節驃騎大將軍開府儀同三司宗
師司州牧五年加太保梁蕭繹爲周軍所逼遣
使告急且請援冬詔岳爲西南道大行臺都統
司徒潘相樂等救江陵六年正月師次義陽遇
荆州陷因略地南至郢州獲梁州刺史司徒陸法

和仍剋郢州岳先送法和於京師遣儀同慕容
儼據郢城朝廷知江陵陷詔岳旋師岳自討寒
山長社及出隨陸並有功績威名彌重而性華
侈尤悅酒色歌姬舞女陳鼎擊鍾諸王皆不及
也初高歸彦少孤高祖令岳撫養輕其年幼情
禮甚薄歸彦內銜之而未嘗出口及歸彦爲領
軍大被寵遇岳謂其德已更倚賴之歸彦密構
其短岳於城南起宅聽事後開巷歸彦奏帝曰
清河造宅僭擬帝宮制爲永巷但唯無闕耳顯

祖聞而惡之漸以疎岳仍屬顯祖召鄴下婦人
薛氏入宮而岳先嘗喚之至宅由其姊也帝懸
薛氏姊而鋸殺之讓岳以爲姦民女岳曰臣本
欲取之嫌其輕薄不用非姦也帝益怒六年十
一月使高歸彦就宅切責之岳憂悸不知所爲
數日而薨故時論紛然以爲賜鴆也朝野歎惜
之時年四十四詔大鴻臚監護喪事贈使持節
都督冀定滄瀛趙幽濟七州諸軍事太宰太傅定
州刺史假黃鉞給輼輬車賵物二千段謚曰昭

武初岳與高祖經綸天下家有私兵并畜戎器
儲甲千餘領世宗之末岳以四海無事表求納
之世宗敦至親之重推心相任云叔屬居肺腑
職在維城所有之甲本資國用叔何疑而納之
文宣之世亦頻請納又固不許及將薨遺表謝
恩并請上甲于武庫至此葬畢方許納焉皇建中
配享世宗廟庭後歸彦反世祖知其前譖曰清
河忠烈盡力皇家而歸彦毀之閒吾骨肉籍沒
歸彦以良賤百口賜岳家後又思岳之功重贈

太師太保餘如故子勱嗣

勱字敬德風智早成爲顯祖所愛年七歲遣侍皇太子後除青州刺史拜日顯祖戒之曰叔父前牧青州甚有遺惠故遣汝慰彼黎庶宜好用心無墜聲績勱流涕對曰臣以蒙幼濫叨拔擢雖竭庸短懼忝先政帝曰汝既能有此言吾不慮也尋追授武衛將軍領軍祠部尚書開府儀同三司以清河地在畿內改封樂安王轉侍中尚書右僕射出爲朔州行臺僕射後主晉州敗

太后從土門道還京師勑勱統領兵馬侍衛太后時佞幸閹寺猶行暴虐民間鷄猪悉放鷹犬搏噬取之勱收儀同三司苟子溢徇軍欲行大戮太后有令然後釋之劉文殊竊謂勱曰子溢之徒言成禍福何容如此豈不慮後生毀謗耶勱攘袂語文殊曰自獻武皇帝以來撫養士卒委政親賢用武行師未有折衄今西寇已次并州達官多悉委叛正坐此輩專政弄權所以內外離心衣冠解體若得今日斬此卒明日及誅亦無所恨王國家姻婭須同疾惡返爲此言豈所望乎太后還至鄴周軍續至人皆恟懼無有鬭心朝士出降晝夜相屬勱因奏後主曰今所翻叛多是貴人至於卒伍猶未離貳請追五品已上家屬置之三臺因脅之曰若戰不捷即退焚臺此曹顧惜妻子必當死戰且王師頻北賊徒輕我今背城一決理必破之此亦計之上者後主卒不能用齊亡入周依例授開府隋朝歷楊楚光洮四州刺史開皇中卒

史臣曰易稱天地盈虛與時消息況於人乎蓋以通塞有期汙隆適道舉世思治則顯仁以應之小人道長則儉德以避之至若負博陸之圖處藩屏之地而欲迷邦違難其可得乎趙郡以跗萼之親當顧命之重高揖則宗社易危去惡則人神俱泰是用安夫一德同此貞心踐畏途而不疑履危機而莫懼以斯忠義取斃凶慝豈道光四海不遇周成之明將朝去三仁終見殷墟之禍不然則邦國殄瘁何影響之速乎清河

屬經綸之會自致青雲出將入相翊成鴻業雖漢朝劉賈魏室曹洪俱未足論其高下天保在辰易生悔吝固不可掩其風烈適以彰顯祖之失德云

贊曰趙郡英偉風範凝正天道無親斯人斯命赫赫清河于以經國末路小疵非爲敗德

北齊列傳第五　北齊書十三

列傳第六　北齊書十四

隋太子通事舍人李　百藥　撰

廣平公盛

陽州公永樂　弟長弼

襄樂王顯國

上樂王思宗　子元海

平秦王歸彥

武興王普

長樂太守靈山　從兄伏護

廣平公盛神武從叔祖也寬厚有長者風神武起兵於信都以盛爲中軍大都督封廣平郡公歷位司徒太尉天平三年薨於位贈假黃鉞太尉太師録尚書事無子以兄子子瑗嗣天保初改封平昌王卒於魏尹

陽州公永樂神武從祖兄子也太昌初封陽州縣伯進爵爲公累遷北豫州刺史河陰之戰司徒高昂失利退永樂守河陽南城昂走趣城西軍追者將至永樂不開門昂遂爲西軍所擒神

武大怒杖之二百後罷豫州家產不立神武問其故對曰裴監爲長史辛公正爲别駕受王委寄斗酒隻鷄不入神武乃以永樂爲濟州仍以監公正爲長史别駕謂永樂曰爾勿大貪小小義取莫復畏永樂至州監公正諫不見聽以狀啓神武神武封啓以示永樂然後知二人清直並擢用之永樂卒於州贈太師太尉錄尚書事謚曰武昭無子從兄思以第二子孝緒爲後襲爵天保初改封脩城郡王永樂弟長弼小名阿

伽性麤武出入城市好毆擊行路時人皆呼爲阿伽郎君以宗室封廣武王時有天恩道人至凶暴橫行閭肆後入長弼黨專以鬬爲事文宣並收掩付獄天恩黨十餘人皆弃市長弼鞭一百尋爲南營州刺史在州無故自驚走叛亡入突厥竟不知死所

襄樂王顯國神武從祖弟也無才伎直以宗室謹厚天保元年封襄樂王位右衛將軍卒

上洛王思宗神武從子也性寬和頗有武幹天保初封上洛郡王歷位司空太傅薨於官子元海累遷散騎常侍願處山林脩行釋典文宣許之乃入林慮山經二年絶弃人事志不能固啓求歸徵復本任便縱酒肆情廣納姬侍又除領軍器小志大頗以智謀自許皇建末孝昭幸晉陽武成居守元海以散騎常侍留典機密初孝昭之誅楊愔等謂武成云事成以爾爲皇太弟及踐祚乃使武成在鄴主兵立子百年爲皇太子武成甚不平先是恒留濟南於鄴除領軍厙

狄伏連爲幽州刺史以斛律豐樂爲領軍以分武成之權武成留伏連而不聽豐樂視事乃與河陽王孝瑜僞獵謀於野暗乃歸先是童謠云中興寺内白鳧翁四方側聽聲雍雍道人聞之夜打鍾時丞相府在北城中即舊中興寺也鳧翁謂雄鷄蓋指武成小字步落稽也道人濟南王小名打鍾言將被擊也既而太史奏言北城有天子氣昭帝以爲濟南應之乃使平秦王歸彥之鄴迎濟南赴幷州武成王先咨元海幷問

自安之計元海曰皇太后萬福至尊孝性非常殿下不須別慮武成曰豈我推誠之意耶元海乞還省一夜思之武成即留元海後堂元海達旦不眠唯遶牀徐步夜漏未曙武成遽出曰神下如何荅云夜中得三策恐不堪用耳因說梁孝王懼誅入關事請乘數騎入晉陽先見太后求哀後見主上請去兵權以死爲限求不干朝政必保太山之安此上策也若不然當具表云威權大盛恐取謗衆口請青齊二州刺史沈靜

自居必不招物議此中策也更問下策曰發言即恐族誅因逼之荅曰濟南世嫡主上假太后令而奪之今集文武示以此勑執豐樂斬歸彥尊濟南號令天下以順討逆此萬世一時也武成大悅狐疑竟未能用乃使鄭道謙卜之皆曰不利舉事靜則吉又召曹魏祖問之國事對曰當有大凶又時有林慮令姓潘知占候密謂武成曰宮車當晏駕殿下爲天下主武成拘之於內以候之又令巫覡卜之多云不須舉兵自有

大慶武成乃奉詔令數百騎送濟南於晉陽及孝昭崩武成即位除元海侍中開府儀同三司太子詹事河清二年元海爲和士開所譖被捶馬鞭六十責云爾在鄴城說我以弟反兄幾許不義鄴城兵馬抗并州幾許無智不義無智不爲可使出爲兗州刺史元海後妻陸太姬甥也故尋被追任使武平中與祖珽共執朝政元海多以太姬密語告珽珽求領軍元海不可珽乃以其所告報太姬姬怒出元海爲鄭州刺史鄴

城將敗徵爲尚書令周建德七年於鄴城謀逆伏誅元海好亂樂禍然詐仁慈不飲酒噉肉文宣天保末年敬信內法乃至宗廟不血食皆元海所謀及爲右僕射又說後主禁屠宰斷酤酒然本心非靖故終致覆敗思宗弟思好

思好本浩氏子也思宗養以爲弟遇之甚薄少以騎射事文襄及文宣受命爲左衛大將軍本名思孝天保五年討蠕蠕文宣悅其驍勇謂曰爾擊賊如鶻入鳥群宜思好事故改名焉累遷

尚書令朔州道行臺朔州刺史開府南安王甚
得邊朔人心後主時斫骨光弁奉使至州思好
迎之甚謹光弁倨敖思好因心銜恨武平五年
遂舉兵反與幷州諸貴書曰主上少長深宮未
辦人之情僞昵近凶狡疎遠忠良遂使刀鋸刑
餘貴溢軒階商胡醜類擅權帷幄剥削生靈劫
掠朝市闇於聽受專行忍害幽母深宮無復人
子之禮二弟殘戮頓絶孔懷之義仍縱子立奪
馬於東門光弁擎鷹於西市駿龍得儀同之號

逍遥受郡君之名犬馬班位榮冠軒冕人不堪
役思長亂階趙郡王叡寔曰宗英社稷惟寄左
丞相斛律明月世爲元輔威著鄰國無罪無辜
奄見誅殄孤旣忝預皇枝實蒙殊獎今便擁率
義兵指除君側之害幸悉此懷無致疑惑行臺
郎王行思之辭也思好至陽曲自號大丞相置
百官以行臺左丞相王尚之爲長史武衛趙海
在晉陽掌兵時倉卒不暇奏矯詔發兵拒之軍
士皆曰南安王來我輩唯須唱萬歲奉迎耳帝

聞變使唐邕莫多婁敬顯劉桃枝中領軍庫狄
士文馳之晉陽帝勒兵續進思好軍敗與行思
投水而死其麾下二千人桃枝圍之且殺且招
終不降以至盡時帝在道叱奴世安自晉陽送
露布於平都遇斛斯孝卿孝卿誘使食因馳詣
行宮前已了帝大懽左右呼萬歲良久世安乃
以狀自陳帝曰告示何物事乃得坐食於是賞
孝卿而免世安罪暴思好屍七日然後屠剥焚
之烹尚之於鄴市令內參射其妃於宮內仍火

焚殺之思好反前五旬有人告其謀反韓長鸞
女適思好故奏有人誣告諸貴事相擾動不殺
無以息後乃斬之思好旣誅弟伏闕下訴求贈
兄鸞爲不爲通也

平秦王歸彦字仁英神武族弟也父徽魏末坐
事當徙涼州行至河渭間遇賊以軍功得免流
因於河州積年以解胡言爲西域大使得胡師
子來獻以功得河東守尋遂死焉徽於神武舊
恩甚篤及神武平京洛迎喪以穆同營葬贈司

徒謚曰文宣初徵常過長安市與婦人王氏私
通而生歸彥至是年已九歲神武追見之撫對
悲喜稍遷徐州刺史歸彥少質朴後更改節放
縱好聲色朝夕酣歌妻魏上黨王元天穆女也
貌不美而甚嬌妬數忿爭密啓文宣求離事寢
不報天保元年封平秦王嫡妃康及所生母王
氏竝爲太妃善事二母以孝聞徵爲兼侍郎稍
被親寵以討侯景功封長樂郡公除領軍大將
軍領軍加大自歸彥始也文宣誅高德正金寶

財貨悉以賜之乾明初拜司徒仍總知禁衛初
濟南自晉陽之鄴楊愔宣勑留從駕五千兵於
西中陰備非常至鄴數日歸彥乃知之由是陰
怨楊燕楊燕等欲去二王問計於歸彥歸彥詐
喜請共元海量之元海亦口許心違馳告長廣
長廣於是誅楊燕等孝昭將入雲龍門都督成
休寧列拒而不內歸彥諭之然後得入進向柏
閤永巷亦如之孝昭踐祚以此彌見優重每入
常在平原王段韶上以爲司空兼尚書令齊制

宮内唯天子紗帽臣下皆戎帽特賜歸彥紗帽
以寵之孝昭崩歸彥從晉陽迎武成於鄴及武
成即位進位太傅領司徒常聽將私部曲三人
帶刀入仗從武成還都諸貴戚等競要之其所
往處一坐盡傾歸彥既地居將相志意盈滿發
言陵侮旁若無人議者以威權震主必爲禍亂
上亦尋其前翻覆之跡漸忌之高元海畢義雲
高乾和等咸數言其短上幸歸彥家召魏收對
御作詔草欲加右丞相收謂元海曰至尊以右

丞相登位今爲歸彥威名太盛故出之豈可復
加此號乃拜太宰冀州刺史即乾和繕寫晝日
仍勑門司不聽輒入内時歸彥在家縱酒經宿
不知至明欲參至門知之大驚而退及通名謝
勑令早發别賜錢帛鼓吹醫藥事事周備又勑
武職督將悉送至青陽宮拜而退莫敢共語唯
與趙郡王叡久語時無聞者至州不自安謀逆
欲待受調訖班賜軍事望車駕如晉陽乘虛入
鄴爲其郎中令呂思禮所告詔平原王段韶襲

之歸彥舊於南境置私驛聞軍將逼報之便嬰城拒守先是冀州長史宇文仲鸞司馬李祖挹別駕陳季璩中從事房子弼長樂郡守尉普興等疑歸彥有異使連名密啓歸彥追而獲之遂收禁仲鸞等五人仍並不從皆殺之軍已逼城歸彥登城大叫云孝昭皇帝初崩六軍百萬衆悉由臣手投身向鄴迎陛下當時不反今日豈有異心正恨高元海畢義雲高乾和誑惑聖上疾忌忠良但爲殺此三人即臨城自刎其後城

破軍騎北走至交津見獲鏁送鄴帝令趙郡王叡私問其故歸彥曰使黃頷小兒牽挽我何可不反曰誰耶歸彥曰元海乾和豈是朝廷老宿如趙家老公時又詎懷怨於是帝又使讓焉對曰高元海受畢義雲宅用作本州刺史給後部鼓吹臣爲藩王太宰仍不得鼓吹正殺元海義雲而已上令都督劉桃枝牽入歸彥猶作前語望活帝命議其罪皆云不可赦乃載以露車銜枚面縛劉桃枝臨之以刃擊鼓隨之并子孫十

五人皆棄市贈仁州刺史魏時山崩得石角二藏在武庫文宣入庫賜從臣各一特以二石角與歸彥謂曰爾事常山不得反事長廣得反反時將此角嚇漢歸彥額骨三道著幘不安文宣嘗見之怒使以馬鞭擊其額血被面曰爾反時當以此骨嚇漢其言反竟驗云

武興王普字德廣歸彥兄歸義之子也性寬和有度量九歲歸彥自河州俱入洛神武使與諸子同遊處天保初封武興郡王武平二年累遷

司空六年爲豫州道行臺尚書令後主奔鄴就加太宰周師逼乃降卒於長安贈上開府豫州刺史

長樂太守靈山字景嵩神武族弟也從神武起兵信都終於長樂太守贈大將軍司空謚曰文宣子懿卒於武平鎮將無子文宣帝以靈山從父兄齊州刺史建國子伏護爲靈山後伏護字臣援粗有刀筆天統初累遷黃門侍郎伏護歷事數朝恒參機要而性嗜酒每多醉失末路逾

劇乃至連日不食專事酣酒神識恍惚遂以卒贈兖州刺史建國侯孫乂襲乂少謹武平末給事黃門侍郎隋開皇中爲太府少卿坐事卒

列傳第六　北齊書十四

此卷與北史同

列傳第七　北齊書十五

隋太子通事舍人李　百藥　撰

竇泰

尉景

婁昭 子叡

厙狄干 子士文

韓軌

潘樂

竇泰字世寧大安捍殊人也本出清河觀津胄祖羅魏統萬鎮將因居北邊父樂魏末破六韓拔陵爲亂與鎮將楊鈞固守遇害泰貴追贈司徒初泰母夢風雷暴起若有雨狀出庭觀之見電光奪目駛雨霑灑寤而驚汗遂有娠朞而不產大懼有巫曰渡河湔裙產子必易便向水所忽見一人曰當生貴子可徙而南泰母從之俄而生泰及長善騎射有勇略泰父兄戰歿於鎮泰身負骸骨歸爾朱榮以從討邢杲功賜爵廣阿子神武之爲晉州請泰爲鎮城都督參謀軍

事累遷侍中京畿大都督尋領御史中尉泰以勳戚居臺雖無多糾舉而百寮畏懼天平三年神武西討令泰自潼關入四年泰至小關爲周文帝所襲衆盡没泰自殺初泰將發鄴鄴有惠化尼謠云竇行臺去不回未行之前夜三更忽有朱衣冠幘數千人入臺云收竇中尉宿直兵吏皆驚其人入數屋俄頃而去旦視關鍵不異方知非人皆知其必敗贈大司馬太尉録尚書事謚曰武貞泰妻武明婁后妹也泰雖以親見

待而功名自建齊受禪祭告其墓皇建初配享神武廟庭子孝敬嗣位儀同三司

尉景字士眞善無人也秦漢置尉候官其先有居此職者因以氏焉景性温厚頗有俠氣魏孝昌中北鎮反景與神武入杜洛周中仍共歸爾朱榮以軍功封博野縣伯後從神武起兵信都韓陵之戰唯景所統失利神武入洛留景鎮鄴尋進封爲公景妻常山君神武之姊也以勳戚每有軍事與厙狄干常被委重而不能忘懷射

利神武每嫌責之轉冀州刺史又大納賄發夫獵死者三百人厙狄干與景在神武坐請作御史中尉神武曰何意下求卑官干曰欲捉尉景神武大笑令優者石董桶戲之董桶剥景衣曰公剥百姓董桶何爲不剥公神武誡景曰可以無貪也景曰與爾計生活孰多我止人上取爾割天子調神武笑不荅改長樂郡公歷位太保太傅坐匿亡人見禁止使崔暹謂文襄曰語阿惠兒富貴欲殺我耶神武聞之泣詣闕曰臣非

尉景無以至今日三請帝乃許之於是黜爲驃騎大將軍開府儀同三司神武造之景恚臥不動叫曰殺我時趣耶常山君謂神武曰老人去死近何忍煎迫至此又曰我爲爾汲水胝生因出其掌神武撫景爲之屈膝先是景有果下馬文襄求之景不與曰土相扶爲墻人相扶爲王一馬亦不得畜而索也神武對景及常山君責文襄而杖之常山君泣救之景曰小兒慣去放使作心腹何須乾啼濕哭不聽打耶尋授青

州刺史操行頗改百姓安之徵授大司馬遇疾薨於州贈太師尚書令齊受禪以景元勳詔祭告其墓皇建初配享神武廟庭追封長樂王子粲少歷顯職性麤武天保初封厙狄干等爲王粲以父不預王爵大恚恨十餘日閉門不朝帝怪遣就宅問之隔門謂使者曰天子不封粲父爲王粲不如死使云須開門受勑粲遂彎弓隔門射使者使者以狀聞之文宣使段韶諭旨粲見韶唯撫膺大哭不荅一言文宣親詣其宅慰

之方復朝請尋追封景長樂王粲襲爵位司徒太傅薨子世辯嗣周師將入鄴令辯出千餘騎覘候出滏口登高阜西望遥見羣鳥飛起謂是西軍旗幟即馳還比至紫陌橋不敢顧隋開皇中卒於淅州刺史

婁昭字菩薩代郡平城人也武明皇后之母弟也祖父提雄傑有識度家僮千數牛馬以谷量性好周給士多歸附之魏太武時以功封眞定侯父內干有武力未仕而卒昭貴魏朝贈司徒齊受禪追封太原王昭方雅正直有大度深謀腰帶八尺弓馬冠世神武少親重之昭亦早識人恒曲盡禮敬數隨神武獵每致請不宜乘危歷險神武將出信都昭贊成大策即以爲中軍大都督從破爾朱兆於廣阿封安喜縣伯改濟北公又徙濮陽郡公受領軍將軍魏孝武將貳於神武昭以疾辭還晉陽從神武入洛兗州刺史樊子鵠反以昭爲東道大都督討之子鵠既死諸將勸昭盡捕誅其黨昭曰此州無狀橫被

殘賊其君是怨其人何罪遂皆捨焉後轉大司馬仍領軍遷司徒出爲定州刺史昭好酒晚得偏風雖愈猶不能處劇務在州事委寮屬昭舉其大綱而已薨於州贈假黃鉞太師太尉謚曰武齊受禪詔祭告其墓封太原王皇建初配享神武廟庭長子仲達嗣改封濮陽王次子定遠少歷顯職外戚中偏爲武成愛狎別封臨淮郡王武成大漸與趙郡王叡等同受顧命位司空趙郡王之奏黜和士開定遠與其謀遂納士開賄

賂成建郡之禍其貪鄙如此壽除瀛州刺史初
定遠弟季略提婆求其伎妾定遠不許因高思
好作亂提婆令臨淮國郎中令告定遠陰與思
好通後主令開府段暢率三千騎掩之令侍御
史趙秀通至州以贓貨事劾定遠定遠疑有變
遂縊而死昭兄子叡叡字佛仁父拔魏南部尚
書叡幼孤被叔父昭所養爲神武帳内都督封
掖縣子累遷光州刺史在任貪縱深爲文襄所
責後改封九門縣公齊受禪得除領軍將軍

别封安定侯叡無他器幹以外戚貴幸縱情財
色爲瀛州刺史聚斂無厭皇建初封東安王太
寧元年進位司空平高歸彦於冀州還拜司徒
河清三年濫殺人爲尚書左丞宋仲羡彈奏經
赦乃免壽爲太尉以軍功進大司馬武成至河
陽仍遣總偏師赴懸瓠叡在豫境留停百餘日
專行非法詔免官以王還第壽除太尉薨贈大
司馬子子產嗣位開府儀同三司
厙狄干善無人也曾祖越豆眷魏道武時以功

割善無之西臘汙山地方百里以處之後率部
落北邊因家朔方干梗直少言有武藝魏正光
初除掃逆黨授將軍宿衛於内以家在寒鄉不
宜毒暑冬得入京師夏歸鄉里孝昌元年北邊
擾亂奔雲中爲刺史費穆送于爾朱榮以軍主
隨榮入洛後從神武起兵破四胡於韓陵封廣
平縣公尋進郡公河陰之役諸將大捷唯干兵
退神武以其舊功竟不責黜尋轉太保太傅及
高仲密以武牢叛神武討之以干爲大都督前

驅干上道不過家見侯景不遑食景使騎追饋
之時文帝自將兵至洛陽軍容甚盛諸將未欲
南度干決計濟河神武大兵繼至遂大破之還
爲定州刺史不閑吏事事多擾煩然清約自居
不爲吏人所患遷太師天保初以天平元勳佐
命封章武郡公王轉太宰干尚神武妹樂陵長
公主以親地見待自預勤王常總大衆威望之
重與諸侯最而爲性嚴猛嘗詣京師魏譙王元
孝友於公門言戲過度諸公無能面折者干正

色青之孝友大懃時人稱善薨贈假黃鉞太宰給轀輬車謚曰景烈干不知書署名爲干字逆上畫之時人謂之穿錐又有武將王周者署名先爲吉而後成其外二人至子孫始並知書干皇建初配享神武廟庭子敬伏位儀同三司卒子士文嗣士文性孤直雖隣里至親莫與通狎在齊襲封章武郡王位領軍將軍周武帝平齊山東衣冠多來迎唯士文閉門自守帝奇之授開府儀同三司隋州刺史隋文受禪加上開府

封湖陂縣子尋拜貝州刺史性清苦不受公料家無餘財其子嘗噉官厨餅士文枷之於獄累日杖之二百步送還京僮隸無敢出門所買鹽菜必於外境凡有出入皆封署其門親故絕迹慶弔不通法令嚴肅吏人貼服道不拾遺凡有細過士文必陷害之嘗入朝遇上賜公卿入左藏任取多少人皆極重士文獨口銜絹壹匹兩手各持壹匹上問其故士文曰臣口手俱足餘無所須上異之別齎遺之士文至州發擿姦吏

又布斗粟之贓無所寬貸得千人奏之悉配防嶺南親戚相送哭聲遍於州境至嶺南遇瘴厲死者十八九於是父母妻子唯哭士文士文聞之令人捕搦捶楚盈前而哭者彌甚司馬京兆韋焜清河趙達二人並苛刻唯長史有惠政時人語曰刺史羅刹政司馬蝮虵瞋長史含笑判清河生喫人上聞歎曰士文暴過猛獸竟坐免未幾爲雍州長史謂人曰我向法深不能窺候要貴無乃必死此官及下車執法嚴正不避

貴戚賓客莫敢至門人多怨望士文從妹爲齊氏嬪有色齊滅後賜薛公長孫覽覽妻鄭氏妬譖之文獻后后令覽離絕士文恥之不與相見後應州刺史唐君明居母憂娉以爲妻由是君明士文並爲御史所劾士文性剛在獄數日憤恚而死家無餘財有三子朝夕不繼親賓無贍之者

韓軌字百年太安狄那人也少有志操性深沈喜怒不形於色神武鎮晉州引爲鎮城都督及

起兵於信都軌贊成大策從破爾朱兆於廣阿
又從韓陵陣封平昌縣侯仍督中軍從破爾朱
兆於赤谼嶺再遷秦州刺史甚得邊和神武巡
秦州欲以軌還仍賜城人戶別絹布兩匹州人
田昭等七千戶皆辭不受唯乞留軌神武喜歎
乃留焉頻以軍功進封安德郡公遷瀛州刺史
在州聚斂為御史糺劾削除官爵未幾復其安
德郡公歷位中書令司徒齊受禪封安德郡王
軌妹為神武所納生上黨王渙復以勳庸歷登

台鉉常以謙恭自處不以富貴驕人後拜大司
馬從文宣征蠕蠕在軍暴疾薨贈假黃鉞太宰
太師謚曰肅武皇建初配饗文襄廟庭子晉明
嗣天統中改封東萊王晉明有俠氣諸勳貴子
孫中最留心學問好酒誕縱招引賓客一席之
費動至萬錢猶恨儉率朝廷處之貴要之地必
以疾辭告人云廢人飲美酒對名勝安能作刀
筆吏返披故紙乎武平末除尚書左僕射百餘
日便謝病解官

潘樂字相貴廣寧石門人也本廣宗大族魏世
分鎮北邊因家焉父永有技藝襲爵廣宗男樂
初生有一雀止其母左肩占者咸言富貴之徵
因名相貴後始為字及長寬厚有膽略初歸葛
榮授京兆王時年十九榮敗隨爾朱榮為別將
討元顥以功封敷城縣男齊神武出牧晉州引
樂為鎮城都將從破爾朱兆於廣阿進爵廣宗
縣伯累以軍功拜東雍州刺史神武嘗議欲廢
州樂以東雍地帶山河境連胡蜀形勝之會不

可棄也遂如故後破周師於河陰議欲追之令
追者在西不願者東唯樂與劉豐居西神武善
之以衆之不行而止改封金門郡公文宣嗣事
鎮河陽破西將楊檦等時帝以懷州刺史平監
等所築城深入敵境欲棄之樂以軹關要害必
須防固乃更修理增置兵將而還鎮河陽拜司
空齊受禪樂進璽綬進封河東郡王遷司徒周
文東至崤陝遣其行臺侯莫陳崇齊子嶺趣軹
關儀同楊檦從鼓鍾道出建州陷孤公戍詔樂

揔大衆禦之樂晝夜兼行至長子遣儀同韓永興從建州西趣崇崇遂遁又爲南道大都督討侯景樂發石鼈南度百餘里至梁涇州涇州舊在石梁侯景改爲懷州樂獲其地仍立涇州又克安州除瀛州刺史仍略淮漢天保六年薨於懸瓠贈假黃鉞太師大司馬尚書令子子晃嗣諸將子弟率多驕縱子晃沈密謹慤以清淨自居尚公主拜駙馬都尉武平末爲幽州道行臺右僕射幽州刺史周師將入鄴子晃率突騎數萬赴援至博陵知鄴城不守詣冀州降周授上開府隋大業初卒

列傳第七　北齊書十五

此卷與北史同

列傳第八　北齊書十六

隋太子通事舍人李　百藥　撰

段榮　子韶

段榮字子茂姑臧武威人也祖信仕沮渠氏後入魏以豪族徙北邊仍家於五原郡父連安北府司馬榮少好曆術專意星象正光初語人曰易云觀於天文以察時變又曰天垂象見吉凶今觀玄象察人事不及十年當有亂矣或問曰起於何處當可避乎榮曰構亂之源此地爲始恐天下因此橫流無所避也未幾果如言榮遇亂與鄉舊攜妻子南趣平城屬杜洛周爲亂榮與高祖謀誅之事不捷共奔尒朱榮後高祖建義山東榮贊成大策爲行臺右丞西北道慰喻大使巡方曉喻所在下之高祖南討鄴留榮鎮信都仍授鎮北將軍定州刺史時攻鄴未克所須軍資榮轉輸無闕高祖入洛論功封姑臧縣侯邑八百戶轉授瀛州刺史榮妻皇后姊也榮恐高祖招私親之義固推諸將竟不之州

尋行相州事後爲濟州刺史天平三年轉行恭州事榮性温和所歷皆推仁恕民吏愛之初高祖將圖關右與榮密謀榮盛稱未可及渭曲失利高祖悔之曰吾不用段榮之言以至於此四年除山東大行臺大都督甚得物情大象元年授儀同三司二年五月卒年六十二贈使持節定冀滄瀛四州諸軍事定州刺史太尉尚書左僕射謚曰昭景皇建初配饗高祖廟庭二年重贈大司馬尚書令武威王長子韶嗣韶

字孝先小名鐵伐少工騎射有將領才略高祖以武明皇后姊子益器愛之常置左右以爲心腹建義初領親信都督中興元年從高祖拒尒朱兆戰於廣阿高祖謂韶曰彼衆我寡其若之何韶曰所謂衆者得衆人之死強者得天下之心尒朱狂狡行路所見裂冠毀冕拔本塞源邙山之會搢紳何罪兼殺主立君不脫旬朔天下思亂十室而九王躬昭德義除君側之惡何往而不克哉高祖曰吾雖以順討逆奉辭伐罪但

弱小在強大之間恐無天命卿不聞之也答曰韶聞小能敵大小道大淫皇天無親唯德是輔尒朱外賊天下内失善人知者不爲謀勇者不爲鬬不肖失職賢者取之復何疑也遂與兆戰兆軍潰攻劉誕於鄴及韓陵之戰韶督率所部先鋒陷陣尋從高祖出晉陽追尒朱兆於赤谼嶺平之以軍功封下洛縣男又從襲取夏州擒斛律彌娥突加龍驤將軍諫議大夫累遷武衛將軍後恩賜父榮姑臧縣侯其下洛縣男啓讓

繼母弟寧安興和四年從高祖禦周文帝於邙山高祖身在行間爲西魏將賀拔勝所識率鋭來逼韶從傍馳馬引弓反射一箭斃其前驅追騎懾憚莫敢前者西軍退賜馬并金進爵爲公武定四年從征玉壁時高祖不豫攻城未下召集諸將共論進止之宜謂大司馬斛律金司徒韓軌左衛將軍劉豐等曰吾每與段孝先論兵殊有英略若使比來用其謀亦可無今日之勞矣吾患勢危篤恐或不虞欲委孝先以鄴下

之事何如金等曰知臣莫若君實無出孝先仍
請詔曰吾昔與卿父冒涉險艱同獎王室建此大
功今病疾如此殆將不濟宜善相翼佐克茲負
荷即令詔從顯祖鎮鄴召世宗赴軍高祖疾甚
顧命世宗曰段孝先忠亮仁厚智勇兼備親
戚之中唯有此子軍旅大事宜共籌之五年春
高祖崩於晉陽祕不發喪俄而侯景構亂世宗
還鄴韶留守晉陽世宗還賜女樂十數人金十
斤繒帛稱是封長樂郡公世宗征潁川韶留鎮

晉陽別封真定縣男行并州刺史顯宗受禪別
封朝陵縣又封霸城縣加位特進啓求歸朝陵
公乞封繼母梁氏爲郡君顯祖嘉之別以梁氏
爲安定郡君又以霸城縣侯讓其繼母弟孝言
論者美之天保三年爲冀州刺史六州大都督
有惠政得吏民之心四年十二月梁將東方白
額潛至宿預招誘邊民殺害長吏淮泗擾動五
年二月詔徵韶討之既至會梁將嚴超達等
軍逼涇州又陳武帝率衆將攻廣陵刺史王敬

寶遣使告急復有尹思令衆万餘人謀襲盱
眙三軍咸懼韶謂諸將曰自梁氏喪亂國無定
主人懷去就強者從之霸先等智小謀大政令
未一外託同德内有離心諸君不足憂吾揣之
熟矣乃留儀同敬顯儁堯難宗等圍守宿預
自將步騎數千人倍道赴涇州塗出盱眙思令
不虞大軍卒至望旗奔北進與超達合戰大破
之盡獲其舟艦器械謂諸將士曰吳人輕躁本
無大謀今破超達霸先必走即迴赴廣陵陳武

帝果遁去追至楊子柵望揚州城乃還大獲其
軍資器物旋師宿預六月韶遣辨士喻白額禍
福白額於是開門請盟韶與行臺辛術等議
且爲受盟盟訖度白額終不爲用因執而斬之
并其諸弟等並傳首京師江淮帖然民皆安輯
顯祖嘉其功詔賞吳口七十人封平原郡王清
河王岳之克郢州執司徒陸法和韶亦豫行築
層城於新蔡立郭默戍而還皇建元年領太子
太師大寧二年除并州刺史高歸彥作亂冀

州詔與東安王婁叡率衆討平之遷太傅賜女樂十人并歸彥果園一千畝仍摠并州爲政舉大綱不存小察甚得民和十二月周武帝遣將率羌夷與突厥合衆逼晉陽世祖自鄴倍道兼行赴救突厥從北結陣而前東距汾河西被風谷時事既倉卒兵馬未整世祖見如此亦欲避之而東尋納河間王孝琬之請令趙郡王叡護諸將時大雪之後周人以步卒爲前鋒從西山而下去城二里諸將咸欲逆擊之韶曰步人氣

勢自有限今積雪既厚逆戰非便不如陣以待之彼勞我逸破之必矣既而交戰大破之敵前鋒盡殪無復孑遺自餘通宵奔遁仍令韶率騎追之出塞不及而還世祖嘉其功別封懷州武德郡公進位太師周冢宰宇文護母閻氏先配中山宮護聞閻尚存乃因邊境移書請還其母并通隣好時突厥屢犯邊韶軍於塞下世祖遣黃門徐世榮乘傳齎周書問韶韶以周人反覆本無信義比晉陽之役其事可知護外託爲

相其實王也既爲母請和不遣一介之使申其情理仍據移書即送其母恐示之弱如臣管見且外許之待後放之未晚不聽遂遣使以禮將送護既得母仍遣將尉遲迥等襲洛陽詔遣蘭陵王長恭大將軍斛律光率衆擊之軍於邙山之下逗留未進世祖召謂曰今欲遣王赴洛陽之圍但突厥在此復須鎮禦王謂如何韶曰北虜侵邊事等疥癬今西羌闚逼便是膏肓之病請奉詔南行世祖曰朕意亦尓乃令韶督精

騎一千發自晉陽五日便濟河與大將共量進止韶旦將帳下二百騎與諸軍共登邙阪聊觀周軍形勢至大和谷便值周軍即遣馳告諸營追集兵馬仍與諸將結陣以待左軍蘭陵王爲中軍斛律光爲右軍與周人相對韶遥謂周人曰汝宇文護幸得其母不能懷恩報德今日之來竟何意也周人曰天遣我來有何可問韶曰天道賞善罰惡當遣汝送死來耳周軍仍以步人在前上山逆戰韶以彼徒我騎且却且引

待其力弊乃遣下馬擊之短兵始交周人大潰其中軍所當者亦一時瓦解投墜溪谷而死者甚衆洛城之圍亦即奔遁盡弃營幕從邙山至穀水三十里中軍資器物弥滿川澤車駕幸洛陽親勞將士於河陰置酒高會策勲命賞除太宰封靈武縣公天統三年除左丞相永昌郡公食滄州幹武平二年正月出晉州道到定隴築威敵平寇二城而還二月周師來寇遣韶與右丞相斛律光太尉蘭陵王長恭同往扞禦

以三月暮行達西境有柏谷城者乃敵之絶險石城千仞諸將莫肯攻圍韶曰汾北河東勢為國家之有若不去柏谷事同痼疾計彼援兵會在南道今斷其要路救不能來且城勢雖高其中甚狹火弩射之一旦可盡諸將稱善遂鳴鼓而攻之城潰獲儀同薛敬禮大斬獲首虜仍城華谷置戍而還封廣平郡公是月周又遣將寇邊右丞相斛律光先率師出討韶亦請行五月攻服秦城周人於姚襄城南更起城鎮東接定陽又作深塹斷絶行道韶乃密抽壯士從北襲之又遣人潜度河告姚襄城中令内外相應度者千有餘人周人始覺於是合戰大破之獲其儀同若干顯寳等諸將咸欲攻其新城韶曰此城一面阻河三面地險不可攻就令得之城地耳不如更作一城壅其路破服秦併力以圖定陽計之長者將士咸以為然六月從圍定陽其城主開府儀同揚範固守不下韶登山望城勢乃縱兵急攻之七月屠其外城大斬獲首級時

韶病在軍中以子城未克謂蘭陵王長恭曰此城三面重澗險阻並無走路唯恐東南處耳賊若突圍必從此出但簡精兵專守自是成擒長恭乃令壯士千餘人設伏於東南澗口其夜果如所策賊遂出城伏兵擊之大潰範等面縛盡獲其衆韶疾甚先軍還以功別封樂陵郡公竟以疾薨上舉哀東堂贈物千段温明祕器轀輬車軍校之士陳衛送至平恩墓所發卒起冢贈假黄鉞使持節都督朔并定趙冀滄

齊兗梁洛晉建十二州諸軍事相國太尉錄尚
書事朔州刺史謚曰忠武韶出總軍旅入參帷
幄功既居高重以婚媾望傾朝野長於計略善
於御衆得將士之心臨敵之日人人爭奮又雅
性溫慎有宰相之風教訓子弟閨門雍肅事後
母以孝聞齊世勳貴之家罕有及者然僻於好
色雖居要重微服間行有皇甫氏魏黃門郎元
瑀之妻弟謹謀逆皇甫氏因沒官韶美其容質
上啓固請世宗重違其意因以賜之尤嗇於財

雖親戚故舊略無施與其子深尚公主并省丞
郎在家佐事十餘日事畢辭還人唯賜一杯酒
長子懿嗣懿字德猷有姿儀頗解音樂又善騎
射天保初尚潁川長公主累遷行臺右僕射兼
殿中尚書出除兗州刺史卒子寶鼎嗣尚
中山長公主武平末儀同三司隋開皇中開府
儀同三司驃騎大將軍大業初卒於饒州刺史
韶第二子深字德深美容貌寬謹有父風天保
中受父封姑臧縣公大寧初拜通直散騎侍郎

二年詔尚永昌公主未婚主卒河清三年又詔
尚東安公主以父頻著大勳累遷侍中將軍源
州大中正食趙郡幹韶病篤詔封深濟北王以
慰其意武平末徐州行臺左僕射徐州刺史
入周拜大將軍郡公坐事死韶第三子德舉武
平末儀同三司周建德七年在鄴城與高元海
等謀逆誅韶第四子德衡武平末開府儀同三
司隆化時濟州刺史入周授儀同大將軍韶第
七子德堪武平中儀同三司隋大業初汴州刺

史卒於汝南郡守榮第三子孝言少警發有
風儀魏武定末起家司徒參軍事齊受禪其兄
韶以別封霸城縣侯授之累遷儀同三司度支
尚書清都尹孝言本以勳戚緒餘致位通顯至
此便驕奢放逸無所畏憚曾夜行過其賓客
宗孝王家宿喚坊民防援不時應赴遂拷殺之
又與諸淫婦密遊為其夫覺復恃官勢拷掠
而殞時苑內須果木科民間及僧寺備輸悉分
向其私宅種植又殿內及園須石差車牛從漳

河運載復分車迴取事悉聞徹出爲海州刺史尋以其兄故徵拜都官尚書食陽城郡幹仍加開府遷太常卿除齊州刺史以贓賄爲御史所劾屬世祖崩遇赦免拜太常卿轉食河南郡幹遷吏部尚書祖珽執政將廢趙彥深引孝言爲助除兼侍中入內省典機密尋即正仍吏部尚書孝言既無深鑒又待物不平抽擢之徒非賄則舊有將作丞崔成忽於衆中抗言曰尚書天下尚書豈獨段家尚書也孝言無辭以答唯厲

色遣下而已尋除中書監加特進又託韓長鸞共構祖珽之短及祖出後孝言除尚書右僕射仍掌選舉恣情用捨請謁大行勑濬京城北隍孝言監作儀同三司崔士順將作大匠元士將太府少府卿孝裕尚書左民郎中薛叔昭司州治中崔子清都尹丞李道隆鄴縣令尉長卿臨章令崔象成安令高子徹等並在孝言部下典作日別置酒高會諸人膝行跪伏稱觴上壽或自陳屈滯更請轉官孝言意色揚揚以爲已任皆隨事報荅許有加授富商大賈多被銓擢縱令進用人士咸是麁險放縱之流尋遷尚書左僕射特進侍中如故孝言富貴豪侈尤好女色後娶婁定遠妾董氏大耽愛之爲此內外不和更相糾列坐爭免官從光州隆化敗後有勑追還孝言雖黷貨無厭恣情酒色然舉止風流招致名士美景良辰未嘗虛棄賦詩奏伎畢盡歡洽雖草萊之士粗閑文藝多引入賓館與同興賞其貧躓者亦時有乞遺世論復

以此多之齊亡入周授開府儀同大將軍後加上開府

史臣曰段榮以姻戚之重遇時來之會功伐之地亦足稱焉韶光輔七君克隆門業每出當閫外或任以留臺以猜忌之朝終其眉壽屬亭候多警爲有齊上將豈其然乎當以志謝矜功名不逾實不以威權御物不以智數要時欲求覆餗其可得也語曰率性之謂道此其效歟

贊曰榮發其原韶大其門位因功顯望以德尊

列傳第八　北齊書十六

趙良

列傳第九　北齊書十七

隋太子通事舍人李　百藥撰

斛律金 子光

斛律金字阿六敦朔州勑勒部人也高祖倍侯利以壯勇有名塞表道武時率戶內附賜爵孟都公祖幡地斤殿中尚書父大那瓌光祿大夫第一領民酋長天平中金貴贈司空公金性敦直善騎射行兵用匈奴法望塵識馬步多少嗅地知軍度遠近初為軍主與懷朔鎮將楊鈞送茹茹主阿那瓌還北瓌見金射獵深歎其工後瓌入寇高陸金拒擊破之正光末破六韓拔陵構逆金擁衆屬焉陵假金王號金度陵終敗滅乃統所部萬戶詣雲州請降即授第二領民酋長稍引南出黃瓜堆為杜洛周所破部衆分散金與兄平二人脫身歸尒朱榮榮表金為別將累遷都督孝莊立賜爵阜城縣男加寧朔將軍屯騎校尉從破葛榮元顥頻有戰功加鎮南大將軍及尒朱兆等逆亂高祖密懷匡復

之計金與婁昭厙狄干等贊成大謀仍從舉義高祖南攻鄴留金守信都領恒雲燕朔顯六州大都督委以後事別討李脩破之加右光祿大夫會高祖於鄴仍從平晉陽追滅尒朱兆太昌初以金爲汾州刺史當州大都督進爵爲侯從高祖破紇豆陵於河西天平初遷鄴使金領步騎三萬鎮風陵以備西寇軍罷還晉陽從高祖戰於沙苑不利班師因此東雍諸城復爲西軍所據遣金與尉景厙狄干等討復之元象

中周文帝復大舉向河陽高祖率衆討之使金徑往太州爲掎角之勢金到晉州以軍退不行仍與行臺薛循義共圍喬山之寇俄而高祖至仍共討平之因從高祖攻下南絳邵郡等數城武定初北豫州刺史高仲密據城西叛周文帝入寇洛陽高祖使金統劉豐大汗步薩等步騎數萬守河陽城以拒之高祖到仍從破定軍還除大司馬改封石城郡公邑一千戶轉第一領民酋長三年高祖出軍襲山胡分爲二道以

金爲南道軍司由黃櫨嶺出高祖自出北道度赤洪嶺會金於烏突戍合擊破之軍還出爲冀州刺史四年詔金率衆從烏蘇道會高祖於晉州仍從攻玉壁軍還高祖使金總督大衆從歸晉陽世宗嗣事侯景據潁川降於西魏詔遣金帥潘樂薛孤延等固守河陽以備西魏使其大都督李景和若干寶領馬步數萬欲從新城赴援侯景金率衆停廣武以要之景和等聞而退走還爲肆州刺史仍率所部於宜陽禁楊

志百家呼延三戍置守備而還侯景之走南豫西魏儀同三司王思政入據潁川世宗遣高岳慕容紹宗劉豐等率衆圍之復詔金督彭樂可朱渾道元等出屯河陽斷其奔救之路又詔金率衆會攻潁川事平復使金率衆從崤坂送米宜陽西魏九曲戍將馬紹隆據險要鬬金破之以功別封安平縣男顯祖受禪封咸陽郡王刺史如故其年冬朝晉陽宮金病帝幸其宅臨視賜以醫藥中使不絕病愈還州三年就除

太師帝征奚賊金從帝行軍還帝幸肆州與金宴射而去四年解州以太師還晉陽車駕復幸其第六宮及諸王盡從置酒作樂極夜方罷帝忻甚詔金第二子豐樂爲武衛大將軍因謂金曰公元勲佐命父子忠誠朕當結以婚姻永爲蕃衛仍詔金孫武都尚義寧公主成禮之日帝從皇太后幸金宅皇后太子及諸王等皆從其見親待如此後以茹茹爲突厥所破種落分散慮其犯塞驚擾邊民乃詔金率騎二萬屯白道

以備之而虜帥豆婆吐久備將三千餘戶密欲西過候騎還告金勒所部追擊盡俘其衆茹茹但鉢將舉國西徙金獲其候騎送之并表陳虜可擊取之勢顯祖於是率衆與金共討之於吐賴獲二萬餘戶而還進位右丞相食齊州幹遷左丞相肅宗踐阼納其孫女爲皇太子妃又詔金相見聽步挽車至階世祖登極禮遇彌重又納其孫女爲太子妃金長子光大將軍次子羨及孫武都並開府儀同三司出鎮方岳其

餘子孫皆封侯貴達一門一皇后二太子妃三公主尊寵之盛當時莫比金嘗謂光曰我雖不讀書聞古來外戚梁冀等無不傾滅女若有寵諸貴妬人女若無寵天子嫌人我家直以立勲抱忠致富貴豈可藉女也辭不獲免常以爲憂天統二年薨年八十世祖舉哀西堂後主又舉哀於晉陽宮賜假黃鉞使持節都督朔定冀幷瀛青齊滄幽肆汾十二州諸軍事相國太尉公録尚書朔州刺史酋長王如故贈錢百萬諡曰

武子光嗣

光字明月少工騎射以武藝知名魏末從金西征周文帝長史莫孝暉時在行間光馳馬射中之因擒於陣光時年十七高祖嘉之即擢爲都督世祖爲世子引爲親信都督稍遷征虜將軍累加衛將軍武定五年封永樂縣子嘗從世宗於洹橋校獵見一大鳥雲表飛颺光引弓射之正中其頸此鳥形如車輪旋轉而下至地乃大鵰也世宗取而觀之深壯異焉丞相屬邢子

高見而歎曰此射鵰手也當時傳號落鵰都督
尋兼左衛將軍進爵爲伯齊受禪加開府儀同
三司別封西安縣子天保三年從征出塞光先
驅破敵多斬首虜并獲雜畜還除晉州刺史
東有周天柱新安牛頭三戍招引亡叛屢爲寇
竊七年光率步騎五千襲破之又大破周儀同
王敬儁等獲口五百餘人雜畜千餘頭而還九
年又率衆取周絳川白馬澮文翼城等四戍除
朔州刺史十年除特進開府儀同三司二月率

騎一萬討周開府曹迴公斬之栢谷城主儀同
薛禹生弃城奔遁遂取文侯鎮立戍置柵而還
乾明元年除并州刺史皇建元年進爵鉅鹿郡
時樂陵王百年爲皇太子肅宗以光世載醇謹
兼著勳王室納其長女爲太子妃大寧元年除
尚書右僕射食中山郡幹二年除太子太保河
清二年四月光率步騎二萬築勳掌城於軹關
西仍築長城二百里置十三戍三年正月周遣
將達奚成興等來寇平陽詔光率步騎三萬禦

之興等聞而退走光逐北遂入其境獲二千餘
口而還其年三月遷司徒四月率騎北討突厥
獲馬千餘疋是年冬周文遣其柱國大司馬尉
遲迥齊國公宇文憲柱國庸國公可叱雄等衆
稱十萬寇洛陽光率騎五萬馳往赴擊戰於邙
山迥等大敗光親射雄殺之斬捕首虜三千餘
級迥憲僅而獲免盡收其甲兵輜重仍以死者
積爲京觀世祖幸洛陽策勳班賞遷太尉又封
冠軍縣公先是世祖命納光第二女爲太子妃

天統元年拜爲皇后其年光轉大將軍三年六
月父喪去官其月詔起光及其弟羨並復前任
秋除太保襲爵咸陽王并襲第一領民酋長別
封武德郡公徙食趙州轉遷太保十二月周遣
將圍洛陽壅絕糧道武平元年正月詔光率步
騎三萬討之軍次定隴周將張掖公宇文桀中
州刺史梁士彥開府司水大夫梁景興等又屯
鹿盧交道光擐甲執銳身先士卒鋒刃纔交桀
衆大潰斬首二千餘級直到宜陽與周齊國公

宇文憲中國公揄跋顯敬相對旬光置其築統
關豐化二城以通宜陽之路軍還行次安鄴憲
等衆號五萬仍躡軍後光縱騎擊之憲衆大潰
虜其開府宇文英都督越勤世良韓延等又斬
首三百餘級憲仍令桀及其大將軍中部公梁
洛都與景興士彥等步騎三萬於鹿盧交塞斷
要路光與韓貴孫呼延族王顯等合擊大破之
斬景興獲馬千疋詔加右丞相并州刺史其冬
光又率步騎五萬於玉壁築華谷龍門二城與

北齊列傳九　八

憲顯敬等相持憲等不敢動光乃進圍定陽仍
築南汾城置州以逼之夷夏萬餘戶並來內附
二年率衆築平隴衛壁統戎等鎮戍十有三所
周柱國枹罕公普屯威柱國韋孝寬等步騎萬
餘來逼平隴與光戰於汾水之北光大破之俘
斬千計又封中山郡公增邑一千戶軍還詔復
令率步騎五萬出平陽道攻姚襄白亭城戍皆
克之獲其城主儀同大都督等九人捕虜數千
人又別封長樂郡公是月周遣其柱國紇干廣

略圍宜陽光率步騎五萬赴之大戰於城下乃
取周建安等四戍捕虜千餘人而還軍未至鄴
勅令便放兵散光以爲軍人多有勳功未得慰
勞若即便散恩澤不施乃密通表請使宣旨軍
仍且進朝廷發使遲留軍還將至紫陌光仍
駐營待使帝聞光軍營已逼甚惡之急令
舍人追光入見然後宣勞散兵拜光左丞相又
別封清河郡公光入常在朝堂垂簾而坐祖珽
不知乘馬過其前光怒謂人曰此人乃敢爾後

北齊列傳九　九　張亨

珽在內省言聲高慢光適過聞之又怒珽知光
忿而賂光從奴而問之曰相王瞋孝徵耶自
公用事相王每夜抱膝歎曰盲人入國必破矣
穆提婆求娶光庶女不許帝賜提婆晉陽之田
光言於朝曰此田神武帝以來常種禾飼馬數
千疋以擬寇難今賜提婆無乃闕軍務也由是
祖穆積怨周將軍韋孝寬忌光英勇乃作謠
言令間諜漏其文於鄴曰百升飛上天明月照
長安又曰高山不推自崩槲樹不扶自豎祖珽

因續之曰盲眼老公背上下大斧饒舌老母不
得語令小兒歌之於路提婆聞之以告其母令
萱萱以饒舌斥己也盲老公謂珽也遂相與協
謀以謠言啓帝曰斛律累世大將明月聲震
關西豐樂威行突厥女爲皇后男尚公主謠言
甚可畏也帝以問韓長鸞鸞以爲不可事寢
祖珽又見帝請間唯何洪珍在側帝曰前得公
啓即欲施行長鸞以爲無此理珽未對洪珍進
曰若本無意則可既有此意而不決行萬一泄

露如何帝曰洪珍言是也猶豫未決會丞相府
佐封士讓密啓云光前西討還勑令放兵散光
令軍逼帝京將行不軌事不果而止家藏弩甲
奴僮千數每遣使豐樂武都處陰謀往來若
不早圖恐事不可測啓云軍逼帝京會帝前所
疑意謂何洪珍云人心亦大聖我前疑其欲反
果然帝性至怯懦恐即變發令洪珍馳召祖珽
告之又恐追光不從命珽因云正尔召之恐疑
不肯入宜遣使賜其一駿馬語云明日將往東

山遊觀王可乘此馬同行光必來奉謝因引入
執之帝如其言頃之光至引入涼風堂劉桃枝
自後拉而殺之時年五十八於是下詔稱光謀
反今已伏法其餘家口並不須問尋而發詔盡
滅其族光性少言剛急嚴於御下治兵督衆
唯杖威刑版築之役鞭撻人士頗稱其暴自結
髮從戎未嘗失律深爲鄰敵所懾憚罪既不
彰一旦屠滅朝野痛惜之周武帝聞光死大喜
赦其境內後入鄴追贈上柱國公指詔書曰此

人若在朕豈能至鄴光有四子長子武都歷位
特進太子太保開府儀同三司梁兗二州刺史
所在並無政績唯事聚斂侵漁百姓光死遣使
於州斬之次須達中護軍開府儀同三司先光
卒次世雄開府儀同三司次恒伽假儀同三司
並賜死光小子鍾年數歲獲免周朝襲封崇國
公隋開皇中卒於驃騎將軍
羨字豐樂少有機警尤善射藝高祖見而稱
之世宗擢爲開府參軍事遷征虜將軍中散

大夫加安西將軍進封大夏縣子除通州刺史
顯祖受禪進號征西別封顯親縣伯清河三年
轉使持節都督幽安平南北營東燕六州諸軍
事幽州刺史其年秋突厥衆十餘萬來寇州境
羨總率諸將禦之突厥望見軍威甚整遂不敢
戰即遣使求歎慮其有詐且喻之曰尒輩此行
本非朝貢見機始變未是宿心若有實誠宜速
歸巢穴別遣使來於是退走天統元年夏五月
突厥木汗遣使請朝獻羨始以聞自是朝貢歲

時不絕羨有力焉詔加行臺僕射羨以北虜
屢犯邊須備不虞自庫堆戍東拒於海隨山屈
曲二千餘里其間二百里中凡有險要或斬山
築城或斷谷起障并置立戍邏五十餘所又導
高梁水北合易京東會於潞因以灌田邊儲歲
積轉漕用省公私獲利焉其年六月丁父憂去
官與兄光並被起復任還鎮燕薊三年加位特
進四年遷行臺尚書令別封高城縣侯武平元
年加驃騎大將軍時光子武都為兗州刺史羨

歷事數帝以謹直見推雖極榮寵不自矜尚
至是以合門貴盛深以為憂乃上書推讓乞解
所職優詔不許其年秋進爵荊山郡王三年七月
光誅勑使中領軍賀拔伏恩等十餘人驛捕之
遣領軍大將軍鮮于桃枝洛州行臺僕射獨孤永
業便發定州騎卒續進仍以永業代羨伏恩等
既至門者白使人衷甲馬汗宜閉城門羨曰勑
使豈可疑拒出見之伏恩把手遂執之死於長
史廳事臨終歎曰富貴如此女為皇后公主滿

家常使三百兵何得不敗及其五子世達世遷
世辨世酋伏護餘年十五已下者宥之羨未誅
前忽令其在州諸子自伏護以下五六人鎖頸
乘驢出城合家皆泣送之至門日晚而歸吏民
莫不驚異行燕郡守馬嗣明醫術之士為羨所
欽愛乃竊問之答曰須有禳厭數日而有此變
羨及光並少工騎射其父毋日令其出畋還即
較所獲禽獸光所獲或少必麗龜達腋羨雖獲
多非要害之所光常蒙賞羨或被捶撻人問其

故金荅云明月必背上着箭豐樂隨處即下
手其數雖多去兄遠矣聞者咸服其言金兄平
便弓馬有幹用魏景明中釋褐殿中將軍遷
襄威將軍正光末六鎮擾亂隸大將軍尉賓北
討軍敗爲賊所虜後走奔其弟金於雲州進號
龍驤將軍與金擁衆南出至黃瓜堆爲杜洛周
所破部落離散及歸爾朱榮待之甚厚以平
襲父爵第一領民酋長高祖起義以都督從稍
遷平北將軍顯州刺史加鎮南將軍封固安縣

伯尋進爲侯行律州刺史周文帝遣其右將軍
李小光據梁州平以偏師討擒之出爲燕州刺
史入兼左衛將軍領衆一萬討北徐賊破之除
濟州刺史侯景度江詔平爲大都督率青州刺
史敬顯儁左衛將軍厙狄伏連等略定壽陽宿
預三十餘城事罷還州加開府進位驃騎大將
軍進爵爲公顯祖受禪別封羨陽侯行兗州刺
史以濆貨除名後除開府儀同三司廢帝即位
拜特進食滄州樂陵郡幹皇建初封定陽郡公

拜護軍後爲青州刺史卒贈太尉
史臣曰斛律金以高祖撥亂之始翼成王業忠
款之至成此大功故能終享遐年位高百辟觀
其盈滿之戒動之微也纔及後嗣遂至誅夷雖
爲威權之重蓋符道家所忌光以上將之子
有沈毅之姿戰術兵權暗同韜略臨敵制勝變
化無方自關河分隔年將四紀以高祖霸王之
期屬宇文草剏之日出軍薄伐屢挫兵鋒而大
寧以還東鄰侵弱關西前收巴蜀又殄江陵叶

建瓴之用武成并吞之壯氣斛律治軍誓衆式遏
邊鄙戰則前無完陣攻則罕有全城齊氏必致
拘原之師秦人無復啓關之策而世亂讒勝詐
以震主之威主暗時艱自毀藩籬之固昔李牧
之爲趙將也北翦胡寇西却秦軍郭開譖之牧
死趙滅其議誅光者豈秦之反間歟何同術而同
亡也內令諸將解體外爲強鄰報讎嗚呼後之
君子可爲深戒
贊曰䚟䚟咸陽邦家之光明月忠壯仍世將相

聲振關右勢高時望迫此威名易興譏謗始自工言終斯交喪

列傳第九　北齊書十七

列傳第十　北齊書十八

隋太子通事舍人李　百藥　撰

孫騰

高隆之

司馬子如

孫騰字龍雀咸陽石安人也祖通仕沮渠氏爲中書舍人沮渠滅入魏因居北邊及騰貴魏朝贈通使持節侍中都督雍華岐豳四州諸軍事驃騎大將軍司徒公尚書左僕射雍州刺史贈

騰父機使持節侍中都督冀定滄瀛殷五州諸軍事太尉公尚書令冀州刺史騰少而質直明解吏事魏正光中北方擾亂騰間關危險得達秀容屬尒朱榮建義騰隨榮入洛例除冗從僕射尋爲高祖都督府長史從高祖東征邢杲師次齊城有撫宜鎮軍人謀逆將害督帥騰知之密啓高祖俄頃事發高祖以有備擒破之高祖之爲晉州騰爲長史加後將軍封石安縣伯高祖自晉陽出滏口行至襄垣尒朱兆率衆

追高祖與兆宴飲於水湄誓爲兄弟各還本營明旦兆復招高祖高祖欲安其意將赴之臨上馬騰牽衣止之兆乃隔水肆詈馳還晉陽高祖遂東及起義信都騰以誠欵常預謀策騰以朝廷隔絕號令無所歸不權有所立則衆將沮散苦請於高祖高祖從之遂立中興主除侍中尋加使持節六州流民大都督北道大行臺高祖進軍於鄴初留段榮守信都尋遣榮鎮中山仍令騰居守及平鄴授相州刺史改封咸陽

郡公增邑通前一千三百户入爲侍中時魏京兆王愉女平原公主寡居騰尚之公主不許侍中封隆之無婦公主欲之騰妬隆之遂相間構高祖啓免騰官請除外任俄而復之騰以高祖腹心入居門下與斛斯椿同掌機密椿旣生異端解塗乖謬騰深見猜忌慮禍及已遂潛將十餘騎馳赴晉陽高祖入討斛斯椿留騰行并州事又使騰爲冀相殷定滄瀛幽安八州行臺僕射行冀州事復行相州事天平初入爲尚書左

僕射内外之事騰咸知之兼司空尚書令時西魏遣將寇南兗詔騰爲南道行臺率諸將討之騰性尫怯無威略失利而還又除司徒初北境亂離亡一女及貴遠加推訪終不得疑其爲人婢賤及爲司徒奴婢訴良者不研虚實槩皆免之願免千人冀得其女時高祖入朝左右有言之者高祖大怒解其司徒武定中使於青州括浮逃户口遷太保初博陵崔孝芬養貧家子賈氏以爲養女孝芬死其妻元更適鄭伯猷

攜賈於鄭氏賈有姿色騰納之始以爲妾其妻袁氏死騰以賈有子正以爲妻詔封丹陽郡君復請以袁氏爵迴授其女違禮肆情多此類也騰早依附高祖契闊艱危勤力恭謹深見待信及高祖置之魏朝寄以心腹遂志氣驕盈與奪由已求納財賄不知紀極生官死贈非貨不行餚藏銀器盜爲家物親狎小人專爲聚斂在鄴與高隆之司馬子如號爲四貴非法專恣騰爲甚焉高祖屢加譴讓終不悛改朝野深非

笑之武定六年四月薨時年六十八贈使持節都督冀定等五州諸軍事冀州刺史太師開府録尚書事謚曰文天保初以騰佐命詔祭告其墓皇建中配享高祖廟庭子鳳珍嗣鳳珍庸暗武平中卒於開府儀同三司

高隆之字延興本姓徐氏云出自高平金鄉父幹魏白水郡守為姑壻高氏所養因從其姓隆之貴魏朝贈司徒公雍州刺史隆之後有參議之功高祖命為從弟仍云渤海蓨人隆之身長八尺美

鬚髯深沈有志氣魏汝南王悅為司州牧以為戶曹從事建義初釋褐員外散騎常侍與行臺于暉出討羊侃於太山暉引隆之為行臺郎中又除給事中與高祖深自結託高祖之臨晉州引為治中行平陽郡事從高祖起義山東以為大行臺右丞魏中興初除御史中尉領尚食典御從高祖平鄴行相州事從破四胡於韓陵太昌初除驃騎大將軍儀同三司西魏文帝曾與隆之因酒忿競文帝坐以黜免高祖責隆之不能

協和乃啓出為北道行臺轉并州刺史封平原郡公邑一千七百戶隆之請減戶七百并求降己四階讓兄騰並加優詔許之仍以騰為滄州刺史高祖之討斛斯椿以隆之為大行臺尚書及大司馬清河王亶承制拜隆之侍中尚書右僕射領御史中尉廣費人工大營寺塔為高祖所責天平初丁母艱解任尋詔起為并州刺史入為尚書令右僕射時初給民田貴勢皆占良美貧弱咸受瘠薄隆之啓高祖悉更反易乃得

均平又領營構大將軍京邑制造莫不由之增築南城周迴二十五里以漳水近於帝城起長隄以防汎溢之患又鑿渠引漳水周流城郭造治碾磑並有利於時魏自孝昌已後天下多難刺史太守皆為當部督雖無兵事皆立佐僚所在頗為煩擾隆之表請自非實在邊要見有兵馬者悉皆斷之又朝貴多假常侍以取貂蟬之飾隆之自表解侍中并陳諸假侍中服用者請亦罷之詔皆如表自軍國多事冒

名竊官者不可勝數隆之奏請檢括向五萬餘人而群小諠嚣隆之懼而止詔監起居事進位司徒公武定中爲河北括戶大使追還授領軍將軍錄尚書事尋兼侍中續出行青州事追還拜太子太師兼尚書左僕射吏部尚書還太保時世宗作宰風俗肅清隆之時有受納世宗於尚書省大加責辱齊受禪進爵爲王尋以本官錄尚書事領大宗正卿監國史隆之性小巧至於公家羽儀百戲服制時有改易不循典

故時論非之於射堋上立三像人爲壯勇之勢顯祖曾至東山因射謂隆之曰射堋上可作猛獸以存古義何爲置人終日射人朕所不取隆之無以對初世宗委任兼右僕射崔暹黃門郎崔季舒等及世宗崩隆之啓顯祖並欲害之不許顯祖以隆之舊齒委以政事季舒等仍以前隙乃譖云隆之每見訴訟者輙加哀矜之意以示非已能裁顯祖以其受任既重知有寃狀便宜申滌何得委過要名非大臣義天保五

年禁止尚書省隆之曾與元昶宴飲酒酣語昶曰與王交遊當生死不相背人有密言之者又帝未登庸之日隆之意常侮帝帝將受魏禪大臣咸言未可隆之又在其中帝深銜之因此遂大發怒令壯士築百餘下放出渴將飲水人止之隆之曰今日何在遂飲之因從駕死於路中年六十一贈冀定瀛滄幽五州諸軍事大將軍太尉太保冀州刺史陽夏王竟不得謚隆之雖不涉學而欽尚文雅搢紳名流必存禮接寡姊

爲尼事之如母訓督諸子必先文義世甚以此稱之顯祖末年既多猜害追忿隆之誅其子德樞等十餘人並投漳水又發隆之冢出其屍葬巳積年其皃不改斬截骸骨亦弃於漳流遂絕嗣乾明中詔其兄子子遠爲隆之後襲爵陽夏王還其財產初隆之見信高祖性多陰毒睚眦之忿無不報焉儀同三司崔孝芬以結婚姻不果太府卿任集同知營構頗相乖異瀛州刺史元晏請託不遂前後構成其罪並誅害

之終至家門殄滅論者謂有報應焉
司馬子如字遵業河内温人也八世祖模晉司
空南陽王模世子保晉亂出奔涼州因家焉
魏平姑臧徙居於雲中其自序云尒父興龍魏
魯陽太守子如少機警有口辯好交遊豪傑
與高祖相結託分義甚深孝昌中北州淪陷子
如攜家口南奔肆州爲尒朱榮所禮遇假以中
軍榮之向洛也以子如爲司馬持節假平南將
軍監前軍次高都榮以建興險阻往來衝要

有後顧之憂以子如行建興太守當郡都督
永安初封平遙縣子邑三百户仍爲大行臺郎
中榮以子如明辯能說時事數遣奉使詣闕
多稱旨孝莊亦接待焉葛榮之亂相州孤
危榮遣子如間行入鄴助加防守葛榮平進
爵爲侯元顥入洛人情離阻以子如曾守鄴城
頗有恩信乃令行相州事顥平徵爲金紫光禄
大夫尒朱榮之誅子如知有變自宮内突出至
榮宅弃家隨榮妻子與尒朱世隆等走出京

城世隆便欲還北子如曰事貴應機兵不厭詐
天下恟恟唯彊是視於此際會不可以弱示人若
必走北即恐變故隨起不如分兵守河橋迴軍向
京出其不意或可離潰假不如心猶足示有餘
力使天下觀聽懼我威彊於是世隆還逼京城
魏長廣王立兼尚書右僕射前廢帝以爲侍中
驃騎大將軍儀同三司進爵陽平郡公邑一千
七百户固讓儀同不受高祖起義信都世隆等
知子如與高祖有舊疑慮出爲南岐州刺史子

如憤恨泣涕自陳而不獲免高祖入洛子如遣
使啓賀仍叙平生舊恩尋追赴京以爲大行臺
尚書朝夕左右參知軍國天平初除左僕射與
侍中高岳侍中孫騰右僕射高隆之等共知朝
政甚見信重高祖鎮晉陽子如時往謁見待之
甚厚並坐同食從旦達暮及其當還高祖及武
明后俱有賚遺率以爲常子如性既豪爽兼
恃舊恩簿領之務與奪任情公然受納無所顧
憚興和中以爲北道行臺巡檢諸州守令已下

委其黜陟子如至定州斬深澤縣令至冀州斬東光縣令皆稽留時漏致之極刑若言有進退少不合意便令武士頓曳白刃臨項士庶惶懼不知所為轉尚書令子如義旗之始身不參預直以高祖故舊遂當委重意氣甚高聚斂不息時世宗入輔朝政內稍嫌之尋以贓賄為御史中尉崔暹所劾禁止於尚書省詔免其大罪削官爵未幾起行冀州事子如能自厲改甚有聲譽發摘姦偽僚吏畏伏之轉行并州事詔復官

爵別封野王縣男邑二百戶齊受禪以有翼贊之功別封須昌縣公尋除司空子如性滑稽不治檢裁言戲穢褻識者非之而事姊有禮撫諸兄子慈篤當時名士並加欽愛世以此稱之然素無鯁正不能平心處物世宗時中尉崔暹黃門郎崔季舒俱被任用世宗崩暹等赴晉陽子如乃啓顯祖言其罪惡仍勸誅之其後子如以馬度關為有司所奏顯祖引子如數讓之曰崔暹季舒事朕先世有何大罪卿令我殺之因此免官久

之猶以先帝之舊拜太尉尋以疾薨時年六十四贈使持節都督冀定瀛滄懷五州諸軍事太師太尉懷州刺史贈物一千段謚曰文明子消難嗣尚高祖女以主壻貴公子頻歷中書黃門郎光祿少卿出為北豫州刺史鎮武牢消難博涉史傳有風神然不能廉潔在州為御史所劾又於公主情好不睦公主譖訴之懼罪遂招延鄰敵走關西子如兄纂先卒子如貴贈岳州刺史纂長子世雲輕險無行累遷衛將軍潁州刺史世

雲本無勳業直以子如故頻歷州郡恃叔之勢所在聚斂仍肆姦穢將見推治內懷驚懼侯景反遂舉州從之時世雲母弟在鄴便傾心附景無復顧望諸將圍景於潁川世雲臨城遙對諸將言甚不遜世宗猶以子如恩舊免其諸弟死罪徙於北邊侯景於渦陽敗後世雲復有異志為景所殺世雲弟膺之字仲慶少好學美風儀天平中子如貴盛膺之自尚書郎歷中書黃門郎子如別封須昌縣公迴授膺之膺之家富於

財厚自封殖王元景邢子才之流以夙素重之以其疎簡傲物竟天保世淪滯不齒乾明中王晞白肅宗除衞尉少卿清河末光祿大夫患泄利積年不起至武平中猶不堪朝謁就家拜儀同三司好讀太玄經注揚雄蜀都賦每云我欲與揚子雲周旋齊亡歲以利疾終時年七十一儁之弟子瑞天保中爲定州長史遷吏部郎中舉清勤平約遷司徒左長史兼廷尉卿以平直稱乾明初領御史中丞正色舉察爲朝廷所許以

疾去職就拜祠部尚書卒贈瀛州刺史謚曰文節子瑞弟幼之清貞有素行少歷顯位隋開皇中卒於眉州刺史子瑞妻令萱之妹及令萱得寵於後主重贈子瑞懷州刺史諸子亦並居顯職同遊武平末給事黃門侍郎同迴太府卿同憲通直常侍然同遊終爲嘉吏隋開皇中尚書民部侍郎卒於遂州刺史

史臣曰高祖以晉陽戎馬之地霸圖攸屬治兵訓旅遥制朝權京臺機務情寄深遠孫騰等俱不能清貞守道以治亂爲懷厚斂貨財塡彼溪壑昔蕭何之鎭關中荀彧之居許下不亦異於是乎賴世宗入輔責以驕縱厚遇崔暹奮其霜簡不然則君子屬猒豈易間焉孫騰牽裾之誠有足稱美隆之勞其志力經始鄴京又並是潛德寮寀早申任遇崇其名器未失朝序子如徒以少相親重情深昵狎義非草昧恩結寵私勳德莫聞坐致台輔猶子之愛訓以義方膺之風素可重幼之清簡自立有足稱也

贊曰閎散胥附蕭曹扶翼曆運勃興孫高陳力黷貨無猒多慚袞職司馬滑稽巧言令色

列傳第十　北齊書十八

隋太子通事舍人李　百藥　撰

賀拔允字可泥神武尖山人也祖爾頭父度拔俱見魏史允便弓馬頗有膽略與弟岳殺賊帥衛可肱仍奔魏廣陽王元深上允爲積射將軍持節防滏口深敗歸爾朱榮允父子兄弟並以武藝知名榮素聞之見允待之甚厚建義初除東將軍光祿大夫封壽陽縣邑七百戶永安中除征北將軍蔚州刺史進爵爲公魏長廣王立改封燕郡公兼侍中使茹茹還至晉陽值高祖將出山東允素知高祖非常人早自結託高祖以其北士之望尤親禮之遂與允出信都參定大策魏中興初轉司徒領尚書令高祖入洛

進爵爲王轉太尉加侍中魏武帝之猜忌高祖也以允弟岳深相委託潛使來往當時咸慮允爲變及岳死武帝又委岳弟勝心腹之寄高祖重其舊人全護之天平元年乃賜死時年四十八高祖親臨哭贈定州刺史五州軍事允有三子長子世文次世樂次難陁興和末高祖並召與諸子同學武定中勑居定州賜其田宅

蔡儁字景彥廣寧石門人也父普北方擾亂奔走五原守戰有功拜寧朔將軍封安上縣男

邑二百戶尋卒贈輔國將軍燕州刺史儁豪爽有膽氣高祖微時深相親附與遼西段長太原龐蒼鷹俱有先知之鑒長為魏懷朔鎮將嘗見高祖甚異之謂高祖云君有康世之才終不徒然也請以子孫為託興和中啓贈司空公子寧相府從事中郎天保初兼南中郎將蒼鷹交遊豪俠厚待賓旅居於州城高祖客其舍初居處於蝸牛廬中蒼鷹母數見廬上赤氣屬天蒼鷹亦知高祖有霸王之量每私加

敬割其宅半以奉高祖由此遂蒙親識高祖之牧晉州引為兼治中從事史行義寧郡事及義旗建蒼鷹乃弃家間行歸高祖高祖以為兼行臺倉部郎中卒於安州刺史儁初為杜洛周所虜時高祖亦在洛周軍中高祖謀誅洛周儁預其計事泄走奔葛榮仍背葛榮歸尒朱榮榮入洛為平遠將軍帳內別將從破葛榮除諫議大夫又從平元顥封烏洛縣男隨高祖舉義為都督高祖平鄴及破四胡於韓陵儁並有戰

功太昌中出為濟州刺史為治嚴暴又多受納然亦明解有部分吏民畏服之性好賓客頗稱施與後胡還等據兗州作逆儁與齊州刺史尉景討平之魏武帝貳於高祖以濟州要重欲令腹心據之陰詔御史構儁罪狀欲以汝陽王代儁由是轉行兗州事高祖以儁非罪啓復其任武帝不許除賈顯智為刺史率眾赴州儁防守嚴備顯智憚之至東郡不敢前天平中為都督隨領軍婁昭攻樊子鵠於兗州又與行

臺元子思討元慶和俱平之侯深反復以儁為大都督率眾討之深敗走又轉揚州刺史天平三年秋卒於州時年四十二贈持節侍中都督冀州刺史尚書令司空公謚曰威武齊受禪詔祭告其墓皇建初配享高祖廟庭

韓賢字普賢廣寧石門人也壯健有武用初隨葛榮作逆榮破隨例至并州尒朱榮擢充左右榮妻子北走世隆等立魏長廣王曄為主除賢鎮遠將軍屯騎校尉先是世隆等攻建州及石

成賢並有戰功尒朱度律用爲帳内都督封汾陽縣伯邑四百户普泰初除前將軍廣州刺史屬高祖起義度律以賢素爲高祖所知恐其有變遣使徵之賢不願應召乃密遣群蠻多擧鋒火有如寇難將至使者遂爲啓得停賢仍潛遣使人通誠於高祖高祖入洛尒朱官爵例皆削除以賢遠送誠欵令其復舊太昌初累遷中軍將軍光禄大夫出爲建州刺史武帝西入轉行荆州事天平初爲洛州刺史民韓木蘭等率

土民作逆賢擊破之親自按檢欲收甲仗有一賊窘迫藏於死屍之間見賢將至忽起斫之斷其脛而卒賢雖武將性和直不甚貪暴所歷雖無善政不爲吏民所苦昔漢明帝時西域以白馬負佛經送洛因立白馬寺其經函傳在此寺形制淳朴世以爲古物歷代藏寶賢無故斫破之未幾而死論者或謂賢因此致禍贈侍中持節定營安平四州軍事大將軍尚書令司空公定州刺史子裔嗣

尉長命太安狄那人也父顥魏鎮遠將軍代郡太守長命性和厚有器識扶陽之亂寄居太原及高祖將建大義長命叅計策後高祖破四胡於韓陵拜安南將軍樊子鵠據兖州反除東南道大都督與諸軍討平之轉鎮范陽城就拜幽州刺史督安平二州事州居北番土荒民散長命雖多聚斂然以恩撫民少得安集尋以疾去職未幾復徵拜車騎大將軍都督西燕幽滄瀛四州諸軍事幽州刺史卒於州贈以本官

加司空謚曰武壯子興敬便弓馬有武藝高祖引爲帳内都督出爲常山公府叅軍事賜爵集中縣伯晉州民李小興群聚爲賊興敬隨司空韓軌討平之進爵爲侯高祖攻周文帝於邙山興敬因戰爲流矢所中卒贈涇岐豳三州軍事爵爲公謚曰閔莊高祖哀惜之親臨弔賜其妻子禄如興敬存焉子士林嗣

王懷字懷周不知何許人也少好弓馬頗有氣尚值北邊喪亂早從戎旅韓樓反於幽州懷知其

無成陰結所親以中興初叛樓歸魏拜征虜將軍第一領民酋長武周縣侯高祖東出懷率其部人三千餘家隨高祖於冀州義旗建高祖以爲大都督從討尒朱兆於廣阿破之除安北將軍蔚州刺史又隨高祖攻鄴克之從破四胡於韓陵進爵爲侯仍從入洛拜車騎將軍改封盧鄉縣侯天平中除使持節廣州軍事梁遣將湛僧珍楊暕來寇懷與行臺元景擊須城拔之擒暕又從高祖襲克西夏州還爲大都督鎮下館

除儀同三司元象初爲大都督與諸將西討遇疾卒於建州贈定幽恒肆四州諸軍事刺史司徒公尚書僕射懷以武藝勳誠爲高祖所知志力未申論者惜其不遂皇建初配饗高祖廟庭

劉貴秀容陽曲人也父乾魏世贈前將軍肆州刺史貴剛格有氣斷歷尒朱榮府騎兵參軍建義初以預定策勳封敷城縣伯邑五百戶除左將軍太中大夫尋進爲公榮性猛急貴尤嚴峻每見任使多愜榮心遂被信遇位望日重加撫軍將軍永安三年除涼州刺史建明初尒朱世隆專擅以貴爲征南將軍金紫光祿兼左僕射西道行臺使抗孝莊行臺元顯恭於正平貴破顯恭擒之并大都督裴儁等復除晉州刺史普泰初轉行汾州事高祖起義貴弃城歸高祖於鄴太昌初以本官除肆州刺史轉行建州事天平初除陝州刺史四年除御史中尉肆州大中正其年加行臺僕射與侯景高昂等討獨孤如願於洛陽貴凡所經歷莫不肆其威酷

修營城郭督責切峻非理殺害視下如草芥然以嚴斷濟務有益機速性峭直攻訐無所迴避故見賞於時雖非佐命元功然與高祖布衣之舊特見親重興和元年十一月卒贈冀定幷殷瀛五州軍事太保太尉公錄尚書事冀州刺史謚曰忠武齊受禪詔祭告其墓皇建中配享高祖廟長子元孫貟外郎肆州中正早卒贈肆州刺史次子洪徽嗣武平末假儀同三司奏門下事

任延敬廣宗人也伯父桃太和初爲雲中軍將

延敬隨之因家焉延敬少和厚有器度初從葛榮爲賊榮署爲王甚見委任榮敗延敬擁所部先降拜鎮遠將軍廣寧太守賜爵西河縣公後隨高祖建義中興初累遷光祿大夫太昌初累轉尚書左僕射進位開府儀同三司延敬位望旣重能以寬和接物人士稱之及斛斯椿釁發延敬弃家北走至河北郡因率土民據之以待高祖魏武帝入關荊蠻不順以延敬爲持節南道大都督討平之天平初復拜侍中時范陽人

盧仲延率河北流人反於楊夏西兗州民田龍聚衆應之以延敬爲大都督東道軍司率都州元整叱列陁等討之尋爲行臺僕射除徐州刺史時梁遣元慶和及其諸將寇邊延敬破梁仁州刺史黃道始於北濟陰又破梁儁於單父俘斬萬人又拜侍中在州大有受納然爲政不殘禮敬人士不爲民所疾苦潁川長史賀若徽執刺史田迅據城降西魏復令延敬率豫州刺史堯雄等討之西魏遣其將怡鋒率衆來援

延敬等與戰失利收還北豫仍與行臺侯景司徒高昂等相會共攻潁川拔之元象元年秋卒於鄴時年四十五贈使持節太保太尉公錄尚書事都督冀定瀛幽安五州諸軍事冀州刺史子冑嗣冑輕俠頗敢恵少在高祖左右天平中擢爲東郡太守家本豐財又多聚歛動極豪華賓客往來將迎至厚尋以贓汚爲有司所劾高祖捨之及解郡高祖以爲都督興和末高祖攻玉壁還以晉州西南重要留清河公

岳爲行臺鎮守以冑隸之冑飲酒遊縱不勤防守高祖責之冑懼遂潛遣使送款於周爲人糺列窮治未得其實高祖特免之謂冑曰我推誠於物謂卿必無此理且黑獺降人首尾相繼卿之虛實於後何患不知冑內不自安是時儀同尒朱文暢及參軍房子遠鄭仲禮等並險薄無賴冑厚與交結乃陰圖殺逆武平三年正月十五日因高祖夜戲謀將竊發有人告之令捕窮治事皆得實冑及子弟並誅

莫多婁貸文太安狄那人也驍果有膽氣從高祖舉義中興初除伏波將軍武賁中郎將虞候大都督從擊尒朱兆於廣阿有功加前將軍封石城縣子邑三百戶又從破四胡於韓陵進爵爲侯從平尒朱兆於赤谼嶺兆窮迫自經貸文獲其屍遷左廂大都督斛斯椿等釁募起魏武帝遣賈顯智據守石濟高祖令貸文率精銳三萬與竇泰等於定州相會同趣石濟擊走顯智天平中除晉州刺史汾州胡賊爲寇竊高

祖親討焉以貸文爲先鋒每有戰功還賚奴婢三十人牛馬各五十疋布一千疋仍爲汾陝東雍晉泰五州大都督後與太保尉景攻東雍南汾二州克之元象初除車騎大將軍儀同南道大都督與行臺侯景攻獨孤如願於金墉城周文帝軍出函谷與高昂議整旅厲卒以待其至貸文請率所部擊其前鋒景等固不許貸文性勇而專不肯受命以輕騎一千軍前斥候西過瀍澗遇周軍戰沒贈并肆恒雲朔五州軍

事并州刺史尚書右僕射司徒公子敬顯彊直勤幹少以武力見知恒從斛律光征討數有戰功光每命敬顯前驅安置營壘夜中巡察或達旦不睡臨敵置陳亦令敬顯部分將士造次之間行伍整肅深爲光所重位至領軍將軍恒檢校虞候事武平中車駕幸晉陽每令敬顯督留臺兵馬糺察盜賊京師肅然七年從後主平陽敗歸并州與唐邕等推立安德王稱尊號安德敗文武群官皆投周軍唯敬顯走還鄴授

司徒周武帝平鄴城之明日執敬顯斬於閶闔門外責其不留平陽也

高市貴善無人也少有武用孝昌初恒州內部勑勤劉崙等聚衆反市貴爲都督率衆討崙一戰破之累遷撫軍將軍諫議大夫及尒朱榮立魏莊帝市貴預翼戴之勳遷衛將軍光祿大夫秀容大都督第一領民酋長賜爵上洛縣伯尒朱榮擊葛榮於滏口以市貴爲前鋒都督榮平除使持節汾州刺史尋爲晉州刺史

紇豆陵步藩之侵亂幷州也高祖破之市貴亦從行有功除驃騎大將軍儀同三司封常山郡公邑一千五百戶高祖起義市貴預其謀及樊子鵠據州反隨大都督婁昭討之子鵠平除西兖州刺史不之州天平初復除晉州刺史高祖尋以洪峒要險遣市貴鎮之高祖沙苑失利晉州行事封祖業弃城而還州民柴覽聚衆作逆高祖命市貴討覽覽奔柴壁市貴破斬之是時東雍南汾二州境多群賊聚爲盜因市貴卒

覽皆散歸復業後秀容人五千戶叛應山胡復以市貴爲行臺統諸軍討平之元象中從高祖破周文帝於邙山重除晉州刺史西道軍司率衆擊懷州逆賊潘集未至遇疾道卒贈并汾懷建東雍五州軍事太尉公幷州刺史子阿那肱貴寵封成皐王勑令其第三子孔雀承襲

庫狄迴洛代人也少有武力儀皃魁偉初事尔朱榮爲統軍預立莊帝轉爲别將賜爵毋極伯從破葛榮轉都督榮死隸尔朱兆高祖舉兵信都迴洛擁衆歸義從破四胡於韓陵以軍功補都督加後將軍太中大夫封順陽縣子邑四百戶遷右廂都督從征山胡先鋒斬級除朔州刺史破周文於河陽轉授夏州刺史邙山之役力戰有功增邑通前七百戶世宗嗣事從平潁川天保初除建州刺史肅宗即位封順陽郡王大寧初轉朔州刺史食博陵郡幹轉太子太師遇疾卒贈使持節都督定瀛恒朔雲五州軍事大將軍太尉公定州刺史贈物一千段

庫狄盛懷朔人也性和柔少有武用初爲高祖親信都督除伏波將軍每從征討以功封行唐縣伯復累加安北將軍幽州刺史加中軍將軍爲豫州鎮城都督以勳舊進爵爲公世宗減封二百戶以增其邑除征西大將軍開府儀同三司朔州刺史齊受禪改封華陽縣公又除北朔州刺史以華陽封邑在遠隨例割并州之石艾縣肆州之平寇縣原平之馬邑縣各數十戶合二百戶爲其食邑未幾例罷拜特進卒贈使持

節都督朔瀛趙幽安五州諸軍事太尉公朔州
刺史
薛孤延代人也少驍果有武力韓樓之反延隨
衆屬焉後與王懷等密計討樓爲樓尉帥乙弗
醜所覺力戰破醜遂相率歸行臺劉貴之表爲
都督加征虜將軍賜爵永固縣侯後隸高祖爲
都督仍從起義破尒朱兆於廣阿因從平鄴以
功進爵爲公轉大都督從破四胡於韓陵加金
紫光禄大夫從追尒朱兆於赤谼嶺除第一領

民酋長孝靜立拜顯州刺史累加車騎將軍天
平四年從高祖西伐至蒲津竇泰於河南失利
高祖班師延殿後且戰且行一日斫折刀十五口
還轉梁州刺史從征王壁又轉恒州刺史從破
周文帝於邙山進爵爲縣公邑一千戶高祖甞
閱馬於北牧道逢暴雨大雷震地前有浮圖一
所高祖令延視之延乃馳馬按矟直前未至三
十步雷火燒面延唱殺繞浮圖走火遂滅延還眉
鬢及馬騣尾俱燋高祖歎曰薛孤延乃能與霹

靂鬭其勇決如此又頻從高祖討破山胡西攻王
壁入爲左衛將軍改封平秦郡公爲左廂大都
督與諸軍將討潁州延專監造土山以酒醉爲敵
所襲據潁州平諸將還京師讌於華林園世宗啓
魏帝坐延於階下以辱之後兼領軍將軍出爲
滄州刺史別封溫縣男邑三百戶齊受禪別賜
爵都昌縣公性好酒率多昏醉而以勇決善戰
每大軍征討常爲前鋒故與彭劉韓潘同列天
保二年爲太子太保轉太子太傅八年除肆州
刺史加開府儀同三司食洛陽郡幹尋改食河
間郡幹

張保洛代人也自云本出南陽西鄂家世好賓客
尚氣俠頗爲北土所知保洛少率徒善弓馬魏
孝昌中北鎮擾亂保洛亦隨衆南下葛榮僭逆
以保洛爲領左右榮敗仍爲尒朱榮統軍累遷
揚烈將軍奉車都尉後隸高祖爲都督從討步
蕃及高祖起義保洛爲帳內從破尒朱兆於廣
阿尋遷右將軍中散大夫仍以帳內從高祖圍

出山東有魏珍段琛牒舍樂尉摽乞伏貴和及弟令和王康德並以軍功至大官魏珍字舍樂洛西平酒泉人也壯勇善騎射以帳内從高祖晉州仍起義所在征討武定末封富平縣天保初食黎陽郡王除晉州刺史武平初遷豫州道行臺尚書令豫州刺史卒贈太尉段琛字懷寶代人也少有武用從高祖起義信都天保中光州刺史牒舍樂武成開府儀同三司營州刺史封漢中郡公戰殁關中尉摽代人也太寧初封海昌王子相貴嗣武平末晉州道行臺尚書僕射晉州刺史爲行臺左丞侯子欽等密起周武請師欽等爲内應周武自率衆至城下欽等夜開城門引軍入鏁相貴送長安尋卒弟相願彊幹有膽略武平末領軍大將軍自平陽至并州及到鄴每立計將殺高阿那肱廢後主立廣寧王事竟不果及廣寧被出相願拔佩刀斫柱而歎曰大事去矣知復何言貴和及令和兄弟武平末並開府儀同三司令和領軍將軍并州宋

北齊列傳十一　十六

鄴城既拔除平南將軍光禄大夫從破尒朱兆等於韓陵因隨高祖入洛加安東將軍後高祖啓減國邑分授將士保洛隨例封昌平縣薄家城鄉男一百户魏出帝不協於高祖令儀同賈顯智率豫州刺史斛斯壽東趣濟州高祖遣大都督竇泰濟自滑臺拒顯智保洛隸泰前驅事定轉都督高祖襲夏州剋之萬俟受洛干之降也高祖遣保洛與諸將於路接援元象初除西夏州刺史當州大都督又以前後功封安武縣伯邑四百户轉行蔚州刺史從高祖攻周文帝於邙山圍玉壁攻龍門還留鎮晉州世宗即位以保洛爲左廂大都督後出晉州加征西將軍王思政之援潁州攻圍未克世宗仍令保洛鎮揚志塢使與揚州爲犄角之勢潁川平尋除梁州刺史顯祖受禪仍爲刺史所在聚歛爲務民吏怨之濟南初出爲滄州刺史封敷城郡王爲在州聚歛免官削奪王爵及卒贈以前官追復本封子默言嗣武平末衛將軍以帳内從高祖

北齊列傳十一　十七

敗前與領軍大將軍韓建業武衛大將軍封輔相相繼投周軍令和授柱國封西河郡公隋大業初卒於秦州總管建業輔相俱不知所從來建業授上柱國封郇國公隋開皇中卒輔相封上柱國封郡公周武平并州即以爲朔州總管康德代人也歷數州刺史并省尚書封新蔡郡王

侯莫陳相代人也祖伏頽魏第一領民酋長父斛右提朔州刺史白水郡公尋除蔚州刺史仍爲大行臺節度西道諸軍事又遷車騎將軍顯州刺史入除太僕卿頃之出爲汾州刺史別封安次縣男又別封始平縣公天保初除太師轉司空公進爵爲白水王邑一千一百戶累授太傅進食建州幹別封義寧郡公武平二年四月薨於周年八十三贈假黃鉞使持節督冀定瀛滄濟趙幽并朔恒十州軍事右丞相太宰太尉公朔州刺史有二子長子貴樂尚公主駙馬都尉武衛將軍梁州刺史隆化時并州失守晉貴遣使降周授上大將軍封信安縣公

史臣曰高祖世居雲代以英雄見知後遇爾朱武功漸振鄉邑故人弥相推重賀拔允以昆季乖離處猜嫌之地初以舊望矜護而竟不獲令終比於吳蜀之安瑾亮方知器識之淺深也劉貴蔡儁有先見之明霸業始基義深匡贊配饗清廟豈徒然哉韓賢等及聞義舉競趣戎行憑附末光申其志力化爲公侯固其宜矣

贊曰帝鄉之親世有其人降靈雲朔載挺良臣功名之地望古爲隣

列傳第十一　北齊書十九

列傳第十二　　北齊書二十

隋太子通事舍人李　百藥　撰

張瓊

斛律羌舉

堯雄

宋顯

王則

慕容紹宗

薛循義

叱列平

步大汗薩

慕容儼

張瓊字連德代人也少壯健有武用魏世自盪
寇將軍為朔州征虜府外兵參軍隨葛榮為
亂榮敗尒朱榮以為都督討元顥有功除汲郡
太守建明初為東道慰勞大使封行唐縣子邑三
百戶轉太尉長史出為河內太守除濟州刺史
尒朱兆敗歸高祖遷汾州刺史天平中高祖襲
克夏州以為慰勞大使仍留鎮之尋為周文帝
所陷卒贈使持節燕恒雲朔四州諸軍事大將
軍司徒公恒州刺史有二子長忻次遵業忻普
泰中為都督隨尒朱世隆以功尚魏平陽公主
除駙馬都尉大將軍開府儀同三司建州刺史
南鄭縣伯瓊常憂其太盛每語親識曰凡人官
爵莫若處中忻位秩太高深為憂慮而忻豪險
放縱遂與公主情好不協尋為武帝所害時稱
瓊之先見遵業討元顥有功封固安縣開國子

除寧遠將軍雲州大中正天平中除清河太守尋
加安西將軍建州刺史武定中隨儀同劉豐討
侯景為景所擒景敗殺遵業於渦陽喪還世
宗親自臨弔贈并肆幽安四州軍事開府儀同
三司并州刺史

斛律羌舉太安人也世為部落酋長父謹魏龍
驤將軍武川鎮將羌舉少驍果有膽力永安中
從尒朱兆入洛有戰功深為兆所愛遇恒從征
伐高祖破兆方始歸誠高祖以其忠於所事亦

加嗟賞天平中除大都督令率步騎三千導衆軍西襲夏州剋之後從高祖西討大軍濟河集諸將議進趣之計羌舉曰黑獺聚兇黨強弱可知若欲固守無粮援可恃今揣其情已同困獸若不與其戰而逕趣咸陽咸陽空虛可不戰而剋拔其根本彼無所歸則黑獺之首懸於軍門矣諸將議有異同遂戰於渭曲大軍敗績天平末潁川人張儉聚衆反叛西通關右羌舉隨都督侯景高昂等討破之元象中除清州刺史封

密縣侯興和初高祖以爲中軍大都督尋轉東夏州刺史時高祖欲招懷遠夷令羌舉使於阿至羅宣揚威德前後稱旨甚被知賞卒於州時年三十六高祖深悼惜之贈并恒二州軍事恒州刺史子孝卿少聰敏幾悟有風檢頻歷顯職武平末侍中開府儀同三司封義寧王知内省事典外兵騎兵機密是時朝綱日亂政由群竪自趙彥深死朝貴典機密者唯孝卿一人差居雅道不至貪穢後主至齊州以孝卿爲尚書令又以中書侍郎薛道衡爲侍中封北海王二人勸後主作承先主詔禪位任城王令孝卿齎詔策及傳國璽往瀛州孝卿便詣鄴城歸於周武帝仍從入長安授納言上士隋開皇中位太府卿卒於民部尚書代人劉世清祖拔魏燕州刺史父巍金紫光禄大夫世清武平末侍中開府儀同三司任遇與孝卿相亞情性甚整周慎謹密在孝卿之右能通四夷語爲當時第一後主命世清作突厥語翻涅盤經以遺突厥可汗勑中書侍郎李德林爲其序世清隋開皇中

卒於開府親衞驃騎將軍

堯雄字休武上黨長子人也祖暄魏司農卿父榮員外侍郎雄少驍果善騎射輕財重氣爲時輩所重永安中拜宣威將軍給事中持節慰勞恒燕朔三州大使仍爲都督從叱列延討劉靈助平之拜鎮東將軍燕州刺史封城平縣伯邑五百户義旗初建雄隨尔朱兆敗於廣阿遂率所部據定州以歸高祖時雄從兄傑尔朱

兆用爲滄州刺史至瀛州知兆敗亦遣使歸降
高祖以其兄弟俱有誠款便留傑行瀛州事尋
以爲車騎大將軍瀛州刺史以代傑進爵爲公
增邑五百戶于時禁網疎闊官司相與聚斂唯
雄義然後取復能接下以寬恩甚爲吏民
所懷附魏武帝入關雄爲大都督隨高昂破賀
拔勝於穰城周旋征討三荆仍除二豫揚鄖四
州都督豫州刺史元洪威據潁州叛民趙繼宗
殺潁川太守邵招據樂口自稱豫州刺史北應

洪威雄率衆討之繼宗敗走民因雄之出遂推
城人王長爲刺史據州引西魏雄復與行臺侯
景討平之梁將李洪芝王當伯襲破平鄉城
侵擾州境雄設伏要擊生擒洪芝當伯等俘獲
甚衆梁司州刺史陳慶之復率衆逼州城雄出與
戰所向披靡身被二創壯氣益厲慶之敗棄輜
重走後慶之復圍南荆州雄曰白苟堆梁之北
面重鎮因其空虛攻之必尅彼若聞難荆圍自
解此所謂機不可失也遂率衆攻之慶之果棄

荆州來未至雄陷其城擒梁鎮將苟元廣兵
二千人梁以元慶和爲魏王侵擾南境雄率衆
討之大破慶和於南頓尋與行臺侯景破梁楚
二州民上書更乞雄爲刺史復行豫州事潁州
長史賀若徽執刺史田迅據州降西魏詔雄與
廣州刺史趙育揚州刺史是育寶等各總當
州士馬隨行臺任延敬并勢攻之西魏遣其將
怡鋒率衆援之延敬等與戰失利育寶各還
本州據城降敵雄收集散卒保大梁州周文帝

因延敬之敗遣其右丞韋孝寬等攻豫州雄
都督郭丞伯程多寶等舉豫州降敵執刺史馮
邕并家屬及部下妻子數千口欲送之長安至
樂口雄外兵參軍王恒伽都督赫連儁等數十
騎從大梁邀之斬多寶拔雄等家口還大梁西
魏以丞伯爲潁川太守雄仍與行臺侯景討之
雄別攻破樂口擒丞伯進討懸瓠逐西魏刺史
趙繼宗韋孝寬等復以雄行豫州事西魏以是
育寶爲揚州刺史據項城義州刺史韓顯據南

頻雄復率衆攻之一日拔其二城擒顯及長史
丘岳寶遁走獲其妻妾將吏二千人皆傳送
京師加驃騎大將軍仍隨侯景平魯陽除豫
州刺史雄雖武將而性質寬厚治民頗有誠
信爲政去煩碎舉大綱而已撫養兵民得其力
用在邊十年屢有功績豫人於今懷之又愛
人物多所施與賓客往來禮遺甚厚亦以此見
稱興和三年徵還京師尋領司兾瀛定齊
青膠兗殷滄十州士卒十萬人巡行西南分守

險要四年卒於鄴時年四十四贈使持節都督青
徐膠三州軍事大將軍司徒公徐州刺史謚武
恭子師嗣雄弟奮字彥舉解褐宣威將軍給事
中轉中堅將軍金紫光禄大夫賜爵安夷縣
子從高祖平鄴破尒朱兆等進爵爲伯出爲南
汾州刺史胡夷畏憚之西魏行臺薛崇禮舉衆
攻奮與戰大破之崇禮兄弟乞降送於相府轉
奮驃騎將軍左光禄大夫潁州刺史卒贈兗豫
梁三州諸軍事司空兗州刺史雄從父兄傑字

壽性輕率嗜酒頗有武用歷給事中羽林監從
高祖破紇豆陵步藩有功除鎮東將軍封樂城
縣伯邑百户出爲滄州刺史屬義兵起歸高祖
從平鄴及破尒朱兆進爵爲侯後爲都督率衆
隨樊子鵠討元樹於譙城平之仍除南兗州多
所取受然性果決吏民畏之尋加行兗州事元
象初拜車騎大將軍儀同三司進爵爲公出爲
唐城鎮大都督轉安州刺史卒於州贈使持節
滄瀛二州諸軍事尚書右僕射滄州刺史謚曰
閔

宋顯字仲華燉煌効穀人也性果敢有幹用初事
尒朱榮爲軍主擢爲長流參軍永安中除前軍
襄垣太守轉營府記室參軍從平元顥加平東
將軍榮死世隆等向洛復以顯爲襄垣太守普
泰初遷使持節征北將軍晉州刺史後歸高祖
以爲行臺右丞樊子鵠據兗州反前西兗州刺史
乙瑗譙郡太守辛景威屯據五梁以應子鵠高
祖以顯行西兗州事率衆討破之斬瑗景威遁

走拜西兗州刺史時梁州刺史鹿永吉據州外叛西魏遣慱陵王元約趙郡王元景神率衆迎接顯勤當州士馬邀破之斬約等仍與左衛將軍斛律平共會大梁拜儀同三司在州多所受納然勇決有氣幹檢御左右咸能得其心力及河陰之戰深入赴敵遂没于行陣贈司空公顯從祖弟繪少勤學多所慱覽好撰述魏時張緬晋書未入國繪依准裴松之注國志體注王隱及中興書又撰中朝多士傳十卷姓系譜録五

十篇以諸家年歷不同多有紕繆乃刊正異同撰年譜録未成河清五年並遭水漂失繪雖慱聞彊記而天性恍惚晚又遇風疾言論遲緩及失所撰之書乃撫膺慟哭曰可謂天喪予也天統中卒

王則字元軌自云太原人也少驍果有武藝初随叔父魏廣平王内史老生征討每有戰功老生爲朝廷所知則頗有力初以軍功除給事中賜爵白水子後從元天穆討邢杲輕騎深入爲杲所擒元顥入洛則與老生俱降顥顥疑老生遂殺之則奔廣州刺史鄭先護與同拒顥顥敗遷征虜將軍出爲東徐州防城都督尒朱榮之死也東徐州刺史斛斯椿其枝黨内懐憂怖時梁立魏汝南王悦爲魏主資其士馬送境上椿遂翻城降悦則與蘭陵太守李義擊其偏師破之魏因以則行北徐州事後隷尒朱仲遠仲遠敗始歸高祖仍加征南將軍金紫光禄大夫初随荆州刺史賀拔勝後從行臺侯景周旋征討

屢有功績天平初行荆州事都督三荆二襄南雍六州軍事荆州刺史則有威武邊人畏服之渭曲之役則爲西師圍逼遂棄城奔梁梁尋放還高祖恕而不責元象初除洛州刺史則性貪惏在州取受非法舊京取像毁以鑄錢于時世號河陽錢皆出其家武定中復随侯景西討景於潁川作逆時則鎮栢崖戍世宗以則有武用徵爲徐州刺史景既南附梁遣貞陽侯明率大衆向徐州以爲影響堰清水灌州城則固守歷時

而取叏狼籍鏁送晉陽世宗恕其罪武定七年春卒時年四十八贈青齊二州軍事司空青州刺史謚曰烈懿則弟敬寳少歷顯位後爲東廣州刺史與蕭軌等攻建業不見剋没焉

慕容紹宗慕容晃第四子太原王恪後也曾祖騰歸魏遂居於代祖都岐州刺史父遠恒州刺史紹宗容貌恢毅少言語深沉有膽略尒朱榮即其從舅子也值北邊擾亂紹宗攜家屬詣晉陽以歸榮榮深待之及榮稱兵入洛私告紹宗

曰洛中人士繁盛驕侈成俗若不加除剪恐難制馭吾欲因百官出迎仍悉誅之謂可尒不紹宗對曰太后臨朝淫虐無道天下憤惋共所棄之公既身控神兵心執忠義忽欲殲夷多士謂非長策深願三思榮不從後以軍功封索盧縣子尋進爵爲侯從高祖破羊侃又與元天穆平邢杲累遷并州刺史紇豆陵步藩逼晉陽尒朱兆擊之累爲步藩所破欲以晉州徵高祖共圖步藩紹宗諫曰今天下擾擾人懷覬覦正是智士用策之秋高晉州才雄氣猛英略蓋世譬諸蛟龍安可借以雲雨兆怒曰我與晉州推誠相待何忽輙相猜阻橫生此言便禁止紹宗數日方釋遂割鮮卑隸高祖高祖共討步藩滅之及高祖舉義信都兆以紹宗爲長史又命爲行臺率軍壺關以抗高祖及廣阿韓陵之敗兆乃撫膺自咎謂紹宗曰比用卿言今豈至此兆之敗於韓陵也士卒多奔兆懼將欲潛遁紹宗建旗鳴角招集義徒軍容既振與兆徐而上馬後高

祖從鄴討兆於晉陽兆窘急走赤洪嶺自縊而死紹宗行到烏突城見高祖追至遂攜榮妻子及兆餘衆自歸高祖仍加恩禮所有官爵並如故軍謀兵略時參預焉天平初遷都鄴庶事未周乃令紹宗與高隆之共知府庫圖籍諸事二年宜陽民李延孫聚衆反乃以紹宗爲西南道軍司率都督厙狄安盛等討破之軍還行揚州刺史尋行豫州刺史丞相府記室孫搴屬紹宗以兄爲州主簿紹宗不用搴譖之於高祖云慕容

紹宗嘗登廣固城長歎謂其所親云大丈夫有
復先業理不由是徵還元象初西魏將獨孤如
願據洛州梁潁之間寇盜鋒起高祖命紹宗率
兵赴武牢與行臺劉貴等平之進爵為公除
度支尚書後為晉州刺史西道大行臺還朝遷
御史中尉屬梁 劉烏黑入寇徐方令紹宗率
兵討擊之大破因除徐州刺史烏黑收其散眾
復為侵竊紹宗密誘其徒黨數月間遂執烏黑
殺之侯景反叛命紹宗為東南道行臺加開府

轉封燕郡公與韓軌等詣瑕丘以圖進趣梁武
帝遣其兄子貞陽侯深明等率眾十萬頓軍寒
山與侯景掎角擁泗水灌彭城仍詔紹宗為行
臺節度三徐州二兗軍事與大都督高岳等出
討大破之擒蕭明及其將帥等俘虜甚眾乃迴
軍討侯景於渦陽于時景軍甚眾前後諸將往
者莫不為其所輕及聞紹宗與岳將至深有懼
色謂其屬曰岳所部兵精紹宗舊將宜共慎之
於是與景接戰諸將持疑無肯先者紹宗麾兵

徑進諸將從之因而大捷景遂奔遁軍還別封
永樂縣子初高祖末命世宗云侯景若反以慕
容紹宗當之至是竟立功効西魏遣其大將王
思政之入據潁州又以紹宗為南道行臺與太
尉高岳儀同劉豐等率軍圍擊堰洧水以灌之
時紹宗頻有凶夢意每惡之乃私謂左右曰吾
自年二十已還恒有蒜髮昨來蒜髮忽然自盡
以理推之蒜者算也吾算將盡乎未幾與豐
臨堰見北有塵氣仍入艦同坐暴風從東北來

遠近晦冥舟纜斷飄艦徑向敵城紹宗自度不
免遂投水而死時年四十九三軍將士莫不悲惋
朝廷嗟傷贈使持節二青二兗齊濟光七州軍
事尚書令太尉青州刺史謚曰景惠除其長子
士肅為散騎常侍尋以謀反伏誅朝廷以紹宗
之罪止士肅身皇建初配饗世宗廟庭士肅弟
建中襲紹宗爵武平末儀同三司隋開皇中大
將軍疊州總管

薛循義字公讓河東汾陰人也曾祖紹魏七兵尚

書太子太保祖壽仁河東河北二郡守秦州刺
史汾陰公父寶集定陽太守循義少而姦俠輕
財重氣招召豪猾時有急難相奔投者多能
容匿之魏咸陽王爲司州牧用爲法曹從事魏
北海王顥鎮徐州引爲墨曹參軍正光末天下
兵起顥爲征西將軍都督華豳東秦諸軍事
兼左僕射西道行臺以循義爲統軍時有詔能
募得三千人者用爲別將於是循義還河東仍
歷平陽弘農諸郡合得七千餘人即假安北將

軍西道別將俄而東西二夏南北兩華及豳州
等反叛顥進討之循義率所部頗有功絳蜀賊
陳雙熾等聚汾曲詔循義爲大都督與行臺長
孫稚共討之循義以雙熾是其鄉人遂輕詣壘
下曉以利害熾等遂降拜循義龍門鎮將後循
義宗人鳳賢等作亂圍鹽鎮城循義亦以天下
紛擾規自縱擅遂與鳳賢聚衆爲逆自號黃
鉞大將軍詔都督宗正珍孫討之軍未至循義
慙悔乃遣其帳下孫懷彥奉表自陳乞一大將

招慰魏孝明遣西北道大行臺胡元吉奉詔曉
喻循義降鳳賢等猶據險屯結長孫稚軍於弘
農珍孫軍靈橋未能進循義與其從叔善樂從
弟嘉族等各率義勇爲攻取之勢與鳳賢書示
其禍福鳳賢降拜鳳賢龍驤將軍假節稷山鎮
將夏陽縣子邑三百戶封循義汾陰縣侯邑八
百戶爾朱榮以循義豪猾反覆錄送晉陽與
高昂等並見拘防榮赴洛以循義等自隨置於
駝牛署榮死魏孝莊以循義爲弘農河北河東正

平四郡大都督時高祖爲晉州刺史見循義待
之甚厚及尒朱兆立魏長廣王爲主除循義右
將軍陝州刺史假安南將軍魏前廢帝初以循
義爲持節後將軍南汾州刺史高祖起義信
都破四胡於韓陵遣徵循義從至晉陽以循義
行并州事又從高祖平尒朱兆武帝之入關也
高祖奉迎臨潼關以循義爲關右行臺自龍門
濟河西魏北華州刺史薛崇禮屯陽氏壁循義
以書招之崇禮率萬餘人降樊子鵠之據兖州

循義從大司馬婁昭破平之天平中除衛將軍南中郎將帶汲郡太守頓兵淮陽東郡黎陽五郡都督遷東徐州元象初拜儀同沙苑之役從諸軍退還行晉州事封祖業棄城走循義追至洪洞說祖業還守而祖業不從循義還據晉州安集固守西魏儀同長孫子彥圍逼城下循義開門伏甲以待之子彥不測虛實於是遁去高祖甚嘉之就拜晉州刺史南汾東雍陝四州行臺賞帛千疋循義在州擒西魏所署正平太守

段榮顯招降胡酋胡垂黎等部落數千口表置五城郡以安處之高仲密之叛以循義爲西南道行臺爲掎角聲勢不行尋除齊州刺史以黷貨除名追其前守晉州功復其官爵仍拜衛尉卿時山胡侵亂晉州遣循義追討破之進爵正平郡公加開府世宗以高祖遺旨減封二百戶別封循義爲平鄉男天保初除護軍別封藍田縣公又拜太子太保五年七月卒時年七十七贈晉太華三州諸軍事司空晉州刺史贈

物三百段子文殊嗣嘉族性亦豪爽釋褐員外散騎侍郎稍遷正平太守屬高祖在信都嘉族聞而赴義從平四胡於韓陵除華州刺史及賀拔岳拒命令嘉族置騎河上以禦大軍嘉族遂棄其乘馬浮河而度歸於高祖由是拜揚州刺史卒於官子震字文雄天平初受旨鎮守龍門陷於西魏元象中方得逃還高祖嘉其至誠除廣州刺史後從慕容紹宗討侯景以功別封膚施縣男天保四年從討山胡破茹茹並有功績

累遷譙州刺史循義從子元穎父光幟東雍州刺史太常卿元穎廉謹有信義起家永安王參軍行秀容縣事有清名累轉定州別駕舉清平勤幹除漁陽太守

叱列平字殺鬼代郡西部人也世爲酋帥平有容貌美鬚髯善騎射襲第一領民酋長臨江伯孝昌末拔陵反叛茹茹餘衆入寇馬邑平以統軍屬有戰功補別將後牧子作亂劉胡崘斛律可那律俱時構逆以平爲都督討定胡崘等魏孝

莊初除武衛將軍隨尒朱榮破葛榮平元顥遷中軍都督右衛將軍封癭陶縣伯邑七百戶榮死平與榮妻及尒朱世隆等北走長廣王暉立授右衛將軍加京畿大都督時尒朱氏凌僭平常慮危禍會高祖起義平遂歸誠從平鄴破四胡於韓陵仲遠既走以平爲東郡大行臺軍還從高祖平尒朱兆復從領軍婁昭討樊子鵠平之授使持節華州刺史高仲密之叛平從高祖破周文帝於邙山武定初除廓州刺史五年加

儀同三司鎮河陽八年進爵爲侯天保初授兗州刺史尋加開府別封臨洮縣子三年與諸將南討江淮克陽平郡陳人攻圍廣陵詔平統河南諸軍赴援陳人退乃還五年夏卒於州時年五十一贈瀛滄幽三州軍事瀛州刺史中書監謚曰莊惠子孝中嗣弟長乂武平末侍中開府儀同三司封新寧王隋開皇中上柱國卒於涇州長史雖無他伎前在官以清幹著稱

步大汗薩太安狄那人也曾祖縈仕魏歷金門化正二郡太守父居龍驤將軍領民別將正光末六鎮反亂薩乃將家避難南下奔尒朱榮於秀容後從榮入洛以軍功除揚武軍帳內統軍賜爵江夏子從平葛榮累前後功加鎮南將軍榮死後從尒朱兆入洛補帳內大都督從兆拒戰於韓陵兆敗薩以所部降高祖以爲第三領民酋長累遷泰州鎮城都督北雍州刺史天平中轉東壽陽三泉都督元象中行燕州累遷臨川領民大都督賜爵長廣伯時茹茹寇鈔屢爲

邊害高祖撫納之遣薩將命還拜儀同三司出爲五城大都督鎮河陽又加車騎大將軍開府進封行唐縣公減勃海三百戶以增其封仍授晉州刺史別封安陵縣男邑二百戶加驃騎大將軍齊受禪改封義陽郡公

慕容儼字恃德清都成安人慕容廆之後也父叱頭魏南頻太守身長一丈腰帶九尺武平初追贈開府儀同三司尚書左僕射持節都督滄恒二州軍事恒州刺史儼容皃出群衣冠甚偉

不好讀書頗學兵法工騎射正光中魏河間王元琛率衆救壽春辟儼左廂軍主以戰功賞帛五十疋軍次西硤石因解渦陽之圍平含陵城荊山戍梁遣將鄭僧等要戰儼擊之斬其將蕭喬梁人奔遁又襲破王神念等軍擒二百餘人神念僅以身免三年梁遣將攻東豫州大都督元寶掌討之儼爲別將鄭海珍與戰斬其軍主朱僧珍軍副秦太又擊賊王苟於陽夏平之孝昌中尒朱榮入洛授儼京畿南面都督永安中西荊

州爲梁將曹義宗所圍儼應募赴之時北育太守宋帶劍謀叛儼乃輕騎出其不意直至城下語云大軍已到太守何不迎帶劍造次惶恐不知所爲便出迎儼即執之一郡遂定又破梁將馬元達蔡天起柳白嘉等累有功除強弩將軍與梁將王玄真董當門等戰並破之解穰城圍剋復南陽新鄉轉積射將軍持節豫州防城大都督尒朱敗與豫州刺史李恩歸高祖以勳累遷安東將軍高梁太守轉五城太守東雍州刺史

沙苑之敗西魏荊州刺史郭鸞率衆攻儼拒守二百餘日晝夜力戰大破鸞軍追斬三百餘級又擒西魏刺史郭他時諸州多有翻陷唯儼獲全進號鎮南將軍武定三年率師解襄州圍頻使茹茹又從攻玉壁賜帛七百疋并衣帽等五年鎮河橋五城侯景叛儼擊陳郡賊獲景麾下庫狄曷賴及偽署太守鄭道合兗州刺史王彥夏行臺狄暢等擒斬百餘級旋軍項城又擒景偽署刺史辛光并及蔡遵并其部下二千人六年除

譙州刺史屢有戰功多所降附七年又除膠州刺史天保初除開府儀同三司三年梁司徒陸法和儀同宋莅等率其部下以郢州城內附時清河王岳帥師江上乃集諸軍議曰城在江外人情尚梗必須才略兼濟忠勇過人可受此寄耳衆咸共推儼岳以爲然遂遣鎮郢城始入便爲梁大都督侯瑱任約率水陸軍奄至城下儼隨方禦備瑱等不能剋又於上流鸚鵡洲上造荻洪竟數里以塞船路人信阻絕城守孤懸衆

情危懼儼導以忠義又悅以安之城中先有神祠一所俗號城隍神公私每有祈禱於是順士卒之心乃相率祈請冀獲冥祐須臾衝風歘起驚濤涌激漂斷荻洪約復以鐵鏁連治防禦弥切儼還共祈請風浪夜驚復以斷絶如此者再三城人大喜以爲神助瑱移軍於城北造柵置營焚燒坊郭產業皆盡約將戰士萬餘人各持攻具於城南置營壘南北合勢儼乃率步騎出城奮擊大破之擒五百餘人先是郢城

卑下兼土疎頽壞儼更修繕城雉多作大樓又造船艦水陸備具工無暫闕蕭循又率衆五萬與瑱約合軍夜來攻擊儼與將士力戰終夕至明約等乃退追斬瑱驍將張白石首瑱以千金贖之不與夏五月瑱約等又相與并力悉衆攻圍城中食少粮運阻絶無以爲計唯煑槐楮桑葉并紵根水萍葛艾等草及靴皮帶筋角等物而食之人有死者即取其肉火別分噉唯留骸骨儼猶申令將士信賞必罰分甘同苦一死生

以之自正月至於六月人無異志後蕭方智立遣使請和顯祖以城在江表據守非便有詔還之儼望帝悲不自勝帝呼令至前執其手持儼鬚鬢脫帽看髮歎息久之謂儼曰觀卿容皃朕不復相識自古忠烈豈能過此儼對曰臣恃陛下威靈得申愚節不屈竪子重奉聖顔今雖夕死没而無恨帝嗟稱不已除趙州刺史進伯爲公賜帛一千疋錢十萬九年又討賊有功賜帛一百疋錢十萬十年詔除揚州行臺與王貴顯

侯子監將兵衛送蕭莊築郭默若邪二城與陳新蔡太守魯悉達戰大虵洞破走之又監蕭莊王琳軍與陳將侯瑱侯安都戰於無湖敗歸皇建初別封成陽郡公天統二年除特進四年十月又別封猗氏縣公并賜金銀酒鍾各一枚胡馬一疋五年四月進爵爲義安王武平元年出爲光州刺史儼少任俠交通輕薄遨遊京洛間及從征討每立功効經略雖非所長而有將帥之節所歷諸州雖不能清白守道亦不貪殘卒

贈司徒尚書令子子顥給事黃門侍郎尒朱將帥義旗建後歸順立功者武威牒舍樂代郡范舍樂亦致通顯牒舍樂少從尒朱榮爲軍主統軍後西河領民都督尒朱兆敗率衆歸高祖拜鎮西將軍金紫光祿大夫以都督隸侯景破賀拔勝於穰城又與諸將討平青兗荆三州拜鎮西將軍營州刺史天保初封漢中郡公後因戰沒於關中范舍樂有武藝筋力絕人魏末從崔暹李崇等征討有功授統軍後入尒朱榮軍中頻有戰功

授都督後隨尒朱兆破步藩於梁郡高祖義旗舉棄兆歸信都從高祖破兆於廣阿韓陵並有功賜爵平舒男每從征役多有剋捷除相府左廂大都督尋出爲東雍州刺史世宗嗣事封平舒縣侯拜儀同天保中進位開府又有代人庫狄伏連字仲山少以武幹事尒朱榮至直閤將軍後從高祖建義賜爵蛇丘男世宗輔政遷武衛將軍天保初儀同三司四年除鄭州刺史尋加開府伏連質朴勤於公事直衛官闕曉夕不

離帝所以此見知鄙恡愚很無治民政術及居州任專事聚斂性又嚴酷不識士流開府參軍多是衣冠士族伏連加以捶撻逼遣築牆武平中封宜都郡王除領軍大將軍尋與瑯琊王儼殺和士開伏誅伏連家口有百數盛夏之日料以倉米二升不給鹽菜常有飢色冬至之日親表稱賀其妻爲設豆餅伏連問此豆因何而得妻對向於食馬豆中分減充用伏連大怒典馬掌食之人並加杖罰積年賜物藏在別庫遣侍

婢一人專掌管籥每入庫檢閱必語妻子云此是官物不得輒用至是簿錄並歸天府

史臣曰高祖霸業始基招集英勇張瓊等雖識非先覺而運屬時來驅馳戎旅日不暇給義宣禦侮契協宏圖臨敵制勝有足稱也慕容紹宗兵機武略在世見推昔事尒朱固執忠義不用范增之言終見烏江之禍侯景狼戾固非後主之臣末命緒言實表知人之鑒寒山渦水往若摧枯筭盡數奇逢斯厄運悲夫

贊曰霸圖立肇王業是因偉哉諸將寔曰功臣
汞懷耿賈無累清塵

列傳第十二　北齊書二十

列傳第十三　北齊書二十一

隋太子通事舍人李　百藥　撰

高乾 弟昂 弟季式

封隆之 子子繪

高乾字乾邕勃海蓨人也父翼字次同豪俠有風神為州里所宗敬孝昌末葛榮作亂於燕趙朝廷以翼山東豪右即家拜勃海太守至郡未幾賊徒愈盛翼部率合境徙居河濟之間魏因置東冀州以翼為刺史加鎮東將軍樂城縣侯

及尒朱榮弑莊帝翼保境自守謂諸子曰主憂臣辱主辱臣死今社稷阽危人神憤怨破家報國在此時也尒朱兄弟性甚猜忌忌則多害汝等宜早圖之先人有奪人之心時不可失也事未輯而卒中興初贈使持節侍中太保錄尚書事冀定瀛相殷幽六州諸軍事冀州刺史謚曰文宣乾性明悟俊偉有知略美音容進止都雅少時輕俠數犯公法長而脩改輕財重義多所交結魏領軍元乂權重當世以意氣相得接乾

甚厚起家拜員外散騎侍郎領直後轉太尉士
曹司徒中兵遷員外魏孝莊之居藩也乾潛相
託附及尒朱榮入洛乾東奔於冀莊帝立遥除
龍驤將軍通直散騎常侍乾兄弟本有從橫志
見榮殺害人士謂天下遂亂乃率河北流人反
於河濟之間受葛榮官爵屢敗齊州士馬莊帝
尋遣右僕射元羅巡撫三齊乾兄弟相率出降
朝廷以乾爲給事黃門侍郎尒朱榮以乾前罪
不應復居近要莊帝聽乾解官歸鄉里於是招

納驍勇以射獵自娛榮死乾馳赴洛陽莊帝見
之大喜時尒朱徒黨擁兵在外莊帝以乾爲金
紫光祿大夫河北大使令招集鄉閭爲表裏形
援乾垂涕奉詔弟昂援劔起舞請以死自効俄
而尒朱兆入洛尋遣其監軍孫白鷂百餘騎至
冀州託言普徵民馬欲待乾兄弟送馬因收之
乾既宿有報復之心而白鷂忽至知將見圖乃
先機定策潛勒壯士襲據州城傳檄州郡殺白
鷂執刺史元仲宗推封隆之權行州事爲莊帝

舉哀三軍縞素乾昇壇誓衆辭氣激揚涕淚
交下將士莫不哀憤北受幽州刺史劉靈助節度
共爲影響俄而靈助被殺屬高祖出山東揚聲
來討衆情莫不惶懼乾謂其徒曰吾聞高晉州
雄略蓋世其志不居人下且尒朱無道殺主虐
民正是英雄効義之會也今日之來必有深計
吾當輕馬奉迎密參意旨諸君但勿憂懼聽
我一行乾乃將十數騎於關口迎謁乾既曉達時
機閑習世事言辭慷慨雅合深旨高祖大加賞

重仍同帳寢宿時高祖雖內有遠圖而外跡未
見尒朱羽生爲殷州刺史高祖密遣李元忠舉
兵逼其城令乾率衆僞往救之乾遂輕騎入見
羽生與指畫軍計羽生與乾俱出因擒之遂平
殷州又共定策推立中興拜乾侍中司空先是
信都草創軍國權輿乾遭喪不得終制及武帝
立天下初定乾乃表請解職行三年之禮詔聽
解侍中司空如故封長樂郡公邑一千戶乾雖
求退不謂便見從許既去內侍朝廷罕所關知

居常怏怏武帝將貳於高祖望乾爲己用曾於華林園讌罷獨留乾謂之曰司空奕世忠良今日復建殊効相與雖則君臣實亦義同兄弟宜共立盟約以敦情契殷勤逼之乾對曰臣世奉朝廷遇荷殊寵以身許國何敢有貳乾雖有此對然非其本心事出倉卒又不謂武帝便有異圖遂不固辭而不啓高祖及武帝置部曲乾乃私謂所親曰主上不親勳賢而招集群竪數遣元休弼王思政往來關西與賀拔岳計議又出

賀拔勝爲荊州刺史外示疎忌實欲樹黨令其兄弟相近冀據有西方禍難將作必及於我乃密啓高祖高祖召乾詣并州面論時事乾因勸高祖以受魏禪高祖以袖掩其口曰勿妄言今啓司空復爲侍中門下之事一以相委高祖屢啓詔書竟不施行乾以頻請不遂知變難起密啓高祖求爲徐州乃除使持節都督三徐諸軍事開府儀同三司徐州刺史指期將發而帝知乾泄漏前事乃詔高祖云曾與乾邕私有盟約

今復反覆兩端高祖便取乾前後數啓論時事者遣使封送武帝帝召乾邕示之禁於門下省對高祖使人責乾前後之失乾曰臣以身奉國義盡忠貞陛下既立異圖而乃云臣反覆以匹夫加諸尚或難免況人主推惡復何逃命欲加之罪其無辭乎功大身危自古然也若死而有知庶無負莊帝遂賜死時年三十七乾臨死神色不變見者莫不歎惜焉時武衛將軍元整監刑謂乾曰頗有書及家人乎乾曰吾兄弟分張

各在異處今日之事想無全者兒子既小未有所識亦恐巢傾卵破夫欲何言後高祖討斛斯椿等次盟津謂乾弟昂曰若早用司空之策豈有今日之舉也天平初贈使持節都督冀定滄瀛幽齊徐青光兗十州軍事太師録尚書事冀州刺史謚曰文昭長子繼叔襲祖洛城縣侯令弟二子呂兒襲乾爵乾弟慎字仲密頗涉文史與兄弟志尚不同偏爲父所愛魏中興初除滄州刺史東南道行臺尚書太昌初遷光州刺史

加驃騎大將軍儀同三司時天下初定聽慎以
本鄉部曲數千人自隨慎爲政嚴酷又縱左右
吏民苦之兄乾死密棄州將歸高祖武帝勑青
州斷其歸路慎間行至晉陽高祖以爲大行臺
左丞轉尚書當官無所迴避時咸畏憚之自義
旗之後安州民恃其邊險不賓王化尋以慎爲
行臺僕射率衆討平之天平末拜侍中加開府
元象初出爲兗州刺史尋徵爲御史中尉選用
御史多其親戚鄉閭不稱朝望世宗奏令改選

焉慎前妻吏部郎中崔暹妹爲慎所棄暹時爲
世宗委任慎謂其搆己性既狷急積懷憤恨因
是罕有糺劾多所縱舍高祖嫌責之彌不自安
出爲北豫州刺史遂據武牢降西魏慎先入關
周文帝率衆東出高祖破之於邙山慎妻子將
西度於路盡禽之高祖以其勳家啓慎一房配
沒而已

昂字敖曹乾第三弟幼稚時便有壯氣長而俶
儻膽力過人龍眉豹頸姿體雄異其父爲求嚴
師令捶撻昂不遵師訓專事馳騁每言男兒當
橫行天下自取富貴誰能端坐讀書作老博士
也與兄乾數爲劫掠州縣莫能窮治招聚劍客
家資傾盡鄉閭畏之無敢違迕父翼常謂人曰
此兒不滅我族當大吾門不直爲州豪也建義
初兄弟共舉兵既而奉旨散衆仍除通直散騎
侍郎封武城縣伯邑五百戶乾解官歸與昂俱
在鄉里陰養壯士尒朱榮聞而惡之密令刺史
元仲宗誘執昂送於晉陽永安末榮入洛以昂

自隨禁於駝牛署既而榮死魏莊帝即引見勞
勉之時尒朱世隆還逼宮闕帝親臨大夏門指
麾處分昂既免縲紲被甲橫戈志凌勍敵乃與
其從子長命等推鋒徑進所向披靡帝及觀者
莫不壯之即除直閤將軍賜帛千匹昂以寇難
尚繁非一夫所濟乃請還本鄉招集部曲仍除
通直郎常侍加平北將軍所在義勇競來投赴
尋值京師不守遂與父兄據信都起義殷州刺
史尒朱羽生潛軍來襲奄至城下昂不暇擐甲

將十餘騎馳之羽生退走人情遂定後廢帝立除使持節冀州刺史以終其身仍爲大都督率衆從高祖破尒朱兆於廣阿及平鄴別率所部領乘陵又隨高祖討尒朱兆於韓陵昂自領鄉人部曲王桃湯東方老呼延族等三千人高祖曰高都督純將漢兒恐不濟事今當割鮮卑兵千餘人共相參雜於意如何昂對曰敖曹所將部曲練習已久前後戰鬬不減鮮卑今若雜之情不相合勝則爭功退則推罪願自領漢軍不

煩更配高祖然之及戰高祖不利軍小却兆等方乘之高嶽韓匈奴等以五百騎衝其前斛律敦收散卒躡其後昂與蔡儁以千騎自栗園出橫擊兆軍兆衆由是大敗是日微昂等高祖幾殆太昌初始之冀州尋加侍中開府進爵爲侯邑七百戶兄乾被殺乃將十餘騎奔晉陽歸於高祖及斛斯椿釁起高祖南討令昂爲前驅武帝西遁昂率五百騎倍道兼行至於崤陝不及而還尋行豫州刺史仍討三荊諸州不附者並

平之天平初除侍中司空公昂以兄乾薨於此位固辭不拜轉司徒公時高祖方有事關隴以昂爲西南道大都督徑趣商洛山道峻隘已爲寇所守險昂轉鬬而進莫有當其鋒者遂攻剋上洛獲西魏洛州刺史泉企幷將帥數十人會竇泰失利召昂班師時昂爲流矢所中創甚顧謂左右曰吾以身許國死無恨矣所可歎息者不見季式作刺史耳高祖聞之即馳驛啓季式爲濟州刺史昂還復爲軍司大都督統七十六

都督與行臺侯景治兵於武牢御史中尉劉貴時亦率衆在北豫州與昂小有忿爭昂怒鳴鼓會兵而攻之侯景與冀州刺史万俟受洛干救解乃止其俠氣凌物如此于時鮮卑共輕中華朝士唯憚服於昂高祖每申令三軍常鮮卑語昂若在列爲華言昂嘗詣相府掌門者不聽昂怒引弓射之高祖知而不責元象元年進封京兆郡公邑一千戶與侯景等同攻獨孤如願於金墉城周文帝率衆救之戰於邙陰昂所部失

利左右分散單馬東出欲趣河梁南城門閉不得入遂爲西軍所害時年四十八贈使持節侍中都督冀定滄瀛殷五州諸軍事太師大司馬太尉公録尚書事冀州刺史謚忠武子突騎嗣早卒世宗復召昂諸子親簡其第三子道豁嗣皇建初追封昂永昌王道豁襲武平末開府儀同三司入周授儀同大將軍開皇中卒於黃州刺史

季式字子通乾第四弟也亦有膽氣中興初拜鎮遠將軍正員郎遷衛將軍金紫光祿大

夫尋加散騎常侍領主衣都統太昌初除尚食典御天平中出爲濟州刺史山東舊賊劉盤陁史明曜等攻劫道路剽掠村邑齊兗青徐四州患之歷政不能討季式至皆破滅之尋有濮陽民杜靈椿等攻城剽野聚衆將萬人季式遣騎三百一戰擒之又陽平路文徒黨綿顯等立營柵爲亂季式討平之又有群賊破南河郡季式遣兵臨之應時斬戮自玆以後遠近清晏季式兄弟貴盛並有勳於時自領部曲千餘人馬八

百匹戈甲器仗皆備故凡追督賊盜多致克捷有客嘗謂季式曰濮陽陽平乃是畿内既不奉命又不侵境而有何急遣私軍遠戰萬一失脱豈不招罪季式曰君言何不忠之甚也我與國義同安危豈有見賊不討之理且賊知臺軍卒不能來又不疑外州有救未備之間破之必矣兵尚神速何得後機若以獲罪吾亦無恨元象中西寇大至高祖親率三軍以禦之陣於邙北師徒大敗河中流尸相繼敗兵首尾不絶人情

騷動謂世事艱難所親部曲請季式曰今日形勢大事去矣可將腹心二百騎奔梁既得避禍不失富貴何爲坐受死也季式曰吾兄弟受國厚恩與高王共定天下一旦傾危亡去不義若社稷顛覆當背城死戰安能區區偷生苟活是役也司徒殁焉入爲散騎常侍興和中行晉州事解州仍鎮永安戍高愼以武牢叛遣信報季式季式得書驚懼即狼狽奔告高祖高祖嘉其至誠待之如舊武定中除侍中尋加冀州大中

正時世宗先爲此任啓以迴授爲都督從清河公岳破蕭明於寒山敗侯景於渦陽還除衛尉卿復爲都督從清河公攻王思政於潁川拔之以前後功加儀同三司天保初封乘氏縣子仍爲都督隨司徒潘樂征討江淮之間爲私使樂人於邊境交易還京坐被禁止尋而赦之四年夏發疽卒年三十八贈侍中使持節都督滄冀州諸軍事開府儀同三司冀州刺史謚曰恭穆季式豪率好酒又恃舉家勳功不拘檢節與光

州刺史李元忠生平遊欵在濟州夜飲憶元忠開城門令左右乘驛持一壺酒往光州勸元忠朝廷知而容之兄愼叛後少時解職黃門郎司馬消難左僕射子如之子又是高祖之壻勢盛當時因退食暇尋季式與之酣飲留宿旦日重門並閉關籥不通消難固請云我是黃門郎天子侍臣豈有不參朝之理且已一宿不歸家君必當大怪今若又留我狂飲我得罪無辭恐君亦不免譴責季式曰君自稱黃門郎又言畏家君

怪欲以地勢脅我邪高季式死自有處初不畏此消難拜謝請出終不見許酒至不肯飲季式云我留君盡興君是何人不爲我痛飲命左右索車輪括消難頸又索一輪自括頸仍命酒引滿相勸消難不得已欣笑而從之方乃俱脱車輪更留一宿是時失消難兩宿莫知所在内外驚異及消難出方具言之世宗在京輔政白魏帝賜消難美酒數石珍羞十轝并命朝士與季式親狎者就季式宅讌集其被優遇如此翼長

兄子永樂次兄子延伯並和厚有長者稱俱從翼擧義永樂官至衞將軍右光祿大夫冀州大中正出爲博陵太守以民事不濟自殺贈使持節督滄冀二州諸軍事儀同三司冀州刺史子長命本自賤出年二十餘始被收擧猛暴好殺然亦果於戰鬬初於大夏門拒尒朱世隆以功累遷左光祿大夫高祖遥授長命雍州刺史封沮陽鄉男一百戸尋進封陽陵縣伯增二百戸武定中隨儀同劉豐討侯景爲景所殺贈冀州

刺史延伯歷中散大夫安州刺史封萬年縣男
邑二百戶天保初加征西將軍進爵爲子卒贈
太府少卿自昂初以豪俠立名爲之羽翼者呼
延族劉貴珍劉長狄東方老劉士榮成五韓願
生劉桃棒隨其建義者李希光劉叔宗劉孟和
並仕官顯達孟和名協浮陽饒安人也孟和少
好弓馬率性豪俠幽州刺史劉靈助之起兵也
孟和亦聚衆附昂兄弟昂遥應之及靈助敗昂
乃據冀州孟和爲其致力會高祖起義冀州以

孟和爲都督中興初拜通直常侍二年除安東
將軍尋加征東將軍金紫光祿以建義勳賜爵
長廣縣伯天平中衛將軍上黨內史罷郡除大
丞相司馬武定元年坐事死叔宗字元會樂陵
平昌人和謹頗有學業舉秀才稍遷滄州治中
永安中加鎮遠將軍諫議大夫兄海寶少輕俠
然爲州里所愛昂之起義也海寶率鄉閭襲滄
海以應昂昂以海寶權行滄州事前范陽太守
刀整心附尒朱遣弟子安壽襲殺海寶叔宗仍

歸於昂中興高祖除前將軍廷尉少卿太昌初
加鎮軍將軍光祿大夫天平初除車騎將軍左
光祿大夫二年卒贈使持節儀同定州刺史老
字安德鬲人家世寒微身長七尺膂力過人少
麤獷無賴結輕險之徒共爲賊盜鄉里患之魏
末兵起遂與昂爲部曲義旗建仍從征討以軍
功除殿中將軍累遷平遠將軍除魯陽太守後
除南益州刺史領宜陽太守賜爵長樂子老頻
爲二郡出入數年境接群蠻又隣西敵至於攻

城野戰率先士卒屢以少制衆西人憚之顯祖
受禪別封陽平縣伯遷南兗州刺史後與蕭軌
等渡江戰沒希光勃海蓨人也父紹魏長廣太
守希光隨高乾起義信都中興初除安南將軍
安德郡守後爲世祖開府長史武定末從高嶽
平頴川封義寧縣開國侯歷頴梁南兗三州刺
史天保中揚州刺史與蕭軌等渡江戰沒贈開
府儀同三司西兗州刺史子令尚書外兵郎
中武平末通直常侍隋開皇中卒於易州刺史

希光族弟子貢以與義旗之功官至吏部郎後爲兗州刺史坐貪暴爲世宗所殺顯祖責陳武廢蕭明命儀同蕭軌率希光東方老裴英起王敬寶步騎數萬伐之以七年三月渡江襲剋石頭城五將名位相侔英起以侍中爲軍司蕭軌與希光並爲都督軍中抗禮不相服御競說謀略動必乖張頓軍丹陽城下值霖雨五十餘日及戰兵器並不堪施用故致敗亡將帥俱死士卒得還者十二三所沒器械軍資不可勝紀蕭

軌王敬寶事行史闕其傳裴英起河東人其先晉末渡淮寓居淮南之壽陽縣祖彥先隨薛安都入魏官至趙郡守父約勃海相英起聰慧滑稽好劇談不拘儀檢仕魏至定州長史世宗引爲行臺左丞天保中都官尚書兼侍中及戰沒贈開府尚書左僕射

封隆之字祖裔小名皮勃海蓨人也父回魏司空隆之性寬和有度量弱冠州郡主簿起家奉朝請領直後汝南王悅開府爲中兵參軍初延昌中道人法慶作亂冀方自號大乘衆五萬餘遣大都督元遙及隆之擒獲法慶賜爵武城子俄兼司徒主簿河南尹丞時青齊二州士民反叛隆之奉使慰諭咸即降款永安中除撫軍府長史尒朱兆等屯據晉陽魏朝以河內要衝除隆之龍驤將軍河內太守尋加持節後將軍假平北將軍當郡都督未及到郡屬尒朱兆入洛莊帝幽崩隆之以父遇害常懷報雪因此遂持節東歸圖爲義舉時高乾告隆之曰尒朱暴逆

禍加至尊弟與兄弟並荷先帝殊常之眷豈可不出身爲主以報讎恥乎隆之對曰國恥家怨痛入骨髓乘機而動今實其時遂與乾等定計夜襲州城尅之乾等以隆之素爲鄉里所信乃推爲刺史隆之盡心慰撫人情感悅尋高祖自晉陽東出隆之遣子子繪奉迎於滏口高祖甚嘉之既至信都集諸州郡督將僚吏等議曰逆胡尒朱兆窮凶極虐天地之所不容人神之所捐棄今所在蜂起此天亡之時也欲與諸君剪

除凶羯其計安在隆之對曰尒朱暴虐天亡斯至神怒民怨衆叛親離雖握重兵其彊易弱而大王乃心王室首唱義旗天下之人孰不歸仰願大王勿疑中興初拜左光祿大夫吏部尚書尒朱兆等軍於廣阿十月高祖與戰大破之乃遣隆之持節為北道大使高祖將擊尒朱兆等於韓陵留隆之鎮鄴城尒朱兆等走以隆之行冀州事仍領降俘三萬餘人分置諸州尋徵為侍中時高祖自洛還師於鄴隆之將赴都因過

謁見啓高祖曰斛斯椿賀拔勝賈顯智等往事尒朱中復乖阻及討仲遠又與之同猜忍之人志欲無限又叱列延慶侯念賢皆在京師王授以名位此等必構禍隙高祖經宿乃謂隆之曰侍中昨言實是深慮尋封安德郡公邑二千戶進位儀同三司于時朝議以尒朱榮佐命前朝宜配食明帝廟庭隆之議曰榮為人臣親行殺逆安有害人之母與子對饗考古詢今未見其義從之詔隆之參議麟趾閣以定新制又贈其

妻祖氏范陽郡君隆之表以先爵冨城子及武城子轉授弟子孝琬等朝廷嘉而從之後為斛斯椿等構之於魏帝逃歸鄉里高祖知其被誣召赴晉陽魏帝尋以本官徵之隆之固辭不赴仍以隆之行并州刺史魏清河王亶為大司馬長史天平初復入為侍中預遷都之議魏靜帝詔為侍講除吏部尚書加侍中以本官行冀州事陽平民路紹遵聚衆反自號行臺破定州博陵郡虜太守高永樂南侵冀州隆之令所部長

樂太守高景等擊破之生擒紹遵送於晉陽元象初除冀州刺史尋加開府時初召募勇果都督李八高法雄封子元等不願遠戍聚衆為亂隆之率州軍破平之興和元年復徵為侍中隆之素得鄉里人情頻為本州留心撫字吏民追思立碑頌德轉行梁州事又行濟州事徵拜尚書右僕射武定初北豫州刺史高仲密將叛遣使陰通消息於冀州豪望使為內應輕薄之徒頗相扇動詔隆之馳驛慰撫遂得安靜世宗審

書與隆之云仲密枝黨悉同惡向西宜悉收其家累以懲將來隆之以爲恩旨既行理無追改今若收治示民不信脫或驚擾所虧處大乃啓高祖事遂得停隆之自義旗始建首參經略奇謀妙算密以啓聞手書削藁罕知於外高祖嘉其忠謹每多從之復以本官行濟州事轉齊州刺史武定三年卒官年六十一詔遣主書監神貴就弔贈物五百段贈使持節都督滄瀛二州諸軍事驃騎大將軍瀛州刺史司徒公高祖以隆

之動舊追榮未盡復啓贈使持節都督冀瀛滄齊濟五州諸軍事冀州刺史太保餘如故謚曰宣懿高祖後至冀州境次於交津追憶隆之顧謂冀州行事司馬子如曰封公積德履仁體通性達自出納軍國垂二十年契闊艱虞始終如一以其忠信可憑方以後事託之何期報善無徵奄從物化言念忠賢良可痛惜爲之流涕令參軍宋仲羨以太牢就祭焉長子早亡第二子子繪嗣子繪字仲藻小名搔性和理有器局釋

褐祕書郎中尒朱兆之害魏莊帝也與父隆之舉義信都奉使詣高祖至信都召署開府主簿仍典書記中興元年轉大丞相主簿加伏波將軍從高祖征尒朱兆及平中山軍還除通直常侍左將軍領中書舍人母憂解職尋復本任太昌中從高祖定并汾肆數州平尒朱兆及山胡等加征南將軍金紫光祿大夫魏武帝末斛斯椿等佞倖用事父隆之以猜忌懼難潛歸鄉里子繪亦棄官俱還孝靜初兼給事黃門侍郎與

太常卿李元忠等並持節出使觀省風俗問人疾苦還赴晉陽從高祖征夏州二年除衛將軍平陽太守尋加散騎常侍晉州北界霍太山舊號千里徑者山坂高峻每大軍往來士馬勞苦子繪啓高祖請於舊徑東谷別開一路高祖從之仍令子繪領汾晉二州夫修治旬日而就高祖親總六軍路經新道嘉其省便賜穀二百斛後大軍討復東雍平柴壁及喬山紫谷絳蜀等子繪恒以太守前驅慰勞徵兵運糧軍士無乏

興和初自郡徵補大行臺吏部郎中武定元年高仲密以武牢西叛周文帝擁衆東侵高祖於邙山破之乘勝長驅遂至潼關或諫不可窮兵極武者高祖總命群僚議其進止子繪言曰賊帥才非人雄偷竊名號遂敢驅率亡叛送死伊瀍天道禍淫一朝瓦解雖僅以身免而魂膽俱喪混一車書正在今日天與不取反得其咎時難遇而易失昔魏祖之平漢中不乘勝而取巴蜀失在遲疑悔無及已伏願大王不以爲疑高

祖深然之但以時旣盛暑方爲後圖遂命班師三年父喪去職四年高祖西討起爲大都督領冀州兵起鄴從高祖自滏口西趣晉州會大軍於玉壁復以子繪爲大行臺吏部郎中及高祖病篤師還晉陽引入內室面受密旨銜命山東安撫州郡高祖崩祕未發喪世宗以子繪爲勃海太守令馳驛赴任世宗親執其手曰誠知此郡未允勳望但時事未安須卿鎭撫且衣錦晝遊古人所貴善加經略綏靜海隅不勞學習常

太守向州恭也仍聽收集部曲一千人後進秩一等加驃騎將軍天保二年除太尉長史三年頻以本官再行南青州事四年坐事免六年行南兗州事尋除持節海州刺史不行七年攺授合州刺史到州未幾值蕭軌裴英起等江東敗沒行臺司馬恭發歷陽徑還壽春疆埸大駭兼在州器械隨軍略盡城隍樓雉虧壞者多子繪乃脩造城隍樓雉繕治軍器守禦所須畢備人情漸安尋勑於州營造舡艦子繪爲大使揔監

之陳武帝曾遣其護軍將軍徐度等率輕舟從柵口歷東關入巢湖徑襲合肥規燒船舫以夜一更潜寇城下子繪率將士格戰陳人奔退九年轉鄭州刺史子繪曉達政事長於綏撫歷宰州郡所在安之徵爲司徒左長史行魏尹事乾明初轉大司農尋正除魏尹皇建中加驃騎大將軍大寧二年遷都官尚書高歸彥作逆召子繪入見昭陽殿帝親詔子繪曰冀州密邇京甸歸彥敢肆凶悖已勑大司馬平原王段孝先揔

勳重兵乘機電發司空東安王婁叡督率諸軍
絡繹繼進卿世載名德恩洽彼州故遣參贊軍
事隨便慰撫宜善加謀略以稱所寄即以其日
馳傳赴軍子繪祖父世爲本州百姓素所歸附
既至巡城諭以禍福民吏降款日夜相繼賊中
動靜小大必知賊平仍勑子繪權行州事尋徵
還勑與群官議定律令加儀同三司後突厥入
逼晉陽詔子繪行懷州事乘駟之任還爲七兵
尚書轉祠部尚書河清三年暴疾卒年五十

世祖深歎惜之贈使持節瀛冀二州軍事冀州
刺史開府儀同尚書右僕射謚曰簡子寶蓋嗣
武平末通直常侍子繪弟子繡武平中勃海太
守霍州刺史陳將吳明徹侵略淮南子繡城陷
被送揚州齊亡後逃歸隋開皇初終於通州刺
史子繡外兒儒雅而俠氣難忤司空婁定遠子
繡兄之壻也爲瀛州刺史子繡在勃海定遠過
之對妻及諸女讌集言戲微有褻慢子繡大怒
鳴鼓集衆將攻之俄頃兵至數千馬將千匹定

遠免冠拜謝久乃釋之隆之弟延之字祖業少
明辨有世用起家員外郎中興和初除中堅將
軍高祖以爲大行臺左光祿大夫封郟城縣子
行勃海郡事以都督從婁昭討樊子鵠事平除
青州刺史延之好財利在州多所受納後行晉
州事高祖沙苑失利還延之棄州北走高祖大
怒同罪人皆死以隆之故獨得免興和二年卒
年五十四贈使持節都督冀殷瀛三州諸軍事
驃騎大將軍尚書左僕射司徒冀州刺史謚曰

文恭子孝纂嗣隆之弟子孝琬字子蒨父祖曹
魏冀州平北府長史以隆之佐命之功贈雍州
刺史殿中尚書孝琬七歲而孤獨爲隆之所鞠
養慈愛甚篤年十六本州辟主簿魏永熙二年
隆之啓以父爵富城子授焉三年釋褐開府參
軍事天平中輕車將軍司徒主簿武定中爲顯
祖開府主簿遷從事中郎將領東宮洗馬天保
二年卒時年三十六帝聞而歎惜焉贈左將軍
太府少卿孝琬性恬靜頗好文詠太子少師邢

邵七兵尚書王昕並先達高才與孝琬年位懸隔晚相逢遇分好遂深孝琬靈櫬言歸二人送於郊外悲哭悽慟有感路人孝琬弟孝琰字士光少脩飾學尚有風儀年十六辟州主簿釋褐祕書郎天保元年爲太子舍人出入東宮甚有令望丁母憂解任除晉州法曹參軍尋徵還復除太子舍人乾明初爲中書舍人皇建初司空掾祕書丞散騎常侍聘陳使主巳發道逺遥授中書侍郎還坐事除名天統三年除并省吏部郎

中南陽王友赴晉陽典機密和士開母喪託附者咸往奔哭鄴中富商丁鄒嚴興等並爲義孝有一士人亦哭在限孝琰入弔出謂人曰嚴興之南丁鄒之北有一朝士號叫甚哀聞者傳之士開知而大怒其後會黃門郎李懐奏南陽王綽專恣士開因譖之曰孝琰從綽出外乘其副馬捨離部伍別行戲話時孝琰女爲范陽王妃爲禮事因假入辭帝遂決馬鞭百餘放出又遣高阿那肱重決五十幾致於死還京在集書

省上下從是沉廢士開死後爲通直散騎常侍後與周朝通好趙彥深表之詔以爲聘周使副祖珽輔政又奏令入文林館撰御覽孝琰文筆不高但以風流自立善於談謔威儀閑雅容止進退人皆慕之嘗謂祖珽云公是衣冠宰相異於餘人近習聞之大以爲恨尋以本官兼尚書左丞其所彈射多承意旨時有道人曇獻者爲皇太后所幸賞賜隆厚車服過度又乞爲沙門統後主意不許但太后欲之遂得居任然後主

常憾焉因有僧尼以他事訴競者辭引曇獻上令有司推劾孝琰案其受納貨賄致於極法因搜索其家大獲珍異悉以沒官由是正授左丞仍令奏門下事性頗簡傲不諧時俗恩遇漸高彌自矜誕舉動舒遲無所降屈識者鄙之與崔季舒等以正諫同死時年五十一子開府行參軍君確君靜等二人徙北邊少子君嚴君贇下蠶室南安之敗君確二人皆坐死

史臣曰高封二公無一人尺土之資奮臂而起

河朔將致勤王之舉以雪莊帝之讎不亦壯哉旣剋本藩成其讓德異夫韓馥懾袁紹之威然力謝時雄才非命世是以奉迎麾旆用叶本圖高祖因之遂成霸業重以昂之膽力氣冠萬物韓陵之下風飛雹擊然則齊氏元功一門而已但以非潁川元從異豐沛故人腹心之寄有所未允露其啟疏假手天誅枉濫之極莫過於此子繪才幹可稱克荷堂構弈世載德斯爲美焉

贊曰烈烈文昭雄圖斯契灼灼忠武英資冠世門下之酷進退惟谷黃河之濱蹈義亡身封公矯矯共濟時屯比承明德暉光日新

列傳第十三　北齊書二十一

列傳第十四　北齊書二十二

隋太子通事舍人李　百藥　撰

李元忠

盧文偉

李義深

李元忠趙郡柏人人也曾祖靈魏定州刺史鉅鹿公祖恢鎮西將軍父顯甫安州刺史元忠少厲志操居喪以孝聞襲爵平棘子魏清河王懌爲司空辟爲士曹參軍遷太尉復啓爲長沙參軍懌後爲太傅尋被詔爲營構明堂大都督又

引爲主簿元忠粗覽史書及陰陽數術解鼓箏兼好射彈有巧思遭母憂去任未幾相州刺史安樂王鑒請爲府司馬元忠以艱憂固辭不就初元忠以母老多患乃專心醫藥研習積年遂善於方技性仁恕見有疾者不問貴賤皆爲救療家素富實其家人在鄉多有舉貸求利元忠每焚契免責鄉人甚敬重之魏孝明時盜賊蜂起清河有五百人西戍還經南趙郡以路梗共

投元忠奉絹千匹元忠唯受一匹殺五羊以食之遣奴爲導曰若逢賊但道李元忠遣送奴如其言賊皆捨避永安初就拜南趙郡太守以好酒無政績值洛陽傾覆莊帝幽崩元忠棄官還家潛圖義舉會高祖率衆東出便自往奉迎乘露車載素箏濁酒以見高祖因進從横之策備陳誠款深見嘉納時刺史尒朱羽生阻兵據州元忠先聚衆於西仍與大軍相合擒斬羽生即令行殷州事中興初除中軍將軍衞尉卿二年

轉太常卿殷州大中正後以從兄瑾年長以中正讓之尋加征南將軍武帝將納后即高祖之長女也詔元忠與尚書令元羅致娉於晉陽高祖每於宴席論叙舊事因撫掌欣笑云此人逼我起兵賜白馬一匹元忠戲謂高祖曰若不與侍中當更覓建義處高祖荅曰建義處不慮無止畏如此老翁不可遇耳元忠曰止爲此翁難遇所以不去因捋高祖鬚而大笑高祖亦悉其雅意深相嘉重馬倒被傷當時殞絶久而方蘓

高祖親自撫視其年封晉陽縣伯邑五百戶後以微譴失官時朝廷離貳義旗多見猜阻斛斯椿等以元忠淡於榮利又不以世事經懷故不在嫌嫉之地尋兼中書令天平初復爲太常後加驃騎將軍四年除使持節光州刺史時州境災儉人皆菜色元忠表求振貸俟秋徵收被報聽用萬石元忠以爲萬石給人計一家不過升斗而已徒有虚名不救其弊遂出十五萬石以振之事訖表陳朝廷嘉而不責興和末拜侍中

元忠雖居要任初不以物務干懷唯以聲酒自娛大率常醉家事大小了不關心園庭之内羅種果藥親朋尋詣必留連宴賞每挾彈攜壺遨遊里閈遇會飲酌蕭然自得常布言於執事云年漸遲暮志力已衰久忝名官以妨賢路若朝廷厚恩未便放棄者乞在閑冗以養餘年武定元年除東徐州刺史固辭不拜乃除驃騎大將軍儀同三司曾貢世宗蒲桃酒一盤世宗報以百練縑遺其書曰儀同位亞台鉉識懷貞素出

藩久侍備經要重而猶家無擔石室若懸磬豈
輕財重義奉時愛已故也久相嘉尚嗟詠無極
恒思標賞有意無由忽辱蒲桃良深佩戴聊用
絹百匹以酬清德也其見重如此孫騰司馬子
如嘗共詣元忠見其坐樹下擁被對壺庭室蕪
曠謂二公曰不意今日披藜藿也因呼妻出衣
不曳地二公相顧歎息而去大餉米絹衣服元
忠受而散之三年復以本官領衛尉卿其年卒
於位年六十詔贈縑布五百匹使持節督定冀

殷幽四州諸軍事大將軍司徒定州刺史謚曰
敬惠初元忠將仕夢手執炬火入其父墓中夜
驚起甚惡之旦告其受業師占云大吉此謂光
照先人終致貴達矣子搔嗣搔字德況少聰敏
有才藝音律博弈之屬多所通解曾采諸聲別
造一器號曰八絃時人稱其思理起家司徒行
參軍累遷河內太守百姓安之入為尚書儀曹
郎天保八年卒元忠族弟密字希邕平棘人也
祖伯膺魏東郡太守贈幽州刺史父煥治書侍

御史河內太守贈青州刺史密少有節操屬尒
朱兆殺逆乃陰結豪右與勃海高昂為報復之
計屬高祖出山東密以兵從舉義遥授并州刺
史封容城縣侯邑四百户尒朱兆至廣阿高祖
令密募殷定二州兵五千人鎮黃沙井陘二道
及兆韓陵敗還晉陽隨軍平兆高祖乃以薛循
義行并州事授密建州刺史又除襄州刺史在
州十餘年甚得安邊之術威信聞於外境高祖
頻降手書勞問并賜口馬侯景外叛誘密執之

授以官爵景敗歸朝朝廷以密從景非元心不
之罪也天保初以舊功授散騎常侍復本爵縣
侯卒贈殿中尚書濟州刺史密性方直有行檢
因母患積年得名醫治療不愈乃精習經方洞
曉針藥母疾得除當世皆服其明解由是亦以
醫術知名魏末行護軍司馬武邑太守天保初
司空長史太寧武平中清河廣平二郡守銀青
光祿大夫齊亡後卒子道謙武平中侍御史道
謙弟道貞南青州司馬為逆賊邢杲所殺贈北

徐州刺史元忠宗人愍字魔憐形皃魁傑見異
於時少有大志年四十猶不仕州郡唯招致姦
俠以爲徒侶孝昌之末天下兵起愍潛居林慮
山觀候時變賊帥鮮于脩禮毛普賢作亂詔遣
大都督長孫稚討之稚素聞愍名召兼帳内統
軍軍達呼陁賊來逆戰稚軍爲賊所敗愍遂歸
家安樂王元鑒爲北道大行臺至鄴以賊衆盛
彊未得前遣使徵愍表授武騎常侍假節別將
鎮鄴城東郭葛榮之圍信都餘黨南抄陽平以

北皆爲賊有鑒命愍爲前驅別討之頗有斬獲
及鑒謀逆愍乃詐患暴風鑒信之因此得免未
幾大都督源子邕屯安陽大都督裴衍屯鄴城
西討鑒愍棄家口奔子邕仍被徵赴洛除奉車
都尉持節鎮汴河別將汴河在鄴之西北重山
之中并相二州交境以葛榮南逼故用愍鎮之
榮遣其叔樂陵王葛萇率精騎一萬擊愍愍據
險拒戰萇不得前尒朱榮至東闕愍乃見榮榮
欲分賊勢遣愍別道向襄國襲賊署廣州刺史

田怙軍愍未至襄國已擒葛榮即表授愍建忠
將軍分廣平易陽襄國南趙郡之中丘三縣爲
易陽郡以愍爲太守賜爵襄國侯永安末假平
北將軍持節當郡大都督遷樂平太守未之郡
洛京傾覆愍率所部西保石門山潛與幽州刺
史劉靈助及高昇兄弟安州刺史盧曹等同契
義舉助敗愍遂入石門高祖建義以書招愍愍
奉書擁衆數千人以赴高祖高祖親迎之除使
持節征南將軍都督相州諸軍事相州刺史兼

尚書西南道行臺州都督令愍率本衆西還舊
鎮高祖親送之愍至鄉據馬鞍山依險爲壘徵
糧集兵以爲聲勢尒朱兆出井陘高祖破兆於
廣阿愍統其本衆屯故城以備尒朱兆相州既
平命愍還鄴除西南道行臺都官尚書復屯故
城尒朱兆等將至高祖徵愍𠫭守鄴城大昌初
除太府卿後出爲南荊州刺史當州大都督此
州自孝昌以來舊路斷絶前後刺史皆從間道
始得達州愍勒部曲數千人徑向懸瓠從北陽

復舊道且戰且前三百餘里所經之處即立郵亭蠻左大服梁遣其南司州刺史任思祖隨郡太守桓和等率馬步三萬兼發邊蠻圍逼下溠戍愍躬自討擊破之詔加車騎將軍愍於州内開立陂渠溉稻千餘頃公私賴之轉行東荆州仍除驃騎將軍東荆州刺史當州大都督加散騎常侍天平二年卒贈使持節定殷二州軍儀同定州刺史元忠族叔景遺少雄武有膽力好結聚亡命共爲劫盜鄉里每患之永安末其兄

南鉅鹿太守無爲以贓罪爲御史糾劾禁於州獄景遺率左右十餘騎詐稱臺使徑入州城劫無爲而出之州軍追討竟不能制由是以俠聞及高祖舉義於信都景遺赴於軍門高祖素聞其名接之甚厚命與元忠舉兵於西山仍與大軍俱會擒刺史尒朱羽生以功除龍驤將軍昌平縣公邑八百戶尒朱兆來伐又力戰有功除使持節大都督左將軍太昌初進爵昌平郡公增邑三百戶加車騎將軍天平初出爲潁州刺史未幾爲前潁川太守元洪威所襲殺贈侍中殷滄二州軍事大將軍開府殷州刺史子伽林襲

盧文偉字休族范陽涿人也爲北州冠族父敞出後伯假文偉少孤有志尚頗涉經史篤於交遊少爲鄉閭所敬州辟主簿年三十八始舉秀才除本州平北府長流參軍說刺史裴儁按舊迹脩督亢陂溉田萬餘頃民賴其利脩立之功多以委文偉文偉既善於營理兼展私力家素

貧儉因此置富孝昌中詔兼尚書郎中時行臺常景啓留爲行臺郎中及北方將亂文偉積稻穀於范陽城時經荒儉多所賑贍彌爲鄉里所歸尋爲杜洛周所虜洛周敗復入葛榮榮敗歸家時韓樓據薊城文偉率鄉閭屯守范陽與樓相抗乃以文偉行范陽郡事防守二年與士卒同勞苦分散家財拯救貧乏莫不人人感說尒朱榮遣將侯深討樓平之文偉以功封大夏縣男邑二百戶除范陽太守深乃留鎮范陽及榮

誅文偉知深難信乃誘之出獵閉門拒之深失
據遂赴中山莊帝崩文儁與幽州刺史劉靈助
同謀起義靈助克瀛州留文偉行事自率兵赴
定州爲尒朱榮將侯深所敗文偉棄州走還本
郡仍與高乾邕兄弟共相影響屬高祖至信都
文偉遣子懷道奉啓陳誠高祖嘉納之中興初
除安東將軍安州刺史時安州未賓仍居帥任
行幽州事加鎮軍正刺史時安州刺史盧曹亦
從靈助舉兵助敗因據幽州降尒朱兆兆仍以

爲刺史據城不下文儁不得入州即於郡所爲
州治太昌初遷安州刺史累加散騎常侍天平
末高祖以文偉行東雍州事轉行青州事文偉
性輕財愛賓客善於撫接好行小惠是以所在
頗得人情雖有受納吏民不甚苦之經紀生資
常若不足致財積聚承候寵要餉遺不絕興和
三年卒於州年六十贈使持節侍中都督定瀛
殷三州軍事司徒尚書左僕射定州刺史諡
曰孝威子恭道性溫良頗有文學州辟主簿李

崇北征以爲開府墨曹參軍自崇傳據范陽屬
經寇難恭道常助父防守七兵尚書郭秀素與
恭道交款及任事每稱薦之高祖亦聞其名天
平初特除龍驤將軍范陽太守在郡有德惠先
文偉卒贈使持節都督幽平二州軍事幽州刺
史度支尚書謚曰定子詢祖襲祖爵大夏男有
術學文章華靡爲後生之俊舉秀才入京李祖
勳嘗宴文士顯祖使小黃門敕祖勳母曰茹茹既
破何故無賀表使者佇立待之諸賓皆爲表詢

祖俄頃便成後朝廷大遷除同日催拜詢祖立於
東止車門外爲二十餘人作表文不加點辭理可
觀詢祖初襲爵封大夏男有宿德朝士謂之曰
大夏初成應聲答曰且得燕雀相賀天保末以
職入爲築長城子使自負其才內懷鬱快遂毀
容服如賤役者以見楊愔愔曰故舊皆有所縻
唯大夏未加處分詢祖厲聲曰是誰之咎既至
役所作築長城賦其略曰板則紫柘杵則木瓜
何斯材而斯用也草則離離靡靡緣岡而殖但

使十步而有一芳余亦何辭聞於荆棘邢邵曾戲曰卿少年才學富盛戴角者無上齒恐卿不壽對曰詢祖初聞此言實懷恐懼見丈人蒼蒼在鬢差以自安邵甚重其敏贍既有口辯好臧否人物嘗語人曰我昨東方未明過和氏門外已見二陸兩源森森然與槐栁齊列蓋謂彥師仁惠與文宗鄒延也邢邵盛譽盧思道以詢祖爲不及詢祖曰見未能高飛者借其羽毛知逸勢冲天者剪其翅翮謗毀日至素論皆薄其爲人

長廣太守邢子廣目二盧云詢祖有規檢禰衡思道無冰稜文舉頗折節歷太子舍人司徒記室卒官有文集十卷皆致遺逸嘗爲趙郡王妃鄭氏製挽歌詞其一篇云君王盛海內伉儷盡寰中女儀掩鄭國嬪容映趙宮春豔桃花水秋度桂枝風遂使叢臺夜明月滿牀空恭道弟懷道性輕率好酒頗有慕尚以守范陽勳出身負外散騎侍郎文偉遣奉啓詣高祖中興初加平西將軍光禄大夫元象初行臺薛琡表行平州事徵赴霸府興和中行汾州事懷道家預義舉高祖親待之出爲烏蘇鎮城都督卒官懷道弟宗道性麁率重任俠歷尚書郎通直散騎常侍後行南營州刺史嘗於晉陽置酒賓遊滿坐中書舍人馬士達目其彈箜篌女妓云手甚纖素宗道即以此婢遺士達士達固辭宗道便命家人將解其腕士達不得已而受之將赴營州於督亢陂大集鄉人殺牛聚會有一舊門生酒醉言辭之間微有疎失宗道遂令沈之於水後坐

酷濫除名文偉族人勇字季禮父壁魏下邳太守勇初從兄景裕俱在學其叔同稱之曰白頭必以文通季禮當以武達興吾門在二子也幽州反者僕骨邢以勇爲本郡范陽王時年十八後葛榮作亂又以勇爲燕王義旗之起也盧文偉召之不應尒朱滅後乃赴晉陽高祖署勇丞相主簿屬山西霜儉運山東鄉租輸皆令載實違者治罪令勇典其事琅邪公主虛僦千餘車勇繩劾之公主訴於太祖而勇守法不屈太祖

謂郭秀曰盧勇懍懍有不可犯之色真公直人也方當委之大事豈直納租而已遷汝北太守行陜州事轉行洛州事元象元年官軍圍廣州數旬未拔行臺侯景聞西魏救兵將至集諸將議之勇進觀形勢於是率百騎各籠一匹馬至大隗山知魏將李景和率軍將至勇多置幡旗於樹頭分騎爲十隊鳴角直前擒西魏儀同程華斬儀同王征蠻驅馬三百匹通夜而還廣州守將駱超以城降高祖令勇行廣州事以功授

嘉靖十年刊 北齊列傳十四卷 十四

儀同三司揚州刺史鎮宜陽叛民韓木蘭陳忻等常爲邊患勇大破之啓求入朝高祖賜勇書曰吾委卿揚州唯安枕高卧無西南之慮矣但依朝廷所委表啓宜停卿之妻子任在州住當使漢兒之中無在卿前者武定二年卒年三十二勇有馬五百匹 造甲仗六車遺啓盡獻之朝廷賻物之外別賜布絹四千匹贈司空冀州刺史謚曰武貞侯

李義深趙郡高邑人也祖真魏中書侍郎父紹宗殷州別駕義深學涉經史有當世才用解褐濟州征東府功曹參軍累加龍驤將軍義旗初歸高祖於信都以爲大行臺郎中中興初除平南將軍鴻臚少卿義深見尒朱兆兵盛遂叛高祖奔之兆平高祖恕其罪以爲大丞相府記室參軍累遷左光祿大夫相府司馬所經稱職轉并州長史時刺史可朱渾道元不親細務民事多委義深甚濟機速復爲大丞相司馬武定中除齊州刺史好財利多所受納天保初行鄭州

北齊列傳第十四 十五

事轉行梁州事尋除散騎常侍爲陽夏太守段業告其在州聚斂被禁止送梁州窮治未竟三年遇疾卒於禁所年五十七子騊駼有才辯尚書郎鄴縣令武平初兼通直散騎常侍聘陳爲陳人所稱後爲壽陽道行臺左丞與王琳等同陷周末逃歸開皇初永安太守卒於絳州長史子正藻明敏有才幹武平末儀同開府行參軍判集書省事以父騊駼沒陳正藻便謝病解職憂思毀瘠居處飲食若在喪之禮人士稱之

隋開皇中歷尚書工部員外郎盩厔縣令卒於宜州長史騊駼弟文師中書舍人齊郡太守義深兄弟七人多有學尚第二弟同執以儒學知名第六弟稚廉別有傳義深族弟神威曾祖融魏中書侍郎神威幼有風裁傳其家業禮學粗通義訓又好音樂撰集樂書近於百卷魏武之末尚書左丞天保初卒贈信州刺史

史臣曰元忠本自素流有聞敎義人倫之譽未以縱橫許之屬莊帝幽崩群胡矯擅士之有志

力者皆望勤王之師及高祖東轅事與心會一遇雄姿遂瀝肝膽以石投水豈徒然哉既享功名終知止足進退之道有可觀焉文偉望重地華早有志尚間關夷險之際終遇英雄之主雖禮秩未弘亦爲佐命之一詢祖詞情豔發早著聲名負其才地肆情矜矯京華人士莫不畏其舌端任遇未聞弱年夭逝若得終介眉壽通塞未可量焉

贊曰晉陽大夏抱質懷文蹈仁履義感會風雲盧嬰貨殖李慼囂氛始終之操清濁斯分義深參贊有謝忠勤

列傳第十四　北齊書二十二

列傳第十五　　北齊書二十三

隋太子通事舍人李百藥　撰

魏蘭根

崔㥄 子贍

魏蘭根鉅鹿下曲陽人也父伯成魏太山太守蘭根身長八尺儀皃奇偉汎覽群書誦左氏傳周易機警有識悟起家北海王國侍郎歷定州長流參軍丁憂居喪有孝稱將葬常山郡境先有董卓祠祠有柏樹蘭根以卓凶逆無道不應

遺祠至今乃伐柏以為椁材人或勸之不伐蘭根盡取之了無疑懼遭父喪廬於墓側負土成墳憂毀殆於滅性後為司空司徒二府記室參軍轉夏州平北府長史入為司徒掾出除本郡太守並有當官之能正光末尚書令李崇為本郡都督率衆討茹茹以蘭根為長史因說崇曰緣邊諸鎮控攝長遠昔時初置地廣人稀或徵發中原強宗子弟或國之肺腑寄以爪牙中年以來有司乖實號曰府戶役同廝養官婚班齒

致失清流而本宗舊類各各榮顯顧瞻彼此理當憤怨更張琴瑟今也其時靜境寧邊事之大者宜改鎮立州分置郡縣凡是府戶悉免為民入仕次叙一準其舊文武兼用威恩並施此計若行國家庶無北顧之慮崇以奏聞事寢不報軍還除冠軍將軍轉司徒右長史假節行豫州事孝昌初轉岐州刺史從行臺蕭寶夤討破宛州俘其民人為奴婢以美女十人賞蘭根蘭根辭曰此縣界於強虜皇威未接無所適從故

成背叛今當寛者衣之飢者食之奈何將充僕隸乎盡以歸其父兄部內麥多五穗鄰州田鼠為災犬牙不入岐境屬秦隴反叛蕭寶夤敗於涇州高平虜賊逼岐州州城民逼囚蘭根降賊寶夤至雍州收輯散亡兵威復振城民復斬賊刺史侯莫陳仲和推蘭根復任朝廷以蘭根得西土人心加持節假平西將軍都督涇州東秦南岐四州軍事兼四州行臺尚書尋入拜光祿大夫孝昌末河北流人南度以蘭根兼尚書使齊

濟二兗四州安撫幷置郡縣河間邢杲反於青兗之間杲蘭根之甥也復詔蘭根銜命慰勞杲不下仍隨元天穆討之還除太府卿辭不拜轉安東將軍中書令莊帝之將誅尒朱榮也蘭根聞其計遂密告尒朱世隆榮死蘭根恐莊帝知之憂懼不知所出時應詔王道習見信於莊帝蘭根乃託附之求得在外立功道習爲啓聞乃以蘭根爲河北行臺定州率募鄉曲欲防井陘時尒朱榮將侯深自范陽趣中山蘭根與戰大

敗走依勃海高乾屬兄弟舉義因在中山高祖至以蘭根宿望深禮遇之中興初加車騎大將軍尚書右僕射及高祖將入洛陽遣蘭根先至京師時廢立未決令蘭根觀察魏後廢帝帝神采高明蘭根恐於後難測遂與高乾兄弟及黄門崔㥄同心固請於高祖言廢帝本是胡賊所推今若仍立於理不允高祖不得已遂立武帝廢帝素有德業而爲蘭根等搆毀深爲時論所非太昌初除儀同三司尋加開府封鉅鹿

縣侯邑七百户啓授兄子同達蘭根既預義勳位居端揆至是始叙復岐州封永興縣侯邑千户高乾之死蘭根懼去宅避於寺武帝大加譴責蘭根憂怖乃移病解僕射天平初以病篤上表求還鄉里魏帝遣舍人石長宣就家勞問猶以開府儀同門施行馬歸於本鄉二年卒時年六十一贈冀定殷三州軍事定州刺史司徒公侍中謚曰文宣蘭根雖以功名自立然善附會出處之際多以計數爲先是以不爲清論所許

長子相如祕書郎中以建義勳尋加將軍襲父爵遷安東將軍殷州別駕入爲侍御史武定三年卒次子敬仲肅宗時佐命功臣配享而不及蘭根敬仲表訴帝以詔命既行難於追改擢敬仲爲祠部郎中卒於章武太守蘭根族弟明朗頗涉經史粗有文性累遷大司馬府法曹參軍兼尚書金部郎中元顥入洛陽明朗爲南道行臺郎中爲顥所擒後棄顥逃還除龍驤將軍中散大夫賜爵鉅鹿侯永安末蘭根爲河北行臺

引明朗爲左丞及蘭根中山之敗俱歸高祖中興初拜撫軍將軍出爲安德太守後轉衛將軍右光禄大夫定州大中正武定初爲顯祖諮議參軍出爲平陽太守爲御史所劾因被禁止遇病卒明朗從弟愷少抗直有才辯魏末辟開府行參軍稍迁尚書郎齊州長史天保中聘陳使副還青州長史固辭不就楊愔以聞顯祖大怒謂愔云何物漢子我與官不肯就明日將過我自共語是時顯祖已失德朝廷皆爲之懼而愷情

皃坦然顯祖切責之仍云死與長史孰優任卿選一處愷荅云能殺臣者是陛下不受長史者是愚臣伏聽明詔顯祖謂愔云何慮無人作官職苦用此漢何爲放其還家永不收採由是積年沉廢後遇楊愔於路微自披陳楊荅曰發詔授官咸由聖旨非選曹所悉公不勞見訴愷應聲曰雖復零雨自天終待雲興四嶽公豈得言不知楊欣然曰此言極爲簡要更不須多語數日除霍州刺史在職有治方爲邊民悅服大寧

中卒於膠州刺史愷從子彦卿魏大司農季景之子武平中兼通直散騎常侍聘陳使副彦卿弟澹學識有詞藻武平初殿中御史迁中書舍人待詔文林館隋開皇中太子舍人著作郎撰後魏書九十二卷甚得史體時稱其善云

崔㥄字長儒清河東武城人也父休魏七兵尚書贈僕射㥄狀皃偉麗善於容止少有名望爲當時所知初爲魏世宗挽郎釋褐太學博士永安中坐事免歸鄉里高祖於信都起義㥄歸焉

高祖見之甚悅以爲諮議參軍尋除給事黃門侍郎迁將軍右光禄大夫高祖入洛議定廢立太僕綦儁盛稱普泰主賢明可以爲社稷主㥄曰若期明聖自可待我高王徐登九五既爲逆胡所立何得猶作天子若從儁言王師何名義舉由是中興普泰皆廢更立平陽王爲帝以建義功封武城縣公邑一千四百户進位車騎大將軍左光禄大夫仍領黃門郎㥄居門下恃預義旗頗自矜縱以貪汙爲御史糺劾因還鄉

里遇赦始出高祖以悛本預義旗復其黃門天平初爲侍讀監典書尋除徐州刺史給廣宗部曲三百清河部曲千人悛性豪慢寵妾馮氏假其威刑恣情取受風政不立初悛爲常侍求人修起居注或曰魏收輕薄之徒耳更引祖鴻勳爲之旣居樞要又以盧元明代收爲中書郎由是收銜之及收聘梁過徐州悛備刺史鹵簿而送之使人相聞魏曰勿怪儀多稽古之力也收報曰白崔徐州建義之勳何稽古之有悛自以

門閥素高特不平此言收乘宿憾故以挫之罷州除七兵尚書清河邑中正趙郡李渾嘗讌聚名輩詩酒正驩譁悛後到一坐無復談話者鄭伯猷歎曰身長八尺面如刻畫謦欬爲洪鍾響胷中貯千卷書使人那得不畏服悛每以籍地自矜謂盧元明曰天下盛門唯我與爾傳崔趙李何事者哉崔暹聞而銜之高祖葬後悛又竊言黃頷小兒堪當重任不暹外兄李慎以悛言告暹暹啓世宗絶悛朝謁悛要拜道左世宗

發怒曰黃頷小兒何足拜也於是鏁悛赴晉陽而訊之悛不伏暹引邢子才爲證子才執無此言悛在禁謂子才曰卿知我意屬太丘不子才出告悛子瞻云尊公意正應欲結姻於陳元康瞻有女乃許妻元康子求其父元康爲言之於世宗曰崔悛名望素重不可以私處言語便以殺之世宗曰若免其性命猶當徙之遐裔元康曰悛若在邊或將外叛以英賢資寇敵非所宜也世宗曰旣有季珪之罪還令輸作可乎元康

曰嘗讀崔琰傳追恨魏武不弘悛若在作所而殞後世豈道公不殺也世宗曰然則奈何元康曰崔悛合死朝野莫不知之公誠能以寬濟猛特輕其罰則仁德彌著天下歸心乃舍之悛進謁奉謝世宗猶怒曰我雖無堪忝當大任被卿名作黃頷小兒金石可銷此言難滅天保初除侍中監起居以禪代之際忝掌儀禮別封新豐縣男邑二百戸迴授第九弟約悛一門婚嫁皆是衣冠之美吉凶儀範爲當時所稱婁太后爲博

陵王納悛妹爲妃勑中使曰好作法用勿使崔家笑人婚夕顯祖舉酒祝曰新婦宜男孝順富貴悛奏曰孝順出自臣門富貴恩由陛下五年出爲東兖州刺史復携馮氏之部悛尋遇偏風而馮氏驕縱受納狼籍爲御史所劾與悛俱召詣廷尉尋有别勑斬馮於都市悛以疾卒於獄中年六十一悛歷覽群書兼有詞藻自中興立後迄於武帝詔誥表檄多悛所爲然率性豪侈溺於財色諸弟之間不能盡雍穆之美世

論以此譏之悛素與魏收不協收既專典國史悛恐被惡言乃悦之曰昔有班固今則魏子收笑而憾不釋子瞻嗣

瞻字彦通聰朗強學有文情善容止神采嶷然言不妄發年十五刺史高昂召署主簿清河公嶽辟爲開府西閤祭酒崔暹爲中尉啓除御史以才望見收非其好也高祖入朝還晉陽被召與北海王師陪從俱爲諸子賓友仍爲相府中兵叅軍轉主簿世宗崩祕未發喪顯祖命瞻兼相府司馬使鄴魏孝静帝以人日登雲龍門其父悛侍宴又勑瞻令近御坐亦有應詔詩問邢邵等曰此詩何如其父咸云悛博雅弘麗瞻氣調清新並詩人之冠讌罷共嗟賞之咸云今日之讌併爲崔瞻父子天保初兼并省吏部郎中尋丁憂起爲司徒屬楊愔欲引瞻爲中書侍郎時盧思道直中書省因問思道曰我此日多務都不見崔瞻文藻卿與其親通理當相悉思道荅曰崔瞻文詞之美實有可稱但舉世重其風流所以才華見没愔云此言有理便奏用之

事既施行愔又曰昔裴瓚晉世爲中書郎神情高邁每於禁門出入宿衞者肅然動容崔生堂堂之皃亦當無媿裴子皇建元年除給事黃門侍郎與趙郡李槩爲莫逆之友槩將東還瞻遺之書曰伏氣使酒我之常弊詆訶指切在卿尤甚足下告歸吾於何聞過也瞻患氣兼性遲重雖居二省竟不堪數奏加征虜將軍除清河邑中正肅宗踐祚皇太子就傅受業詔除太

子中庶子徵赴晉陽勑專在東宮調護講讀及
進退禮度皆歸委焉太子納妃斛律氏勑瞻與
鴻臚崔劼撰定婚禮儀注仍面受別旨曰雖有
舊事恐未盡善可好定此儀以爲後式太寧元
年除衞尉少卿尋兼散騎常侍聘陳使主瞻
詞韻溫雅南人大相欽服乃言常侍前朝通好之
日何意不來其見重如此還除太常少卿加冠軍
將軍轉尚書吏部郎中因患取急十餘日舊式百
日不上解官吏部尚書尉瑾性褊急以瞻舉指

舒緩曹務繁劇遂附驛奏聞因而被代瞻遂
免歸鄉里天統末加驃騎大將軍就拜銀青光
祿大夫武平三年卒時年五十四贈使持節都
督濟州軍事大理卿刺史謚曰文瞻性簡傲以
才地自矜所與周旋皆一時名望在御史臺恒
於宅中送食備盡珍羞別室獨飡處之自若有
一河東人士姓裴亦爲御史伺瞻食便往造
焉瞻不與交言又不命匕筯裴坐觀瞻食罷而
退明日裴自攜匕筯恣情飲噉瞻方謂裴云我

初不喚君食亦不共君語君遂能不拘小節昔
劉毅在京口請鵝炙豈亦異於是乎君定名士
於是每與之同食㥄昆季仲文有學尚魏高陽
太守清河內史興和中爲丞相掾沙苑之敗仲
文持馬尾以渡河波中乍沒乍出高祖望見曰
崔掾也遽遣船赴接既濟勞之曰卿爲親爲君
顧萬死可謂家之孝子國之忠臣加中軍將軍天
保初拜散騎常侍光祿大夫七年卒年六十子偃
武平中歷太子洗馬尚書郎偃弟儦學識有

才思風調甚高武平中瑯邪王大司馬中兵參
軍參定五禮待詔文林館隋仁壽中卒於通直
散騎常侍叔仁魏潁州刺史子彥武有識用朝
歌令隋開皇初魏州刺史子偘魏末兼通直常
侍聘梁使子極武平初太子僕卒於武德郡守
子聿魏東莞太守子約司空祭酒㥄族叔景
鳳字鸞叔㥄五世祖逞玄孫也景鳳涉學以
醫術知名魏尚藥典御天保中譙州刺史景鳳
兄景哲魏太中大夫司徒長史子國字法峻幼

好學汎覽經傳多出入藝云尤工相術天保初尚藥典御乾明拜高陽郡太守太子家令武平假儀同三司卒於鴻臚卿法峻以武平六年從駕在晉陽嘗語中書侍郎李德林云此日看高相王以下文武官人相表俱盡其事口不忍言唯第一人更應富貴當在他國不在本朝吾亦不及見也其精妙如此悽族子肇師魏尚書僕射亮之孫也父士太諫議大夫肇師少時踈放長遂變節更成謹厚涉獵經史頗有文思襲父

爵樂陵男釋褐開府東閤祭酒轉司空外兵叅軍還大司馬府記室叅軍天平初轉通直侍郎爲慰勞青州使至齊州界爲土賊崔迦葉等所虜欲逼與同事肇師執節不動諭以禍福賊遂捨之乃巡慰青部而還元象中數以中舍人接梁使武定中復兼中正員郎送梁使徐州還勑修起居注尋兼通直散騎常侍聘梁副使轉中書舍人天保初叅定禪代禮儀封襄城縣男仍兼中書侍郎二年卒時年四十九

史臣曰蘭根早有名行爲時論所稱長孺才望之美見重當世並功參霸迹位遇通顯與李元忠盧文偉蓋義旗之人物歟魏之要幸附會崔以門地驕很雖有周公之美猶以爲累德況未足喻其高下也瞻詞韻溫雅風神秀發亦一時之領袖焉

贊曰崔魏才望見重霸初名教之跡其猶病諸彥通尚志家風有餘

列傳第十五　北齊書二十三

列傳第十六　北齊書二十四

隋太子通事舍人李　百藥　撰

孫搴

陳元康

杜弼

孫搴字彥舉樂安人也少厲志勤學自檢校御史再遷國子助教太保崔光引脩國史頻歷行臺郎以文才著稱崔祖螭反搴預焉逃於王元景家遇赦乃出孫騰以宗情薦之未被知也

會高祖西討登風陵命中外府司馬李義深相府城局李士略共作檄文二人皆辭請以搴自代高祖引搴入帳自為吹火催促之搴援筆立成其文甚美高祖大悅即署相府主簿專典文筆又能通鮮卑語兼宣傳號令當煩劇之任大見賞重賜妻韋氏既士人子女又兼色貌時人榮之尋除左光祿大夫常領主簿世宗初欲之鄴摠知朝政高祖以其年少未許搴為致言乃果行恃此自乞特進世宗但加散騎常侍時又大括燕恒雲朔顯蔚二夏州高平平涼之民以為軍士逃隱者身及主人三長守令罪以大辟沒入其家於是所獲甚衆搴之計也搴學淺而行薄邢邵嘗謂之曰更須讀書搴曰我精騎三千足敵君羸卒數萬嘗服棘丸李諧等調之曰卿棘刺應自足何假外求坐者皆笑司馬子如與高季式召搴飲酒醉甚而卒時年五十二高祖親臨之子如叩頭請罪高祖曰折我右臂仰覓好替還我子如舉魏收季式舉陳元康以繼搴

馬贈儀同三司吏部尚書青州刺史

陳元康字長猷廣宗人也父終德濟陰內史終於鎮南將軍金紫光祿大夫元康貴贈冀州刺史諡曰貞元康頗涉文史機敏有幹用魏正光五年從尚書令李崇北伐以軍功賜爵臨清縣男普泰中除主書加威烈將軍天保元年脩起居注二年遷司徒府記室參軍尤為府公高昂所信待出為瀛州開府司馬加輔國將軍所歷皆為稱職高祖聞而徵焉稍被任使以為相府

功曹參軍內掌機密高祖經綸大業軍務煩廣元康承受意旨甚濟速性又柔謹通解世事高祖嘗怒世宗於內親加毆蹋極口罵之出以告元康元康諫曰王教訓世子自有禮法儀刑式瞻豈宜至是言辭懇懇至于流涕高祖從此爲之懲忿時或恚撻輒曰勿使元康知之其敬憚如此高仲密之叛高祖知其由崔暹故也將殺暹世宗匿而爲之諫請高祖曰我爲舍其命須與苦手世宗乃出暹而謂元康曰卿若使崔

得杖無相見也暹在廷解衣將受罰元康趨入歷階而昇且言文王方以天下付大將軍有一崔暹不能容忍耶高祖從而宥焉世宗入輔京室崔暹崔季舒崔昂等並被任使張亮張徽纂並高祖所待遇然委任皆出元康之下時人語曰三崔二張不如一康魏尚書僕射范陽盧道虔女爲右衛將軍郭瓊子婦瓊以死罪沒官高祖啓以賜元康爲妻元康乃棄故婦李氏識者非之元康便辟善事人希顏候意多有進舉而

不能平心處物溺於財利受納金帛不可勝紀放責交易徧於州郡爲清論所譏從高祖破周文帝於邙山大會諸將議進退之策咸以爲野無青草人馬疲瘦不可遠追元康曰兩雄交戰歲月已久今得大捷便是天授時不可失必須乘勝追之高祖曰若遇伏兵孤何以濟元康曰王前涉沙苑還軍彼尚無伏今奔敗若此何能遠謀若捨而不追必成後患高祖竟不從以功封安平縣子邑三百户尋除平南將軍通直常

侍轉大行臺郎中從右丞及高祖疾篤謂世宗曰邙山之戰不用元康之言方貽汝患以此爲恨死不瞑目高祖崩祕不發喪唯元康知之世宗嗣事又見任待拜散騎常侍中軍將軍別封昌國縣公邑一千户侯景反世宗逼於諸將欲殺崔暹以謝之密語元康元康諫曰今四海未清綱紀已定若以數將在外苟悅其心枉殺無辜虧廢刑典豈直上負天神何以下安黎庶晁錯前事願公慎之世宗乃止高岳討侯景未剋世

宗乃遣潘相樂副之元康曰相樂緩於機變不
如慕容紹宗且先王有命稱其堪敵侯景公但
推赤心於此人則侯景不足憂也是時紹宗在遠
世宗欲召見之恐其驚叛元康曰紹宗知元康特
蒙顧待新使人來餉金以致其誠欵元康欲安
其意故受之而厚荅其書保無異也世宗乃任
紹宗遂以破景賞元康金五十斤王思政入潁
城諸將攻之不能拔元康進計於世宗曰公匡輔
朝政未有殊功雖敗侯景本非外賊今潁城將

陷願公因而乘之足以取之定業世宗令元康
馳驛觀之復命曰必可拔世宗於是親征既至
而尅賞元康金百鋌初魏朝授世宗相國齊王
世宗頻讓不受乃召諸將及元康等密議之諸
將皆勸世宗恭應朝命元康以爲未可又謂魏
收曰觀諸人語專欲誤王我向已啓王受朝命
置官僚元康叨忝或得黃門郎但時事未可耳
崔暹因間之薦陸元規爲大行臺郎欲以分元
康權也元康既貪貨賄世宗內漸嫌之元康頗

亦自懼又欲用爲中書令以閑地處之事未施
行屬世宗將受魏禪元康與楊愔崔季舒並在
世宗坐將大遷除朝士共品藻之世宗家蒼頭奴
蘭固成先掌廚膳甚被寵昵先是世宗杖之數
十其人性躁又恃舊恩遂大忿恚與其同事阿
改謀害世宗阿改時事顯祖常執刀隨從云若
聞東齋叫聲即以加刃於顯祖是日值魏帝初建
東宮群官拜表事罷顯祖出東止車門別有所
之未還而難作固成因進食置刀於盤下而殺

世宗元康以身扞蔽被刺傷重至夜而終時年
四十三楊愔狼狽走出季舒逃匿於廁庫真紇
舍樂扞賊死是時祕世宗凶問故殯元康於宮
中託以出使南境虛除中書令明年乃詔曰元
康識超往哲才極時英千仞莫窺萬頃難測綜
核戎政彌綸霸道草昧邵陵之謀翼贊河陽之
會運籌定策盡力盡心進忠補過亡家徇國揚
平適寇廓清荊楚申甫之在隆周子房之處盛
漢曠世同規殊年共美大業未融山隤奄及悼

傷既切宜崇茂典贈使持節都督冀定瀛殷滄
五州諸軍事驃騎大將軍司空公冀州刺史追
封武邑縣一千户舊封並如故謚曰文穆賻物
一千二百段大鴻臚監喪事凶禮所須隨由公給
元康母李氏元康卒後哀感發病而終贈廣宗
郡君謚曰貞昭元康子善藏温雅有監裁武平
末假儀同三司給事黄門侍郎隋開皇中尚書
禮部侍郎大業初於彭城郡贊治元康弟諶官
至大鴻臚次季璩鉅鹿太守轉美州别駕平秦

王歸彦反季璩守節不從因而遇害贈衛尉卿
趙州刺史
杜弼字輔玄中山曲陽人也小字輔國自序云
本京兆杜陵人九世祖甃晉散騎常侍因使没
趙遂家焉祖彦衡淮南太守父慈度繁畤令弼
幼聰敏家貧無書年十二寄郡學受業講授之
際師每奇之同郡甄琛爲定州長史簡試諸生
見而策問義解閑明應答如響大爲琛所歎異
其子寬與弼爲友州牧任城王澄聞而召問深

相嗟賞許以王佐之才澄琛還洛稱之於朝丞
相高陽王雍等多相招命延昌中以軍功起家除
廣武將軍恒州征虜府墨曹參軍典管記弼長
於筆札每爲時輩所推孝昌初除太學博士帶
廣陽王驃騎府法曹行參軍行臺度支郎中還
除光州曲城令爲政清靜務盡仁恕詞訟止息
遠近稱之時天下多難盜賊充斥徵召兵役塗
多亡叛朝廷患之乃令兵人所齎戎具道别車
載又令縣令自送軍所時光州發兵弼送所部

達北海郡州兵一時散亡唯弼所送不動他境叛
兵並來攻劫欲與同去弼率所領親兵格鬬終
莫肯從遂得俱達軍所軍司崔鍾以狀上聞其
得人心如此普泰中吏曹下訪守令尤異弼已
代還東萊太守王昕以弼應訪弼父在鄉爲賊
所害弼行喪六年以常調除御史加前將軍太
中大夫領内正字臺中彈奏皆弼所爲諸御
史出使所上文簿委弼覆察然後施行遷中軍
將軍北豫州驃騎大將軍府司馬未之官儀同

竇泰揔戎西伐詔弼爲泰監軍及泰失利自殺弼與其徒六人走還陝州刺史劉貴鏁送晉陽高祖詰之曰竇中尉此行吾前具有法用乃違吾語自取敗亡介何由不一言諫爭也弼對曰刀筆小生　唯文墨薄技便宜之事議所不及高祖益怒賴房謨諫而獲免左遷下灌鎮司馬元象初高祖徵弼爲大丞相府法曹行參軍署記室事轉大行臺郎中尋加鎮南將軍高祖又引弼典掌機密甚見信待或有造次不及書教直付空

紙即令宣讀弼嘗承閑密勸高祖受魏禪高祖舉杖擊走之相府法曹辛子炎諮事云須取署子炎讀署爲樹高祖大怒曰小人都不知避人家諱杖之於前弼進曰禮二名不偏諱孔子言徵不言在言在不言徵子炎之罪理或可恕高祖罵之曰眼看人瞋乃復牽經引禮叱令出去弼行十步許呼還子炎亦蒙釋宥世子在京聞之語楊愔曰王左右賴有此人方正庶天下皆蒙其利豈獨吾家也弼以文武在位罕有廉潔言

之於高祖高祖曰弼來我語爾天下濁亂習俗已久今督將家屬多在關西黑獺常相招誘人情去留未定江東復有一吳兒老翁蕭衍者專事衣冠禮樂中原士大夫望之以爲正朔所在我若急作法網不相饒借恐督將盡投黑獺士子悉奔蕭衍則人物流散何以爲國爾宜少待吾不忘之及將有沙苑之役弼又請先除内賊却討外寇高祖問内賊是誰弼曰諸勳貴掠奪萬民者皆是高祖不荅因令軍人皆張

弓挾矢舉刀按矟以夾道使弼冒出其間曰必無傷也弼戰慄汗流高祖然後喻之曰箭雖注不射刀雖舉不擊矟雖按不刺爾猶頓喪魂膽諸勳人身觸鋒刃百死一生縱其貪鄙所取處大不可同之循常例也弼于時大恐因頓顙謝曰愚癡無智不識至理今蒙開曉始見聖達之心後從高祖破西魏於邙山命爲露布弼手即書絹曾不起草以功賜爵定陽縣男邑二百戸加通直散騎常侍中軍將軍奉使詣闕魏帝見

之於九龍殿曰朕始讀莊子便值秦名定是體道得真玄同齊物聞卿釋學聊有所問經中佛性法性爲一爲異弼對曰佛性法性止是一理詔又問曰佛性既非法性何得爲一對曰性無不在故不説二詔又問曰説者皆言法性寬佛性狹寬狹既別非二如何弼又對曰在寬成寬在狹成狹若論性體非寬非狹詔問曰既言成寬成狹何得非寬非狹若定是狹亦不能成寬對曰以非寬狹故能成寬狹寬狹所成雖異能成

恒一上悦稱善乃引入經書庫賜地持經一部帛一百匹平陽公淹爲并州刺史高祖又命弼帶并州驃騎府長史弼性好名理探味玄宗自在軍旅帶經從役注老子道德經二卷表上之曰臣聞乘風理弋追逸羽於高雲臨波命鉤引沉鱗於大壑苟得其道爲工其事在物既爾理亦固然竊惟道德二經闡明幽極旨冥動寂用周凡聖論行也清淨柔弱語迹也成功致治寔衆流之江海乃群藝之本根臣少覽經書偏所篤

好雖從役軍府而不捨遊息鑚味既久斐文豈如有所見比之前注微謂異於舊説情發於中而彰諸外輕以管窺遂成穿鑿無取於遊刃有慚於運斤不足破秋毫之論何以解連環之結本欲止於門内貽厥童蒙兼以近資愚鄙私備忘闕不悟姑射凝神汾陽流照蓋高之聽卑通言在察春末奉旨猥蒙垂誘令上所注老子謹冐封呈并序如別詔荅云李君遊神冥窅獨觀恍惚玄同造化宗極群有從中被外周應可以裁

成自己及物運行可以資用隆家寧國義屬斯文卿才思優洽業尚通遠息棲儒門馳騁玄肆既啓專家之學且暢釋老之言户列門張途通性達理事兼申能用俱表彼賢所未悟遺老所未聞旨極精微言窮深妙朕有味二經倦於舊説歷覽新注所得已多嘉尚之來良非一緒已勑殺青編藏之延閣又上一本於高祖一本於世宗武定中遷衛尉卿會梁遣貞陽侯淵明等入寇彭城大都督高岳行臺慕容紹宗率諸

軍討之詔弼爲軍司攝臺左右臨發世宗賜胡馬一匹語弼曰此廐中第二馬孤恒自乘騎今方遠別聊以爲贈又令陳政務之要可爲鑒戒者錄一兩條弼請口陳曰天下大務莫過賞罰二論賞一人使天下人喜罰一人使天下人服但能二事得中自然盡美世宗大悅曰言雖不多於理甚要握手而別破蕭明於寒山別與領軍潘樂攻拔梁潼州仍與岳等撫軍恤民合境傾賴六年四月八日魏帝集名僧於顯陽殿講說

佛理弼與吏部尚書楊愔中書令邢劭秘書監魏收等並侍法筵勑弼昇師子座當衆敷演昭玄都僧達及僧道順並緇林之英問難鋒至往復數十番莫有能屈帝曰此賢若生孔門則何如也關中遣儀同王思政據潁州太尉高岳等攻之弼行潁州事攝行臺左丞時大軍在境調輸多費弼均其苦樂公私兼舉大爲州民所稱潁州之平也世宗曰卿試論王思政所以被擒弼曰思政不察逆順之理不識大小之形不度

強弱之勢有此三蔽宜其俘獲世宗曰古有逆取順守大吳困於小越弱燕能破強齊卿之三義何以自立弼曰王若順而不大大而不強強而不順於義或偏得如聖旨今既兼備衆勝鄙言可以還立世宗曰凡欲持論宜有定指那得廣包衆理欲以多端自固弼曰大王威德事兼衆美義博故言博非義外施言世宗曰若爾何故周年不下孤來即拔弼曰此蓋天意欲顯大王之功顯祖引爲兼長史加衞將軍轉中書令

仍長史進爵定陽縣侯增邑通前五百户弼志在匡贊知無不爲顯祖將受魏禪自晉陽至平城都命弼與司空司馬子如馳驛先入觀察物情踐祚之後勑命左右箱入栢閣以預定策之功遷驃騎將軍衞尉卿別封長安縣伯嘗與邢邵扈從東山共論名理邢以爲人死還生恐爲蛇畫足弼答曰蓋謂人死歸無非有能生之力然物之未生復何獨致怪邢云聖人設教本由勸奬故懼以將來理望各遂其性弼曰聖人合德

天地齊信四時言則爲經行則爲法而云以虛
示物以詭勸民將同魚腹之書有異鑿楹之語
安能使北辰降光龍宮韞櫝就如所論福果
可以鎔鑄性靈弘獎風教爲益之大莫極於斯
此即真教何謂非實邢云死之言澌精神盡也
弼曰此所言澌如射箭盡手中盡也小雅曰無
草不死月令又云靡草死動植雖殊亦此之類
無情之卉尚得還生含靈之物何妨再造若云
草死猶有種在則復人死亦有識識種不見謂

三百二十四 北齊列傳十六 十五

以爲無者神之在形亦非自矚離朱之明不能
覩雖蔣濟觀眸賢愚可察鍾生聽曲山水呈狀
乃神之工豈神之所貝猶玉帛之非禮鍾鼓之非
樂以此而推義斯見矣邢云季札言無不之亦
言散盡若復聚而爲物不得言無不之也弼曰
骨肉下歸於土魂氣則無不之此乃形墜魂遊
往而非盡如鳥出巢如蛇出穴由其尚有故無
所不之若令無也之將焉適延陵有察微之識
知其不隨於形仲尼發習禮之歎美其斯與形

别若許以廓然然則人皆季子不謂高論執此
爲無邢云神之在人猶光之在燭燭盡則光窮
人死則神滅弼曰舊學前儒每有斯語群疑衆
惑咸由此起蓋辨之者未精思之者不篤竊有
末見可以覈諸燭則因質生光質大光亦大人則
神不係於形形小神不小故仲尼之智必不短
於長狄孟德之雄乃遠奇於崔琰神之於形亦
猶君之有國國實君之所統君非國之所生不
與同生孰云俱滅邢云捨此適彼生生恒在周

北齊列傳第十六 十六

孔自應同莊周之鼓缶和桑扈之循歌弼曰共
陰而息尚有將別之悲窮轍以遊亦興中途之
歎況曰聯體同氣化爲異物稱情之服何害於
聖邢云鷹化爲鳩鼠變爲鴽黃母爲鱉皆是
生之類也類化而相生猶光去此燭復然彼燭
弼曰鷹未化爲鳩鳩則非有鼠既二有何可兩
立光去此燭得燃彼燭神去此形亦託彼形又
何惑哉邢云欲使土化爲人木生眼鼻造化神
明不應如此弼曰腐草爲螢老木爲蝎造化不

能誰其然也其後別與邢書云夫建言明理宜
出典證而違孔背釋獨爲君子君不師聖物各
有心馬首欲東誰其能禦奚取於適衷何貴於
得一逸韻雖高管見未喻前後往復再三邢邵
理屈而止文多不載又以本官行鄭州事未發
爲家客告弼謀反收下獄案治無實久乃見原
因此絕朝見復坐第二子廷尉監臺卿斷獄稽
遲與寺官俱爲郎中封靜哲所訟事既上聞顯
祖發怒遂徙弼臨海鎮時楚州人東方白額謀

反南北響應臨海鎮爲賊帥張綽潘天合等所
攻弼率厲城人終得全固顯祖嘉之勑行海州
事即所徙之州在州奏通陵道并韓信故道又
於州東帶海而起長堰外遏鹹潮內引淡水勑
並依行轉徐州刺史未之任又除膠州刺史弼
儒雅寬恕尤曉吏職所在清潔爲吏民所懷耽
好玄理老而愈篤又注莊子惠施篇易上下繫
名新注義苑並行於世弼性質直前在霸朝多
所匡正及顯祖作相致位僚首初聞揖讓之議

猶有諫言顯祖嘗問弼云治國當用何人對曰
鮮卑車馬客會須用中國人顯祖以爲此言譏
我高德政居要不能下之乃於衆前面折云黃
門在帝左右何得聞善不驚唯好減削抑挫德
政深以爲恨數言其短又令主書杜永珍密啓
弼在長史日受人請屬大營婚嫁顯祖內銜之
弼恃舊仍有公事陳請十年夏上因飲酒積其
愆失遂遣就州斬之時年六十九既而悔之驛
追不及長子蕤第四子光遠從臨海鎮次子臺

卿先從東豫州乾明初並得還鄴天統五年追
贈弼使持節揚郢二州軍事開府儀同三司尚
書右僕射揚州刺史謚曰文肅蕤臺卿並有學
業臺卿文筆尤工見稱當世蕤字子美武平中
大理少卿兼散騎常侍聘陳使主末年吏部郎
中隋開皇中終於開州刺史臺卿字少山歷中
書黃門侍郎兼大著作修國史武平末國子祭
酒領尚書左丞周武帝平齊命尚書左僕射陽
休之以下知名朝士十八人隨駕入關蕤兄弟

並不預此名臺鄉後雖被徵爲其聾疾放歸
隋開皇中徵爲著作郎歲餘以年老致事詔許之
特優其禮終身給祿未幾而終
史臣曰孫搴便藩左右處文墨之地入幕未久
情義已深及倉卒致殞高祖折我右臂雖戎旌
未卷愛惜才子不然何以成霸王之業太史
公云非死者難處死者難或重於太山或輕
於鴻毛斯其義也元康以智能才幹委質霸
朝綢繆帷幄任寄爲重及難無苟免忘生殉

義可謂得其地焉楊愔自謂異行奇才冠絕
夷等弒逆之際趨而避之是則非處死者難死
者亦難也顯祖弱齡藏器未爲朝臣所知及北
宮之難以年次推重故受終之議時未之許焉
杜弼識學甄明發言讜正禪代之際先起異圖
王怒未息卒蒙顯戮直言多矣能無及是者乎
贊曰彥舉驅馳才高行詖元康忠勇舍生存
義邛邛輔玄思極談天道亡時晦身沒名全
列傳第十六 北齊書二十四

列傳第十七 北齊書二十五
隋太子通事舍人李 百藥 撰

張纂
張亮
張耀
趙起
徐遠
王峻
王紘

張纂字徽纂代郡平城人也父烈桑乾太守纂
初事尒朱榮又爲尒朱兆都督長史爲兆使於
高祖遂被顧識高祖舉義山東劉誕據相州拒
守時纂亦在其中高祖攻而拔之而纂參丞相
軍事纂性便僻左右出內稍見親待仍補行
臺郎中高祖啓減國封分賞文武纂隨例封
壽張伯魏武帝末高祖赴洛以趙郡公琛爲行臺
守晉陽以纂爲右丞轉相府功曹參軍事除右
光祿大夫使於茹茹以銜命稱旨歷中外丞相二

府從事中郎圮山之役大獲俘虜高祖令纂部送京師魏帝賜絹五百疋封武安縣伯復爲高祖行臺右丞從征玉壁大軍將還山東行達晉州忽值寒雨士卒飢凍至有死者州以邊禁不聽入城于時纂爲别使遇見輒令開門内之分寄民家給其火食多所全濟高祖聞而善之纂事高祖二十餘歲傳通教令甚見親賞世宗嗣位侯景作亂潁川招引西魏以纂爲南道行臺與諸將率討之還除瀛州刺史會世宗入爲太

子少傅後與平原王段孝先行臺尚書辛術等攻圍東楚仍拔廣陵涇州數城賊帥東方白額授儀同三司監築長城大使領步騎數千鎮防北境還遷護軍將軍尋卒

張亮字伯德西河隰城人也少有幹用初事尒朱兆拜平遠將軍以功封隰城縣伯邑五百户高祖討兆於晉陽兆奔秀容兆左右皆密通誠款唯亮獨無啓疏及兆敗竄於窮山令亮及倉頭陳山提斬已首以降皆不忍兆乃自縊於樹

伯德伏屍而哭高祖嘉歎之授丞相府參軍事漸見待委以書記之任天平中爲世宗行臺郎中典七兵事雖爲臺郎而常在高祖左右遷行臺右丞高仲密之叛也與大司徒斛律金守河陽周文帝於上流放火船燒河橋亮乃備小艇百餘艘皆載長鏁鏁頭施釘火船將至即馳小艇以釘釘之引鏁向岸火船不得及橋橋之獲全亮之計也武定初拜太中大夫薛琡嘗夢亮於山上挂絲以告亮且占之曰山上絲幽字也

君其爲幽州乎數月亮出爲幽州刺史屬侯景叛除平南將軍梁州刺史尋加都督潁等十一州諸軍事兼行臺殿中尚書轉都督二豫揚潁等八州軍事征西大將軍豫州刺史尚書右僕射西南道行臺攻梁江夏潁陽等七城皆下之亮性質直勤力彊濟深爲高祖世宗所信委以腹心之任然少風格好財利久在左右不能廉潔及歷諸州咸有黷貨之聞武定末徵拜侍中汾州大中正天保初授光祿勳加驃騎大將軍

儀同三司別封安定縣男轉中領軍尋卒於位
贈司空公
張耀字靈光上谷昌平人也父鳳晉州長史耀
少而貞謹頗曉吏職解褐給事中轉司徒水曹
行參軍義旗建高祖擢爲中軍大都督韓軌府
長史及軌除瀛冀二州刺史又以耀爲軌諮議
參軍後爲御史所劾州府僚佐及軌左右以贓
罪掛網者百有餘人唯耀以清白獨免徵爲丞
相府倉曹顯祖嗣事遷相府掾天保初賜爵都

亭鄉男攝倉庫二曹事諸有賜給常使耀典之
轉祕書丞遷尚書右丞顯祖曾因近出令耀居
守帝夜還耀不時開門勒兵嚴備帝駐蹕門外
久之催迫甚急耀以夜深眞僞難辯須火至面
識門乃可開於是獨出見帝帝笑曰卿欲學郅
君章也乃使耀前開門然後入深嗟賞之賜以
錦綵出爲南青州刺史未之任肅宗輔政累遷
祕書監耀歷事累世奉職恪勤咸見親待未嘗
有過每得祿賜散之宗族性節儉率車素服飯

食取給而已好讀春秋月一遍時人慕之賈梁
道趙彥深嘗謂耀曰君研尋左氏豈求服虔杜
預之紕繆邪耀曰何爲然乎左氏之書備敘言
事惡者可以自戒善者可以庶幾故厲己溫習
非欲詆訶古人之得失也天統元年世祖臨朝
耀奏事遇暴疾仆於御前帝下座臨視呼數聲
不應帝泣曰豈失我良臣也旬日卒時年六十
三詔稱耀忠貞平直溫恭廉慎贈開府儀同三
司尚書右僕射燕州刺史謚曰貞簡

趙起字興洛廣平人也父達幽州錄事參軍起
性沈謹有幹用義旗建高祖以段榮爲定州刺
史以起爲榮典籤除奉車都尉天平中徵爲相
府騎曹累加中散大夫世宗嗣事出爲建州刺
史累遷侍中起高祖世頻爲相府騎兵二局典
知兵馬十有餘年至顯祖即祚之後起罷州還
關雖歷位九卿侍中常以本官監兵馬出內驅
使居腹心之寄與二張相亞出爲西兗州刺史
糺劾禁止歲餘以無驗獲免河清二年徵還晉

陽三年又加祠部尚書開府天統初轉太常卿
食琅邪郡幹二年除滄州刺史加六州都督武
平中卒於官
徐遠字彥邈廣寧石門人也其先出自廣平曾
祖定爲雲中軍將平朔戍主因家於朔遠少習
吏事郡辟功曹未幾與太守率戶赴義旗署防
城都督除廮陶縣令高祖以遠閑習書計命爲
丞相騎兵參軍事常征伐克濟軍務深爲高祖
所知累歷鉅鹿陳留二郡太守天保初爲御史

所糾遇赦免沉廢二年顯祖以遠勤舊將用爲
領軍府長史累遷東徐州刺史入爲太中大夫
河清初加衛將軍二年除使持節都督東楚州
諸軍事東楚州刺史天統二年授儀同三司衛
尉四年加開府右光祿大夫武平初卒遠爲治
慕寬和有恩惠至東楚其年冬邑郭大火城民
亡產業遠躬自赴救對之流涕仍爲經營皆得
安立長子世榮中書舍人黃門侍郎
王峻字巒嵩靈丘人也明悟有幹略高祖以爲

相府墨曹參軍坐事去官久之顯祖爲儀同開
府引爲城局參軍累遷恒州大中正世宗相府
外兵參軍隨諸軍平淮陰賜爵北平縣男除營
州刺史營州地接邊城賊數爲民患峻至州遠
設斥候廣置疑兵每有賊發常出其不意要擊
之賊不敢發合境獲安先是刺史陸士茂詐殺
失韋八百餘人因此朝貢遂絕至是峻分命將
士要其行路失韋果至大破之虜其首帥而還
因厚加恩禮放遣之失韋遂獻誠款朝貢不絕

峻有力焉初茹茹主菴羅辰率其餘黨東徙峻
度其必來預爲之備未幾菴羅辰到頓軍城西
峻乃設奇伏大破之獲其名王郁久閭豆拔提
等數十人送於京師菴羅辰於此遁走帝甚嘉
之遷祕書監廢帝即位除洛州刺史河陽道行
臺左丞皇建中詔於洛州西界掘長塹三百里
置城戍以防間諜河清元年徵拜祠部尚書詔
詣晉陽檢校兵馬俄而遷鄴轉太僕卿及車駕
巡幸常與吏部尚書尉瑾輔皇太子諸親王同

知後事仍賜食梁郡幹遷侍中除都官尚書及周師寇逼詔峻以本官與東安王婁叡武興王普等自鄴率衆赴河陽禦之車駕幸洛陽以懸瓠爲周人所據復詔峻爲南道行臺與婁叡率軍南討未至周師棄城走仍使慰輯永郢二州四年春還京師坐違格私度禁物并盜截軍粮有司依格處斬家口配沒特詔決鞭一百除名配甲坊蠲其家口會赦免停廢私門天統二年授驃騎大將軍儀同三司尋加開府武平初除侍中四年卒贈司空公

王紘字師羅太安狄那人也爲小部酋帥父基頗讀書有智略初從葛榮榮授基濟北王寧州刺史後葛榮破而基據城不下尒朱榮遣使喻之然後始降榮後以爲府從事中郎令率衆鎮磨川榮死紇豆陵步藩虜基歸河西後逃歸尒朱兆高祖平兆以基爲都督除義寧太守基先於葛榮軍與周文帝據有關中高祖遣基與長史侯景同使於周文帝留基不遣基後逃歸

除冀州長史後行肆州事元象初累遷南益州北豫州刺史所歷皆好聚歛然性和直吏民不甚患之興和四年冬爲奴所害時年六十五贈征東將軍吏部尚書定州刺史紘少好弓馬善騎射頗愛文學性機敏應對便捷年十三見楊州刺史太原郭元貞元貞撫其背曰汝讀何書對曰誦孝經曰孝經云何曰在上不驕爲下不亂貞曰吾作刺史豈其驕乎紘曰公雖不驕君子防未萌亦願留意元貞稱善年十五隨父在

北豫州行臺侯景與人論掩衣法爲當左爲當右尚書敬顯儁曰孔子云微管仲吾其被髮左衽矣以此言之右衽爲是紘進曰國家龍飛朔野雄步中原五帝異儀三王殊制掩衣左右何足是非景奇其早慧賜以名馬興和中世宗召爲庫直除奉朝請世宗暴崩紘冒刃捍禦以忠節賜爵平春縣男賚帛七百段綾錦五十疋錢三萬幷金帶駿馬仍除晉陽令天保初加寧遠將軍頗爲顯祖所知待帝嘗與左右飲酒曰快

哉大樂紘對曰亦有大樂亦有大苦帝曰何爲大苦紘曰長夜荒飲不寤亡國破家身死名滅所謂大苦帝默然後責紘曰爾與紇奚舍樂同事我兄弟舍樂死爾何爲不死紘曰君亡臣死自是常節但賊竪力薄斫輕故臣不死帝使燕子獻反縛紘長廣王捉頭帝手刃將下紘曰楊遵彥崔季舒逃走避難位至僕射尚書冒死效命之士反見屠戮曠古未有此事帝投刃於地曰王師羅不得殺遂捨之乾明元年昭帝作相

補中外府功曹參軍事皇建元年進爵義陽縣子河清三年與諸將征突厥加驃騎大將軍天統元年除給事黃門侍郎加射聲校尉四遷散騎常侍武平初開府儀同三司紘上言突厥與宇文男來女往必當相與影響南北寇邊宜選九州中男彊弩多據要險之地伏願陛下哀忠念舊愛孤恤寡矜愚嘉善舍過記功敦骨肉之情廣寬仁之路思堯舜之風慕禹湯之德克己復禮以成美化天下幸甚五年陳人寇淮南詔令羣官共議禦捍封輔相請出討擊紘曰官軍頻經失利人情騷動若復興兵極武出頓江淮恐北狄惡寇乘我之弊傾國而來則世事去矣莫若薄賦省徭息民養士使朝廷協睦遐邇歸心征之以仁義鼓之以道德天下皆當肅清豈直僞陳而已高阿那肱謂衆人從王武衞者南席衆皆同焉尋兼侍中聘於周使還即正未幾而卒紘好著述作鑒誡二十四篇頗有文義

史臣曰張纂等並趨事霸朝申其功用皆有齊

之良臣也伯德之慟哭伏屍靈光之拒關駐蹕有古人風焉

贊曰纂亮曜起徐遠紘峻奉日高昇凌風遠振樹死拒關終明信順

列傳第十七　北齊書二十五

隋太子通事舍人李　百藥　撰

薛琡

敬顯儁

平鑒

薛琡字曇珍河南人其先代人本姓叱干氏父豹子魏徐州刺史琡形皃魁偉少以幹用稱爲典客令每引客見儀望甚美魏帝召而謂之曰卿風度峻整姿皃秀異後當升進以處何官琡

曰宗廟之禮不敢不敬朝廷之事不敢不忠自此以外非庸臣所及正元中行洛陽令部内肅然有犯法者未加拷掠直以辭理窮覈多得其情於是豪猾畏威事務簡靜時以久旱京師見囚悉召集華林理問寃滯洛陽繫獄唯有三人魏孝明嘉之賜縑百疋遷吏部尚書崔亮奏立停年之格不簡人才專問勞舊琡上書言黎元之命繫於長吏若得其人則蘇息任非其器爲患更深若使選曹唯取年勞不簡賢否便義均

行鴈次若貫魚執簿呼名一吏足矣數人而用何謂銓衡請不依此書奏不報後因引見復見諫曰共治天下本屬百官是以漢朝常令三公大臣舉賢良方正有道直言之士以爲長吏監撫黎元自晉末以來此風遂替今四方初定務在養民臣請依漢氏更立四科令三公貴臣各薦時賢以補郡縣明立條格防其阿黨之端詔下公卿議之事亦寢元天穆討邢杲也以琡爲行臺尚書時元顥已據酇城天穆集文武議其

所先議者咸以杲衆甚盛宜先經略琡以爲邢杲聚衆無名雖彊猶賊元顥皇室昵親來稱義舉此恐難測杲鼠盜狗竊非有遠志宜先討顥天穆以羣情所欲遂先討杲杲降軍還顥入洛天穆謂琡曰不用君言乃至於此天平初高祖引爲丞相長史琡宿有能名深被禮遇軍國之事多所聞知琡亦推誠盡節屢進忠讜高祖大舉西伐將度蒲津琡諫曰西賊連年飢饉無可食啗故冒死來入陝州欲取倉粟今高司徒已

圍陜城粟不得出但置兵諸道勿與野戰比及
年麥秋人民盡應餓死寶炬黑獺自然歸降
願王無渡河也侯景亦曰今者之舉兵衆極大
萬一不捷卒難收斂不如分爲二軍相繼而進
前軍若勝後軍合力前軍承之高祖皆不納遂
有沙苑之敗累遷尚書僕射卒臨終敕其子斂
以時服踰月便葬不聽干求贈官自制喪車不
加彫飾但用麻爲流蘇繩用網絡而已明器等
物並一不令置瑗久在省闥閑明簿領當官剖斷

敏速一如流然天性險忌情義不篤外似方格內
實浮動受納貨賄曲法舞文深情刻薄多所傷
害士民畏惡之魏東平王元匡妾張氏婬逸放
恣瑗初與姦通後納以爲婦惑其讒言逐前妻
于氏不認其子家內忿忿竟相告列深爲世所
譏鄙贈青州刺史

敬顯儁字孝英平陽人少英俠有節操交結豪
傑爲羽林監高祖臨晉州儁因使謁見與語說
之乃啓爲別駕及義舉以儁爲行臺倉部郎中
從攻鄴令儁督造土山城陷拔又從平西胡轉都
官尚書與諸將征討累有功又從高祖平寇難
破周文帝敗侯景平壽春定淮南又略地三江
口多築城戍累除兗州刺史卒

平鑒字明達燕郡薊人父勝安州刺史鑒少聰
敏頗有志力受學於徐遵明不爲章句雖崇儒
業而有豪俠氣孝昌末盜賊蜂起見天下將亂
乃之洛陽與慕容儼騎馬爲友鑒性巧夜則胡
畫以供衣食謂其宗親曰運有汚隆亂極則治

并州戎馬之地尒朱王命世之雄杖義建旗奉
辭問罪勞忠竭力今也其時遂相率奔尒朱榮
於晉陽因陳靜亂安民之策榮大奇之即署參
軍前鋒從平鞏密每陣先登除撫軍襄州刺史
高祖起義信都鑒自歸高祖謂鑒曰日者皇綱
中弛公已早竭忠誠今尒朱披猖又能去逆從
善搖落之時方識松筠即啓授征西懷州刺史
鑒奏請於州西故軹道築城以防遏西寇朝廷
從之尋而西魏來攻是時親築之城糧仗未集

舊來乏水衆情大懼南門内有一井隨汲即竭鑒乃具衣冠俯井而祝至旦有井泉涌溢合城取之魏師敗還以功進位開府儀同三司時和士開以佞幸勢傾朝列令人求鑒愛妾劉氏鑒即送之仍謂人曰老公失阿劉與死何異要自爲身作計不得不然由是除齊州刺史鑒歷牧八州再臨懷州所在爲吏所思立碑頌德入爲都官尚書令

列傳第十八　北齊書二十六

列傳第十九　北齊書二十七

隋太子通事舍人李　百藥　撰

万俟普 子洛

可朱渾元

劉豐

破六韓常

金祚

韋子粲

万俟普字普撥太平人其先匈奴之别種也雄

果有武力正光中破六韓拔陵構逆授普太尉率部下降魏授後將軍第二領人酋長高祖起義普遠通誠款高祖甚嘉之斛斯椿逼帝西出授司空秦州刺史據覆鞦城高祖平夏州普乃率其部落來奔高祖躬自迎接授普河西公累遷太尉朔州刺史卒

子洛字受洛干豪壯有武藝騎射過人爲鄉閭所伏拔陵反隨父歸順除顯武將軍隨尒朱榮每有戰功累遷汾州刺史驃騎將軍及起義信

都遠送誠款高祖嘉其父子俱至甚優其禮除撫軍兼靈州刺史武帝入關除左僕射天平中隨父東歸封建昌郡公再遷領軍將軍與諸將圍獨孤如願於金墉及河陰之戰並有功高祖以其父普尊老將崇禮之嘗親扶上馬洛免冠稽首曰願出死力以報深恩及此役也諸軍北渡橋洛以軍不動謂西人曰万俟受洛干在此能來可來也西人畏而去高祖以雄壯名其所營地為回洛城洛慷慨有氣節勇銳冠時當世

推為名將興和初卒

可朱渾元字道元自云遼東人世為渠帥魏時擁衆內附曾祖護野肱終於懷朔鎮將遂家焉元寬仁有武略少與高祖相知北邊擾亂遂將家屬赴定州值鮮于修禮作亂元擁衆屬焉葛榮併修禮復以元為梁王遂奔尒朱榮以為別將隸天光征關中以功為渭州刺史侯莫陳悅之殺賀拔岳也周文帝率岳所部還共圖悅元時助悅悅走元收其衆入據秦州為周攻圍苦

戰結盟而罷元既早遇高祖知遇兼其母兄在東嘗有思歸之志恒遣表疏與高祖陰相往來周文攻圍苦急元智勇知元懷貳發兵攻之元乃率所部發自渭州西北渡烏蘭津周文頻遣兵邀之元戰必摧之引軍歷河源二州境乃得東出靈州刺史曹泥女壻劉豐與元深相交結元因說豐以高祖英武非常剋成大業豐自此便有委質之心遂資遣元元從靈州東北入雲州高祖聞其來也遣平陽守高嵩持璟一枚以

賜元并運資糧遠遣候接元至晉陽引見執手賜帛千疋并奴婢田宅兄弟四人先在并州者進官爵元所部將將皆賞以爵邑封元縣公除車騎大將軍討西魏儀同金祚皇甫智達於東雍擒之遷并州刺史又與諸將征伐頻有剋捷降下天保初封扶風王頻從顯祖討山胡茹茹累有戰功遷太師薨贈假黃鉞太宰錄尚書元善於御衆行軍用兵務在持重前後出征未嘗負敗及卒朝廷深悼之皇建初配享世宗廟庭

劉豐字豐生普樂人也有雄姿壯氣果毅絕人有口辯好說兵事破六韓拔陵之亂豐以守城之功除普樂太守魏永安初除靈州鎮城大都督周文授以衛大將軍豐不受乃遣攻圍不剋豐遂慕高祖威德乃率戶數萬來奔高祖上豐爲平西南汾州刺史遂與諸將征討平定寇亂又從高祖破周文於河陰豐功居多高祖執手嗟賞之爲左衛將軍出除殷州王思政據長社世宗命豐與清河王岳攻之豐建水攻之策遂

遏洧水以灌之水長魚鱉皆游焉九月至四月城將陷豐與行臺慕容紹宗見北有白氣同入船忽有暴風從東北來正晝昏暗飛沙走礫船纜忽絕漂至城下豐游水向土山爲浪所激不時至西人鉤之並爲敵人所害豐壯勇善戰爲諸將所推死之日朝野駭惋贈大司馬司徒公尚書令謚曰忠子曄嗣

破六韓常字保年附化人匈奴單于之裔也右谷蠡王潘六奚沒於魏其子孫以潘六奚爲氏後人訛誤以爲破六韓世領部落其父孔雀世襲酋長孔雀少驍勇時宗人拔陵爲亂以孔雀爲大都督司徒平南王孔雀率部下一萬人降於尒朱榮詔加平北將軍第一領民酋長常沉敏有膽略善騎射累遷平西將軍高祖起義常爲附化守與万俟受洛干東歸高祖嘉之上爲撫軍與諸將征討又從高祖攻擊諸寇累遷車騎大將軍開府封平陽公除洛州刺史常啓世宗曰常自鎮河陽以來頻出關口太谷二道北

制巳北洛州巳南所有要害頗所知悉而太谷南口去荆路踰一百經赤工坂是賊往還東西大道中間曠絕一百五十里賊之糧餉唯經此路愚謂於彼選形勝之處營築城戍安置士馬截其遠還自然不能更有行送世宗納其計遣大司馬斛律金等築楊志百家呼延三鎮常秩滿還晉陽拜太保滄州刺史卒贈尚書令司徒公太傅第一領民酋長假王謚曰忠武

金祚字神敬安定人也性驍雄尚氣任俠魏正

光中隴右賊起詔雍州刺史元猛討之召募狼家以爲軍導詐應選以軍功累遷寧朔將軍靈州刺史高祖舉義尒朱天光率關右之衆與仲遠等北抗義師天光留詐東秦總督三州鎮靜二州天光敗歸高祖除車騎大將軍邙山之戰以大都督從破西軍詐除華州刺史加開府儀同三司別封臨濟縣子卒贈司空

韋子粲字暉茂京兆人曾祖閬魏咸陽守父雋都水使者子粲仕郡功曹史累遷爲大行臺郎

中從尒朱天光平關右周武入關以爲南汾州刺史神武命將出討城陷子弟俱被獲送晉陽蒙放免以粲爲并州長史累遷豫州刺史卒初子粲兄弟十三人子姪親屬閨門百口悉在西魏以子粲陷城不能死難多致誅滅歸國獲存唯與弟道諧二人而已諧與粲俱入國粲富貴之後遂特棄道諧令其異居所得廩禄略不相及其不顧恩義如此

列傳第十九　北齊書二十七

列傳第二十　北齊書二十八

隋太子通事舍人李百藥撰

元坦
元斌
元孝友
元暉業
元弼
元韶

元坦祖魏獻文皇帝咸陽王禧第七子禧誅後兄翼樹等五人相繼南奔故坦得承襲改封敷

城王永安初復本封咸陽郡王累遷侍中莊帝從容謂曰王才非荀蔡中歲屢遷當由少長朕家故有超授初禧死後諸子貧乏坦兄弟爲彭城王勰所收養故有此言孝武初其兄樹見禽坦見樹既長且賢慮其代已密勸朝廷以法除之樹知之泣謂坦曰我往因家難不能死亡寄食江湖受其爵命今者之來非由義至求活而已豈望榮華汝何肆其猜忌忘在原之義腰背

雖偉善無可稱坦作色而去樹死竟不臨哭坦歷司徒太尉大傅加侍中太師録尚書事宗正司州牧雖禄厚位尊貪求滋甚賣獄鬻官不知紀極爲御史劾奏免官以王歸第尋起爲特進出爲冀州刺史專復聚斂每百姓納賦除正稅外別先責絹五疋然後爲受性好畋漁無日不出秋冬獵雉兔春夏捕魚蟹鷹犬常數百頭自言寧三日不食不能一日不獵入爲太常齊天保初准例降爵封新豐縣公除特進開府儀同三司坐子世寶與通直散騎侍郎彭貴平因酒醉誹謗妄說圖讖有司奏當死詔並宥之坦配北營州死配所

元斌字善集祖魏獻文皇帝父高陽王雍從孝莊於河陰遇害斌少襲祖爵歷位侍中尚書左僕射斌美儀貌性寬和居官重慎頗爲齊文襄愛賞齊天保初准例降爵爲高陽縣公拜右光禄大夫二年從文宣討契丹還至白狼河以罪賜死

元孝友祖魏太武皇帝兄臨淮王譚無子令孝友襲爵累遷滄州刺史爲政温和好行小惠不能清白而無所侵犯百姓亦以此便之魏靜帝宴文襄於華林孝友因醉自譽又云陛下許賜臣能帝笑曰朕恒聞王自道清文襄曰臨淮王奉旨舍罪於是君臣俱笑而不罪孝友明於政理嘗奏表曰令制百家爲黨族二十家爲閭五家爲比隣百家之內有師二十五人徵發皆免苦樂不均羊少狼多復有蚕食此之爲弊久矣京邑諸坊或七八百家唯一里正二史庶事無闕而况外州乎請依舊置三正之名不改而百家爲於四閭二比計族少十二丁得十二匹貲絹略計見管之戶應二萬餘族一歲出貲二十四萬匹十五丁爲一番兵計得一萬六千兵此富國安人之道也古諸侯娶九女士一妻一妾晉令諸王置妾八人郡君侯妾六人官品令第一第二品有四妾第三第四有三妾第五第六有二妾第七第八有一妾所以陰教聿脩繼嗣

有廣廣繼嗣孝也脩陰教禮也而聖朝忽棄此數由來漸久將相多尚公主王侯娶后族故無妾媵習以爲常婦人不幸生逢今世舉朝既是無妾天下殆皆一妻設令人彊志廣娶則家道離索身事迍邅内外親知共相嗤怪凡今姑姊逢迎必相勸以妬忌以制夫爲婦德以能妬爲女工自云不受人欺畏他笑我王公猶自一心已下何敢二意夫妬忌之心生則妻妾之禮廢妻妾之禮廢則姦淫之兆興斯臣之所以毒恨

者也請以王公第一品娶八通妻以備九女稱事二品備七三品四品備五五品六品則一妻二妾限以一周悉令充數若不充數及待妾非禮使妻妬加捶撻免所居官其妻無子而不娶妾斯則自絕無以血食祖父請科不孝之罪離遣其妻臣之赤心義唯家國欲使吉凶無不合禮貴賤各有其宜省人帥以出兵丁立倉儲以豐穀食設賞格以擒姦盜行典令以示朝章庶使足食足兵人信之矣又冒申妻妾之數正欲使王侯將相功臣子弟苗胤滿朝傳祚無窮此臣之志也詔付有司議奏不同孝友又言今人生爲皂隸葬擬王侯存没異途無復節制崇壯丘隴盛飾祭儀隣里相榮稱爲至孝又夫婦之始王化所先共食合瓢足以成禮而今之富者彌奢同牢之設甚於祭槃累魚成山山有林木之像鸞鳳斯存徒有煩勞終成委棄仰惟天意其或不然請自茲以後若婚葬過禮者以違旨論官司不加糺劾即與同罪孝友在尹積年以

法自守甚著聲稱然性無骨鯁善事權勢爲正直者所譏齊天保初准例降爵封臨淮縣公拜光禄大夫二年冬被詔入晉陽宮出與元暉業同被害

元暉業字紹遠魏景穆皇帝之玄孫少險薄多與寇盜交通長乃變節涉子史亦頗屬文而慷慨有志節歷位司空太尉加特進領中書監録尚書事文襄嘗問之曰比何所披覽對曰數尋伊霍之傳不讀曹馬之書暉業以時運漸謝不

復圖全唯事飲酒一日一羊三日一犢又嘗賦詩云昔居王道泰濟濟富羣英今逢世路阻狐兔鬱縱横齊初降封美陽縣公開府儀同三司特進暉業之在晉陽也無所交通居常閑暇乃撰魏藩王家世號爲辯宗録四十卷行於世位望隆重又以性氣不倫每被猜忌天保二年從駕至晉陽於宮門外罵元歆曰爾不及一老嫗背負璽與人何不打碎之我出此言即知死也然爾亦詎得幾時文宣聞而殺之亦斬臨淮

公孝友孝友臨刑驚惶失措暉業神色自若仍鑿冰沈其屍暉業弟昭業頗有學問位諫議大夫莊帝幸洛南昭業立於閶闔門外叩馬諫帝避之而過後勞勉之位給事黃門侍郎衞將軍右光禄大夫卒謚曰文侯

元弼字輔宗魏司空之子性剛正有文學位中散大夫以世嫡應襲先爵爲季父尚書僕射麗因于氏親寵遂奪弼王爵横授内兄子誕於是弼絶棄人事託疾還私第宣武中爲侍中弼上表固讓入嵩山以穴爲室布衣蔬食卒建元元年子暉業訴復王爵永安三年追贈尚書令司徒公謚曰文獻初弼嘗夢人謂之曰君身不得傳世封其紹先爵者君長子紹遠也弼覺即告暉業終如其言也

元韶字世胄魏孝莊之後避尒朱之難匿於嵩山性好學美容儀初尒朱榮將入洛父劭恐以韶寄所親滎陽太常鄭仲明仲明尋爲城人所殺韶因亂與乳母相失遂與仲明兄子僧副避

難路中賊逼僧副恐不免因令韶下馬僧副謂客曰窮鳥投人尚或矜愍況諸王如何棄乎僧副舉刃逼之客乃退韶逢一老母姓程哀之隱於私家十餘日莊帝訪而獲焉襲封彭城王齊神武帝以孝武帝后配之魏室奇寶多隨后入韶家有二玉鉢相盛可轉而不可出馬瑙榼容三升玉縫之皆稱西域鬼作也歷位太尉侍中録尚書司州牧進太傅齊天保元年降爵爲縣公韶性行温裕以高氏壻頗膺時寵能自謙退

臨人有惠政好儒學禮致才彥愛林泉脩第宅華而不侈文宣帝剃韶鬚髯加以粉黛衣婦人服以自隨曰我以彭城爲嬪御譏元氏微弱比之婦女十年太史奏云今年當除舊布新文宣謂韶曰漢光武何故中興韶曰爲誅諸劉不盡於是乃誅諸元以厭之遂以五月誅元世哲景武等二十五家餘十九家並禁止之韶幽於京畿地牢絕食啗衣袖而死及七月大誅元氏自昭成已下並無遺焉或父祖爲王或身常貴顯

或兄弟強壯皆斬東市其嬰兒投於空中承之以矟前後死者凡七百二十一人悉投屍漳水剖魚多得爪甲都下爲之久不食魚

贊曰元氏蕃熾憑茲慶靈道隨終運命偶淫刑

列傳第二十　北齊書二十八

此卷牽合北史而成

列傳第二十一　北齊書二十九

隋太子通事舍人李　百藥　撰

李渾 子湛 渾弟繪 族子公緒

李璵 弟瑾 族弟曉

鄭述祖 子元德

李渾字季初趙郡柏人人也曾祖靈魏鉅鹿公父遵魏冀州征東府司馬京兆王愉冀州起逆害遵渾以父死王事除給事中時四方多難乃謝病求爲青州征東府司馬與河間邢邵北海

王昕俱奉老母攜妻子同赴青齊未幾而尒朱榮入洛衣冠殲盡論者以爲知機永安初除散騎常侍普泰中崔社客反於海岱攻圍青州詔渾爲征東軍都官尚書行臺赴援而社客宿將多謀諸城各自保固壁清野時議有異同渾曰社客賊之根本圍城復踰晦朔烏合之衆易可崩離若簡練驍勇銜枚夜襲徑趣營下出其不意咄嗟之間便可擒殄如社客執擒則諸郡可傳檄而定何意冐熱攻城疲損軍士諸將遲疑

渾乃決未明達城下賊徒驚散生擒社客斬首
送洛海隅清定後除光祿大夫兼常侍聘使至
梁梁武謂之曰伯陽之後久而彌盛趙李人物
今實居多常侍曾經將領今復充使文武不墜
良屬斯人使還爲東都守以贓徵還世宗使武
士提以入渾抗言曰將軍今日猶自禮賢耶世
宗笑而捨之天保初除太子少保邢邵爲少師
楊愔爲少傅論者爲榮以參禪代儀注賜涇陽
男刪定麟趾格尋除海州刺史土人反共攻州

城城中多石無井常食海水賊絶其路城內先
有一池時旱久涸一朝天雨泉流涌溢賊以爲
神應時駭散渾督勵將士捕斬渠帥渾妾郭氏
在州干政納貨坐免官卒
子湛字處元涉獵於文史有家風爲太子舍人
兼常侍聘陳渾與弟繪偉俱爲聘梁使至湛又
爲使副是以趙郡人士目爲四使之門
繪字敬文年六七歲便自願入學家人偶以年俗
忌約而弗許伺其伯姊筆牘之閒而輒竊用未

幾遂通急就章內外異之以爲非常兒也及長
儀皃端偉神情朗儁河間邢晏即繪舅也與繪
清言歎其高遠每稱曰若披雲霧如對珠玉宅
相之寄良在此生齊王蕭寶寅引爲主簿記室
專管表檄待以賓友之禮司徒高邕辟爲從
事中郎徵至洛時勅侍中西河王祕書監常
景選儒學十人緝撰五禮繪與太原王乂同掌
軍禮魏靜帝於顯陽殿講孝經禮記繪與從弟
騫裴伯莊魏收盧元明等俱爲錄議素長筆

札尤能傳受緝綴詞議簡舉可觀天平初世宗
用爲丞相司馬每罷朝文武總集對揚王庭常
令繪先發言端爲羣僚之首音辭辯正風儀都
雅聽者悚然武定初兼常侍爲聘梁使至梁武
帝問繪高相今在何處繪曰今在晉陽肅遏邊
寇梁武曰黑獺若爲形容高相作何經略繪曰
黑獺遊魂關右人神厭毒連歲凶災百姓懷土
丞相奇略不世畜銳觀釁攻昧取亡勢必不遠
梁武曰如卿言極佳與梁人泛言氏族袁狎曰

未若我本出自黃帝姓在十四之限繪曰兄所出雖遠當共車千秋分一字耳一坐大笑前後行人皆通啓求市繪獨守清尚梁人重其廉潔使還拜平南將軍高陽內史郡境舊有猛獸民常患之繪欲修檻遂因鬭死咸以爲化感所致皆請申上繪不聽高祖東巡郡國瀛州城西駐馬久立使慰之曰孤在晉知山東守唯卿一人用意及入境觀風信如所聞但善始令終將位至不次河間守崔諶恃其弟暹勢從繪乞麋角

鴿羽繪荅書曰鴿有六翮飛則沖天麋有四足走便入海下官膚體疏嬾手足遲鈍不能逐飛追走遠事佞人是時世宗使暹選司徒長史暹薦繪既不果咸謂由此書天保初爲司徒右長史繪質性方重未嘗趨事權勢以此久而屈沉卒

公緒字穆叔渾族兄藉之子性聰敏博通經傳魏末冀州司馬疾去官後以侍御史徵不至卒公緒沉冥樂道不關世務故誓心不仕尤善陰陽圖緯之學嘗語人云吾每觀齊之分野福德不多國家世祚終於四七帝年則及亡之歲上距天保之元二十八年矣公緒潛居自待雅好著書撰典言十卷又撰質疑五卷喪服章句一卷古今略記二十卷玄子五卷趙語十三卷並行於世

李璵字道璠隴西成紀人涼武昭王暠之五世孫父韶並有重名於魏代璵溫雅有識量釋褐太尉行參軍累遷司徒右長史及遷都於鄴留於後監掌府藏及撤運宮廟材木以明幹見稱

累遷驃騎大將軍東徐州刺史解州還遂稱老疾不求仕齊受禪進璵兼前將軍導從於圓丘行禮璵意不願榮名兩朝雖以宿舊被徵過事即絕朝請天保四年卒子詮韞詡韞無行詡以妻穆提婆子懷廆超遷臨漳令儀同三司韞與陸令萱女弟私通令萱奏授太子舍人弟瑾字道瑜名在魏書才識之美見稱當代瑾六子彥之倩之壽之禮之行之凝之並有器望行之與兄弟深相友愛又風素夷簡爲士友所稱范陽

盧思道是其甥子嘗贈詩云水衡稱逸人潘陽有世親形骸預冠蓋心思出風塵時人以為實錄

璵從弟曉字仁略魏太尉虔子學涉有思理釋褐負外侍郎尒朱榮之害朝士將行曉衣冠為鼠所噬遂不成行得免河陰之難及遷都鄴曉便寓居清河託從母兄崔悛宅給良田三十頃曉遂築室安居訓勗子姪無復宦情武定末以世道方泰乃入都從仕除頓丘守卒

鄭述祖字恭文滎陽開封人祖羲魏中書令父

道昭魏祕書監述祖少聰敏好屬文有風檢為先達所稱譽釋褐司空行參軍天保初累遷太子少師儀同三司兗州刺史時穆子容為巡省使歎曰古人有言聞伯夷之風貪夫廉懦夫有立今於鄭兗州見之矣初述祖父為兗州於城南小山起齊亭刻石為記述祖時年九歲及為刺史往尋舊迹得一破石有銘云中岳先生鄭道昭之白雲堂述祖對之嗚咽悲動羣寮有人入市盜布其父怒曰何忍欺人君執之以歸首述祖特原之自是之後境內無盜人歌之曰大鄭公小鄭公相去五十載風教猶尚同述祖能鼓琴自造龍吟十弄云嘗夢人彈琴寤而寫得當時以為絕妙所在好為山池松竹交植盛饌以待賓客將迎不倦未貴時在鄉單馬出行忽有騎者數百見述祖皆下馬曰公在此行列而拜述祖顧問從人皆不見心甚異之未幾被徵終歷顯位及病篤乃自言之且曰吾今老矣一生富貴足矣以清白之名遺子孫死無所恨遂

卒於州述祖女為趙郡王叡妃述祖常坐受王拜命坐王乃坐妃薨後王更娶鄭道蔭女王坐受道蔭拜王命坐乃敢坐王謂道蔭曰鄭尚書風德如此又貴重宿舊君不得譬之

子元德多藝術官至琅邪守

元德從父弟元禮字文規少好學愛文藻名望世宗引為館客歷太子舍人崔昂妻即元禮之姊也魏收又昂之妹夫嘗持元禮數篇詩示盧思道乃謂思道云看元禮比來詩詠亦當不減

魏收荅云未覺元禮詞賢於魏收但知妹夫疎於
婦弟元禮入周卒終始州別駕

列傳第二十一　北齊書二十九

此卷雖非北史而無論贊疑尚非正史

列傳第二十二　北齊書三十

隋太子通事舍人李　百藥　撰

崔暹 子達拏

高德政

崔昂

崔暹字季倫博陵安平人漢尚書寔之後也世為北州著姓父穆州主簿暹少為書生避地渤海依高乾以妹妻乾弟慎後臨光州啓暹為長史趙郡公琛鎮定州辟為開府諮議隨琛往晉

陽高祖與語說之兼丞相長史高祖舉兵將入洛留暹佐琛知後事謂之曰丈夫相知豈在新舊軍戎之事留守任功家弟年少未閑事宜凡百後事一以相屬握手殷勤至於三四後遷左丞吏部郎主議麟趾格暹親遇日隆好薦人士言邢邵宜任府僚兼任機密世宗因以徵邵甚見親重言論之際邵遂毀暹世宗不悅謂暹曰卿說子才之長子才專言卿短此癡人也暹曰子才言暹短暹說子才長皆是實事不為嫌高

愼之叛與暹有隙高祖欲殺之世宗救免武定
初遷御史中尉選畢義雲盧潛宋欽道李愔崔
瞻杜蕤嵇曄酈伯偉崔子武李廣皆爲御史世
稱其知人世宗欲假暹威勢諸公在坐令暹高
視徐步兩人挈裾而入世宗分庭對揖暹不讓
席而坐觴再行便辭退世宗曰下官薄有蔬食
願公少留暹曰適受勑在臺以檢校遂不待食
而去世宗降階送之旬日後世宗與諸公出之
東山遇暹於道前驅爲赤棒所擊世宗回馬避之

北齊列傳二十二　二

暹後彈尚書令司馬子如及尚書元羡雍州刺
史慕容獻又彈太師咸陽王坦并州刺史可朱
渾道元罪狀極筆並免官其餘死黜者甚衆高
祖書與鄴下諸貴曰崔暹昔事家弟爲定州長
史後吾兒開府諮議及遷左丞吏部郎吾未知
其能也始居憲臺乃尔糾劾咸陽王司馬令並
是吾對門布衣之舊尊貴親暱無過二人同時
獲罪吾不能救諸君其愼之高祖如京師羣官
迎於紫陌高祖握暹手而勞之曰往前朝廷豈

無法官而天下貪婪莫肯糾劾中尉盡心爲國
不避豪強遂使遠邇肅清羣公奉法衝鋒陷陣
大有其人當官正色今始見之今榮華富貴直是
中尉自取高歡父子無以相報賜暹良馬使騎
之以從且行且語暹下拜馬驚走高祖爲擁之
而授轡魏帝宴於華林園謂高祖曰自頃朝貴
牧守令長所在百司多有貪暴侵削下人朝庭
之中有用心公平直言彈劾不避親戚者王可
勸酒高祖降階跪而言曰唯御史中尉崔暹一

北齊列傳二十二　三

人謹奉明旨敢以酒勸并臣所射賜物千匹乞
回賜之帝曰崔中尉爲法道俗齊整暹謝曰此
自陛下風化所加大將軍臣澄勸奬之力世宗
退謂暹曰我尚畏羡何況餘人由是威名日盛
內外莫不畏服高祖崩未發喪世宗以暹爲度
支尚書兼僕射委以心腹之寄暹憂國如家以
天下爲己任世宗車服過度誅戮變常言談進
止或有虧失暹每厲色極言世宗亦爲之止有
囚數百世宗盡欲誅之每催文帳暹故緩之不

以時進世宗意釋以竟獲免自出身從官常日
晏乃歸侵曉則與兄弟問母之起居暮則嘗食
視寢然後至外齋對親賓一生不問家事魏梁
通和要貴皆遣人隨聘使交易暹寄求佛經梁
武帝聞之爲繕寫以幡花賛唄送至館焉然而
好大言調戲無節密令沙門明藏著佛性論而
署已名傳諸江表子達拏年十三暹命儒者權
會敎其說周易兩字乃集朝貴名流令達拏昇
高座開講趙郡睦仲讓陽屈之暹喜躍奏爲司

徒中郎鄴下爲之語曰講義兩行得中郎此皆
暹之短也顯祖初嗣霸業司馬子如等挾舊怨
言暹罪重謂宜罰之高隆之亦言宜寬政網去
苛察法官黜崔暹則得遠近人意顯祖從之及
踐祚譖毁之者猶不息帝乃令都督陳山提等
搜暹家甚貧匱唯得高祖世宗與暹書千餘紙
多論軍國大事帝嗟賞之仍不免衆口乃流暹
於馬城晝則負土供保夜則置地牢歲餘奴告
暹謀反鏁赴晉陽無實釋而勞之尋遷太常卿

帝謂羣臣曰崔太常清正天下無雙卿等不及
初世宗欲以妹嫁暹而會世宗崩遂寢至是羣
臣讌於宣光殿貴戚之子多在焉顯祖歷與之
語於坐上親作書與暹曰賢子達拏甚有才學
亡兄女樂安主魏帝外甥內外敬待勝朕諸妹
思成大兄宿志乃以主降達拏天保末爲右僕
射帝謂左右曰崔暹諫我飲酒過多然我飲何
所妨常山王私謂暹曰至尊或多醉太后尚不
能致言吾兄弟杜口僕射獨能犯顏內外深相

感愧十年暹以疾卒帝撫靈而哭贈開府達拏
温良清謹有識學少歷職爲司農卿入周謀反
伏誅天保時顯祖嘗問樂安公主達拏於汝何
似荅曰甚相敬重唯阿家憎兒顯祖召達拏母
入內殺之投屍漳水齊滅達拏殺主以復讎
高德政字士貞勃海蓨人父顯魏滄州刺史德
政幼而敏惠有風神儀表顯祖引爲開府參軍
知管記事甚相親狎高祖又擢爲相府掾委以
腹心遷黃門侍郎世宗嗣業如晉陽顯祖在京

居守令德政叅掌機密彌見親重世宗暴崩事出倉卒羣情草草勳將等以纘戎事重勸帝早赴晉陽帝亦回遑不能自決夜中召楊愔杜弼崔季舒及德政等始定策焉以楊愔居守德政與帝舊相昵愛言無不盡散騎常侍徐之才館客宋景業先爲天文圖讖之學又陳山提家客楊子術有所援引並因德政勸顯祖行禪代之事德政又披心固請帝乃手書與楊愔具論諸人勸進意德政恐愔猶豫不決自請馳驛赴京

託以餘事唯與楊愔言愔方相應和德政還未至帝便發晉陽至平都城召諸勳將入告以禪讓之事諸將等忽聞皆愕然莫敢荅者時杜弼爲長史密啓顯祖云關西是國家勍敵若今受魏禪恐其稱義兵挾天子而東向王將何以待之顯祖入召弼入與徐之才相告之才云今與王爭天下者彼意亦欲爲帝譬如逐兎滿市一人得之衆心皆定今若先受魏禪關西自應息心縱欲屈強止當逐我稱帝必宜知機先覺無

容後以數人弼無以荅帝已遣馳驛向鄴書與太尉高岳尚書令高隆之領軍婁叡侍中張亮黃門趙深楊愔等岳等馳傳至高陽驛帝使約曰知諸貴等意不須來唯楊愔見高岳等並還帝以衆人意未協又先得太后旨云汝父如龍汝兄如虎尚以人臣終汝何容欲行舜禹事此亦非汝意正是高德政教汝又說者以爲昔周武王再駕盟津然始革命於是乃旋晉陽自是居常不悅徐之才宋景業等每言卜筮雜

占陰陽緯候必宜五月應天順人德政亦勸不已仍白帝追魏收收至令撰禪讓詔冊九錫建臺及勸進文表至五月初帝發晉陽德政又録在鄴諸事條進於帝帝令陳山提馳驛齎事條并密書與楊愔大略令撰儀注防察魏室諸王提以五月至鄴楊愔即召太常卿邢邵七兵尚書崔㥄度支尚書陸操詹事王昕黃門侍郎陽休之中書侍郎裴讓之等議撰儀注六日要魏太傅咸陽王坦等總集引入北宮留

于東齋受禪後乃放還宅帝初發至亭前所乘馬忽倒意甚惡之大以沉吟至平城都便不復肯進德政徐之才苦請帝曰山提先去若爲形容恐其漏泄不果即命司馬子如杜弼馳驛續入觀察物情七日子如等至鄴衆人以事勢已决無敢異言八日楊愔書中旨以魏襄城王昶并司空公潘相樂侍中張亮黄門趙彦深入通奏事魏孝静在昭陽殿引見昶云五行遞運有始有終齊王聖德欽明萬方歸仰臣等昧死聞奏

願陛下則堯禪舜魏帝便斂容曰此事推挹已久謹當遜避又道若尔須作詔中書侍郎崔劼奏云詔已作訖即付楊愔進於魏静帝凡有十餘條悉書魏静云安置朕何所復若爲去楊愔對在北城别有舘宇還備法駕依常仗衛而去魏静帝於是下御坐就東廊口詠范蔚宗後漢書賛云獻生不辰身播國屯終我四百永作虞賓所司尋奏請發魏静帝曰人念遺簪弊屨欲與六宫别可乎乃入與夫人嬪御以下訣别莫

不歔欷掩涕嬪趙國李氏口誦陳思王詩云王其愛玉體俱享黄髮期魏静帝登車出萬春門直長趙道德在車中陪侍百官在門外拜辭遂入北城下司馬子如南宅帝至城南頓所受禪之日除德政爲侍中尋封藍田公七年遷尚書右僕射兼侍中食勃海郡幹德政與尚書令楊愔綱紀政事多有弘益顯祖末年縱酒酣醉所爲不法德政屢進忠言後召德政飲不從又進言於前諫曰陛下道我尋休今乃甚於既往其

若社稷何其若太后何帝不恱又謂左右云高德政恒以精神凌逼人德政甚懼乃稱疾屏居佛寺兼學坐禪爲退身之計帝謂楊愔曰我大憂德政其病何似愔以禪代之際因德政言情切至方致誠款常内忌之由是荅云陛下若用作冀州刺史病即自差帝從之德政見除書而起帝大怒召德政謂之曰聞爾病我爲爾針親以刀子剌之血流霑地又使曳下斬去其趾劉桃枝捉刀不敢下帝起臨階砌切責桃枝曰爾

頭即墮地因索大刀自帶欲下階挑技乃斬足之三指帝怒不解禁德政於門下其夜開城門以轝送還家旦日德政妻出寶物滿四牀欲以寄人帝奄至於宅見而怒曰我府藏猶無此物詰其所從得皆諸元賂之遂曳出斬之時妻出拜又斬之并其子祭酒伯堅德政死後顯祖謂羣臣曰高德政常言宜用漢除鮮卑此即合死又教我誅諸元我今殺之爲諸元報讎也帝後悔贈太保嫡孫王臣襲爵

崔昂字懷遠博陵安平人也祖挺魏幽州刺史昂年七歲而孤伯父吏部尚書孝芬嘗謂所親曰此兒終當遠至是吾家千里駒也昂性端直少華沉深有志略堅實難傾動少好章句頗綜文詞世宗廣開幕府引爲記室參軍委以腹心之任世宗入輔朝政召爲開府長史時勳將親族賓客在都下放縱多行不軌孫騰司馬子如之門尤劇昂受世宗密旨以法繩之未幾之間內外齊肅遷尚書左丞其年又兼度支尚書左丞兼尚書近代未有唯昂獨爲冠首朝野榮之武定六年甘露降於宮闕文武官寮同賀顯陽殿魏帝問僕射崔暹尚書楊愔等曰自古甘露之瑞漢魏多少可各言往代所降之處德化感致所由次問昂昂曰案符瑞圖王者德致於天則甘露降吉凶兩門不由符瑞故桑雉爲戒實啓中興小鳥孕大未聞福感所願陛下雖休勿休帝爲斂容曰朕既無德何以當此齊受禪遷散騎常侍兼太府卿大司農卿二寺所掌世號

繁劇昂校理有術下無姦僞經手歷目知無不爲朝廷歎其至公又奏上橫市妄費事三百一十四條詔下依啓狀速議以聞其年與太子少師邢邵議定國初禮仍封華陽男又詔刪定律令損益禮樂令尚書右僕射薛琡等三人在領軍府議定又勑昂云若諸人不相遵納卿可依事啓聞昂奉勑笑曰正合生平之願昂素勤慎奉勑之後彌自警勗部分科條校正今古轉廷尉卿昂本性清嚴凡見黷貨輩疾之若讎以是

治獄文深世論不以平恕相許顯祖幸東山百官預讌升射堂帝召昂於御坐前謂曰舊人多出爲州我欲以臺閣中相付當用卿爲令僕勿望刺史卿六十外當與卿本州中間州不可得也後九卿以上陪集東宮帝指昂及尉瑾司馬子瑞謂太子曰此是國家柱石汝宜記之未幾復侍讌金鳳臺帝歷數諸人咸有罪負至昂曰崔昂直臣魏收才士婦兄妹夫俱省罪過天保十年策拜儀同燕子獻百司陪列昂在行中帝

特召昂至御所曰歷思群臣可綱紀省閣者唯冀卿一人即日除爲兼右僕射數日後昂因入奏事帝謂尚書令楊愔曰昨不與崔昂正者言其太速欲明年眞之終是除正何事早晚可除正僕射明日即拜爲眞楊愔少時與昂不平顯祖崩後遂免昂僕射除儀同三司後坐事除名卒祠部尚書昂有風調才識舊章堅正剛直之名然好探揣上意感激時主或列陰私罪失深爲顯祖所知賞發言獎護人莫之能毀議曹律

令京畿密獄及朝廷之大事多委之尚嚴猛好行鞭撻雖苦楚萬端對之自若前者崔暹季舒爲之親援後乃高德政是其中表常有挾持意色矜高以此不爲名流所服子液嗣

列傳第二十二　北齊書三十

隋太子通事舍人李百藥　撰

王昕　弟晞

王昕字元景北海劇人六世祖猛秦符堅丞相家於華山之鄜城父雲仕魏朝有名望昕少篤學讀書太尉汝南王悅辟騎兵參軍舊事王出射武服持刀陪從昕未嘗依行列悅好逸遊或騁騎信宿昕輒棄還悅乃令騎馬在前手爲驅策昕舍轡高拱任馬所之左右言其誕慢悅曰

府望惟在此賢不可責也悅散數錢於地令諸佐爭拾之昕獨不拾悅又散銀錢以目昕昕乃取其一悅與府寮飲酒起自移牀人爭進手昕獨執版却立悅於是作色曰我帝孫帝子帝弟帝叔今爲宴適親起輿牀卿是何獨爲偃蹇對曰元景位望微劣不足使殿下式瞻儀形安敢以親王寮寀從廝養之役悅謝焉坐上皆引滿酣暢昕先起卧閑室頻召不至悅乃自詣呼之曰懷其才而忽府主可謂仁乎昕曰商辛沉湎

其亡也忽諸府主自忽微寮敢任其咎悅大笑而去累遷東萊太守後吏部尚書李神儁奏言比因多故常侍遂無員限今以王元景等爲常侍定限八員加金紫光祿大夫武帝或時袒露與近臣戲狎每見昕即正冠而斂容焉昕體素甚肥遭喪後遂終身羸瘠楊愔重其德業以爲人之師表遷祕書監昕少與邢邵俱爲元羅賓友及守東萊邵舉室就之郡人以邵是邢杲從弟會兵將執之昕以身蔽伏其上呼曰欲執邢

子才當先殺我邵乃免焉昕雅好清言詞無淺俗在東萊獲殺其同行侶者詰之未服昕謂之曰彼物故不歸卿無恙而反何以自明邢邵後見世宗說此言以爲笑樂昕聞之故詣邵曰卿不識造化還謂人曰子才應死我罵之極深顯祖以昕疏誕非濟世所須罵之曰好門戶惡人身又有讒之者曰王元景每嗟水運不應遂絶帝愈怒乃下詔徙幽州後徵還除銀青光祿大夫判祠部尚書事帝被酒臨漳令嵇曄及舍人李

文師以曄賜薛農洛文師賜崔士順爲奴鄭子默私謂昕曰自古無朝士作奴子默遂以昕言啓顯祖仍曰王元景比陛下於殷紂楊愔微爲解之帝謂愔曰王元景尔博士尔語皆元景所教帝後與朝臣酣飲昕稱病不至帝遣騎執之見方摇膝吟詠遂斬於御前投尸漳水天保十年也有文集二十卷子顗昕母清河崔氏學識有風訓生九子並風流蘊藉世號王氏九龍弟晞字叔朗小名沙弥幼而孝謹淹雅有器度好學不倦美容儀有風則魏末隨母兄東適海隅與邢子良遊處子良愛其清悟與其在洛兩兄書曰賢弟弥郎意識深遠曠達不羈簡於造次言必詣理吟詠情性往往麗絶恐足下方難爲兄不暇慮其不進也魏永安初第二兄暉聘梁啓晞釋褐除員外散騎侍郎徵署廣平王開府功曹史晞願養母竟不受署母終後仍屬遷鄴遂遊鞏洛悦其山水與范陽盧元明鉅鹿魏季景結侶同契往天陵山浩然有終焉之志及

西魏將獨孤信入洛署爲開府記室晞稱先被犬傷困篤不起有故人疑其所傷非猘書勸令起晞復書曰辱告存念見令起疾循復眷旨似疑吾所傷未必是猘吾豈顧其必猘但理契無疑耳就足下疑之亦有過說足下既疑其非猘亦可疑其是猘其疑半矣若疑其是猘而營護雖猘亦無損疑其非猘而不療儻是猘則難救然則過療則致萬全過不療或至死若王晞無可惜也則不足取既取之便是可惜柰何奪其萬全任其或死且將軍威德所被飈飛霧龕方掩八紘豈在一介若必從隗始先須濟其生靈足下何必從容爲將軍言也於是方得寬俄而信返晞遂歸鄴齊神武訪朝廷子弟忠孝謹密者令與諸子遊晞與清河崔瞻頓丘李度范陽盧正通首應此選文襄時爲大將軍握晞等手曰我兒弟並向成長志識未定近善狎惡不能不移吾兒弟成立不負義方卿禄位常亞吾兒弟若苟使迴邪致相詿誤罪及門族非止一身晞隨神

武到晉陽補中外府功曹參軍帶常山公演友
齊天保初行太原郡事及文宣昏逸常山王數
諫帝疑王假辭於晞欲加大辟王私謂晞曰博
士明日當作一條事爲欲相活亦圖自全宜深
體勿怪乃於衆中杖晞二十帝尋發怒聞晞得
杖以故不殺髡鉗配甲方居三年王又固諫爭
大被毆撻閉口不食太后極憂之帝謂左右曰
儻小兒死奈我老母何於是每問王疾謂曰努
力強食當以王晞還汝乃釋晞令往王抱晞曰

北齊列傳二十三　五

吾氣力惙然恐不復相見晞流涕曰天道神明
豈令殿下遂斃此舍主尊親爲人兄尊爲人主
安可與校計殿下不食太后亦不食殿下縱不
自惜不惜太后乎言未卒王強坐而飯晞由是
得免徒還爲王友王復錄尚書事新除官者必
詣王謝職去必辭晞言於王曰受爵天朝拜恩
私第自古以爲干紀朝廷文武出入辭謝宜一
約絕主上顒顒賴殿下扶翼王納焉常從容謂
晞曰主上起居不恒卿耳目所具吾豈可以前

逢一怒遂爾結舌卿宜爲撰諫草吾當伺便極
諫晞遂條十餘事以呈切諫王曰今朝廷乃爾
欲學介子之夫輕一朝之命狂藥令人不自覺
刀箭豈復識親疏一旦禍出理外將奈殿下家
業何奈皇太后何乞且將順日愼一日王歔欷
不自勝曰乃至是乎明日見晞曰吾長夜九思
今便息意便命火對晞焚之後王承間苦諫遂
至忤旨帝使力士反接拔白刃注頸罵曰小子
何知欲以吏才非我是誰教汝王曰天下噤口

【北齊列傳第二十三　六

除臣誰敢有言帝催遣捶楚亂杖扶數十會
醉臥得解亦後褻黷之好遍於宗戚所往留連俾
晝作夜唯常山邸多無適而去及帝崩濟南嗣
立王謂晞曰一人垂拱吾曹亦保優閑因言朝
廷寬仁慈恕眞守文良主晞曰天保享祚東宮
委一胡人今卒覽萬機駕馭雄傑如聖德幼冲
未堪多難而使他姓出納詔命必權有所歸殿
下雖欲守藩職其可得也假令得遂冲退自謂
保家祚得靈長不王默然思念久之曰何以處

我晞曰周公抱成王朝諸侯攝政七年然後復
子明辟幸有故事惟殿下慮之王曰我安敢自
擬周公晞曰殿下今日地望欲避周公得耶王不
荅帝臨發勑王從駕除晞并州長史及王至
鄴誅楊燕等詔以王爲大丞相都督中外諸軍
事都督攝文武還至并乃延晞謂曰不早用卿
言使羣小弄權幾至傾覆今君側雖獲暫清終
當何以處我晞曰殿下將往時地位猶可以名
教出處今日事勢遂關天時非復人理所及有

頃奏趙郡王叡爲左長史晞爲司馬每夜載入
晝則不語以晞儒緩恐不允武將之意後進晞
密室曰比王侯諸貴每見煎迫言我違天不祥
恐當或有變起吾正欲以法繩之晞曰朝廷比
者疎遠親戚寧思骨血之重殿下倉卒所行非
復人臣之事芒刺在背交戟入頸上下相疑何
由可久且天道不恒虧盈迭至神幾變化肸蠁
斯集雖執謙抱枇糠神器便是違上玄之意墜
先帝之基王曰卿何敢發非所宜言須致卿於

法晞曰竊謂天時人事同無異謀是以冒犯雷
霆不憚斧鉞今日得披肝膽抑亦神明攸贊王
曰拯難匡輔方俟聖哲吾何敢私議幸勿多言
尋有詔以丞相任重普進府僚一班晞以司馬
領吏部郎中丞相從事中郎陸杳將出使臨别
握晞手曰相王功格區宇天下樂推歌謡滿道
物無異望杳等願披赤心而忽奉外使無由面
盡短誠寸心謹以仰白晞尋述杳言王曰若内
外咸有異望趙彦深朝夕左右何因都無所論

自以卿意試密與言之晞以事體因隙問彦深
曰我比亦驚此音謡每欲陳聞則口噤心戰弟
既發論吾亦昧死一披肝膽因亦同勸是時諸
王公將校四方岳牧表陳符命乾明元年八月
昭帝踐祚詔晞曰何爲自同外客略不可見自
今假非局司但有所懷隨宜作一牒候少隙即
徑進也因勑尚書陽休之鴻臚卿崔劼等三人
每日本職務罷並入東廊共舉録歷代廢禮墜
樂職司廢置朝饗異同輿服增損或道德高儁

久在沉淪或巧言眩俗妖邪害政爰及田市舟車徵税通塞婚葬儀軌貴賤齊衰有不便於時而古今行用不已者或自古利用而當毀棄者悉令詳思以漸條奏未待頓備遇憶續聞朝晡給與御食畢景聽還時百官請建東宮勑未許每令晞就東堂監視太子冠服導引趨拜爲太子太傅晞以局司奉璽綬皇太子釋奠又兼中庶子帝謂曰今既當劇職不得尋常舒慢也帝將北征勑問外間比何所聞晞曰道路傳言車

駕將行帝曰庫莫奚南侵我未經親戎因此聊欲習武晞曰鑾駕巡狩爲復何爾若輕有驅使恐天下失望帝曰此懦夫常慮吾自當臨時斟酌帝使齋帥裴澤主書蔡暉伺察群下好相誣者朝士呼爲裴蔡時二人奉車駕北征後人言陽休之王晞數與諸人遊宴不以公事在懷帝杖休之晞脛各四十帝斬人於前問晞曰此人合死不晞曰罪實合死但恨其不得死地臣聞刑人於市與衆棄之殿廷非殺戮之所帝改容

曰自今當爲王公改之帝欲以晞爲侍中苦辭不受或勸晞勿自踈晞曰我少年以來閱要人多矣充屈少時鮮不敗績且性實踈緩不堪時務人主恩私何由可保萬一披猖求退無地非不愛作熱官但思之爛熟耳百官嘗賜射晞中的當得絹爲不書箭有司不與晞陶陶然曰我今可謂武有餘文不足矣晞無子帝將賜之妾使小黃門就宅宣旨皇后相聞晞妻晞令妻答妻終不言晞以手拊肩而退帝聞之笑孝昭崩

哀慕殆不自勝因以羸敗武成本忿其儒緩由是彌嫌之因奏事大被訶叱而雅步晏然歷東徐州刺史祕書監武平初遷大鴻臚加儀同三司監脩起居注待詔文林館性閑淡寡欲雖王事鞅掌而雅操不移在并州雖戎馬填閭未嘗以世務爲累良辰美景嘯咏遨遊登臨山水以談讌爲事人士謂之物外司馬嘗詣晉祠賦詩曰日落應歸去魚鳥見留連忽有相王使至召晞不時至明日丞相西閤祭酒盧思道謂晞曰

昨被召已朱顏得不以魚鳥致怪晞緩笑曰昨
晚陶然頗以酒漿被責卿輩亦是留連之一物
豈直在魚鳥而已及晉陽陷敗與同志避周兵
東北走山路險迥懼有土賊而晞温酒服膏曾
不一廢每未肯去行侶尤之晞曰莫尤我我行
事若不悔久作三公矣齊亡周武以晞為儀同
大將軍太子諫議大夫隋開皇元年卒於洛陽
年七十一儀同三司曹州刺史

列傳第二十三　北齊書三十一

列傳第二十四　北齊書三十二

隋太子通事舍人李　百藥　撰

陸法和

王琳

陸法和不知何許人也隱於江陵百里洲衣食居處一與苦行沙門同耆老自幼見之容色常不定人莫能測也或謂自出嵩高遍遊遐邇既入荆州汶陽郡高要縣之紫石山無故捨所居山俄有蠻賊文道期之亂時人以為預見萌兆及侯景始告降於梁法和謂南郡朱元英曰貧道共檀越擊侯景去元英曰侯景為國立効師云擊之何也法和曰正自如此及景渡江法和時在青谿山元英往問曰景今圍城其事云何法和曰凡人取果宜待熟時不撩自落檀越但待侯景熟何勞問也固問之乃曰亦剋亦不剋景遣將任約擊梁湘東王於江陵法和乃詣湘東乞征約召諸蠻弟子八百人在江津二日便發湘東遣胡僧祐領千餘人與同行法和登艦

大笑曰無量兵馬江陵多神祠人俗恒所祈禱自法和軍出無復一驗人以爲神皆從行故也至赤沙湖與約相對法和乘輕舸不介冑沿流而下去約軍一里乃還謂將士曰聊觀彼龍睡不動吾軍之龍甚自踊躍即攻之若得待明日當不損客主一人而破賊然有惡處遂縱火舫於前而逆風不便法和執白羽麾風風勢即返約衆皆見梁兵步於水上於是大潰皆投水而死約逃竄不知所之法和曰明日午時當得及

期而未得人問之法和曰吾前於此洲水乾時建一刹語檀越等此雖爲刹實是賊標今何不向標下求賊也如其言果於水中見約抱刹仰頭裁出鼻遂擒之約言求就師目前死法和曰檀越有相必不兵死且於王有緣決無他慮王於後當得檀越力耳湘東果釋用爲郡守及魏圍江陵約以兵赴救力戰焉法和既平約往進見王僧辯於巴陵謂曰貧道已斷侯景臂其更何能爲檀越宜即遂取乃請還謂湘東王曰

侯景自然平矣無足可慮蜀賊將至法和請守巫峽待之乃揔諸軍而往親運石以填江三日水遂分流橫之以鐵鏁武陵王紀果遣蜀兵來渡峽口勢蹙進退不可王琳與法和經略一戰而殄之軍次白帝謂人曰諸葛孔明可謂名將吾自見之此城旁有其埋弩箭鏃一斛許因插表令掘之如其言又嘗至襄陽城北大樹下畫地方二尺令弟子掘之得一龜長尺半以杖叩之曰汝欲出不能得已數百歲不逢我者豈見

天日乎爲受三歸龜乃入草初八疊山多惡疾人法和爲采藥療之不過三服皆差即求爲弟子山中毒虫猛獸法和授其禁戒不復噬螫所泊江湖必於峯側結表云此處放生漁者皆無所得才有少獲輒有大風雷舡人懼而放之風雨乃定晚雖將兵猶禁諸軍漁捕有竊違者中夜猛獸必來欲噬之或亡其舡纜有小弟子戲截蛇頭來詣法和法和曰汝何意殺蛇因指以示之弟子乃見蛇頭齰袴襠而不落法和使懺

悔爲虵作功德又有人以牛試刀一下而頭斷來詣法和法和曰有一斷頭牛就卿徵命殊急若不爲作功德一月内報至其人弗信少日果死法和又爲人置宅圖墓以避禍求福嘗謂人曰勿繫馬於碓其人行過鄉曲門側有碓因繫馬於其柱入門中憶法和戒走出將解之馬已斃矣梁元帝以法和爲都督郢州刺史封江乘縣公法和不稱臣其啓文朱印名上自稱司徒梁元帝謂其僕射王襃曰我未嘗有意用陸爲

三公而自稱何也襃曰彼既以道術自命容是先知梁元帝以法和功業稍重遂就加司徒都督刺史如故部曲數千人通呼爲弟子唯以道術爲化不以法獄加人又列肆之内不立市丞牧佐之法無人領受但以空檻籥在道間上開一孔受錢賈客店人隨貨多少計其估限自委檻中行掌之司夕方開取條其孔目輸之於庫又法和平常言若不出口時有所論則雄辯無敵然猶帶蠻音善爲攻戰具在江夏大聚兵艦

欲襲襄陽而入武關梁元帝使止之法和曰法和是求佛之人尚不希釋梵天王坐處豈規王位但於空王佛所與主上有香火因緣見主人應有報至故求援耳今既被疑是業定不可改也於是設供食具大餚薄餅及魏舉兵法和自郢入漢口將赴江陵梁元帝使人逆之曰此自能破賊但鎮郢州不須動也法和乃還州開其城門着麁白布衫布袴邪巾大繩束腰坐葦席終日乃脫之及聞梁元帝敗滅復取前凶服着

之哭泣受弔梁人入魏果見餚餅焉法和始於百里洲造壽王寺既架佛殿更截梁柱曰後四十許年佛法當遭雷電此寺幽僻可以免難及魏平荊州宮室焚燼揔管欲發取壽王佛殿嫌其材短乃停後周氏滅佛法此寺隔在陳境故不及難天保六年春清河王岳進軍臨江法和舉州入齊文宣以法和爲大都督十州諸軍事太尉公西南大都督五州諸軍事荊州刺史安湘郡公宋莅爲郢州刺史官爵如故莅弟蓮爲

散騎常侍儀同三司湘州刺史義興縣公梁將侯瑱來逼江夏齊軍棄城而退法和與宋莅兄弟入朝文宣聞其奇術虛心相見備三公鹵簿於城南十二里供帳以待之法和遥見鄴城下馬禹步辛術謂曰公既萬里歸誠主上虛心相待何爲作此術法和手持香爐步從路車至於館明日引見給通幰油絡網車伏身百人詣闕通名不稱官爵不稱臣但云荆山居士文宣宴法和及其徒屬於昭陽殿賜法和錢百萬物千

段甲第一區田一百頃奴婢二百人生資什物稱是宋莅千段其餘儀同刺史以下各有差法和所得奴婢盡免之曰各隨緣去錢帛散施一日便盡以官所賜宅營佛寺自居一房與凡人無異三年間再爲太尉世猶謂之居士無疾而告弟子死期至時燒香禮佛坐繩牀而終浴訖將斂屍小縮止三尺許文宣令開棺視之空棺而已法和書其所居壁而塗之及剥落有文曰十年天子爲尚可百日天子急如火周年天子

遞代坐又曰一母生三天兩天共五年說者以爲婁太后生三天子自孝昭即位至武成傳位後主共五年焉法和在荆郢有少姬年可二十餘自稱越姥身披法服不嫁恒隨法和東西或與其私通十有餘年今者賜棄別更他淫有司考驗並實越姥因爾改適生子數人

王琳字子珩會稽山陽人也父顯嗣梁湘東王國常侍琳本兵家元帝居藩琳姊妹並入後庭見幸琳由此未弱冠得在左右少好武遂爲將

帥太清二年侯景渡江遣琳獻米萬石未至都城陷乃中江沉米輕舸還荆州稍遷岳陽內史以軍功封建寧縣侯侯景遣將宋子仙據郢州琳攻尅之擒子仙又隨王僧辯破景後拜湘州刺史琳果勁絕人又能傾身下士所得賞物不以入家麾下萬人多是江淮群盜平景之勳與杜龕俱爲第一恃寵縱暴於建業王僧辯禁之不可懼將爲亂啓請誅之琳亦疑禍令長史陸納率部曲前赴湘州身徑上江陵將行謂納等

曰吾若不返子將安之咸曰請死相報泣而別
及至帝以下吏而廷尉卿黃羅漢太府卿張載
宣喻琳軍陸納等及軍人並哭對使者莫肯受
命乃執黃羅漢殺張載載性深刻為帝所信荊
州疾之如讎故納等因人之欲抽腸繫馬腳使
繞而走腸盡氣絕又臠割備五刑而斬之梁元
遣王僧辯討納納等敗走長沙是時湘州未平
武陵王兵又甚盛江陵公私恐懼人有異圖納
啓申琳罪請復本位永為奴婢梁元乃鎖琳送

長沙時納兵出方戰會琳至僧辯升諸樓車以
示之納等投戈俱拜舉軍皆哭曰乞王郎入城即
出及放琳入納等乃降湘州平仍復大位使琳
拒蕭紀紀平授衡州刺史梁元性多忌以琳所
部甚眾又得眾心故出之嶺外又受都督廣州
刺史其友主書李膺帝所任遇琳告之曰琳蒙
拔擢常欲畢命以報國恩今天下未平遷琳嶺
外如有萬一不虞安得琳力忖官正疑琳分望有
限可得與官爭為帝乎何不以琳為雍州刺史

使鎮武寧琳自放兵作田為國御捍若警急動
靜相知孰若遠棄嶺南相去萬里一日有變將
欲如何琳非願長坐荊南正以國計如此耳膺
然其言不敢啓故遂率其眾鎮嶺南梁元為魏
圍逼乃徵琳赴援除湘州刺史琳師次長沙知
魏平江陵已立梁王詧乃為梁元舉哀三軍縞
素遣別將侯平率舟師攻梁琳屯兵長沙傳檄
諸方為進趣之計時長沙藩王蕭韶及上游諸
將推琳主盟侯平雖不能渡江頻破梁軍又以

琳兵威不接翻更不受指麾琳遣將討之不剋
又師老兵疲不能進乃遣使奉表詣齊并獻馴
象又使獻款于魏求其妻子亦稱臣于梁陳霸
先既殺王僧辯推立敬帝以侍中司空徵琳不
從命乃大營樓艦將圖義舉琳將帥各乘一艦
每行戰艦以千數以野豬為名陳武帝遣將侯
安都周文育等誅琳琳乃受梁禪安都歎曰我其
敗乎師無名矣逆戰於沌口琳乘平肩輿執鉞
而麾之禽安都文育其餘無所漏唯以周鐵虎

一人皆恩斬之鏁安都文育眞琳所坐艦中令一閤竪監守之琳乃移湘州軍府就郢城帯甲十萬練兵於白水浦琳巡軍而言曰可以爲勤王之師矣温太眞何人哉江南渠帥熊曇朗周迪懷貳琳遣李孝欽樊猛與余孝頃同討之三將軍敗並爲敵所囚安都文育等盡逃還建業初魏剋江陵之時永嘉王莊年甫七歳逃匿人家後琳迎還湘中衛送東下及敬帝立出質于齊請納莊爲梁主文宣遣兵援送仍遣兼中書

令李騊駼冊拜琳爲梁丞相都督中外諸軍録尚書事舍人辛慤游詮之等齎璽書江表宣勞自琳以下皆有頒賜琳乃遣兄子叔寶率所部十州刺史子弟赴鄴奉莊纂梁祚於郢州莊授琳侍中使持節大將軍中書監改封安城郡公其餘並依齊朝前命及陳霸先即位琳乃輔莊次于濡須口齊遣揚州道行臺慕容儼率衆臨江爲其聲援陳遣安州刺史吳明徹江中夜上將襲湓城琳遣巴陵太守任忠大敗之明徹僅

以身免琳兵思東下陳遣司空侯安都等拒之侯瑱等以琳軍方盛引軍入蕪湖避之時西南風忽至琳謂得天道將直取揚州侯瑱等徐出蕪湖躡其後比及兵交西南風翻爲瑱用琳兵放火燧以擲舡者皆反燒其舡琳舡艦潰亂兵士透水死十二三其餘皆棄舡上岸爲陳軍所殺殆盡初琳命左長史袁泌御史中丞劉仲威同典兵侍御莊及軍敗泌遂降陳仲威以莊投歷陽琳尋與莊同降鄴都孝昭帝遣琳出合肥

鳩集義故更圖進取琳乃繕艦分遣招募淮南傖楚皆願戮力陳合州刺史裴景暉琳兄珉之壻也請以私屬導引齊師孝昭委琳與行臺右丞盧潛率兵應赴沉吟不決景暉懼事泄挺身歸齊孝昭賜琳璽書令鎮壽陽其部下將帥悉聽以行乃除琳驃騎大將軍開府儀同三司揚州刺史封會稽郡公又增兵秩兼給鐃吹琳水陸戒嚴將觀釁而動屬陳氏結好於齊使琳更聽後圖琳在壽陽與行臺尚書盧潛不協更相

是非被召還鄴武成弘而不問除滄州刺史後以琳爲特進侍中所居屋脊無故剥破出赤蛆數升落地化爲血蠕蠕而動又有龍出於門外之地雲霧起晝晦會陳將吴明徹來寇帝勑領軍將軍尉破胡等出援秦州令琳共爲經略琳謂所親曰今太歲在東南歲星居斗牛分太白已高皆利爲客我將有喪又謂破胡曰吴兵甚鋭宜長策制之慎勿輕鬬破胡不從遂戰軍大敗琳單馬突圍僅而獲免還至彭城帝令便赴

壽陽并許召募又進封琳巴陵郡王陳將吴明徹進兵圍之堰淝水灌城而皮景和等屯於淮西竟不赴救明徹晝夜攻擊城内水氣轉侵人皆患腫死病相枕從七月至十月城陷被執百姓泣而從之吴明徹恐其爲變殺之城東北二十里時年四十八哭者聲如雷有一叟以酒脯來酹盡哀收其血懷之而去傳首建康懸之於市琳故吏梁驃騎府倉曹參軍朱瑒致書陳尚書僕射徐陵求琳首曰竊以朝市遷貿傳骨

梗之風歷運推移表忠貞之跡故典午將滅徐廣爲晉家遺老當塗已謝馬孚稱魏室忠臣用能播美於前書垂名於後世梁故建寧公琳洛濱餘胄沂州舊族立功代邸効績中朝當離亂之辰揔方伯之任尒乃輕躬殉主以身許國寔是追蹤於往彥信踵武於前脩而天厭梁德上慜匡繼徒蘊包胥之念終遘萇弘之眚洎王業光啓鼎祚有歸於是遠跡山東寄命河北雖輕旅臣之歎猶懷客卿之禮感兹知己忘此捐軀至使

身没九泉頭行千里誠復馬革裹屍遂其生平之志原野暴骸會彼人臣之節然身首異處有足悲者封樹靡卜良可愴焉瑒早簉末席降薛君之吐握荷魏公之知遇是用霑巾雨袂痛可識之顔回腸疾首切猶生之面伏惟聖恩博厚明詔爰發赦王經之哭許田横之葬瑒雖芻賤竊亦有心琳經蒞壽陽頗存遺愛曾遊江右非無餘德比肩東閣之吏繼踵西園之賓願歸彼境還脩窀穸庶孤墳既築或飛銜土之燕豐碑

式樹時留隱淚之人近故舊王綰等已有論牒何冢制議不遂所陳昔廉公告逝即泗川而建塋域孫叔云亡仍芍陂而植楸檟由此言之抑有其例不使壽春城下唯傳報葛之人滄州島上獨有悲田之客昧死陳祈伏待刑憲陵嘉其志節又明徹亦數夢琳求首並爲啟陳主而許之仍與開府儀同主簿劉韶慧等持其首還于淮南權瘞八公山側義故會葬者數千人瑒等乃問道北歸別議迎接尋有揚州人茅知勝等

五人密送葬柩達于鄴贈十五州諸軍事揚州刺史侍中特進開府錄尚書事謚曰忠武王葬給轀輬車琳體皃閑雅立髮委地喜怒不形於色雖無學業而強記內敏軍府佐吏千數皆識其姓名刑罰不濫輕財愛士得將卒之心少任將帥屢經喪亂雅有忠義之節雖本圖不遂鄴人亦以此重之待遇甚厚及敗爲陳軍所執吳明徹欲全之而其下將領多琳故吏爭來致請并相資給明徹由此忌之故及於難當時田夫野老知與不知莫不爲之歔欷流泣觀其誠信感物雖李將軍之恂恂善誘殆無以加焉琳十七子長子敬在齊襲王爵武平末通直常侍第九子衍隋開皇中開府儀同三司大業初卒於渝州刺史

列傳第二十四　北齊書三十二

列傳第二十五　北齊書三十三

隋太子通事舍人李　百藥　撰

蕭明

蕭祗

蕭退

蕭放

徐之才

蕭明蘭陵人梁武帝長兄長沙王懿之子在其本朝甚爲梁武所親愛少歷顯職封須陽侯太清中以爲豫州刺史梁主既納侯景詔明率水陸諸軍趨彭城大圖進取又命兗州刺史南康嗣王會理揔馭羣帥指授方略明渡淮未幾官軍破之盡俘其衆魏帝升門樓觀引見明及諸將帥釋其禁送於晉陽世宗禮明甚重謂之曰先王與梁主和好十有餘年聞彼禮佛文常云奉爲魏主并及先王此甚是梁主厚意不謂一朝失信致此紛擾自出師薄伐無戰不克無城不陷

今自欲和非是力屈境上之事知非梁主本心當是侯景違命扇動耳侯可遣使諮論若猶存先王分義重成通和者吾不敢違先王之旨侯及諸人並即放還於是使人以明書告梁主梁主乃致書以慰世宗天保六年梁元爲西魏所滅顯祖詔立明爲梁主前所獲梁將湛海珍等皆聽從明歸令上黨王率衆以送是時梁太尉王僧辯司空陳霸先在建康推晉安王方智爲丞相顯祖賜僧辯霸先璽書僧辯未奉詔上黨王進軍明又與僧辯書往復再三陳禍福僧辯初不納既而上黨王破東關斬裴之橫江表危懼僧辯乃啓上黨求納明遣舟艦迎接王饗梁朝將士及與明刑牲歃血載書而盟於梁輿東度齊師北反侍中裴英起衛送明入建康遂稱尊號改承聖四年爲天成元年大赦天下宇文黑獺賊詧等不在赦例以方智爲太傅授王僧辯大司馬明上表遣第二息章馳到京都拜謝宮闕冬霸先襲殺僧辯復立方智以明爲太

傳建安王霸先奉表朝廷云僧辯陰謀篡逆故誅之方智請稱臣永爲藩國齊遣行臺司馬恭及梁人盟於歷陽明年詔徵明霸先猶稱藩將遣使送明會明疽發背死梁將王琳在江上與霸先相抗顯祖遣兵納梁永嘉王蕭莊主梁祀九年二月自盆城濟江三月即帝位於郢州年號天啓王琳揔其軍國追謚明曰皇帝明年莊爲陳人所敗遂入朝封爲侯朝廷許以興復竟不果後主亡之日莊在鄴飲氣而死

蕭祗字敬式梁武弟南平王偉之子也少聰敏美容儀在梁封定襄侯位東揚州刺史于時江左承平政寬人慢祗獨莅以嚴切梁武悅之遷北兗州刺史太清二年侯景圍建鄴祗聞臺城失守遂來奔以武定七年至鄴文襄令魏收邢邵與相接對歷位太子少傅領平陽王師封清河郡公齊天保初授右光祿大夫領國子祭酒時梁元帝平侯景復與齊通好文宣欲放祗等還南俄而西魏尅江陵遂留鄴都卒贈中書監車衞大將軍揚州刺史

蕭退梁武帝弟司空鄱陽王恢之子也退在梁封湘潭侯位青州刺史建鄴陷與從兄祗俱入東魏齊天保中位金紫光祿大夫卒子慨深沉有禮樂善好學攻草隸書南士中稱爲長者歷著作佐郎待詔文林館卒於司徒從事中郎

蕭放字希逸隨父祗至鄴祗卒放居喪以孝聞所居廬室前有慈烏來集各據一樹爲巢自午以前馴庭飲啄午後更不下樹每臨時舒翅悲

鳴全似哀泣家人則之未常有闕時以爲至孝之感服闋襲爵武平中待詔文林館放性好文詠頗善丹青因此在宮中披覽書史及近世詩賦監畫工作屏風等雜物見知遂被眷待累遷太子中庶子散騎常侍

徐之才丹陽人也父雄事南齊位蘭陵太守以醫術爲江左所稱之才幼而儁發五歲誦孝經八歲略通義旨曾與從兄康造梁太子詹事汝南周捨宅聽老子捨爲設食乃戲之曰徐郎不

用心思義而但事食乎之才荅曰蓋聞聖人虛
其心而實其腹捨嗟賞之年十三召爲太學生
粗通禮易彭城劉孝綽河東裴子野吳郡張嵊
等每共論周易及喪服儀酬應如響咸共歎曰
此神童也孝綽又云徐郎燕頷有班定遠之相
陳郡袁昂領丹陽尹辟爲主簿人務事宜皆被
顗訪郡廨遭火之才起望夜中不著衣披紅服
帕出房映光爲昂所見功曹白請免職昂重其
才術仍特原之豫章王綜出鎮江都復除豫章

王國右常侍又轉綜鎮北主簿及綜入魏三軍
散走之才退至呂梁橋斷路絕遂爲魏統軍石
茂孫所止綜入魏旬月位至司空魏聽綜收斂
僚屬乃訪之才在彭泗啓魏帝云之才大善醫
術兼有機辯詔徵之才孝昌二年至洛勅居南
館禮遇甚優謇子踐啓求之才還宅之才藥石
多効又闚涉經史發言辯捷朝賢競相要引爲
之延譽武帝時封昌安縣侯天平中齊神武徵
赴晉陽常在內館禮遇稍厚武定四年自散騎

常侍轉祕書監文宣作相普加黜陟楊愔以其
南士之人不堪典祕書轉受金紫光祿大夫以
魏收代領之之才甚怏怏不平之才少解天文
兼圖讖之學共館客宋景業參校吉凶知午年
必有革易因高德政啓之文宣聞而大悅時自
婁太后及勳貴臣咸云關西既是勍敵恐其有
挾天子令諸侯之辭不可先行禪代事之才獨
云千人逐兔一人得之諸人咸息須定大業何
容翻欲學人又援引證據備有條目帝從之登

祚後彌見親密之才非唯醫術自進亦爲首唱
禪代又戲謔滑稽言無不至於是大被狎昵尋
除侍中封池陽縣伯見文宣政令轉嚴求出除
趙州刺史竟不獲述職猶爲弄臣皇建二年除
西兗州刺史未之官武明皇太后不豫之才療
之應手便愈孝昭賜采帛千段錦四百匹之才
既善醫術雖有外授頃即徵還既博識多聞由
是於方術尤妙大寧二年春武明太后又病之
才弟之範爲尚藥典御勅令診候內史皆令呼

太后爲石婆蓋有俗忌故改名以厭制之範出
告之才曰童謡云周里跂求伽豹祠嫁石婆斬
冢作媒人唯得一量紫綖靴今太后忽改名私
所致在之才曰跂求伽胡言去已豹祠嫁石婆
豈有好事斬冢作媒人但令合葬自斬冢唯得
紫綖靴者得至四月何者紫之爲字此下系綖
者熟當在四月之中之範問靴是何義之才曰
靴者革旁化寧是久物至四月一日后果崩有
人患脚跟腫痛諸醫莫能識之才曰蛤精疾也

由乘船入海垂脚水中疾者曰實曾如此之才
爲剖得蛤子二大如榆莢又有以骨爲刀子靶
者五色斑斕之才曰此人瘤也問得處云於古
冢見髑髏額骨長數寸試削視有文理故用之
其明悟多通如此天統四年累遷尚書左僕射
俄除兗州刺史特給鐃吹一部之才醫術最高
偏被命召武成酒色過度怳惚不恒曾病發自
云初見空中有五色物稍近變成一美婦人去
地數丈亭亭而立食頃變爲觀世音之才云此

色欲多大虛所致即處湯方服一劑便覺稍遠
又服還變成五色物數劑湯疾竟愈帝每發動
暫遣騎追之針藥所加應時必效故頻有端執
之舉入秋武成小定更不發動和士開欲依次
轉進以之才附籍兗州即是本屬遂奏附除刺
史以胡長仁爲右僕射及十月帝又病動語士
開云恨用之才外任使我辛苦其月八日勅驛
追之才帝以十日崩之才十一日方到既無所
及復還赴州在職無所侵暴但不甚閑法理頗

亦疎慢用捨自由五年冬後主徵之才尋左僕
射闕之才曰自可復禹之績武平元年重除尚
書左僕射之才於和士開陸令萱母子曲盡卑
狎二家苦疾救護百端由是遷尚書令封西陽
郡王祖珽執政除之才侍中太子太師之才恨
曰子野沙汰我珽目疾故以師曠比之之才聰
辯強識有兼人之敏尤好劇談體語公私言聚
多相嘲戲鄭道育常戲之才爲師公之才曰既
爲汝師又爲汝公在三之義頓居其兩又嘲王

斨姓云有言則訌近犬便狂加頸足而爲馬施角尾而爲羊盧元明因戲之才云卿姓是夫入人名是字之誤即荅云卿姓在亡爲虐在丘爲虛生男則爲虜養馬則爲驢又嘗與朝士出遊遥望羣犬競走諸人試令目之才即應聲云爲是宋鵲爲是韓盧爲逐李斯東走爲負帝女南徂李諧於廣坐因稱其父名曰卿嗜熊白生否之才曰平耳又曰卿此言於理平否諧遽出避之道逢其甥高德正德正曰舅顏色何不

悦諧告之故德正徑造坐席連索熊白之才謂坐者曰箇人諱底衆莫知之才曰生不爲人所知死不爲人所諱此何足問唐邕白建方貴時人言云并州赫赫唐與白之才蔑之元日對邕爲諸令史祝曰見卿等位當作唐白又以小史好爵筆故嘗執管就元文遥口曰借君齒其不遜如此歷事諸帝以戲狎得寵武成生齻牙問諸醫尚藥典御鄧宣文以實對武成怒而撻之後以問之才拜賀曰此是智牙生智牙者聰明長壽武成悦而賞之爲僕射時語人曰我在江東見徐勉作僕射朝士莫不佞之今我亦是徐僕射無一人佞我何由可活之才妻魏廣陽王妹之才從文襄求得爲妻和士開知之乃淫其妻之才遇見而避之退曰妨少年戲笑其寬縱如此年八十卒贈司徒公録尚書事謚曰文明長子林字少卿太尉司馬次子同卿太子庶子之才以其無學術每歎云終恐同廣陵散矣弟之範亦醫術見知位太常卿特聽襲之才爵西陽王入周授儀同大將軍開皇年中卒

列傳第二十五　北齊書三十三

此卷與北史同

隋太子通事舍人李百藥撰

楊愔　燕子獻　宋欽道　鄭頤

楊愔字遵彦小名秦王弘農華陰人父津魏時累爲司空侍中愔兒童時口若不能言而風度深敏出入門閭未嘗戲弄六歲學史書十一受易好左氏春秋幼喪母曾詣舅源子恭子恭與之飲問讀何書曰誦詩子恭曰誦至渭陽未邪愔便號泣感噎子恭亦對之歔欷遂爲之罷酒

子恭後謂津曰常謂秦王不甚察慧從今已後更欲刮目視之愔一門四世同居家甚隆盛昆季就學者三十餘人學庭前有柰樹實落地羣兒咸爭之愔頹然獨坐其季父暐適入學館見之大用嗟異顧謂賓客曰此兒恬裕有我家風宅內有茂竹遂爲愔於林邊別葺一室命獨處其中常以銅盤具盛饌以飯之因以督厲諸子曰汝輩但如遵彦謹慎自得竹林別室銅盤重肉之食愔從父兄黃門侍郎昱特相器重曾謂人曰此兒駒齒未落已是我家龍文更十歲後當求之千里外昱嘗與十餘人賦詩愔一覽便誦無所遺失及長能清言美音制風神俊悟容止可觀人士見之莫不敬異有識者多以遠大許之正光中隨父之并州性既恬默又好山水遂入晉陽西懸甕山讀書孝昌初津爲定州刺史愔亦隨父之職以軍功除羽林監賜爵魏昌男不拜及中山爲杜洛周陷全家被囚縶未幾洛周滅又沒葛榮榮欲以女妻之又逼以僞職愔

乃託疾密含牛血數合於衆中吐之仍佯瘖不語榮以爲信然乃止永安初還洛拜通直散騎侍郎時年十八元顥入洛時愔從父兄侃爲北中郎將鎮河梁愔適侃處便屬乘輿失守夜至河侃雖奉迎車駕北渡而潛欲南奔愔固諫止之遂相與扈從達建州除通直散騎常侍愔以世故未夷志在潛退乃謝病與友人中直侍郎河間邢邵隱於嵩山及莊帝誅爾朱榮其從兄侃參讚帷幄朝廷以其父津爲并州刺史北道

大行臺愔隨之任有邯鄲人楊寬者求義從出藩愔請津納之俄而孝莊幽崩愔時適欲還都行達邯鄲過楊寬家為寬所執至相州見刺史劉誕以愔名家盛德甚相哀念付長史慕容白澤禁止焉遣隊主鞏榮貴防禁送都至安陽亭愔謂榮貴曰僕家世忠臣輸誠魏室家亡國破一至於此雖曰囚虜復何面目見君父之讎得自縊於一繩傳首而去君之惠也榮貴深相憐感遂與俱逃愔乃投高昂兄弟既潛竄累載屬

神武至信都遂投刺轅門便引見賛揚興運陳訴家禍言辭哀壯涕泗橫集神武為之改容即署行臺郎中大軍南攻鄴楊寬於馬前叩頭請罪愔謂曰人不識恩義蓋亦常理我不恨卿無假驚怖時鄴未下神武命愔作祭天文燎畢而城陷由是轉大行臺右丞于時霸圖草創軍國務廣文檄教令皆自愔出及崔㥄遭離家難以喪禮自居所食唯鹽米而已哀毀骨立神武愍之恒相開慰及韓陵之戰愔每陣先登朋僚咸

共怪歎曰楊氏儒生今遂為武士仁者必勇定非虛論頃之表請解職還葬一門之內贈太師太傅丞相大將軍者二人太尉錄尚書及中書令者三人僕射尚書者五人刺史太守者二十餘人追榮之盛古今未之有也及喪柩進發吉凶儀衛亘二十餘里會葬者將萬人是日隆冬盛寒風雪嚴厚愔跣步號哭見者無不哀之尋徵赴晉陽仍居本職愔從兄幼卿為岐州刺史以直言忤旨見誅愔聞之悲懼因哀感發疾後

取急就鴈門溫湯療疾郭秀素害其能因致書恐之曰高王欲送卿於帝所仍勸其逃亡愔遂棄衣冠於水濱若自沉者變易名姓自稱劉士安入嵩山與沙門曇謨徵等屏居削迹又潛之光州因東入田橫島以講誦為業海隅之士謂之劉先生太守王元景陰佑之神武知愔存遺愔從兄寶猗齎書慰喻仍遣光州刺史奚思業令搜訪以禮發遣神武見之悅除太原公開府司馬轉長史復授大行臺右丞封華陰縣侯遷

給事黃門侍郎妻以庶女又兼散騎常侍爲聘梁使至碻磝戍州內有愔家舊佛寺精廬禮拜見太傅容像悲感慟哭歐血數升遂發病不成行輿疾還鄴久之以本官兼尚書吏部郎中武定末以望實之美超拜吏部尚書加侍中衞將軍侍學典選如故天保初以本官領太子少傅別封陽夏縣男又詔監太史遷尚書右僕射尚太原長公主即魏孝靜后也會有雉集其舍又拜開府儀同三司尚書右僕射改封華山郡公

九年徙尚書令又拜特進驃騎大將軍十年封開封王文宣之崩百僚莫有下淚愔悲不自勝濟南嗣業任遇益隆朝章國命一人而已推誠體道時無異議乾明元年二月爲昭帝所誅時年五十天統末追贈司空愔貴公子早著聲譽風表鑒裁爲朝野所稱家門遇禍唯有二弟一妹及孫兄女數人撫養孤幼慈旨温顏咸出人表重義輕財前後賜與多散之親族羣從弟姪十數人竝待而舉火頻遭迍厄冒履艱危一飡之惠酬荅必重姓名之讎捨而不問典選二十餘年奬擢人倫以爲己任然取士多以言貌時致謗言以爲愔之用人似貧士市瓜取其大者愔聞不屑焉其聰記強識半面不忘每有所召問或單稱姓或單稱名無有誤者後有選人魯漫漢自言猥賤獨不見識愔曰卿前在元子思坊騎禿尾草驢經見我不下以方麴鄣面我何不識卿漫漢驚服人調之曰名以定體漫漢果自不虛又令吏唱人名誤以盧士深爲士琛士

深自言愔曰盧郎玉潤所以從玉自尚公主後衣紫羅袍金鏤大帶遇李庶頗以爲耻謂曰我此衣服都是內裁旣見子將不能無愧及居端揆權綜機衡千端萬緒神無滯用自天保五年已後一人喪德維持匡救實有賴焉每天子臨軒公卿拜授施號發令宣揚詔冊愔辭氣温辯神儀秀發百僚觀聽莫不悚動自居大位門絕私交輕貨財重仁義前後賞賜積累巨萬散之九族架篋之中唯有書數千卷太保平原王隆

之與愔隣宅愔嘗見其門外有富胡數人謂左右曰我門前幸無此物性周密畏慎恒若不足每聞後命愀然變色文宣大漸以常山長廣二王位地親逼深以後事爲念愔與尚書右僕射平秦王歸彦侍中燕子獻黄門侍郎鄭子默受遺詔輔政並以二王威望先重咸有猜忌之心初在晉陽以大行在殯天子諒闇議令常山王在東館欲奏之事皆先諮决二旬而止仍欲以常山王隨梓宮之鄴留長廣王鎮晉陽執政復

生疑貳兩王又俱從至于鄴子獻立計欲處太皇太后於北宮政歸皇太后又自天保八年已來爵賞多濫至是愔先自表解其開府封王諸叨竊恩榮皆從黜免由是嬖寵失職之徒盡歸心二叔高歸彦初雖同德後尋反動以疎忌之跡盡告两王可朱渾天和又每云若不誅二王少主無自安之理欽道面奏帝稱二叔威權既重宜速去之帝不許曰可與令公共詳其事愔等議出二王爲刺史以帝仁慈恐不可所奏乃

通啓皇太后具述安危有宫人李昌儀者北豫州刺史高仲密之妻坐仲密事入宫太后與昌儀宗情甚相昵愛太后以啓示之昌儀密啓太皇太后愔等又議不可令二王俱出乃奏以長廣王爲大司馬并州刺史常山王爲太師録尚書事及二王拜職於尚書省大會百僚愔等並將同赴子默止之云事不可量不可輕脱愔云吾等至誠體國豈有常山拜職有不赴之理何爲忽有此慮長廣旦伏家僮數十人於録尚書

後室仍與席上勲貴數人相知并與諸勲冑約行酒至愔等我各勸雙盃彼必致辭我一曰捉酒二曰捉酒三曰何不捉爾輩即捉及宴如之愔大言曰諸王構逆欲殺忠良邪尊天子削諸侯赤心奉國未應及此常山王欲緩之長廣王曰不可於是愔及天和欽道皆被拳杖亂毆擊頭面血流各十人持之使薩孤康買執子默於尚藥局子默曰不用智者言以至於此豈非命也二叔率高歸彦 賀拔仁斛律金擁愔等唐突

入雲龍門見都督叱利騷招之不進使騎殺之
開府成休寧拒門歸彥賀拔仁斛律金擁愔等
唐突喻之乃得入送愔等於御前長廣王及歸
彥在朱華門外太皇太后臨昭陽殿太后及帝
側立常山王以塼叩頭進而言曰臣與陛下骨
肉相連楊遵彥等欲擅朝權威福自己王公以
還皆重足屏氣共相脣齒以成亂階若不早圖
必爲宗社之害臣與湛等爲國事重賀拔仁斛
律金等惜獻皇帝基業共執遵彥等領入宮未

敢刑戮專輒之失罪合萬死帝時嘿然領軍劉
桃枝之徒陛衛叩刀仰視帝不睨之太皇太后
令却仗不肯又厲聲曰奴輩即今頭落乃却因
問楊郎何在賀拔仁曰已出太皇太后愴然曰
楊郎所能留使不好耶乃讓帝曰此等懷逆欲
殺我二兒次及我爾何縱之帝猶不能言太皇
太后怒且悲王公皆泣太皇太后曰豈可使我
母子受漢老嫗斟酌太后拜謝常山王叩頭不
止太皇太后謂帝何不安慰爾叔帝乃曰天子

亦不敢與叔惜豈敢惜此漢輩但願乞兒性命
兒自下殿去此等任叔父處分遂皆斬之長廣王
以子默昔讒己作詔書故先拔其舌截其手太
皇太后臨愔喪哭曰楊郎忠而獲罪以御金爲
之一眼親內之曰以表我意常山王亦悔殺之
先是童謠曰白羊頭尾禿羖攊頭生角又曰羊
羊喫野草不喫野草遠我道不遠打爾腦又曰
阿麽姑禍也道人姑夫死也羊也角文爲用刀
道人謂廢帝小名太原公主嘗作尼故曰阿麽

姑愔子獻天和皆帝姑夫云於是乃以天子之
命下詔罪之罪止一身家口不問尋復簿錄五
家王晞固諫乃各沒一房孩幼兄弟皆除名遵
彥死仍以中書令趙彥深代總機務鴻臚少卿
陽休之私謂人曰將涉千里殺騏驎而策蹇驢
可悲之甚愔所著詩賦表奏書論甚多誅後散
失門生鳩集所得者萬餘言

燕子獻字季則廣漢下洛人少時相者謂之曰
使役在胡代富貴在齊趙其後遇宇文氏稱霸

關中用爲典籤將命使於茹茹子獻欲驗相者之言來歸高祖見之大悅尚淮陽公主甚被待遇顯祖時官至侍中開府濟南即位之後委任彌重除右僕射子獻素多力頭又少髮當狼狽之際排衆走出省門斛律光逐而擒之子獻歎曰丈夫爲計遲遂至於此矣可朱渾天和道元之季子弟也以道元勳重尚東平公主累遷領軍大將軍開府濟南王即位加特進改博陵公與楊愔同被殺

宋欽道廣平人魏吏部尚書弁孫也初爲大將軍主簿典書記後爲黃門侍郎又令在東宮教太子事鄭子默以文學見知亦被親寵欽道本文法吏諳識古今凡有疑事必詢於子默二人幸於兩宮雖諸王貴臣莫不敬憚欽道又遷祕書監與楊愔同詔贈吏部尚書趙州刺史

鄭頤字子默彭城人高祖據魏彭城守自榮陽徙焉頤聰敏頗涉文義初爲太原公東閤祭酒與宋欽道特相友愛欽道每師事之楊愔始輕宋鄭不爲之禮俄而自結人主與參顧命欽道復舊與濟南欵狎共相引致無所不言乾明初拜散騎常侍二人權勢之重與愔相埒

列傳第二十六　北齊書三十四

此卷與北史同

列傳第二十七　北齊書三十五

隋太子通事舍人李　百藥　撰

裴讓之　弟諏之

皇甫和

李構

張宴之

陸卬

王松年

劉禕

裴讓之字士禮年十六喪父殆不勝哀其母辛氏泣撫之曰棄我滅性得為孝子乎由是自勉辛氏高明婦則又閑禮度夫喪諸子多幼弱廣延師友或親自教授内外親屬有吉凶禮制多取則焉讓之少好學有文俊辯早得聲譽魏天平中舉秀才對策高第累遷屯田主客郎中語曰能賦詩裴讓之為太原公開府記室與楊愔友善相遇則清談竟日愔每云此人風流警拔裴文季為不亡矣梁使至帝令讓之攝主客郎第

二弟諏之奔關右兄弟五人皆拘繫神武問諏之何在答曰昔吳蜀二國諸葛兄弟各得盡心況讓之老母在君臣分定失忠與孝愚夫不為伏願明公以誠信待物若以不信處物物亦安能自信以此定霸猶却行而求道耳神武善其言兄弟俱釋歷文襄大將軍主簿兼中書舍人後兼散騎常侍聘梁文襄嘗入朝讓之導引容儀醞籍文襄目之曰士禮佳舍人遷長兼中書侍郎領舍人齊受禪靜帝遜居別宮與諸臣

別讓之流涕歔欷以參掌儀注封寧都縣男帝欲為黃門郎或言其體重不堪趨侍乃除清河太守至郡未幾楊愔謂讓之諸弟曰我與賢兄交款企聞善政適有人從清河來云姦吏斂迹盜賊清靖朞月之期翻然更速清河有二豪吏田轉貴孫舍興久吏姦猾多有侵削因事遂脅人取財計贓依律不至死讓之以其亂法殺之時清河王岳為司州牧遣部從事案之侍中高德政舊與讓之不協案奏言當陛下受禪之時讓

之眷戀魏朝嗚呼流涕比爲内官情非所願旣而楊愔請救之云罪不合死文宣大怒謂愔曰欲得與裴讓之同冢耶於是無敢言者事奏竟賜死於家讓之次弟諏之

諏之字士正少好儒學釋褐太學博士嘗從常景借書百卷十許日便返景疑其不能讀每卷策問應答無遺景歎曰應奉五行俱下禰衡覽便記今復見之於裴生矣楊愔闔門葬訖諏之頓作十餘墓誌文皆可觀讓之諏之及皇甫和弟亮

竝知名於洛下時人語曰諏勝於讓和不如亮司空高乾致書曰相屈爲戶曹參軍諏之復書不受署沛王開大司馬府辟爲記室遷鄴後諏之留在河南西魏領軍獨孤信入據金墉以諏之爲開府屬號曰洛陽遺彥信敗諏之居南山洛州刺史王元軌召爲中從事西師忽至尋退遂隨西師入關周文帝以爲大行臺倉曹郎中卒贈徐州刺史讞之字士平七歲便勤學早知名累遷司徒主簿楊愔每稱歎云河東士族京官不少唯此家兄弟全無鄉音讞之雖年少不妄交遊唯與隴西辛術趙郡李繪頓丘李構清河崔瞻爲忘年之友昭帝梓宮將還鄴轉儀曹郎尤悉歷代故事儀注喪禮皆能裁正爲永昌太守客旅過郡出私財供給人間所無預代下出爲吏人所懷仕周卒伊川

皇甫和字長諧安定朝那人其先因官寓居漢中祖澄南齊秦梁二州刺史父徽字子玄梁安定略陽二郡守魏正始二年隨其妻父夏侯道

遷入魏別上勳書欲以徽爲元謀徽曰創謀之始本不關預雖貪榮賞内媿於心遂拒而不許梁州刺史羊靈祐重其敦實表爲征虜府司馬卒和十一而孤母夏侯氏才明有禮則親授以經書及長深沉有雅量尤明禮儀宗親吉凶多相諮訪卒於濟陰太守

李構字祖基渤海人祖平魏尚書僕射構少以方正見稱釋褐開府參軍累遷譙州刺史卒構從父弟庶魏大司農諧子方雅好學風流規檢

甚有家風稱遷臨漳令魏書出庶與盧斐王松
年等訟其不平並繫獄魏收書王慧龍自云太
原人又言王瓊不善事盧同附盧玄傳李平為
陳留人云其家貧賤故斐等致訟語楊愔云魏
收合誅愔黨助魏收遂白顯祖罪斐等並髡頭
鞭二百庶死於臨漳獄中庶兄岳痛之終身不
歷臨漳縣門
張宴之字熙德幼孤有至性為母鄭氏教誨動
依禮典從尒朱榮平元顥賜爵武成子累遷尚

書二千石郎中高岳征潁川復以為都督中兵
參軍兼記室宴之文士兼有武幹每與岳帷帳
之謀又常以短兵接刃親獲首級深為岳所嗟
賞天保初文宣為高陽王納宴之女為妃令赴
晉陽成禮宴之後園陪讌坐客皆賦詩宴之詩
云天下有道主明臣直雖休勿休永貽世則文
宣笑曰得卿箴諷深以慰懷後行北徐州事尋
即真為吏人所愛御史崔子武督察州郡至北
徐州無所案劾唯得百姓所制清德頌數十篇乃

歎曰本求罪狀遂聞頌聲遷兗州刺史未拜卒
贈齊州刺史
陸卬字雲駒少機悟美風神好學不倦博覽羣
書五經多通大義善屬文甚為河間邢卲所賞
卲又與子彰交遊嘗謂子彰曰吾以卿老蚌遂
出明珠意欲為君拜紀可乎由是名譽日高儒
雅搢紳尤所推許起家員外散騎侍郎歷文襄
大將軍主簿中書舍人兼中書郎中以本職兼
太子洗馬自梁魏通和歲有交聘卬每兼官燕

接在帝席賦詩卬必先成雖未能盡工以敏速
見美除中書侍郎脩國史以父憂去職居喪盡
禮哀毀骨立詔以本官起文襄時鎮鄴嘉其至
行親詣門以慰勉之卬母魏上庸公主初封藍
田高明婦人也甚有志操卬昆季六人並主所
生故邢卲常謂人云藍田生玉固不虛矣主教
訓諸子皆稟義方雖創巨痛深出於天性然動
依禮度亦母氏之訓焉卬兄弟相率廬於墓側
負土成墳朝廷深所嗟尚發詔褒揚改其所居

里爲孝終里服竟當襲衣不忍嗣侯天保初常山
王薦卬器幹文宣面授給事黄門侍郎遷吏部
郎中上洛王思宗爲清都尹辟爲邑中正食貝
丘縣幹遭母喪哀慕毁悴殆不勝喪至沉篤頓
昧伏枕又感風疾第五弟摶遇疾臨終謂其兄
弟曰大兄尫病如此性至慈愛摶之死日必不
得使大兄知之哭泣聲必不可聞徹致有感慟
家人至於祖載方始告之卬聞而悲痛一慟便
絶年四十八卬自在朝篤慎固密不説人短不

齊列傳二十七　七　王祖

伐巳長言論清遠有人倫鑒裁朝野甚悲惜之
贈衛將軍青州刺史謚曰文所著文章十四卷
行於世齊之郊廟諸歌多卬所制子乂嗣襲爵
始平侯

王松年少知名文襄臨并州辟爲主簿累遷通
直散騎常侍副李緯使梁還歷位尚書郎中魏
收撰魏書成松年有謗言文宣怒禁止之仍加
杖罰歲餘得免除臨漳令遷司馬別駕本州大
中正孝昭擢拜給事黄門侍郎帝每賜坐與論
政事甚善之孝昭崩松年馳驛至鄴都宣遺詔
發言涕泗迄於宣罷容色無改辭吐諧韻宣訖
號慟自絶於地百官莫不感慟還晉陽兼侍中
護梓宮還鄴諸舊臣避形迹無敢盡哀唯松年
哭甚流涕朝士咸恐武成雖忿松年戀舊情切
亦雅重之以本官加散騎常侍食高邑縣侯參
定律令前後大事多委焉兼御史中丞發晉陽
之鄴在道遇疾卒贈吏部尚書并州刺史謚曰
平第三子邵最知名

北齊列傳第二十七　八　王祖

劉禕字彦英彭城人父世明魏兗州刺史禕性
弘裕有威重容止可觀雖昵友密交朝夕遊處
莫不加敬好學善三禮吉凶儀制尤所留心魏
孝昌中釋巾太學博士累遷睢州刺史邊人服
其威信甚得疆場之和世宗輔政降書褒獎云
以鄉家世忠純奕代冠冕賢弟賢子並與吾共
事懷抱相託亦自依然宜勗心力以副所委莫
慮不富貴秩滿還歸鄉里侍父疾音不入朝父
喪沉頓累年非杖不起世宗致辟禕稱疾不動

五子璿玭瑛瑗璜竝有志節爲世所稱

列傳第二十七　　北齊書三十五

此卷與北史同

列傳第二十八　　北齊書三十六

隋太子通事舍人李百藥撰

邢邵

邢邵字子才河間鄚人魏太常貞之後父虬魏光祿卿小字吉少時有避遂不行名年五歲魏吏部郎清河崔亮見而奇之曰此子後當大成位望通顯十歲便能屬文雅有才思聰明強記日誦萬餘言族兄巒有人倫鑒謂子弟曰宗室中有此兒非常人也少在洛陽會天下無事與

時名勝專以山水遊宴爲娛不暇勤業嘗因霖雨乃讀漢書五日略能遍記之後因飲謔倦方廣尋經史五行俱下一覽便記無所遺忘文章典麗既贍且速年未二十名動衣冠嘗與右北平陽固河東裴伯茂從兄罘河南陸道暉等至北海王昕舍宿飲相與賦詩凡數十首皆在主人奴處旦日奴行諸人求詩不得邵皆爲誦之諸人有不認詩者奴還得本不誤一字諸人方之王粲吏部尚書隴西李神儁大相欽重引爲忘年

之交釋巾爲魏宣武挽郎除奉朝請遷著作佐郎深爲領軍元乂所禮乂新除遷尚書令神儁與陳郡袁翻在席乂令邵作謝表須臾便成以示諸賓神儁曰邢邵此表足使袁公變色孝昌初與黃門侍郎李琰之對典朝儀自孝明之後文雅大盛邵雕蟲之美獨步當時每一文初出京師爲之紙貴讀誦俄遍遠近于時袁翻與范陽祖瑩位望通顯文筆之美見稱先達以邵藻思華贍深共嫉之每洛中貴人拜職多憑邵爲謝表嘗有一貴勝初受官大集賓食翻與邵俱在坐翻意主人託其爲讓表遂命邵作之翻甚不悅每告人云邢家小兒嘗客作章表自買黃紙寫而送之邵恐爲翻所害乃辭以疾屬尚書令元羅出鎮青州啓爲府司馬遂在青土終日酣賞盡山泉之致永安初累遷中書侍郎所作詔誥文體宏麗及爾朱兆入洛京師擾亂邵與弘農楊愔避地嵩高山普泰中兼給事黃門侍郎尋爲散騎常侍太昌初勑令恒直內省給御

史令覆按尚書門下事凡除大官先問其可否然後施行除衛將軍國子祭酒以親老還鄉詔所在特給兵力五人并令歲一入朝以備顧問丁母憂哀毀過禮後楊愔與魏收及邵請置學奏曰世室明堂顯於周夏一黌兩學盛自虞殷所以宗配上帝以著莫大之嚴宣布下土以彰則天之軌養黃髮以詢哲言育青衿而敷教典用能享國長久風徽萬祀者也爰暨亡秦改革其道坑儒滅學以蔽黔黎故九服分崩祚終二代炎漢勃興更修儒術故西京有六學之義東都有三本之盛逮自魏晉撥亂相因兵革之中學校不絕仰惟高祖孝文皇帝稟聖自天道鏡今古列校序於鄉黨敦詩書於郡國但經始事殷戎軒屢駕未遑多就弓劍弗追世宗統歷聿遵先緒永平之中大興板築續以水旱戎馬生郊雖逮爲山還停一簣而明堂禮樂之本乃鬱荊棘之林膠序德義之基空盈牧豎之跡城隍嚴固之重闕塼石之功墉構顯望之要少樓榭之飾加以風雨稍侵漸致虧墜非

所謂追隆堂構儀刑萬國者也伏聞朝議以高祖大造區夏道侔姬文擬祀明堂式配上帝今若基址不脩仍同丘畎即使高皇神享闕於國陽宗事之典有聲無實此臣子所以匪寧億兆所以佇望也臣又聞官方授能所以任事事既任矣酬之以祿如此則上無曠官之譏下絶尸素之謗今國子雖有學官之名無教授之實何異兔絲鷰麥南箕北斗哉昔劉向有言王者宜興辟雍陳禮樂以風天下夫禮樂所以養人刑

法所以殺人而有司勤勤請定刑法至於禮樂則曰未敢是敢於殺人不敢於養人也臣以爲當今四海清平九服寧晏經國要重理應先營脫復稽延則劉向之言徵矣但事不兩興須有進退以臣愚量宜罷尚方彫靡之作頗省永寧土木之功并減瑤光材瓦之力兼分石窟鐫琢之勞及諸事役非世急者三時農隙修此數條使辟雍之禮蔚爾而復興諷誦之音煥然而更作美榭高墉嚴壯於外槐宮棘寺顯麗於中更

明古今重遵鄉飲敦進郡學精課經業如此則元凱可得之於上序游夏可致之於下國豈不休歟靈太后令曰配饗大禮爲國之本比以戎馬在郊未遑脩繕今四表晏寧當敕有司別議經始累遷太常卿中書監攝國子祭酒是時朝臣多守一職帶領二官甚少邵頻居三職並是文學之首當世榮之世宗幸晉陽路中頻有甘露之瑞朝臣皆作甘露頌尚書符令邵爲之序及文宣皇帝崩凶禮多見訊訪勑撰哀策後授

特進卒邵率情簡素內行脩謹兄弟親姻之間稱爲雍睦博覽墳籍無不通曉晚年尤以五經章句爲意窮其指要吉凶禮儀公私諮稟質疑去惑爲世指南每公卿會議事關典故邵援筆立成證引該洽帝命朝章取定俄頃詞致宏遠獨步當時與濟陰溫子昇爲文士之冠世論謂之溫邢鉅鹿魏收雖天才艷發而年事在二人之後故子昇死後方稱邢魏焉雖望實兼重不以才位傲物脫略簡易不脩威儀車服器用充

事而已有齋不居坐卧恒在一小屋果餌之屬
或置之梁上賓至下而共噉天姿質素特安異
同士無賢愚皆能顧接對客或解衣覔蝨且與
劇談有書甚多而不甚讎校見人校書常笑曰何愚
之甚天下書至死讀不可遍焉能始復校此且誤
書思之更是一適妻弟李季節才學之士謂子
才曰世間人多不聰明思誤書何由能得子才
曰若思不能得便不勞讀書與婦甚疎未嘗內
宿自云嘗晝入内閤爲狗所吠言畢便撫手

大笑性好談賞又能閑獨公事歸休恒須賓客
自伴事寡嫂甚謹養孤子恕慈愛特深在兖州
有都信云恕疾便憂之廢寢食顏色貶損及卒
人士爲之傷心痛悼雖甚哀不再哭賓客弔慰
抆淚而已其高情達識開遣滯累東吴以還所
未有也有集三十卷見行於世子大寶有文情
孽子大德大道略不識字焉

列傳第二十八　北齊書三十六

列傳第二十九　北齊書二十九

隋太子通事舍人李　百藥　撰

魏收

魏收字伯起小字佛助鉅鹿下曲陽人也曾祖
緝祖韶父子建字敬忠贈儀同定州刺史收年
十五頗已屬文及隨父赴邊好習騎射欲以武
藝自達滎陽鄭伯調之曰魏郎弄戟多少收慙
遂折節讀書夏月坐板床隨樹陰諷誦積年板
床爲之鋭減而精力不輟以文華顯初除太學

博士及爾朱榮於河陰濫害朝士收亦在圍中
以日晏獲免吏部尚書李神儁重收才學奏授
司徒記室參軍永安三年除北主客郎中節閔
帝立妙簡近侍詔試收爲封禪書收下筆便就
不立稾草文將千言所改無幾時黄門郎賈思
同侍立深奇之帝曰雖七步之才無以過此遷
散騎侍郎尋勅典起居注幷修國史兼中書侍
郎時年二十六孝武初又詔收攝本職文誥塡
積事咸稱旨黄門郎崔㥄從齊神武入朝熏灼

於世收初不詣門悛爲帝登祚赦云朕託體孝
文收嗤其率直正員郎李慎以告之悛深憤忌
時節閔帝殂令收爲詔悛乃宣言收普泰世出
入幃幄一日造詔優爲詞旨然則義旗之士盡
爲逆人又收父老合解官歸侍南臺將加彈劾
賴尚書辛雄爲言於中尉綦儁乃解收有賤生
弟仲同先未齒錄因此怖懼上籍遣還鄉扶侍
孝武嘗大發士卒狩於嵩少之南旬有六日時
天寒朝野嗟怨帝與從官及諸妃主奇伎異飾

多非禮度收欲言則懼欲嘿不能已乃上南狩
賦以諷焉時年二十七雖富言淫麗而終歸雅
正帝手詔報焉甚見褒美鄭伯謂曰卿不遇老
夫猶應逐兔初神武固讓天柱大將軍魏帝敕
收爲詔令遂所請欲加相國讓品秩收以實對
帝遂止收既未測主相之意以前事不安求解
詔許焉久之除帝兄子廣平王贊開府從事中
郎收不敢辭乃爲庭竹賦以致已意尋兼中書
舍人與濟陰溫子昇河間邢子才齊譽世號三

才時孝武猜忌神武內有間隙收遂以疾固辭
而免其舅崔孝芬怪而問之收曰懼有晉陽之
甲尋而神武南上帝西入關收兼通直散騎常
侍副王昕使梁昕風流文辯收辭藻富逸梁主
及其羣臣咸加敬異先是南北初和李諧盧元
明首通使命二人才器並爲鄰國所重至此梁
主稱曰盧李命世王魏中興未知後來復何如
耳收在館遂買吳婢入館其部下有買婢者收
亦喚取遍行姦穢梁朝館司皆爲之獲罪人稱

其才而鄙其行在途作聘遊賦辭甚美盛使還
尚書右僕射高隆之求南貨於昕收不能如志
遂諷御史中尉高仲密禁止昕收於其臺久之
得釋及孫搴死司馬子如薦收召赴晉陽以爲
中外府主簿以受旨乖忤頻被嫌責加以箠楚
久不得志會司馬子如奉使霸朝收假其餘光
子如因宴戲言於神武曰魏收天子中書郎一
國大才願大王借以顏色由此轉府屬然未甚
優禮收從叔季景有才學歷官著名並在收前

然收常所欺忽季景收初赴并頓丘李庶者故
大司農諧之子也以華辯見稱曾謂收曰霸朝
便有二魏收率爾曰以從叔見比便是耶輸之
比卿耶輸者故尚書令陳留公繼伯之子也愚
癡有名好自入市肆高價買物商賈共所嗤翫
收忽季景方之不遜例多如此收本以文才必
望穎脫見知位既不遂求修國史崔暹爲言於
文襄曰國史事重公家父子霸王功業皆須具
載非收不可文襄啓收兼散騎常侍修國史武

定二年除正常侍領兼中書侍郎仍修史魏帝
宴百僚問何故名人日皆莫能知收對曰晉議
郎董勛答問稱俗云正月一日爲鷄二日爲狗
三日爲猪四日爲羊五日爲牛六日爲馬七日
爲人時邢邵亦在側甚悳焉自爲魏梁和好書
下紙每云想彼境内寧靜此率土安和梁後使
其書乃彼自稱猶著此欲示無外之意收定報
書云想境内清晏今萬國安和梁人復書依以
爲體後神武入朝靜帝授相國固令收爲啓啓

成上王文襄時侍側神武指收曰此文當復爲
崔光四年神武於西門豹祠宴集謂司馬子如
曰魏收爲史官書吾善惡聞北伐時諸貴常餉
史官飲食司馬僕射頗曾餉不因共大笑仍謂
收曰卿勿見元康等在吾目下趨走謂吾以爲
勤勞我後世身名在卿手勿謂我不知尋加兼
著作郎收昔在洛京輕薄尤甚人號云魏收驚
蛺蝶文襄曾遊東山令給事黃門侍郎顥等宴
文襄曰魏收恃才無宜適須出其短往復數番

收忽大唱曰楊遵彥理屈已倒愔從容曰我綽
有餘暇山立不動若遇當塗恐翩翩遂逝當塗
者魏翩翩者蛺蝶也文襄先知之大笑稱善文
襄又曰向語猶微宜更指斥愔應聲曰魏收在
幷作一篇詩對衆讀訖云打從叔季景出六百
斛米亦不辨此遠近所知非敢妄語文襄喜曰
我亦先聞衆人皆笑收雖自申雪不復抗拒終
身病之侯景叛入梁寇南境文襄時在晉陽令
收爲檄五十餘紙不日而就又檄梁朝令送侯

景初夜執筆三更便成文過七紙文襄善之魏
帝曾季秋大射普令賦詩收詩末云尺書徵建
鄴祈簡召長安文襄壯之顧諸人曰在朝今有
魏收便是國之光采雅俗文墨通達縱橫我亦
使子才子昇時有所作至於詞氣並不及之吾或意
有所懷忘而不語語而不盡意有未及收呈章
皆以周悉此亦難有又勑兼主客郎接梁使謝
珽徐陵侯景既陷梁梁鄱陽王範時爲合州刺
史文襄勑收以書喻範之範得書仍率部伍西上

刺史崔聖念入據其城文襄謂收曰今定一州卿
有其力猶恨尺書徵建鄴未効耳文襄崩文宣
如晉陽令與黃門郎崔季舒高德正吏部郎中
尉瑾於北第掌機密轉祕書監兼著作郎又除
定州大中正時齊將受禪楊愔奏收置之別館
令撰禪代詔冊諸文遣徐之才守門不聽出天
保元年除中書令仍兼著作郎封富平縣子二
年詔撰魏史四年除魏尹故優以祿力專在史
閣不知部事初帝令羣臣各言爾志收曰臣願

得直筆東觀早成魏書故帝使收專其任又詔
平原王高隆之總監之署名而已帝勑收曰好直
筆我終不作魏太武誅史官始魏初鄧彥撰代
記十餘卷其後崔浩典史游允程駿李彪崔光
李琰之徒世修其業浩爲編年體彪始分作
紀表志傳書猶未出宣武時命邢巒追撰孝文
起居注書至太和十四年又命崔鴻王遵業補續
焉下訖孝明事甚委悉濟陰王暉業撰辨宗室
録三十卷收於是部通直常侍房延祐司空司

馬辛元植國子博士刁柔裴昂之尚書郎高孝
幹專總斟酌以成魏書辨定名稱隨條甄舉又
搜採亡遺綴續後事備一代史籍表而上聞之
勒成一代大典凡十二紀九十二列傳合一百
一十卷五年三月奏上之秋除梁州刺史收以
志未成奏請終業許之十一月復奏十志天象
四卷地形三卷律曆二卷禮樂四卷食貨一卷
刑罰一卷靈徵二卷官氏二卷釋老一卷凡二
十卷續於紀傳合一百三十卷分爲十二帙其

史三十五例二十五序九十四論前後二表一啓爲所引史官恐其凌逼唯取學流先相依附者房延祐辛元植睦仲讓雖夙涉朝位並非史才刁柔裴昂之以儒業見知全不堪編緝高孝幹以左道求進修史諸人祖宗姻戚多被書録飾以美言收頗急不甚能平夙有怨者多没其善每言何物小子敢共魏收作色舉之則使上天按之當使入地初收在神武時爲太常少卿修國史得陽休之助因謝休之曰無以謝德當

爲卿作佳傳休之父固魏世爲北平太守以貪虐爲中尉李平所彈獲罪載在魏起居注書云固爲北平甚有惠政坐公事免官又云李平深相敬重爾朱榮於魏爲賊收以高氏出自爾朱且納榮子金故減其惡而增其善論云若修德義之風則韋彭伊霍夫何足數時論既言收著史不平文宣詔收於尚書省與諸家子孫共加論討前後投訴百有餘人云遺其家世職位或云其家不見記録或云妄有非毀收皆隨狀

荅之范陽盧斐父同附出族祖玄傳下頓丘李庶家傳稱其本是梁國家人斐庶譏議云史書不直收性急不勝其憤啓誣其欲加屠害帝大怒親自詰責斐曰臣父仕魏位至儀同功業顯著名聞天下與收無親遂不立傳博陵崔綽位止本郡功曹更無事迹是收外親乃爲傳首收曰綽雖無位名義可嘉所以合傳帝曰卿何由知其好人收曰高允曾爲綽讚稱有道德帝曰司空才士爲人作讚正應稱揚亦如卿爲人作

文章道其好者豈能皆實收無以對戰慄而已但帝先重收才不欲加罪時太原王松年亦謗史及斐庶並獲罪各被鞭配甲坊或因以致死盧思道亦抵罪然猶以羣口沸騰敕魏史且勿施行令羣官博議聽有家事者入署不實者陳牒於是衆口諠然號爲穢史投牒者相次無以抗之時左僕射楊愔右僕射高德正二人勢傾朝野與收皆親收遂爲其家並作傳二人不欲言史不實抑塞訴辭終文宣世更不重論又尚

書陸操嘗謂愔曰魏收魏書可謂博物宏才有大功於魏室愔謂收曰此謂不刊之書傳之萬古但恨論及諸家枝葉親姻過爲繁碎與舊史體例不同耳收曰往因中原喪亂人士譜牒遺逸略盡是以具書其支派望公觀過知仁以免尤責八年夏除太子少傅監國史復參議律令三臺成文宣曰臺成須有賦愔先以告收收上皇居新殿臺賦其文甚壯麗時所作者自邢邵已下咸不逮焉收上賦前數日乃告邵邵後告人曰收甚惡人不早言之帝曾遊東山勑收作

詔宣揚威德譬喻關西俄頃而訖詞理宏壯帝對百寮大嗟賞之仍兼太子詹事收娶其舅女崔昻之妹產一女無子魏太常劉芳孫女中書郎崔肇師女夫家坐事帝並賜收爲妻時人比之賈充置左右夫人然無子後病甚恐身後嫡媵不平乃殺二姬及疾瘳追憶作懷離賦以申意文宣每以酣宴之次云太子性懦宗社事重終當傳位常山收謂楊愔曰古人云太子國之根

本不可動搖至尊三爵後每言傳位常山令臣下疑貳若實便須決行此言非戲魏收既忝師傅正當守之以死但恐國家不安愔以收言白於帝自此便止帝數宴喜收每預侍從皇太子之納鄭良娣也有司備設牢饌帝既酣飲起而自毀覆之仍詔收曰知我意不收曰臣愚謂良娣既東宮之妾理不須牢仰惟聖懷緣此毀去帝大笑握收手曰卿知我意安德王延宗納趙郡李祖收女爲妃後帝幸李宅宴而妃母宋氏

薦二石榴於帝前問諸人莫知其意帝投之收曰石榴房中多子王新妃母欲子孫衆多帝大喜詔收卿還將來仍賜收美錦二疋十年除儀同三司帝在宴席口勑以爲中書監命中書郎李愔於樹下造詔愔以收一代盛才難於率爾久而未訖比成帝已醉醒遂不重言愔仍不奏事竟寢及帝崩於晉陽驛召收及中山太守陽休之參議吉凶之禮并掌詔誥仍除侍中遷太常卿文宣謚及廟號陵名皆收議也及孝昭居

中宰事命收禁中爲諸詔文積日不出轉中書
監皇建元年除兼侍中右光禄大夫仍儀同監
史收先副王昕使梁不相協睦時昕弟晞親密
而孝昭別令陽休之兼中書在晉陽典詔誥收
留在鄴蓋晞所爲收大不平謂太子舍人盧詢
祖曰若使卿作文誥我亦不言又除祖珽爲著
作郎欲以代收司空主簿李翥文詞士也聞而
告人曰詔誥悉歸陽子烈著作復遣祖孝徵文
史頓失恐魏公發背於時詔議二王三恪收執

王肅杜預義以元司馬氏爲二王通曹備三恪
詔諸禮學之官皆執鄭玄五代之議孝昭后姓
元議恪不欲廣及故議從收又除兼太子少傅
解侍中帝以魏史未行詔收更加研審收奉詔
頗有改正及詔行魏史收以爲直置祕閣外人
無由得見於是命送一本付并省一本付鄴下
任人寫之大寧元年加開府清河二年兼右僕
射時武成酣飲終日朝事專委侍中高元海元
海凡庸不堪大任以收才名振俗都官尚書畢

義雲長於斷割乃虛心倚仗收畏避不能匡救
爲議者所譏帝於華林別起玄洲苑備山水臺
觀之麗詔於閣上畫收其見重如此始收與溫
子昇邢邵稍爲後進邵既被疎出子昇以罪幽
死收遂大被任用獨步一時議論更相訾毀各
有朋黨收每議陋邢邵文邵又云江南任昉文
體本疎魏收非直模擬亦大偷竊收聞乃曰伊
常於沈約集中作賊何意道我偷任昉任沈俱
有重名邢魏各有所好武平中黃門郎顏之推

以二公意問僕射祖珽珽荅曰見邢魏之臧否
即是任沈之優劣收以溫子昇全不作賦邢雖
有一兩首又非所長常云會須作賦始成大才
士唯以章表碑誌自許此外更同兒戲自武定
二年已後國家大事詔命軍國文詞皆收所作
每有警急受詔立成或時中使催促收筆下有
同宿構敏速之工邢溫所不逮其參議典禮與
邢相埒既而趙郡公增年獲免收知而過之事發
除名其年又以託附陳使封孝琰牒令其門客

與行遇崐崘舶至得奇貨猓然褥表美玉盈尺
等數十件罪當流以贖論三年起除清都尹尋
遣黃門郎元文遙敕收曰卿舊人事我家最久
前者之罪情在可恕比令卿爲尹非謂美授但
初起卿斟酌如此朕豈可用卿之才而忘卿身
待至十月當還卿開府天統元年除左光祿大
夫二年行齊州刺史尋爲眞收以子姪少年申
以戒厲著枕中篇其詞曰吾曾覽管子之書其
言曰任之重者莫如身途之畏者莫如口期之

遠者莫如年以重任行畏途至遠期惟君子爲
能及矣追而味之喟然長息若夫岳立爲重有
潛戴而不傾山藏稱固亦趨負而弗停呂梁獨
浚能行歌而匪惕焦原作險或躋踵而不懾九
陔方集故眇然而迅舉五紀當定想窅乎而上
征苟任重也有度則任之而愈固乘危也有術
蓋乘之而靡恤彼其遠而能通果應之而可必
豈神理之獨爾亦人事其如一鳴呼處天壤之
間勞死生之地攻之以嗜欲牽之以名利梁肉

不期而共臻珠玉無足而俱致於是乎驕奢仍
作危亡旋至然則上知大賢唯幾唯哲或出或
處不常其節其舒也濟世成務其卷也聲銷迹
滅玉帛子女椒蘭律呂諂諛無所先稱肉度骨
膏脣挑舌怨惡莫之前勳名共山河同久志業
與金石比堅斯蓋厚棟不橈遊刃者然逮於厥
德不常喪其金璞馳騖人世鼓動流俗挾湯日
而謂寒包谿壑而未足源不清而流濁表不端
而影曲嗟乎膠漆謂堅寒暑甚促反利而成害

化榮而就辱欣戚更來得喪仍續至有身禦魑
魅寬沉狴獄詎非足力不彊迷在當局孰可謂
車戒前傾人師先覺聞諸君子雅道之士遊遨
經術厭飫文史筆有奇鋒談有勝理孝悌之至
神明通矣審道而行量路而止自我及物先人
後己情無繫於榮悴心靡滯於慍喜不養望於
丘壑不待價於城市言行相顧愼終猶始有一
於斯鬱爲羽儀恪居展事知無不爲或左或右
則髦士攸宜無悔無吝故高而不危異乎勇

志退苟得患失射千金之產邀萬鍾之秩投烈
風之門趣炎火之室載蹶而墜其貽宴或蹲乃
喪其貞吉可不畏歟可不戒歟門有倚禍事不
可不密墻有伏寇言不可而失宜諦其言宜端
其行言之不善行之不正鬼執彊梁人囚徑廷
幽奪其魄明夭其命不服非法不行非道公鼎
爲己信私玉非身寶過緇爲紺踰藍作青持繩
視直置水觀平時然後取未若無欲知止知足
庶免於辱是以爲必察其幾舉必慎於微知幾

慮微斯亡則稀既察且慎福祿攸歸昔蘧瑗識
四十九非顏子鄰幾三月不違跬步無已至於
千里覆一簣進及於萬仞故云行遠自卑可大
可以與世推移月滿如規後夜則虧槿榮于枝
望暮而萎夫奚益而非損孰有損而不害益不
欲多利不欲大唯居德者畏其甚體具者懼其
大道遵則羣謗集任重而衆怨會其達也則尼
父栖遑其忠也而周公狼狽無曰人之我狹在
我不可而覆無曰人之我厚在我不可而咎如

山之大無不有也如谷之虛無不受也能剛能
柔重可負也能信能順險可走也能知能愚期
可以也周廟之人三緘其口漏卮在前欹器留
後俾諸來裔傳之坐右其後羣臣多言魏史不
實武成復勑更審收又回換遂爲盧同立傳崔
綽返更附出楊愔家傳本云有魏以來一門而
已至是加此八字又先云弘農華陰人乃改自
云弘農以配王惠龍自云太原人此其失也尋
除開府中書監武成崩未發喪在內諸公以後

主即位有年疑於赦令諸公引收訪焉收固執
宜有恩澤乃從之掌詔誥除尚書右僕射摠議
監五禮事位特進收奏請趙彥深和士開徐之
才共監先以告士開士開驚辭以不學收曰天
下事皆由王五禮非王不決士開謝而許之多
引文士令執筆儒者馬敬德熊安生權會實主
之武平三年薨贈司空尚書左僕射謚文貞有
集七十卷收碩學大才然性褊不能達命體道
見當途貴遊每以言色相悅然提獎後輩以名

行爲先浮華輕險之徒雖有才能弗重也初河間邢子才及季景與收並以文章顯世稱大邢小魏言尤俊也收少子才十歲子才每曰佛助寮人之偉後收稍與子才爭名文宣貶子才曰爾才不及魏收收益得志自序云先稱溫邢後曰邢魏然收內陋邢心不許也收既輕疾好聲樂善胡舞文宣末數於東山與諸優爲獼猴與狗鬬帝寵狎之收與外兄博陵崔巖以雙聲嘲收曰愚魏衰收收答曰顏巖腥瘦是誰所生羊頤猶頰頭團鼻平飯房笭籠着孔嘲玎其辯捷不拘若是既緣史筆多憾於人齊亡之歲收冢被發棄其骨于外先養弟子仁表爲嗣位至尚書膳部郎中隋開皇中卒於溫縣令

列傳第二十九　北齊書三十七

此傳與北史同但不序世家又無論贊疑非正史

列傳第三十　北齊書三十八

隋太子通事舍人李百藥撰

辛術
元文遙
趙彥深

辛術字懷哲少明敏有識度解褐司空胄曹參軍與僕射高隆之共典營搆鄴都宮室術有思理百工克濟再遷尚書右丞出爲清河太守政有能名追授并州長史遭父憂去職清河父老數百人詣闕請立碑頌德文襄嗣事與尚書左丞宋遊道中書侍郎李繪等並追詣晉陽俱爲上客累遷散騎常侍武定八年侯景叛除東南道行臺尚書封江夏縣男與高岳等破侯景擒蕭明遷東徐州刺史爲淮南經略齊天保元年侯景徵江西租稅術率諸軍度淮斷之燒其稻數百萬石還鎮下邳人隨術北渡淮者三千餘家東徐州刺史郭志殺郡守文宣聞之勅術自今所統十餘州地諸有犯法者刺史先啓聽報

以下先斷後表聞齊代行臺兼摠人事自術始也安州刺史臨清太守盱眙蘄城二鎮將犯法術皆案奏殺之睢州刺史及所部郡守俱犯大辟朝廷以其奴婢百口及資財盡賜術三辭不見許術乃送詣所司不復闚邢邵聞之遺術書曰昔鍾離意云孔子忍渴於盜泉便以珠璣委地足下今能如此可謂異代一時及王僧辯破侯景術招攜安撫城鎮相繼款附前後二十餘州於是移鎮廣陵獲傳國璽送鄴文宣以璽告

於太廟此璽即秦所制方四寸上紐交盤龍其文曰受命于天既壽永昌二漢相傳又傳魏晉懷帝敗沒於劉聰聰敗沒於石氏石氏敗晉穆帝永和中濮陽太守戴僧施得之遣督護何融送于建鄴歷宋齊梁梁敗侯景得之景敗侍中趙思賢以璽投景南兗州刺史郭元建送于術故術以進焉尋徵為殿中尚書領太常卿仍與朝賢議定律令遷吏部尚書食南兗州梁郡幹遷鄴以後大選之職知名者數四互有得失未

能盡美文襄帝少年高朗所弊者疎袁叔德沉密謹厚所傷者細楊愔風流辨給取士失於浮華唯術性尚貞明取士以才器循名責實新舊參舉管庫必擢門閥不遺考之前後銓衡在術最為折衷甚為當時所稱舉天保末文宣嘗令術選百員官參選者二三千人術題目士子人無謗讟其所旌擢後亦皆致通顯術清儉寡嗜慾勤於所職未嘗暫懈臨軍以威嚴牧人有惠政少愛文史晚更修學雖在戎旅手不釋卷及

定淮南凡諸資物一毫無犯唯大收典籍多是宋齊梁時佳本鳩集萬餘卷并顧陸之徒名畫二王已下書法數亦不少俱不上王府唯入私門及還朝頗以饋遺權要物議以此少之十年卒年六十皇建二年贈開府儀同三司中書監青州刺史子闍卿尚書郎闍卿弟衡卿有識學開府參軍事隋大業初卒於太常丞

元文遙字德遠河南洛陽人魏昭成皇帝六世孫世五世祖常山王遵父暉有孝行父卒廬於

墓側而終文遥貴贈特進開府儀同三司中書
監謚曰孝文遥敏惠夙成濟陰王暉業每云此
子王佐才也暉業嘗大會賓客有人將何遜集
初入洛諸賢皆賛賞之河間邢卲試命文遥誦
之幾遍可得文遥一覧便誦時年十餘歲濟陰
王曰我家千里駒今定如何邢云此殆古未有
起家員外散騎常侍遭父喪服闋除太尉東閤
祭酒以天下方亂遂解官侍養隱於林慮山武
定中文襄徵爲大將軍府功曹齊受禪於登壇

所受中書舍人宣傳文武號令楊遵彦每云堪
解穰侯印者必在斯人後忽被中旨幽執竟不
知所由如此積年文宣後自幸禁獄執手愧謝
親解所着金帶及御服賜之即日起爲尚書祠
部郎中孝昭攝政除大丞相府功曹參軍典機
密及踐祚除中書侍郎封永樂縣伯參軍國大
事及帝大漸與平秦王歸彦趙郡王叡等同受
顧託迎立武成即位任遇轉隆歷給事黄門侍郎
散騎常侍侍中中書監天統二年詔特賜姓高

氏籍屬宗正第依例歲時入朝再遷尚書左僕射進
封寧都郡公侍中文遥歷事三主明達世務每臨
軒多命宣勑號令文武聲韻高朗發吐無滯然探
測上旨時有委巷之言故不爲知音所重齊因魏
朝宰縣多用廝濫至於士流恥居百里文遥以縣
令爲字人之切遂請革選於是密令搜揚貴遊子
弟發敕用之猶恐其披訴總召集神武門令趙
郡王叡宣旨唱名厚加慰喻士人爲縣自此始也
既與趙彦深和士開同被任遇雖不如彦深清貞

守道又不爲士開貪淫亂政在於孟季之間然
性和厚與物無競故時論不在彦深之下初文遥
自洛遷鄴惟有地十頃家貧所資衣食而已魏之
將季宗姓被侮有人冒相侵奪文遥即以與之及
貴此人尚在乃將家逃竄文遥大驚追加慰撫還
以與之彼人愧而不受彼此俱讓遂爲閑田至後
主嗣位趙郡王叡婁定遠等謀出和士開文遥
亦參其議叡見殺文遥由是出爲西兗州刺史
詣士開別士開曰處得言地使元家兒作令僕

深媿朝廷既言而悔仍執手慰勉之猶慮文遥自疑用其子行恭爲尚書郎以慰其心士開死自東徐州刺史徵入朝竟不用卒行恭美姿貌有父風兼俊才位中書舍人待詔文林館齊亡陽休之等十八人同入關府稍遷司勳下大夫隋開皇中位尚書郎坐事徙瓜州而卒行恭少頗驕恣文遥令與范陽盧思道交遊文遥嘗謂思道云小兒比日微有所知是大弟之力然白擲劇飲甚得師風思道荅云郎辭情俊邁自是克荷堂構而白擲劇飲

亦天性所得行恭弟行如亦聰慧早成武平末任著作佐郎

趙彥深自云南陽宛人漢太傅憙之後高祖父難爲清河太守有惠政遂家焉清河後改爲平原故爲平原人也本名隱避齊廟諱改以字行父奉伯仕魏位中書舍人行洛陽令彥深貴贈司空彥深幼孤貧事母甚孝年十歲曾候司徒崔光光謂賓客曰古人觀眸子以知人此人當必遠至性聰敏善書計安閑樂道不雜交遊爲雅論所歸服昧爽輒自掃門外不使人見率以爲常初爲尚書令司馬子如賤客供寫書子如善其無誤欲將入觀省舍隱靴無氈衣帽穿弊子如給之用爲尚書令史月餘補正令史神武在晉陽索二史子如舉彥深後拜子如開府參軍超拜水部郎及文襄爲尚書令令選沙汰諸曹郎隱以地寒被出爲滄州別駕辭不行子如言於神武徵補大丞相功曹參軍專掌機密文翰多出其手稱爲敏給神武曾與對坐遣造軍令以手捫其額曰若天假卿年必大有所至

每謂司徒孫騰曰彥深小心恭慎曠古絕倫及神武崩祕喪事文襄慮河南有變仍自巡撫乃委彥深後事轉大行臺都官郎中臨發握手泣曰以母弟相託幸得此心既而內外寧靜彥深之力及還發喪深加褒美乃披郡縣簿爲選封安國縣伯從征潁川時引水灌城城雉將沒西魏將王思政猶欲死戰文襄令彥深單身入城告喻即日降之便手牽思政出城文襄謂彥深曰吾昨夜夢獵遇一羣豕吾射盡獲之獨一大

豕不可得卿言當爲吾取須臾獲豕而進至是文襄笑曰夢驗矣即解思政佩刀與彥深曰使卿常獲此利文宣嗣位仍典機密進爵爲侯天保初累遷祕書監以爲忠謹每郊廟必令兼太僕卿執御陪乘轉大司農帝或巡幸即輔贊太子知後事出爲東南道行臺尚書徐州刺史爲政尚恩信爲吏人所懷多所降下所營軍處士庶追恩號趙行臺頓文宣璽書勞勉徵爲侍中仍掌機密河清元年進爵安樂公累遷尚書左

僕射齊州大中正監國史遷尚書令爲特進封宜陽王武平二年拜司空爲祖珽所間出爲西兗州刺史四年徵爲司空轉司徒丁母憂尋起爲本官七年六月暴疾薨時年七十彥深歷事累朝常參機近溫柔謹慎喜怒不形於色自皇建以還禮遇稍重每有引見或升御榻常呼官號而不名也凡諸選舉先令銓定提獎人物皆行業爲先輕薄之徒弗之齒也孝昭既執朝權羣臣密多勸進彥深獨不致言孝昭嘗謂王晞

云若言衆心皆謂天下有歸何不見彥深有語晞以告彥深不獲已陳請其爲時重如此常遜言恭己未嘗以驕矜待物所以或出或處去而復還母傅氏雅有操識彥深三歲傅便孀居家人欲以改適自誓以死彥深五歲傅謂之曰家貧而小何以能濟彥深泣而言曰若天哀矜兒大當仰報傅感其意對之流涕及彥深拜太常卿還不脫朝服先入見母跪陳幼小孤露蒙訓得至於此母子相泣久之然後改服後爲宜陽

國太妃彥深有七子仲將知名仲將沉敏有父風溫良恭儉雖對妻子亦未嘗怠慢終日儼然學涉羣書善草隸雖與弟書書字楷正云草不可不解若施之於人即似相輕易若與當家中卑幼又恐其疑所在宜爾是以必須隸筆彥深乞轉以萬年縣子授之位給事黃門侍郎散騎常侍隋開皇中位吏部郎終於安州刺史齊朝宰相善始令終唯彥深一人然諷朝廷以子叔堅爲中書侍郎頗招物議時馮子琮子慈明祖

班子君信並相繼居中書故時語云馮祖及趙穢我鳳池然叔堅身材最劣

列傳第三十 北齊書三十八

此卷與北史同

列傳第三十一 北齊書三十九

隋太子通事舍人李百藥撰

崔季舒

祖珽

崔季舒字叔正博陵安平人父瑜之魏鴻臚卿季舒少孤性明敏涉獵經史長於尺牘有當世才具年十七爲州主簿爲大將軍趙郡公琛所器重言之於神武神武親簡丞郎補季舒大行臺都官郎中文襄輔政轉大將軍中兵參軍甚見親寵以魏帝左右須置腹心擢拜中書侍郎文襄爲中書監移門下機事總歸中書又季舒善音樂故内伎亦通隷焉内伎屬中書自季舒始也文襄每進書魏帝有所諫請或文辭繁雜季舒輒脩飾通之得申勸戒而已靜帝報答霸朝恒與季舒論之云崔中書是我妳母轉黄門侍郎領主衣都統雖迹在魏朝而心歸霸府密謀大計皆得預聞於是賓客輻湊傾心接禮甚得名譽勢傾崔暹暹嘗於朝堂屏人拜之曰暹

若得僕射皆叔父之恩其權重如此時勳貴多不法文襄無所縱捨外議以季舒及崔暹等所爲甚被怨疾及文襄遇難文宣將赴晉陽黃門郎楊休之勸季舒從行曰一日不朝其間容刀季舒性愛聲色心在閑放遂不請行欲恣其行樂司馬子如緣宿憾及尚食典御陳山提等共列其過狀由是季舒及暹各鞭二百徙北邊天保初文宣知其無罪追爲將作大匠再遷侍中俄兼尚書左僕射儀同三司大被恩遇乾明初

楊愔以文宣遺旨停其僕射遭母喪解任起服除光祿勳兼中兵尚書出爲齊州刺史坐遣人渡淮平市亦有贓賄事爲御史所劾會赦不問武成居藩曾病文宣令季舒療病備盡心力大寧初追還引入慰勉累拜度支尚書開府儀同三司昭陽殿敕令監造以判事式爲胡長仁密言其短出爲西兗州刺史爲進典籤於吏部被責免官又以詣廣寧王宅决馬鞭數十及武成崩不得預於哭泣久之除膠州刺史遷侍中開

府食新安河陰二郡幹加左光祿大夫待詔文林館監撰御覽加特進監國史季舒素好圖籍暮年轉更精勤兼推薦人士獎勸文學時議翕然遠近稱美祖珽受委奏季舒總監內作珽被出韓長鸞以爲珽黨亦欲出之屬車駕將適晉陽季舒與張雕議以爲壽春被圍大軍出拒信使往還須稟節度兼道路小人或相驚恐云大駕向并畏避南寇若不啓諫必動人情遂與從駕文官連名進諫時貴臣趙彥深唐邕段孝言

等初亦同心臨時疑貳季舒與爭未決長鸞遂奏云漢兒文官連名總署聲云諫止向并其實未必不反宜加誅戮帝即召已署官人集含章殿以季舒張雕劉逖封孝琰裴澤郭遵等爲首斬之殿庭長鸞令棄其屍於漳水自外同署將加鞭撻趙彥深執諫獲免季舒等家屬男女徙北邊妻女子婦配奚官小男下蠶室沒入貲產季舒大好醫術天保中於徙所無事更銳意研精遂爲名手多所全濟雖位望轉高未曾解怠

縱貧賤厮養亦爲之療庶子長君尚書右丞兵
部郎中次鏡玄著作佐郎並流於遠惡未幾季
舒等六人妻以年老放出後南安王思好更稱
朝廷罪惡以季舒等見害爲詞悉召六人兄弟
子姪隨軍趣晉陽事敗長君等並從戮六人妻
又追入官周武帝滅齊詔斛律光與季舒等六
人同被優贈季舒贈開府儀同大將軍定州刺
史云

祖珽字孝徵范陽狄道人也父瑩魏護軍將軍

珽神情機警詞藻遒逸少馳令譽爲世所推起
家祕書郎對策高第爲尚書儀曹郎中典儀注
嘗爲冀州刺史万俟受洛制清德頌其文典麗
由是神武聞之時文宣爲并州刺史署珽開府
倉曹參軍神武口授珽三十六事出而疏之一
無遺失大爲僚類所賞時神武送魏蘭陵公主
出塞嫁蠕蠕魏收賦出塞及公主遠嫁詩二首
珽皆和之大爲時人傳詠珽性疎率不能廉慎
守道倉曹雖云州局乃受山東課輸大文綾并

連珠孔雀羅等百餘疋令諸嫗擲樗蒲調新曲
招城市年少歌儛爲娯遊諸倡家與陳元康穆
子容任胄元士亮等爲聲色之遊參軍元景獻
故尚書令元世儁子也其妻司馬慶雲女是魏
孝静帝姑博陵長公主所生珽忽迎景獻妻赴
席與諸人遞寢亦以貨物所致其豪縱淫逸如
此常云丈夫一生不負身己文宣罷州珽例應
隨府規爲倉局之間致請於陳元康元康爲白
由是還任倉曹珽又委體附參軍事攝典籤陸

子先并爲畫計請糧之際令子先宣教出粟十
車爲寮官捉送神武親問之珽自言不受署歸
罪子先神武信而釋之珽出而言曰此丞相天
緣明鑒然實孝徵所爲性不羈放縱曾至膠東
刺史司馬世雲家飲酒遂藏銅疊二面廚人請
搜諸客果於珽懷中得之見者以爲深恥所乘
老馬常稱騮駒又與寡婦王氏姦通每人前相
聞往復裴讓之與珽早狎於衆中嘲珽曰卿珽
那得如此詭異老馬十歲猶號騮駒一妻耳順

尚稱娘子于時喧然傳之後為神武中外府功
曹神武宴寮屬於坐失金叵羅竇太后令飲酒
者皆脫帽於珽髻上得之神武不能罪也後為
祕書丞領舍人事文襄州客至請賣華林遍略
文襄多集書人一日一夜寫畢退其本曰不須
也珽以遍略數秩質錢樗蒲文襄杖之四十又
與令史李雙倉督成祖等作晉州啓請粟三千
石代功曹參軍趙彥深宣神武教給城局參軍
過典籤事高景略疑其定不實密以問彥深彥

深答都無此事遂被推檢珽即引伏神武大怒
決鞭二百配甲坊加鉗其穀倍徵未及科會并
州定國寺新成神武謂陳元康溫子昇曰昔作
芒山寺碑文時稱妙絕今定國寺碑當使誰作
詞也元康因薦珽才學并解鮮卑語乃給筆札
就禁所具二日內成其文甚麗神武以其工而
且速特恕不問然猶免官散參相府文襄嗣事
以為功曹參軍及文襄遇害元康被傷創重倩
珽作書屬家累事并云祖喜邊有少許物宜早

索取珽乃不通此書喚祖喜私問得金二十五
鋌唯與喜二鋌餘盡自入已盜元康家書數千
卷祖喜懷恨遂告元康二弟叔諶季璩等叔諶
以語楊愔愔嚬眉答曰恐不益亡者因此得停
文宣作相珽擬補令史十餘人皆有受納據法
處絞上尋捨之又盜官遍略一部事發文宣付
從事中郎王士雅推檢并與平陽公淹令錄珽
付禁勿令越逸淹遣田曹參軍孫子寬往喚珽
受命便爾私逃黃門郎高德正副留臺事謀云

珽自知有犯驚恐是常但宣一命向祕書稱奉
并州約束須五經三部仰丞親檢校催遣如此
則珽意安夜當還宅然後掩取珽果如德正圖
遂還宅薄晚就家掩之縛珽送廷尉據犯枉法
處絞刑文宣以珽伏事先世諷所司命特寬其
罰遂奏免死除名天保元年復被召從駕依除
免例參於晉陽珽天性聰明事無難學凡諸伎
藝莫不措懷文章之外又善音律解四夷語及
陰陽占候醫藥之術尤是所長文宣帝雖嫌其

數犯憲而愛其才伎令直中書省掌詔誥珽通密狀列中書侍郎陸元規勑令裴英推問元規以應對忤旨被配甲坊除珽尚藥丞尋遷典御又奏造胡桃油復爲割截免官文宣每規之常呼爲賊文宣崩普選勞舊除爲章武太守楊愔等誅不之官授著作郎數上密啓爲孝昭所忿勑中書門下二省斷珽奏事珽善爲胡桃油以塗畫乃進之長廣王因言殿下有非常骨法孝徵夢殿下乘龍上天王謂曰若然當使兄大富

貴及即位是爲武成皇帝擢拜中書侍郎帝於後園使珽彈琵琶和士開胡舞各賞物百段士開忌之出爲安德太守轉齊郡太守以母老乞還侍養詔許之會江南使人來聘爲中勞使尋爲太常少卿散騎常侍假儀同三司掌詔誥初珽於乾明皇建之時知武成陰有大志遂深自結納曲相祗奉武成於天保世頻被責心常銜之珽至是希旨上書請追尊太祖獻武皇帝爲神武高祖文宣皇帝改爲威宗景烈皇帝以悅

武成從之時皇后愛少子東平王儼願以爲嗣武成以後主體正居長難於移易珽私於士開曰君之寵幸振古無二宮車一日晚駕欲何以克終士開因求策焉珽曰宜說主上云襄宣昭帝子俱不得立今宜命皇太子早踐大位以定君臣若事成中宮少主皆德君此萬全計也君此且微說令主上粗解珽當自外上表論之士開許諾因有彗星出太史奏云除舊布新之徵珽於是上書言陛下雖爲天子未是極貴按

春秋元命苞云乙酉之歲除舊革政今年太歲乙酉宜傳位東宮令君臣之分早定且以上應天道并上魏獻文禪子故事帝從之由是拜秘書監加儀同三司大被親寵既見重二宮遂志於宰相先與黃門侍郎劉逖友善乃疏侍中尚書令趙彥深侍中和士開罪狀令逖奏之逖懼不敢通其事頗泄彥深等先詣帝自陳大怒執珽詰曰何故毀我士開珽因厲聲曰臣由士開得進本無欲毀之意陛下今既問臣臣不敢不

以實對士開文遥彥深等專弄威權控制朝廷與吏部尚書尉瑾内外交通共爲表裏賣官鬻獄政以賄成天下謌謡若爲有識所知安可聞於四裔陛下不以爲意臣恐大齊之業隳矣帝曰爾乃誹謗我班曰不敢誹謗陛下取人女帝曰我以其儉餓故收養之班曰何不開倉賑給乃買取將入後宫乎帝益怒以刀環築口鞭杖亂下將撲殺之大呼曰不殺臣陛下不得名若欲得名莫殺臣爲陛下合金丹遂少獲寛放班

又曰陛下有一范曾不用知可如何帝又怒曰爾自作范曾以我爲項羽邪班曰項羽人身亦何由可及但天命不至耳項羽布衣率烏合衆五年而成霸王業陛下藉父兄資財得至此臣以項羽未易可輕臣何止方於范曾縱張良亦不能及張良身傳太子由因四皓方定漢嗣臣位非輔弼疎外之人竭力盡忠勸陛下禪位使陛下尊爲太上子居宸扆於巳及子俱保休祚蕞爾張良何足可數帝愈恚令以土塞其口班

且吐且言無所屈撓乃鞭二[illegible]甲坊尋徙於光州刺史李祖勲遇之甚厚别駕張奉禮希大臣意上言班雖爲流囚常與刺史對坐勑報曰牢掌奉禮曰牢者地牢也乃爲深坑置諸内苦加防禁桎梏不離其身家人親戚不得臨視夜中以蕪菁子燭熏眼因此失明武成崩後主憶之就除海州刺史是時陸令萱外干朝政其子穆提婆愛幸班乃遺陸媪弟悉達書曰趙彥深心腹深沉欲行伊霍事儀同姊弟豈得平安何

不早用智士邪和士開亦以班能決大事欲以爲謀主故棄除舊怨虚心待之與陸媪言於帝曰襄宣昭三帝其子皆不得立今至尊猶在帝位者實猶祖孝徵此人有大功宜報重恩孝徵心行雖薄奇略出人緩急真可憑仗且其雙盲必無反意請唤取問其謀計從之入爲銀青光禄大夫祕書監加開府儀同三司和士開死後仍説陸媪出彥深以班爲侍中在晉陽通密啓請誅琅邪其計既行漸被任遇又太后之被幽

也珽欲以陸媼爲太后撰魏帝皇太后故事爲
太姬言之謂人曰太姬雖云婦人寔是雄傑女
媧已來無有也太姬亦稱珽爲國師國寶猶是
拜尚書左僕射監國史加特進入文林館揔監
撰書封燕郡公食太原郡幹給兵七十人所住
宅在義井坊旁拓隣居大事修築陸媼自往案
行勢傾朝野斛律光甚惡之遥見竊駡云多事
乞索小人欲行何計數常謂諸將云邊境消息
處分兵馬趙令常與吾等參論之盲人掌機密

來全不共我輩語止恐悮他國家事又珽頗聞
其言因其女皇后無寵以謡言聞上曰百升飛
上天明月照長安令其妻兄鄭道蓋奏之帝問
珽證實又説謡云高山崩槲樹舉盲老翁背上
下大斧多事老母不得語珽并云盲老翁是臣
云與國同憂戚勸上行語其多事老母以道女
侍中陸氏帝以問韓長鸞穆提婆并令高元海
段士良密議之衆人未從因光府軍封士讓啓
告光反遂滅其族珽又附陸媼求爲領軍後主

許之詔須覆奏取侍中斛律孝卿署名孝卿密
告高元海語侯呂芬穆提婆云孝徵漢兒兩眼
又不見物豈合作領軍也明旦面奏具陳珽不
合之狀并書珽與廣寧王孝珩交結無大臣體
珽亦見帝令引入珽自分疎并與元海素相嫌
必是元海譖臣帝弱顔不能諱曰然珽列元海
共司農卿尹子華太府少卿李叔元平準令張
叔略等結朋樹黨遂除子華仁州刺史叔元襄
城郡太守叔略南營州録事參軍陸媼又唱和

之復除元海鄭州刺史珽自是專主機衡揔知
騎兵外事内外親戚皆得顯位後主亦令中要
數人扶侍出入著紗帽直至永巷出萬春門向
聖壽堂共同御榻論決政事委任之重羣臣莫
比自和士開執事以來政體隳壞珽推崇高望
官人稱職内外稱美復欲增損政務沙汰人物
始奏罷京畿府併於領軍連百姓皆歸郡縣宿
衛都督等號位從舊官名文武章服並依故事
又欲黜諸閹豎及羣小輩推誠朝廷爲致治之

方陸媪穆提婆議頗同異珽乃諷御史中丞麗
伯律令劾主書王子冲納賂知其事連穆提婆
欲使贓罪相及望因此坐并及陸媪猶恐後主
溺於近習欲因后黨為援請以皇后兄胡君瑜
為侍中中領軍又徵君瑜兄梁州刺史君璧欲
以為御史中丞陸媪聞而懷怒百方排毀即出
君瑜為金紫光禄大夫解中領軍君璧還鎮梁
州皇后之廢頗亦由此王子冲釋而不問珽日
益以疎又諸宦者更共譖毀之無所不至後主

問諸太姬憫嘿不對及三問乃下牀拜曰老婢
合死本見和士開道孝徵多才博學言為善人
故舉之此來看之極是罪過人實難知老婢合
死後主令韓長鸞檢案得出勑受賜十餘事以
前與其重誓不殺遂解珽侍中僕射出為北徐
州刺史珽求見後主韓長鸞積嫌於珽遣人推
出栢閤珽故求面見坐不肯行長鸞乃令軍士
牽曳而出立珽於朝堂大加誚責上道後令追
還解其開府儀同郡公直為刺史至州會有陳

寇百姓多反珽不關城門守陴者皆令下城靜
坐街巷禁斷行人雞犬賊無所聞見者不測所
以疑惑人走城空不設警備珽忽然令大叫鼓
譟聒天賊大驚登時走散後復結陳向城珽乘
馬自出令録事參軍王君植率兵馬乃親臨戰
賊先聞其盲謂為不能拒抗忽見親在戎行彎
弧縱鏑相與驚怪畏之而罷時穆提婆憾之不
已欲令城陷没賊雖知危急不追珽且戰且守
十餘日賊竟奔走城卒保全卒於州子君信涉

獵書史多諸雜藝位兼通直散騎常侍聘陳使
副中書郎珽出亦見廢免君信弟君彥容貌短
小言辭澁訥少有才學隋大業中位至東平郡
書佐郡陷翟讓因為李密所得密甚禮之署為
記室軍書羽檄皆成其手及密敗為王世充所
殺珽弟孝隱亦有文學早知名詞章雖不逮兄
亦機警有辯兼解音律魏末為散騎常侍迎梁
使時徐君房庾信來聘名譽甚高魏朝聞而重
之接對者多取一時之秀乃盧元景之徒並降階

攝職吏遁司賓孝隱少處其中物議稱美孝隱從父弟茂頗有辭情然好酒性率不爲時重大寧中以經學爲本鄉所薦除給事以疾辭仍不復仕珽受任寄故令呼茂茂不獲已暫來就之珽欲爲官茂乃逃去珽族弟崇儒少學有辭藻幹局知名武平末司州別駕通直常侍入周爲容昌郡太守隋開皇初終宕州長史

列傳第三十一　北齊書三十九

列傳第三十二　北齊書四十

隋太子通事舍人李　百藥　撰

尉瑾

馮子琮

赫連子悅

唐邕

白建

尉瑾字安仁父慶賓爲魏肆州刺史瑾少而敏悟好學慕善稍遷直後司馬子如執政瑾取其外生皮氏女由此擢拜中書舍人既是子如姻戚數往參詣因與先達名輩微相款押世宗入朝因命瑾在鄴北宮共高德正典機密肅宗輔政累遷吏部尚書世祖踐祚趙彥深本子如賓僚元文遙和士開並帝鄉故舊共相薦達任遇彌重又吏部銓衡所歸事多秘密由是朝之機事頗亦預聞尋兼右僕射攝選未幾卽病卒世祖方在三臺飲酒文遙奏聞遂命徹樂罷飲瑾外雖通顯內闕風訓閨門穢雜爲世所鄙然亦

能折節下士意在引接名流但不別之及官高任重便大躁急省内郎中將論事者逆即瞋詈不可諮承既居大選彌自驕很子德載嗣

馮子琮信都人北燕主馮跋之後也父靈紹度支郎中子琮性聰敏涉獵書傳爲肅宗除領軍府法曹典機密攝庫部肅宗曾閱簿領試令口陳子琮闇對無有遺失子琮妻胡皇后妹也遷殿中郎加東宮管記又奉別詔令共胡長粲輔導太子轉庶子天統元年世祖禪位後主世祖

御正殿謂子琮曰少君左右宜得正人以卿心存正直今以後事相委除給事黃門侍郎領主衣都統世祖在晉陽既居舊殿少帝未有別所詔子琮監造大明宮宮成世祖親自巡幸怪其不甚宏麗子琮對曰至尊幼年纂承大業欲令敦行節儉以示萬邦兼此北連天闕不宜過復崇峻世祖稱善及世祖崩僕射和士開先恒侍疾祕喪三日不發子琮問士開不發喪之意士開引神武文襄初崩並祕喪不舉至尊年少恐

王公有貳心意欲普建集涼風堂然後與公詳議時太尉錄尚書事趙郡王叡先恒居内預帷幄之謀子琮素知士開忌叡及領軍臨淮王婁定遠恐其矯遺詔出叡外任奪定遠禁衛之權因荅云大行神武之子今上又是先皇傳位羣臣富貴者皆是至尊父子之恩但令在内貴臣一無改易王公已下必無異望世異事殊不得與霸朝相比且公出宮門已經數日升遐之事行路皆傳久而不舉恐有他變於是乃發喪元

文遥以子琮太后妹夫恐其奬成太后干政說趙郡王及士開出之拜鄭州刺史即令之任子琮除州非後主本意中旨慇勤特給後部鼓吹加兵五十人并聽將物度關至州未幾太后爲齊安王納子琮長女爲妃子琮因請假赴鄴遂授吏部尚書其妻恃親放縱請謁公行賄貨填積守宰除授先定錢帛多少然後奏聞其所通致事無不允子琮亦不禁制俄遷尚書左僕射仍攝選和士開居要日久子琮舊所附託卑辭

曲躬事事諮禀士開弟休與盧氏婚子琮檢校趨走與士開府寮不異是時内官除授多由士開奏擬子琮既恃内戚兼帶選曹自擅權寵頗生間隙琅邪王儼殺士開子琮與其事就内省絞殺之子琮微有識監及位望轉隆宿心頓改擢引非類以爲深交縱其子弟官位不依倫次又專營婚媾歷選上門例以官爵許之旬日便驗子慈正

赫連子悦字士欣勃勃之後也魏永安初以軍

功爲濟州别駕及高祖起義侯景爲刺史景本尒朱心腹子悦勸景起義景從之除林慮守世宗往晉陽路由是郡因問所不便悦荅云臨水武安二縣去郡遥遠山嶺重疊車步艱難若東屬魏郡則地平路近世宗笑曰卿徒知便民不覺損幹子悦荅云所言因民疾苦不敢以私潤負心世宗云卿能如此甚善甚善仍勑依事施行在郡滿更徵爲臨漳令後除鄭州刺史于時新經河清大水民多逃散子悦親加恤隱户口益增治爲天下之最入爲都官尚書鄭州民八百餘請立碑頌德有詔許焉後以本官兼吏部子悦在官唯以清勤自守既無學術又闕風儀人倫清鑒去之彌遠一旦居銓衡之首大招物議由是除太常卿卒

唐邕字道和太原晉陽人其先自晉昌徙焉父靈芝魏壽陽令邕少明敏有治世才具太昌初或薦於高祖命其直外兵曹典執文帳邕善書計彊記默識以幹濟見知擢爲世宗大將軍府

參軍及世宗崩事出倉卒顯祖部分將士鎮壓四方夜中召邕支配造次便了顯祖甚重之顯祖頻年出塞邕必陪從専掌兵機識悟閑明承變敏速自督將以還軍吏以上勞効由緒無不諳練每有顧問占對如響或於御前簡閲雖三五千人邕多不執文簿暗唱官位姓名未常謬誤七年於羊汾堤講武令邕揔爲諸節度事畢仍監宴射之禮是日顯祖親執邕手引至太后前坐於丞相斛律金之上啓太后云唐邕彊幹

一人當千仍別賜錦綵錢帛邕非唯彊濟明辨然亦善揣上意進取多途是以恩寵日隆委任彌重顯祖又嘗對邕白太后云唐邕分明彊記每有軍機大事手作文書口且處分耳又聽受實是異人一日之中六度賜物又嘗解所服青鼠皮裘賜邕云朕意在車馬衣裘與卿共弊十年從幸晉陽除兼給事黃門侍郎領中書舍人顯祖嘗登童子佛寺望并州城曰此是何等城或曰此是金城湯池天府之國帝云我謂唐邕

是金城此非金城也其見重如此其後語邕曰卿劬勞既久欲除卿作州頻勅楊遵彥更求一人堪代卿者遵彥云比遍訪文武如卿之徒實不可得所以遂停此意卿宜勉之顯祖或時切責侍臣不稱旨者觀卿等舉措不中與唐邕作奴其見賞遇多此類肅宗作相除黃門侍郎於華林園射特賜金帶寶器服玩雜物五百種天統初除侍中并州大中正又拜護軍餘如故邕以軍民教習田獵依令十二月月別三圍以為

人馬疲弊奏請每月兩圍世祖從之後出為趙州刺史餘官如故世祖謂邕曰朝臣未有帶侍中護軍中正作州者以卿故有此舉放卿百餘日休息至秋間當即追卿還右僕射又遷尚書令封晉昌王錄尚書事屬周師來寇丞相高阿那肱率兵赴援邕配割不甚從允因此有隙肱譖之遣侍中斛律孝卿宣旨責讓留身禁止尋釋之車駕將幸晉陽勅孝卿總知騎兵度支事多自決不相詢稟邕自恃從霸朝以來常典樞

要歷事六帝恩遇甚重一旦為孝卿所輕負氣鬱怏形於辭色帝平陽敗後狼狽還鄴邕懼那肱譖之恨斛律孝卿輕己遂留晉陽與莫多婁敬顯等崇樹安德王為帝信宿城陷邕遂降周依例授儀同大將軍卒於鳳州刺史邕性識明敏通解時事齊氏一代典執兵機凡是九州軍士四方勇募彊弱多少番代往還及器械精麤糧儲虛實精心勤事莫不諳知自大寧以來奢侈糜費比及武平之末府藏漸虛邕度支取捨

大有裨益然既被任遇意氣漸高其未經府寺陳訴越覽詞牒條數甚多俱爲憲臺及左丞彈糾並御注放免司空從事中郎封長業太尉記室參軍平濤並爲徵官錢違限邑各杖背二十齊時宰相未有撾撻朝士者至是甚駭物聽邑三子長子君明開府儀同三司開皇初卒於應州刺史次子君徹中書舍人隋順戎二州刺史大業中卒於武賁郎將少子君德以邑降周伏法齊朝因高祖作丞相府外兵曹騎兵曹分掌

兵馬及天保受禪諸司監咸歸尚書唯此二曹不廢令唐邕白建主治謂之外兵省其後邕建位望轉隆各爲省主令中書舍人分判二省事故世稱唐白云

白建字彦舉太原陽邑人也初入大丞相府騎兵曹曲執文帳明解書計爲同局所推天保十年兼中書舍人肅宗輔政除大丞相騎兵參軍河清三年突厥入境代忻二牧悉是細馬合數萬匹在五臺山北栢谷中避賊退後勑建就彼檢校續使人詣建間領馬送定州付民養飼建以馬久不得食瘦弱遠送恐多死損遂違勑以便宜從事隨近散付軍人啓知勑許焉戎乘無損建有力焉武平末歷特進侍中中書令建雖無他才勤於在公屬王業始基戎寄爲重建與唐邕俱以典執兵馬致位卿相晉陽國之下都每年臨幸徵詔差科責成州郡本藩寮佐爰及守宰諮承陳請趨走無暇諸子幼稚俱爲州郡主簿新君選補必先召辟男婚女嫁皆得勝流當世以爲榮寵之極武平七年卒

列傳第三十二　北齊書四十

列傳第三十三　北齊書四十一

隋太子通事舍人李　百藥　撰

暴顯字思祖魏郡斥丘人也祖喟魏琅邪太守朔州刺史因家邊朔父誕魏恒州刺史左衛將軍樂安公顯幼時見一沙門指之曰此郎子有好相表大必為良將貴極人臣語終失僧莫知所去顯少經軍旅善於騎射曾從魏孝莊帝出獵一日之中手獲禽獸七十三孝昌二年除羽林監中興元年除襄威將軍晉州車騎府長史後從高祖於信都舉義授中堅將軍散騎侍郎帳內大都督加安東將軍銀青光祿大夫屯留縣開國侯天平二年除渤海郡守元象元年除雲州大中正兼武衛將軍加鎮東將軍二年除北徐州刺史當州大都督從高祖與西師戰於邙山高祖令顯守河橋鎮據中潬城武定二年除征南將軍廣州刺史侯景反於河南為景所攻顯率左右二十餘騎突出賊營拔難歸國時高岳慕容紹宗等即配顯士馬隨岳等破景於渦陽武定六年拜太府卿從世宗平王思政於潁川授潁州刺史七年

轉鄭州刺史八年加驃騎將軍進侯為公通前食邑一千三百戶天保元年加衛大將軍刺史如故三年與清河王高岳襲歷陽取之為贓貨解鄭州大理禁止處斷未訖為合肥被圍遣與步汗薩慕容儼等同攻梁北徐州擒刺史王彊梁秦州刺史嚴超達戰於涇城破之五年授儀同三司其年又與高岳南臨漢水攻下梁西楚州獲刺史許法光于時梁將蕭循與侯瑱等圍慕容儼於郢州復以顯為水軍大都督從攝口入江救之師還加開府儀

同三司賞帛五百疋十年食幽州范陽郡幹乾明元年除車騎大將軍皇建元年轉封樂安郡開國公二年除趙州刺史河清元年遷洛州刺史二年復除朔州刺史秩滿歸天統元年加特進驃騎大將軍封定陽王四年卒年六十六

皮景和琅邪下邳人也父慶賓魏淮南王開府中兵參軍事正光中因使懷朔遇世亂因家廣寧之石門縣景和少通敏善騎射初以親信事高祖後補親信副都督武定二年征步落稽世

宗疑賊有伏兵令景和將五六騎深入一谷中值賊百餘人便共格戰景和射數十人莫不應弦而倒高祖嘗令景和射一野豕一箭而獲之深見嗟賞除庫直正都督天保初授假節通州刺史封永寧縣開國子後從襲庫莫奚加左右大都督又從度黃龍征契丹定稽胡尋從討茹茹主菴羅辰於陘北又從平茹茹餘燼景和趫捷有武用每有戰功十年食安樂郡幹乾明元年除武衛將軍兼給事黃門侍郎肅宗作相以本官攝大丞相府從事中郎大寧元年除儀同三司散騎常侍武衛大將軍尋加開府二年出爲梁州刺史三年突厥圍逼晉陽令景和馳驛赴京督領後軍赴幷州未到聞賊已退仍除領左右大將軍食齊郡幹又除幷省五兵尚書天統元年遷殿中尚書二年除侍中景和於武職之中兼長吏事又性識均平故頻有美授周通好之後冠蓋往來常令景和對接每與使人同射百發百中甚見推重武平中詔獄多令中黃門

等監治恒令景和按覆據理執正由是過無枉濫後除特進中領軍封廣漢郡開國公又隨斛律光率衆西討剋姚白亭二城別封永寧郡開國公又除領軍將軍又從軍拔宜陽城封開封郡開國公琅邪王之殺和士開也兵指西闕內外惶惑莫知所爲景和請後主出千秋門自號令事平除尚書右僕射趙州刺史尋遷河南行臺尚書右僕射洛州刺史陳將吳明徹寇淮南令景和率衆拒之除領軍大將軍封文城郡王

轉食高陽郡幹軍至祖口值土人陳暄等作亂景和平之又有陽平人鄭子饒詐依佛道設齋會用米麵不多供贍甚廣密從地藏漸出餅飯愚人以爲神力見信於魏衛之間將爲逆亂謀泄擒討漏逸乃潛度河聚衆數千自號長樂王已破乘氏縣又欲襲西兗州城景和自南兗州遣騎數百擊破之斬首二千餘級生擒子饒送京師烹之及吴明徹圍壽陽勑令景和與賀拔伏恩等赴救景和以尉破胡軍始喪敗怯懦不

敢進頓兵淮口頻有勑使催促然始度淮屬壽陽已陷狼狽北還器械軍資大致遺失陳將蕭摩訶率步騎於淮北倉陵城截之景和得整旅逆戰摩訶退歸是時拒吴明徹者多致傾覆唯景和全軍而還由是獲賞除尚書令別封西河郡開國公賜錢二十萬酒米十車時陳人聲將度淮令景和停軍西兗州爲拒守節度武平六年病卒年五十五贈侍中使持節都督定常朔幽定平六州諸軍事太尉公録尚書事定州刺史長

子信機悟有風神微涉書傳武平末開府儀同三司武衛將軍於勳貴子弟之中稱其識鑒於并州降周軍授上開府軍正大夫隋開皇中卒於洮州刺史少子宿達武平末太子齋帥有才藻撿行開皇中通事舍人丁母憂起復將赴京辭靈慟哭而絶久而獲蘇不能下食三日致死

鮮于世榮漁陽人也父寶業懷朔鎮將武平初贈儀同三司祠部尚書朔州刺史世榮少而沉敏有器幹興和二年爲高祖親信副都督稍遷平

西將軍賜爵石門縣子後頻從顯祖討茹茹破稽胡又從高岳平郢州除持節河州刺史食朝歌縣幹尋爲肅宗丞相府諮議參軍皇建中除儀同三司武衛將軍天統二年加開府又除鄭州刺史武平中以平信州賊除領軍將軍轉食上黨郡幹從平高思好封義陽王七年後主幸晉陽令世榮以本官判尚書右僕射事貳北平王北宫留後尋有勑令與吏部尚書袁聿修在尚書省撿試舉人爲乘馬至雲龍門外入省

北門爲憲司舉奏免官後主圍平陽除世榮領軍將軍周師將入鄴除領軍大將軍太子太傅於城西拒戰敗被擒爲周武所殺世榮雖武人無文藝以朝危政亂每竊歎之見徵稅無猒賜與過度發言歎惜子子貞武平末假儀同三司

綦連猛字武兒代人也其先姬姓六國末避亂出塞保祁連山因以山爲姓北人語訛故曰綦連氏父元成燕郡太守猛少有志氣便習弓馬永安三年尒朱榮徵爲親信至洛陽榮被

害即從尒朱世隆出奔建州仍從尒朱兆入洛其年又從兆討紇豆陵步藩補都督普泰元年加征虜將軍中散大夫猛父母兄弟皆在山東尒朱京纏欲投高祖謂猛曰王以尒父兄皆在山東每懷不信尒若不走今夜必當殺尒可走去猛以素蒙兆恩拒而不從京纏曰我今亦欲去尒從我不猛又不從京纏乃舉稍曰尒不從我必剌尒猛乃從之去城五十餘里即背京纏復歸尒朱及兆敗乃歸高祖高祖問曰尒朱京纏將尒投

我尒中路背去何也猛乃具陳服事之理不可貳心高祖曰尒莫懼服事人法須如此遂補都督步落稽等起逆在覆釜山使猛討之大捷特被賞賚元象元年從高祖向河陽與周文帝戰於邙山二年除平東將軍中散大夫其年又轉中外府帳內都督賞邙山之功封廣興開國君五年梁使來聘云有武藝求訪北人欲與相角世宗遣猛就館接之雙帶兩鞬左右馳射兼共試力挽彊梁人引弓兩張力皆三石猛遂併取四

張疊而挽之過度梁人嗟服之其年除撫軍將軍別封石城縣開國子食肆州平寇縣幹天保元年除都督東秦州刺史別封雍州京兆郡覆城縣開國男從顯祖討契丹大獲戶口又隨斛律敦北征茹茹敕令猛輕將百騎深入覘候還至白道與軍相會因此追躡遂大破之賚帛三百段七年除武衛將軍儀同三司九年轉武衛大將軍乾明初加車騎大將軍皇建元年封石城郡開國伯尋進爵爲君二年除領左右大

將軍從肅宗討奚賊大捷獲馬二千疋牛羊三万頭河清二年加開府突厥侵逼晉陽勑猛將三百騎覘賊遠近行至城北十五里遇賊前鋒以敵衆多遂漸退避賊中有一驍將超出來鬪猛遥見之即亦挺身獨出與其相對俯仰之間刺賊落馬因即斬之三年別封武安縣開國君加驃騎大將軍天統元年遷右衞大將軍乃奉世祖勑恒令在嗣主左右兼知內外機要之事三年除中領軍四年轉領軍將軍別封義寧

縣開國君五年除并省尚書左僕射餘如故除并省尚書令領軍大將軍封山陽王猛自和士開死後漸預朝政疑議與奪咸亦咨稟趙彥深以猛武將之中頗疾姦佞言議時有可采故引知機事祖珽既出彥深以猛為趙之黨與乃除光州刺史已發至牛蘭忽有人告和士開被害日猛亦知情遂被追止還入內禁留簿錄家口尋見釋削王爵止以開府赴州在任寬惠清慎吏民稱之淮陰王阿那肱與猛有舊每欲擕引之曾有勑御詣闕似欲委寄韓長鸞等沮難復除膠州刺史尋徵還令在南兖防捍後主平陽敗還又徵赴鄴除大將軍齊亡入周尋卒

元景安魏昭成五世孫也高祖虔魏陳留王父永少為奉朝請自積射將軍為元天穆薦之於尒朱榮參立孝莊之謀賜爵代郡公加將軍太中大夫二夏幽三州行臺左丞持節招納降戶四千餘家榮又啓封永朝那縣子邑三百戶持節南幽州刺史假撫軍將軍天平

初高祖以為行臺左丞尋除潁川刺史又為北揚州刺史天保中徵拜大司農卿遷銀青光祿大夫依例降爵為乾鄉男大寧二年遷金紫光祿大夫景安沉敏有幹局少工騎射善於事人釋褐尒朱榮大將軍府長流參軍加寧遠將軍又轉榮大丞相府長流參軍高祖平洛陽領軍婁昭薦補京畿都督父永啓迴代郡公授之加前將軍太中大夫隨武帝西入天平末大軍西討景安臨陣自歸高祖嘉之即補都督興和中轉

領親信都督邙山之役力戰有功賜爵西華縣都鄉男代郡公如故世宗入朝景安隨從在鄴于時江南款附朝貢相尋景安妙閑馳騁雅有容則每梁使至恒令與斛律光皮景和等對客騎射見者稱善世宗嗣事啓減國封分錫將士封石保縣開國子邑三百戶加安西將軍又授通州刺史加鎮西將軍轉子爲伯增邑通前六百戶餘如故天保初加征西將軍別封興勢縣開國伯帶定襄縣令賜姓高氏三年從破庫莫奚於代

川轉領左右大都督餘官並如故四年從討契丹於黃龍領北平太守後頻從駕再破茹茹遷武衛大將軍又轉領左右大將軍兼七兵尚書時初築長城鎮戍未立突厥強盛慮或侵邊仍詔景安與諸軍緣塞以備守督領既多且所部軍人富於財物遂賄貨公行顯祖聞之遣使推檢同行諸人贓汙狼籍唯景安纖毫無犯帝深嘉歎乃詔有司以所聚斂贓絹伍百疋賜之以彰清節又轉都官尚書加儀同三司食高平

郡幹又拜儀同三師乾明元年轉七兵尚書加車騎大將軍皇建元年又兼侍中馳驛詣鄴慰勞百司巡省風俗肅宗曾與羣臣於西園讌射文武預者二百餘人設侯去堂百四十餘步中的者賜與良馬及金玉錦綵等有一人射中獸頭去鼻寸餘唯景安最後有一矢未發帝令景安解之景安徐整容儀操弓引滿正中獸鼻帝嗟賞稱善特賚馬兩疋玉帛雜物又加常等大寧元年加開府二年轉右衛將軍尋轉右衛大

將軍天統初判并省尚書右僕射尋出爲徐州刺史四年除豫州道行臺僕射豫州刺史加開府儀同三司武平三年進授行臺尚書令刺史如故封歷陽郡王景安之在邊州鄰接他境綏和邊鄙不相侵暴人物安之又管內蠻多華少景安被以威恩咸得寧輯比至武平末招慰生蠻輸租賦者數万戶六年徵拜領軍大將軍入周以大將軍大義郡開國公率衆討稽胡戰沒子仁武平末儀同三司武衛隋驃騎將軍卒於丹陽太守初永兄祚襲

爵陳留王祚卒子景皓嗣天保時諸元帝室親近者多被誅戮疏宗如景安之徒議欲請姓高氏景皓云豈得棄本宗逐他姓大丈夫寧可玉碎不能瓦全景安遂以此言白顯祖乃收景皓誅之家屬徙彭城由是景安獨賜姓高氏自外聽從本姓永弟种子豫字景豫美姿儀有器幹永安中羽林監元顥入洛以守河內功賜爵永安君後為濮陽郡守魏彭城王韶引為開府諮議參軍韶出鎮定州啓為定州司馬及

景安告景皓慢言引豫言相應和豫止云尒時以衣袖掩景皓口云兄莫妄言及問景皓與豫所列符同獲免自外同聞語者數人皆流配遠方豫卒於徐州刺史

獨孤永業字世基本姓劉中山人母改適獨孤氏永業幼孤隨母為獨孤家所育養遂從其姓焉止於軍士之中有才幹便弓馬被簡擢補定州六州都督宿衛晉陽或稱其有識用者世宗與語悅之超授中外府外兵參軍天保初除中書舍人豫州司馬永業解書計善歌舞甚為顯祖所知乾明初出為河陽行臺右丞遷洛州刺史又轉左丞刺史如故加散騎常侍宜陽深在敵境周人於黑澗築城戍以斷粮道永業亦築鎮以抗之治邊甚有威信遷行臺尚書至河清三年周人寇洛州永業恐刺史段思文不能自固馳入金墉助守周人為土山地道曉夕攻戰經三旬大軍至寇乃退永業久在河南善於招撫歸降者萬計選其二百人為爪牙每先鋒以寡

敵衆周人憚之加儀同三司賞賜甚厚性鯁直不交權勢斛律光求二婢弗得毀之於朝廷河清末徵為太僕卿以乞伏貴和代之於是西境蹙弱河洛人情騷動武平三年遣永業取斛律豐洛因以為北道行臺僕射幽州刺史尋徵為領軍將軍河洛民庶多思永業朝廷又以彊埸不安除永業河陽道行臺僕射洛州刺史周武帝親攻金墉永業出兵禦之問曰是何達官作何行動周人曰至尊自來主人何不出

看客永業曰客行忽速是故不出乃通夜辦馬槽二千周人聞之以爲大軍將至乃解圍去永業進位開府封臨川王有甲士三萬初聞晉州敗請出兵北討奏寢不報永業慨憤又聞并州亦陷爲周將常山公所逼乃使其子須達告降於周周武授永業上柱國宣政末出爲襄州總管大象二年爲行軍摠管崔彥睦所殺

傅伏太安人也父元興儀同北蔚州刺史伏少從戎以戰功稍至開府永橋領民大都督周帝前攻河陰伏自橋夜渡入守中潬城南城陷被圍二旬不下救兵至周師還伏謂行臺乞伏貴和曰賊已疲弊願得精騎二千追擊之可捷也貴和弗許武平六年除東雍州刺史會周兵來逼伏出戰却之周尅晉州執獲行臺尉相貴以之招伏伏不從後主親救晉州以伏爲行臺右僕射周軍來掠伏擊走之周克并州遣韋孝寬與其子世寬來招伏曰并州已平故遣公兒來報便宜急下授上大將軍武鄉郡開國公即給告身以金馬碯二酒

鍾爲信伏不受謂孝寬曰事君有死無貳此兒爲臣不能竭忠爲子不能盡孝人所讎疾願即斬之以號令天下周帝自鄴還至晉州遣高阿那肱等百餘人臨汾召伏伏出軍隔水相見問至尊今在何處阿那肱曰已被捉獲別路入關伏仰天大哭率衆入城於廳事前北面哀號良久然後降周帝見之曰何不早下伏流涕而對曰臣三世蒙齊家衣食被任如此革命不能自死羞見天地周帝親執其手曰爲臣當若此朕平齊國唯見公一人乃自食一羊肋以骨賜伏曰骨親肉疎所以相付遂別引之與同食令於侍伯邑宿衞授上儀同勑之曰若即與公高官恐歸投者心動努力好行無慮不富貴又問前救河陰得何官職伏曰蒙一轉授特進永昌郡開國公周帝謂後主曰朕前三年教習兵馬決意往取河陰正爲傅伏能守城不可動是以收軍而退公當時賞授何其薄也賜伏金酒卮後以爲岷州刺史尋卒齊軍晉州敗後兵將罕有全節者

其殺身成仁者有儀同叱于苟生鎮南兗州周帝破鄴赦書至苟生自縊死又有開府中侍中官者田敬宣本字鵬鸞人也年十四五便好讀書既爲閹寺伺隙便周章詢請每至文林館氣喘汗流問書之外不暇他語及視古人節義事未嘗不感激沈吟顏之推重其勤學甚加開奬後遂通顯後主之奔青州遣其西出參伺動靜爲周軍所獲問齊主何在紿云已去歐捶服之每折一支辭色愈厲竟斷四體而卒

又有雷顯和晉州敗後爲建州道行臺左僕射周帝使其子招焉顯和禁其子而不受聞鄴城敗乃降後主失并州使開府紇奚永安告急於突厥他鉢略可汗及聞齊滅他鉢處永安於吐谷渾使下永安抗言曰本國既敗永安豈惜賤命欲閉氣自絕恐天下不知大齊有死節臣唯乞一刀以顯示遠近他鉢嘉其壯烈贈馬七十匹而歸

高保寧代人也不知其所從來武平末爲營州刺史鎮黃龍夷夏重其威信周師將至鄴幽州行臺潘子晃徵黃龍兵保寧率驍銳并契丹靺鞨万餘騎將赴救至北平知子晃以發薊又聞鄴都不守便歸營周帝遣使招慰不受勑書范陽王紹信在突厥中上表勸進范陽署寶寧爲丞相及盧昌期據范陽城起兵寶寧引紹信集夷夏兵數萬騎來救之至潞河知周將宇文神舉已屠范陽還據黃龍竟不臣周

史臣曰皮景和等爰自霸基策名戎幕間關

夷險迄於末運位高任重咸遂本誠亦各遇其時也傳伏之徒俱表忠節不然則丹青簡冊安可貴乎

贊曰唯此諸將榮名是保不愆不忘以斯終老傳子之輩逢茲不造末遇烈風誰知勁草

列傳第三十三　北齊書四十一

隋太子通事舍人李　百藥　撰

陽斐

盧潛

崔劼

盧叔武

陽休之

袁聿修

陽斐字叔鸞北平漁陽人也父藻魏建德太守贈幽州刺史孝莊時斐於西兗督護流民有功賜爵方城伯歷侍御史兼都官郎中廣平王開府中郎修起居注與和中除起部郎中兼通直散騎常侍聘於梁梁尚書羊侃魏之叛人也與斐有舊欲請斐至宅三致書斐不荅梁人曰羊來已久經貴朝遷革李盧亦詣宅相見卿何致難斐曰柳下惠則可吾不可梁主乃親謂斐曰羊侃極願相見今二國和好天下一家安得復論彼此斐終辭焉使還除廷尉少卿石濟河溢

橋壞斐脩治之又移津於白馬中河起石潬兩岸造關城累年乃就東郡太守陸士佩以黎陽關河形勝欲因山即壑以為公家苑囿遺斐書曰當諮大將軍以足下為匠者斐荅書拒曰當今殷夏啓聖運遭昌曆故大丞相天啓霸功再造太極大將軍光承先構嗣績丕顯國步始康民勞未息誠宜輕徭薄賦勤恤民隱詩不云乎民亦勞止汔可小康惠此中國以綏四方古之帝王亦有表山刊樹未足盡其意下輦成宴詎能窮其情正足以靡天地之財用劉生民之髓腦是故孔子對葉公以來遠酬哀公以臨民所問雖同所急異務故也相如壯上林之觀揚雄騁羽獵之辭雖係以隤墻填壍亂以收罝落網而言無補於風規祗足昭其愆戾也尋轉尚書右丞天保初除鎮南將軍尚書吏部郎中以公事免久之除都水使者顯祖親御六軍北攘突厥仍詔斐監築長城作罷行南譙州事加通直散騎常侍壽陽道行臺左丞遷散騎常侍食

陳留郡幹未幾除徐州刺史帶東南道行臺左丞乾明元年徵拜廷尉卿遷衛大將軍兼都官尚書行太子少傅徙殿中尚書以本官監瀛州事抗表致仕優詔不許頃之拜儀同三司食廣阿縣幹卒於位贈使持節都督北豫光二州諸軍事驃騎大將軍儀同三司中書監北豫州刺史謚曰敬簡子師孝中書舍人

盧潛范陽涿人也祖尚之魏濟州刺史父文符通直侍郎潛容貌瓌偉善言談少有成人志尚

儀同賀拔勝辟開府行參軍補侍御史世宗引為大將軍西閤祭酒轉中外府中兵參軍機事強濟為世宗所知言其終可大用王思政見獲於潁川世宗重其才識潛曾從容白世宗云思政不能死節何足可重世宗謂左右曰我有盧潛便是更得一王思政天保初除中書舍人以奏事忤旨免尋除左民郎中坐譏議魏書與王松年李庶等俱被禁止會清河王岳將救江陵特赦潛以為岳行臺郎還遷中書侍郎尋遷

黃門侍郎黃門鄭子默奏言潛從清河王南討清河王令潛說梁將侯瑱大納賂遺還不奏聞顯祖杖潛一百仍截其鬚左遷魏尹丞尋除司州別駕出為江州刺史所在有治方肅宗作相以潛為揚州道行臺左丞先是梁將王琳為陳兵所敗擁其主蕭莊歸壽陽朝廷以琳為揚州刺史勑潛與琳為南討經略琳部曲故義多在揚州與陳冦鄰接潛輯諧內外甚得邊俗之和陳秦譙二州刺史王奉國合州刺史周令珍前後

入冦潛輒破平之以功加散騎常侍食彭城郡幹遷合州刺史左丞如故又除行臺尚書尋授儀同三司王琳銳意圖南潛以為時事未可屬上啓且願息兵依所請由是與琳有隙更相表陳遣移書至壽陽請與國家和好潛為奏聞仍列世祖追琳入京除潛揚州刺史領行臺尚書潛在淮南十三年任惣軍民大樹風績甚為陳人所憚陳主與其邊將書云盧潛猶在壽陽聞其何當還北此虜不死方為國患卿宜深備之

顯祖初平淮南給十年優復年滿之後逮天統
武平中徵稅煩雜又高元海執政斷漁獵人家
無以自資諸商胡負官責息者宦者陳德信
縱其妄注淮南富家令州縣徵責又勑送突厥
馬數千疋於揚州管內令土豪貴買之錢直始
入便出勑括江淮間馬並送官廐由是百姓擾
擾切齒嗟怨潛隨事撫慰兼行權略故得寧
靖武平三年徵為五兵尚書揚州吏民以潛戒斷
酒肉篤信釋氏大設僧會以香華緣道流涕送

之潛歎曰正恐不久復來耳至鄴未幾陳將吳
明徹度江侵掠復以潛為揚州道行臺尚書五
年與王琳等同陷尋死建業年五十七其家購
屍歸葬贈開府儀同三司尚書右僕射兗州刺
史無子以弟士邃子元孝為嗣士邃字子瀋少
為崔昂所知昂云此昆季足為後生之俊但恨
其俱不讀書耳歷侍御史司徒祭酒尚書郎鄴
縣令尚書左右丞吏部郎中出為中山太守帶
定州長史齊亡後卒潛從祖兄懷仁字子友魏

司徒司馬道將之子懷仁涉學有文辭情性恬
靖常蕭然有閑放之致歷太尉記室弘農郡守
不之任卜居陳留界所著詩賦銘頌二萬餘言
又撰中表實録二十卷懷仁有行檢善與人交
與琅邪王衍隴西李壽之情好相得曾語衍云
昔太丘道廣許劭知而不顧嵇生性惰鍾會過
而絕言吾處季孟之間去其泰甚衍以為然武
平末卒懷仁兄子莊之少有名望官歷太子舍
人定州別駕東平太守武平中都水使者卒官

懷仁從父弟昌衡魏尚書左僕射道虔之子武
平末尚書郎沈靖有才識風儀蘊藉容止可觀
天保中尚書王昕以雅談獲罪諸弟尚守而不
墜自茲以後此道頓微昌衡與順丘李若彭城
劉泰珉河南陸彥師隴西辛德源太原王脩並
為後進風流之士昌衡從父弟思道魏處士道
亮之子神情俊發少以才學有盛名武平末
黃門侍郎待詔文林館思道父兄正達正思正山
魏右光祿大夫道幼之子正達尚書郎正思北

徐州刺史太子詹事儀同三司正山永昌郡守兄弟以后舅武平中並得優贈正山子公順早以文學見知武平中符璽郎待詔文林館與博陵崔君洽隴西李師上同志友善從駕晉陽寓居僧寺朝士謂康寺三少爲物論推許正達從父弟熙裕父道舒爲長兄道將讓爵由是熙裕襲固安伯虛淡守道有古人之風爲親表所敬重潛從祖兄愻之魏尚書義僖之子清靖寡欲卒於司徒記室參軍

崔劼字彥玄本清河人曾祖曠南度河居青州之東時宋氏於河南立冀州置郡縣即爲東清河郡人南縣分易更爲南平原貝丘人也世爲三齊大族祖靈延宋長廣太守父光魏太保劼少而清虛寡欲好學有家風魏末自開府行參軍歷尚書儀曹郎祕書丞修起居注中書侍郎興和三年兼通直散騎常侍使于梁天保初以議禪代除給事黃門侍郎加國子祭酒直內省典機密清儉勤慎甚爲顯祖所知拜南青州刺史在任有政績皇建中入爲祕書監齊州大中正轉鴻臚卿遷并省度支尚書俄授京省尋轉五兵尚書監國史在臺閣之中見稱簡正世祖之將禪後主先以問劼劼諫以爲不可由是忤意出爲南兗州刺史代還重爲度支尚書儀同三司食文登縣幹尋除中書令加開府待詔文林館監撰新書遇病卒時年六十六贈齊州刺史尚書右僕射謚曰文貞初和士開擅朝曲求物譽諸公因此頗爲子弟干祿世門之冑多處

京官而劼二子拱撝並爲外任弟廓之從容謂劼曰拱撝幸得不凡何爲不在省府之中清華之所而並出外藩有損家代劼曰立身以來恥以一言自達今若進兒與身何異卒無所求聞者莫不歎服拱天統中任城王湝丞相諮議參軍管記室撝揚州錄事參軍廓之沉隱有識量以學業見稱自臨水令爲琅邪王儼大司馬西閤祭酒遷領軍功曹參軍武平中卒

盧叔武范陽涿人青州刺史文偉從子也父光

宗有志尚叔武兩兄觀仲並以文章顯於洛下叔武少機悟豪率輕俠好奇策慕諸葛亮之爲人賀拔勝荆州開府長史勝不用其計棄城奔梁叔武歸本縣築室臨陂優遊自適世宗降辟書辭疾不到天保初復徵不得已布裘乘露車至鄴楊愔往候之以爲司徒諮議稱疾不受肅宗即位召爲太子中庶子加銀青光祿大夫問以世事叔武勸討關西畫地陳兵勢曰人衆敵者當任智謀鈞者當任勢力故強者所以制弱

富者所以兼貧今大齊之比關西強弱不同貧富有異而戎馬不息未能吞并此失於不用強富也輕兵野戰勝負難必是胡騎之法非深謀遠筭萬全之術也宜立重鎮於平陽與彼蒲州相對深溝高壘運粮積甲築城戍以屬之彼若閉關不出則取其黃河以東長安窮蹙自然困死如彼出兵非十萬以上不爲我敵所供粮食皆出關內我兵士相代年別一番穀食豐饒運送不絶彼來求戰我不應之彼若退軍即乘其

弊自長安以西民踈城遠敵兵來往實有艱難與我相持農作且廢不過三年彼自破矣帝深納之又願自居平陽成此謀略上令元文遥與叔武參謀撰平西策一卷未幾帝崩事遂寢世祖踐祚拜儀同三司都官尚書出爲合州刺史武平中遷太子詹事右光祿大夫叔武在鄉時有粟千石每至春夏鄉人無食者令自載取至秋任其償都不計校然而歲歲常得倍餘既在朝通貴自以年老兒子又多遂營一大屋曰歌於斯哭於斯魏收曾來詣之訪以洛京舊事

不待食而起云難爲子費叔武留之良久食至但有粟飧葵菜木椀盛之片脯而已所將僕從亦盡設食一與此同齊滅歸范陽遭亂城陷叔武與族弟士遜皆以寒餒致斃周將宇文神舉以其有名德收而葬之叔武族孫臣客父子規魏尚書郎林慮郡守臣客風儀甚美少有志尚雅有法度好道家之言其姉爲任城王妃天保末任城王致之於朝廷由是擢拜太子舍人遷

司徒記室請歸侍祖母李李強之令仕不得已
而順命除太子舍人太子中庶子武平中兼散
騎常侍聘陳還卒於路贈鄭州刺史鴻臚卿
陽休之字子烈右北平無終人也父固魏洛陽令
贈太常少卿休之儁爽有風槩少勤學愛文
藻弱冠擅聲爲後來之秀幽州刺史常景王
延年並召爲州主簿魏孝昌中杜洛周破城休
之與宗室及鄉人數千家南奔章武轉至青州是
時葛榮寇亂河北流民多湊青部休之知將有

變乃請其族叔伯彥等曰客主勢異競相凌侮
禍難將作如鄙情所見且潛歸京師避之諸人
多不能從休之垂涕別去俄而邢杲作亂伯彥
等咸爲土民所殺一時遇害諸陽死者十人唯
休之兄弟獲免莊帝立解褐員外散騎侍郎尋
以本官領御史遷給事中太尉記室參軍加輕
車將軍李神儁監起居注啓休之與河東裴伯
茂范陽盧元明河間邢子明等俱入撰次永安
末洛州刺史李海啓除冠軍長史普泰中兼

通直散騎侍郎加鎮遠將軍尋爲太保長孫稚
府屬尋勑與魏收李同軌等修國史太昌初除
尚書祠部郎中尋進征虜將軍中散大夫賀拔
勝出爲荆州刺史啓補驃騎長史勝爲行臺又
請爲右丞勝經略樊沔又請爲南道軍司俄而
魏武帝入關勝令休之奉表詣長安參謁時高
祖亦啓除休之太常少卿尋屬勝南奔仍隨
至建業休之聞高祖推奉靜帝乃白勝啓梁武
求還以天平二年達鄴仍奉高祖命赴晉陽其

年冬、授世宗開府主簿明年春世宗爲大行臺
復引爲臺郎中四年高祖幸汾陽之天池於池
邊得一石上有隱起其文曰六王三川高祖獨
帳中問之此文字何義對曰六者是大王之字
王者當王有天下此乃大王符瑞受命之徵既
於天池得此石可謂天意命王也吉不可言高
祖又問三川何義休之曰河洛伊爲三川亦云
涇渭洛爲三川河洛伊洛陽也涇渭洛今雍州
也大王若受天命終應統有關右高祖曰世人

無事常道我欲反今聞此更致紛紜愼莫妄言也元象初録荆州軍功封新泰縣開國伯食邑六百戸除平東將軍太中大夫尚書左民郎中興和二年兼通直散騎常侍副清河崔長謙使於梁武定二年除中書侍郎時有人士戲嘲休之云有觸藩之羝羊乗連錢之驄馬從晉陽而向鄴懷屬書而盈把尚書左丞盧斐以其文書請謁啓高祖禁止會赦不治五年兼尚食典御七年除太子中庶子遷給事黄門侍郎進號

中軍將軍幽州大中正八年兼侍中持節奉璽書詣并州敦喻顯祖爲相國齊王是時顯祖將受魏禪發晉陽至平陽郡爲人心未一且還并州恐漏泄仍斷行人休之性疎放使還遂説其事鄴中悉知於後高德政以聞顯祖忿之而未發齊受禪除散騎常侍修起居注頃之坐詔書脱誤左遷驍騎將軍積前事也尋以禪讓之際參定禮儀别封始平縣開國男以本官兼領軍司馬後除都水使者歷司徒掾中書侍郎尋除

中山太守顯祖崩徵休之至晉陽經紀喪禮乾明元年兼侍中巡省京邑仍拜大鴻臚卿領中書侍郎皇建初以本官兼度支尚書加驃騎大將軍領幽州大中正肅宗留心政道每訪休之治術休之答以明賞罰愼官方禁淫侈恤民患爲政治之先帝深納之大寧中除都官尚書轉七兵祠部河清三年出爲西兗州刺史天統初徵爲光禄卿監國史休之在中山及治西兗俱有惠政爲吏民所懷去官之後百姓樹碑

頌德尋除吏部尚書食陽武縣幹除儀同三司又加開府休之多識故事諳悉氏族凡所選用莫不才地俱允加金紫光禄大夫武平元年除中書監尋以本官兼尚書右僕射二年加左光禄大夫兼中書監三年加特進五年正中書監餘並如故尋以年老致仕抗表辭位帝優荅不許六年除正尚書右僕射未幾又領中書監休之本懷平坦爲士友所稱晚節説祖珽撰御覽書成加特進及珽被黜便布言於朝廷云先

有嫌隙及鄧長顒顏之推奏立文林館之推本意不欲令耆舊貴人居之休之便相附會與少年朝請參軍之徒同入待詔又魏收監史之日立高祖本紀取平四胡之歲爲齊元收在齊州恐史官改奪其意上表論之武平中收還朝勑集朝賢議其事休之立議從天保爲限斷魏收存日猶兩議未決收死後便動作內外發詔從其議後領中監便謂人云我已三爲中書監用此何爲隆化還鄴與朝多有遷授封休之燕

郡王又謂其所親云我非奴何意忽有此授凡此諸事深爲時論所鄙休之好學不倦博綜經史文章雖不華靡亦爲典正邢魏殂後以先達見推位望雖高虛懷接物爲搢紳所愛重周武平齊與吏部尚書袁聿修衛尉卿李祖欽度支尚書元脩伯大理卿司馬幼之司農卿崔達拏祕書監源文宗散騎常侍兼中書侍郎李若散騎常侍給事黃門侍郎李孝貞給事黃門侍郎盧思道給事黃門侍郎顏之推通直散騎常侍兼中書侍郎李德林通直散騎常侍兼中書舍人陸乂中書侍郎薛道衡中書舍人高行恭辛德源王邵陸開明十八人同徵令隨駕後赴長安盧思道有所撰録止云休之與孝貞思道同被召者是其誣罔焉尋除開府儀同歷納言中大夫太子少保大象末進位上開府除和州刺史隋開皇二年罷任終於洛陽年七十四所著文集三十卷又撰幽州人物志並行於世子辟强武平末尚書水部郎中辟强悦無文藝休之

亦引入文林館爲時人嗤鄙焉

袁聿修字叔德陳郡陽夏人魏中書令翻之子也出後叔父躍七歲遭喪居處禮度有若成人九歲州辟主簿性深沉有鑒識清淨寡欲與物無競深爲尚書崔休所知賞魏太昌中釋褐太保開府西閤祭酒年十八領本州中正尋兼尚書度支郎仍歷五兵左民郎中武定末太子中舍人天保初除太子庶子以本官行博陵太守數年大有聲績遠近稱之八年兼太府少卿尋

轉大司農少卿又除大常少卿皇建二年遭母憂去職尋詔復前官加冠軍輔國將軍除吏部郎中未幾遷司徒左長史加驃騎大將軍領兼御史中丞司徒録事參軍參軍盧思道私貸庫錢四十萬娉太原王義女爲妻而王氏已先納陸孔文禮娉爲定聿修坐爲首僚又是國之司憲知而不劾被責免中丞尋遷祕書監天統中詔與趙郡王叡等議定五禮出除信州刺史即其本鄉也時人榮之爲政清靖不言而治

長史以下爰逮鰥寡孤幼皆得其歡心武平初御史普出過詣諸州梁鄭兖疆境連接州之四面悉有舉劾御史竟不到信州其見知如此及解代還京民庶道俗追別滿道或將酒脯涕泣留連竟欲遠送既盛暑恐其勞弊往往爲之駐馬隨舉一酌示領其意辭謝令還還京後州民鄭播宗等七百餘人請爲立碑斂縑布數百疋託中書侍郎李德林爲文以紀功德府省爲奏勑報許之尋除都官尚書仍領本州中正轉兼

吏部尚書儀同三司尚書尋即真聿修少平和溫潤素流之中最有規檢以名家子歷任清華時望多相器待許其風監在郎署之日值趙彥深爲水部郎中同在一院因成交友彥深後被沙汰停秩門生藜藿聿修猶以故情存問來往彥深任用銘戢甚深雖人才無愧蓋亦由其接引爲吏部尚書以後自以物望得之初馮子琮以僕射攝選婚嫁相尋聿修常非笑之語人云馮公營婚日不暇給及自居選曹亦不能免時論

以爲地勢然也在官廉謹當時少匹魏齊世臺郎多不免交通饟遺聿修在尚書十年未曾受升酒之饋尚書邢邵與聿修舊欵每於省中語戲常呼聿修爲清郎大寧初聿修以太常少卿出使巡省仍命考校官人得失經歷兖州時邢邵爲兖州刺史別後遣送白紬爲信聿修退紬不受與邢書云今日仰過有異常行瓜田李下古人所慎多言可畏譬之防川願得此心不貽厚責邢亦忻然領解報書云一日之贈率爾不

思老夫忽忽意不及此敬承來旨吾無間然弟昔爲清郎今日復作清卿矣及在吏部屬政塞道喪若違忤要勢即恐禍不旋踵雖以清白自守猶不免請謁之累齊亡入周授儀同大將軍吏部下大夫大象末除東京司宗中大夫隋開皇初加上儀同還東京都官尚書東京廢入朝又除都官尚書二年出爲熊州刺史尋卒年七十二子知禮武平末儀同開府參軍事隋開皇中侍御史歷尚書民部考功侍郎大業初卒於太子中舍人

史臣曰崔彦玄弈世載德不忝其先盧詹事任俠好謀志尚宏遠陽僕射位高望重譽爲時宗來尚書清明在躬以器能見任與陽斐盧潛並朝之良也有齊季世權歸佞幸賴諸君維持名教不然則拔本塞源裂冠毁冕安可道哉

贊曰惟茲數公心安寵辱不夷不惠坐鎮流俗

列傳第三十四　北齊書四十二

列傳第三十五　北齊書四十三

隋太子通事舍人李　百藥　撰

李稚廉

封述

許惇

羊烈

源彪

李稚廉趙郡高邑人也齊州刺史義深之弟稚廉少而寡欲爲兒童時初不從家人有所求請

嘗故以金寶授之終不取強付輒擲之於地州牧以其蒙稚而廉故名曰稚廉聰敏好學年十五頗尋覽五經章句屬葛榮作亂本郡紛擾遠難赴京永安中釋褐奉朝請普泰初開府記室龍驤將軍廣州征南府錄事參軍不行尋轉開府諮議參軍事前將軍天平中高祖擢爲泰州開府長史平北將軍稚廉緝諧將士軍民樂悅高祖頻幸河東大相嗟賞轉爲世宗驃騎府長史詔以濟州控帶川陸接對梁使尤須得人

世宗薦之除濟州儀同長史又瀛州長史高祖行經冀州摠合河北六州文籍商校戶口增損高祖親自部分多在馬上御責文簿指景取備事緒非一稚廉每應立成恒先期會莫不雅合深旨爲諸州准的高祖顧謂司馬子如曰觀稚廉處分快人意也因集文武數萬人令郎中杜弼宣旨慰勞仍詰諸州長史守令等諸人並謝罪稚廉獨前拜恩觀者咸歎美之其日賜以牛酒高祖還并以其事告世宗喜而語人曰吾足

知人矣世宗嗣事召詣晉陽除霸府掾謂杜弼曰并州王者之基須好長史各舉所知時率有所稱皆不允衆人未荅世宗乃謂陳元康曰我教君好長史處李稚廉即其人也遂命爲并州長史常在世宗第內與隴西辛術等六人號爲館客待以上賓之禮天保初除安南將軍太原郡守顯祖嘗召見問以治方語及政刑寬猛帝意深文峻法稚廉固以爲非帝意不悅語及楊愔誤稱爲楊公以應對失宜除濟陰郡守帶西

兗州刺史徵拜太府少卿尋轉廷尉少卿遷太尉長史肅宗即位兼散騎常侍省方大使行還所奏多見納用除合州刺史亦有政績未滿行懷州刺史還朝授兼大僕卿轉大司農卿趙州大中正天統元年加驃騎大將軍大理卿世稱平直爲南青州刺史未幾徵爲并省都官尚書武平五年三月卒於晉陽年六十七贈儀同三司信義二州刺史吏部尚書

封述字君義渤海蓨人也父軌廷尉卿濟州刺

史述有幹用年十八爲濟州征東府鎧曹參軍高道穆爲御史中尉啓爲御史遷大司馬清河王開府記室參軍兼司徒主簿太昌中除尚書三公郎中以平幹稱天平中增損舊事爲麟趾新格其名法科條皆述删定梁散騎常侍陸晏子沈警來聘以述兼通直郎使梁還遷世宗大將軍府從事中郎監京畿事武定五年除彭城太守當郡督再行東徐州刺史武定七年除廷尉少卿八年兼給事黃門侍郎齊受禪與李獎

等八人充大使巡省方俗問民疾苦天保三年除清河太守遷司徒左長史行東都事尋除海州刺史大寧元年徵授大理卿河清三年勑與錄尚書趙彥深僕射魏收尚書陽休之國子祭酒馬敬德等議定律令天統元年遷度支尚書三年轉五兵尚書加儀同三司武平元年除南兗州刺史更滿還朝除左光祿大夫又除殿中尚書述久為法官明解律令議斷平允深為時人所稱而厚積財產一無饋遺雖至親密友貧

病困篤亦絕於拯濟朝野物論甚鄙之外貌方整而不免請謁迴避進趣頗致嗤駭前妻河內司馬氏一息為娶隴西李士元女大輸財娉及將成禮猶競懸違述忽取供養像對士元打像作誓士元笑曰封公何處常得應急像須誓便用一息娶范陽盧莊之女述又逕府訴云送驘乃嫌腳跛評田則云鹹薄銅器又嫌古廢皆為吝嗇所及每致紛紜子元武平末太子舍人述弟詢字景文魏員外郎武定中永安公開府法曹稍遷尚書起部郎中轉三公郎出為東平原郡太守遷兗州長史又除河間郡守入為尚書左丞又為濟南太守隋開皇中卒詢閱涉經史清素自持歷官皆有幹局才具治郡甚著聲績民吏敬而愛之

許惇字季良高陽新城人也父護魏高陽章武二郡太守惇清識敏速達於從政任司徒主簿以能判斷見知時人號為入鐵主簿稍遷陽平太守當時遷都鄴陽平即是畿郡軍國責辦賦

斂無准又勳貴屬請朝夕徵求惇並御之以道上下無怨治為天下第一特加賞異圖形於闕詔頒天下遷魏尹出拜齊州刺史轉梁州刺史治並有聲遷大司農會侯景背叛王思政入據潁城王師出討惇常督漕運兼之絕引洧水灌城惇之策也遷殿中尚書惇美鬚髯下垂至帶省中號為長鬣公顯祖嘗因酒酣握惇鬚髯稱美遂以刀截之唯留一握惇懼因不復敢長時人又號為齊鬚公世祖踐阼領御史中丞為

膠州刺史尋追爲司農卿又遷大理卿再爲度支
尚書歷太子少保少師光祿大夫開府儀同三
司尚書右僕射特進賜爵萬年縣子食下邳郡
幹以年老致仕於家三年卒惇少純直晚更浮
動齊朝體式本州大中正以京官爲之同郡邢
邵爲中書監德望甚高惇與邵競中正遂憑附
宋欽道出邵爲刺史朝議甚鄙薄之雖久處朝
行歷官清顯與邢邵魏收陽休之崔劼徐之才
之徒比肩同列諸人或談說經史或吟詠詩賦更

相嘲戲欣笑滿堂惇不解劇談又無學術或竟
坐杜口或隱几而睡深爲勝流所輕子文紀武
平末度支郎中文紀弟文經勤學方雅身無
擇行口無戲言武平末殿中侍御史隋開皇初
侍御史兼通直散騎常侍聘陳使副主爵侍
郎卒於相州長史惇兄遜字仲讓有幹局乾明
中平原太守卒贈信州刺史遜子文高司徒掾
羊烈字信卿太山鉅平人也晉太僕卿琇之八
世孫魏梁州刺史祉之弟子父靈珍魏兗州別

駕烈少通敏自修立有成人之風好讀書能言
名理以玄學知名魏孝昌中烈從兄侃爲太守
據郡起兵外叛烈潛知其謀深懼家禍與從兄
廣平太守敦馳赴洛陽告難朝廷將加厚賞烈
告人云譬如斬手全軀所存者大爾豈有幸從
兄之敗以爲己利乎卒無所受弱冠州辟主簿
又兼治中從事刺史方以吏事爲意以幹濟見
知釋巾太師咸陽王行參軍遷祕書郎顯祖初
爲儀同三司開府倉曹參軍事天保初授太子

步兵校尉輕車將軍尋遷并省比部郎中除司
徒屬頻歷尚書祠部左右民郎中所在咸爲稱
職九年除陽平太守治有能名是時頻有災蝗
犬牙不入陽平境勑書褒美焉皇建二年遷光
祿少卿加龍驤將軍兗州大中正又進號平南
將軍天統中除大中大夫兼光祿少卿武平初
除驃騎將軍義州刺史尋以老疾還鄉周大象
中卒烈家傳素業閨門修飾爲世所稱一門女
不再醮魏太和中於兗州造一尼寺女寡居無

子者並出家爲尼咸存戒行烈天統中與尚書畢義雲爭兖州大中正義雲盛稱門閥云我累世本州刺史卿世爲我家故吏烈荅云卿自畢軌被誅以還寂無人物近日刺史皆是疆埸之上彼此而得何足爲言豈若我漢之河南尹晉之太傅名德學行百代傳美且男清女貞足以相冠自外多可稱也蓋譏義雲之帷薄焉祉子深魏中書令深子肅以學尚知名世宗大將軍府東閤祭酒乾明初兾州治中趙郡王爲巡省大使肅以遲緩不任職解朝議以肅無罪尋復之天統初遷南兖州長史武平中入文林館撰書尋出爲武德郡守烈弟脩有才幹大寧中卒於尚書左丞子玄正武平末將作丞隋開皇中民部侍郎卒於隴西郡贊治

源彪字文宗西平樂都人也父子恭魏中書監司空文獻公文宗學涉機警少有名譽魏孝莊永安中以父功賜爵臨潁縣伯除員外散騎常侍天中四年涼州大中正遭父憂去職武定初服闋吏部召領司徒記室加平東將軍世宗攝選沙汰臺郎以文宗爲尚書祠部郎中仍領記室轉太子洗馬天保元年除太子中舍人乾明初出爲范陽郡守皇建二年拜涇州刺史文宗以恩信待物甚得邊境之和爲隣人所欽服前政被抄掠者多得放還天統初入爲吏部郎中議遷御史中丞典選如故尋除散騎常侍仍攝吏部加驃騎大將軍屬秦州刺史宋嵩卒朝廷以州在邊垂以文宗往莅涇州頗著聲績除秦州刺史乘傳之府特給後部鼓吹文宗爲治如在涇州時李孝貞聘陳陳主謂孝貞曰齊朝還遣源涇州來瓜步真可謂和通矣尋加儀同三司武平二年徵領國子祭酒三年秘書監陳將吳明徹寇江南歷陽瓜步相尋失守趙彥深於起居省密訪文宗曰吳賊侏張遂至於此僕妨賢既久憂懼交深今者之勢計將安出弟往在涇州甚悉江淮間情事今將何以禦之對曰荷國厚恩無由報効有所聞見敢不盡言但朝

廷精兵必不肯多付諸將數千已下復不得與
吴楚爭鋒命將出軍反爲彼餌尉破胡人品王之
所知進既不得退又未可敗績之事匪朝伊夕
王出而能入朝野傾心脫一日參差悔無所及以
今日之計不可再三國家待遇淮南失之同於
蒿箭前如文宗計者不過專委王琳淮南招募三
四萬人風俗相通能得死力兼令舊將淮北捉
兵足堪固守且琳之於昙雲項不肯北面事之明
矣竊謂計之上者若不推赤心於琳别遣餘人

掣肘復成速禍彌不可爲彦深歎曰弟此良圖
足爲制勝千里但口舌爭來十日已不見從時
事至此安可盡言因相顧流涕武平七年周武
平齊與陽休之袁聿修等十八人同勑入京授
儀同大將軍司成下大夫隋開皇初授莒州刺
史至州遇疾去官開皇六年卒年六十六文宗
以貴遊子弟昇朝列才識敏贍以幹局見知然
好遊詣貴要之門故時論以爲善於附會子師
少好學明辨有識悟尤以吏事知名河清初司

空參軍事歷侍御史太常丞尚書左外兵郎中
隋開皇中尚書比部考功侍郎大業初卒於大
理少卿文宗弟文舉亦有才幹歷尚書比部二
千石郎中定州長史帶中山郡守卒於太尉長
史文宗從父兄揩字掷延有器幹善草隸書歷
尚書左民部郎中治書侍御史長樂中山郡守
京畿長史黄門郎假儀同三司齊滅朝貴知名
入周京者度支尚書元修伯魏文成皇帝之後
清素寡欲明識理體少歷顯職尚書郎治書侍

御史司徒左長史數郡太守光州刺史所在皆
著聲績及爲度支屬政荒國蹙儲藏虛竭賦役
繁興修伯憂國如家恤民之勞兼濟時事詢謀
宰相朝夕孜孜與録尚書唐邕迴換取捨頗有
裨益周朝授儀同大將軍載師大夫其事行史
闕故不列於傳齊末又有并省尚書隴西辛慤
散騎常侍長樂潘子義並以才幹知名入仕周
隋位官通顯去
論曰李稚廉等以材能器幹所在咸著聲名封

述聚積財賄敗於鄙吝李良以學淺爲累文宗以附會見稱然則羊李二賢足爲俱美士人君子可不慎與

贊曰惟茲數賢幹事貞固生被雌黃歿存緗素封及源許終爲身蠹

列傳第三十五　北齊書四十三

列傳第三十六　北齊書四十四

隋太子通事舍人李　百藥　撰

儒林

班固稱儒家者流蓋出於司徒之官助人君順陰陽行教化者也聖人所以明天道正人倫是

以古先哲王率由斯道高祖生於邊朔長於戎馬之間因魏氏喪亂之餘屬尒朱殘酷之舉文章咸盪禮樂同奔弦歌之音且絕俎豆之容將盡及仗義建旗掃清區縣以正君臣以齊上下至乎一人播越九鼎潛移文武神器顧眄斯在猶且援立宗支重安社稷豈非踢名教之地漸仁義之風與屬疆場多虞戎車歲駕雖庠序之制有所未遑而儒雅之道遽形心慮魏天平中范陽盧景裕同從兄禮於本郡起逆高祖免其

罪置之賓館以經教授太原公以下及景裕卒又以趙郡李同軌繼之二賢並大蒙恩遇待以殊禮同軌之亡復徵中山張雕渤海李鉉刁柔中山石曜等遞為諸子師友及天保大寧武平之朝亦引進名儒授皇太子諸王經術然爰自始基暨於季世唯濟南之在儲宮性識聰敏頗自砥礪以成其美自餘多驕恣傲很動違禮度日就月將無聞焉爾鏤冰雕朽迄用無成蓋有由也夫帝子王孫禀性淫逸況義方之情不篤

邪僻之路競開自非得自生知體包上智而內有聲色之娛外多犬馬之好安能入便篤行出則友賢者也徒有師傅之資終無琢磨之實下之從化如風靡草是以世胄之門罕聞強學若使貴遊之輩飾以明經可謂稽山竹箭加之以括羽俯拾青紫斷可知焉而齊氏司存或失其守師保疑丞皆賞勳舊國學博士徒有虛名唯國子一學生徒數十人耳欲求官正國治其可得乎胄子以通經仕者唯博陵崔子發廣平宋

遊卿而已自外莫見其人幸朝章寬簡政網踈闊遊手浮惰十室而九故橫經受業之侶遍於鄉邑負笈從宦之徒不遠千里伏膺無怠善誘不倦入閭里之內乞食為資憩桑梓之陰動逾千數燕趙之俗此衆尤甚齊制諸郡並立學置博士助教授經學生俱差逼充員士流及豪富之家皆不從調備員既非所好墳籍固不關懷又多被州郡官人驅使縱有遊情亦不撿治皆由上非所好之所致也諸郡俱得察孝廉其博

士助教及遊學之徒通經者推擇充舉射策十
條通八以上聽九品出身其尤異者亦蒙抽擢
凡是經學諸生多出自魏末大儒徐遵明門下
河北講鄭康成所注周易遵明以傳盧景裕及
清河崔瑾景裕傳權會權會傳郭茂權會早入
京都郭茂恒在門下教授其後能言易者多出
郭茂之門河南及青齊之間儒生多講王輔嗣
所注周易師訓蓋寡齊時儒士罕傳尚書之業
徐遵明兼通之遵明受業於屯留王聰傳授浮

陽李周仁及渤海張文敬及李鉉權會並鄭康
成所注非古文也下里諸生略不見孔氏注解
武平末河間劉光伯信都劉士元始得費甝義
疏乃留意焉其詩禮春秋尤為當時所尚諸生
多兼通之三禮並出遵明之門徐傳業於李鉉
沮儁田元鳳馮偉紀顯敬呂黃龍夏懷敬李鉉
又傳授刁柔張買奴鮑季詳邢峙劉晝熊安生
安生又傳孫靈暉郭仲堅丁恃德其後生能通
禮經者多是安生門人諸生盡通小戴禮於周

儀禮兼通者十二三焉通毛詩者多出於魏朝
博陵劉獻之獻之傳李周仁周仁傳董令度程
歸則歸則傳劉敬和張思伯劉軌思其後能言
詩者多出二劉之門河北諸儒能通春秋者並
服之慎所注亦出徐生之門張買奴馬敬德邢
峙張思伯張雕劉晝鮑長暄王元則並得服氏
之精微又有衛覬陳達潘叔度雖不傳徐氏之
門亦為通解又有姚文安秦道靜初亦學服氏
後更兼講杜元凱所注其河外儒生俱伏膺杜

氏其公羊穀梁二傳儒者多不錯懷論語孝經
諸學徒莫不通講諸儒如權會李鉉刁柔熊安
生劉軌思馬敬德之徒多自出義疏雖曰專門
亦皆粗習也今序所録諸生或終於魏朝或名
宦不達縱能名家又闕其由來及所出郡國並
略存其姓名而已俱取其尤通顯者列於儒林
云熊安生名在周史光伯元士著於隋書輒
不重述

李鉉字寶鼎渤海南皮人也九歲入學書急就

篇月餘便通家素貧苦常春夏務農冬乃入學
年十六從浮陽李周仁受毛詩尚書章武劉子
猛受禮記常山房虬受周官儀禮漁陽鮮于靈
馥受左氏春秋鉉以鄉里無可師者遂與州里
楊元懿河間宗惠振等結侶詣大儒徐遵明受
業居徐門下五年常稱高第二十三便自潛居
討論是非撰定孝經論語毛詩三禮義疏及三
傳異同周易義例合三十餘卷用心精苦曾三
冬不畜枕每至睡時假寐而已年二十七歸養

二親因教授鄉里生徒恒至數百燕趙間能言
經者多出其門年三十六丁父喪服闋以鄉里
寡文籍來遊京師讀所未見書州舉秀才除太
學博士武定中　李同軌卒後高祖令世宗在京
妙簡碩學以教諸子世宗以鉉應旨徵詣晉陽
時中山石曜北平陽絢北海王晞清河崔瞻廣
平宋欽道及工書人韓毅同在東館師友諸王
鉉以去聖久遠文字多有乖謬感孔子必也正
名之言乃喟然有刊正之意於講授之暇遂覽

說文爰及倉雅刪正六藝經注中謬字名曰字
辨顯祖受禪從駕還都天保初詔鉉與殿中尚
書邢邵中書令魏收等參議禮律仍兼國子博
士時詔北平太守景業西河太守綦毋懷文等
草定新曆錄尚書平原王高隆之令鉉與通直
常侍房延祐國子博士刁柔參考得失尋正國
子博士廢帝之在東宮顯祖詔鉉以經入授甚
見優禮數年病卒特贈廷尉少卿及還葬故郡
太子致祭奠之禮并使王人將送儒者榮之陽

元懿宋惠振官亦俱至國子博士
刁柔字子溫渤海人也父整魏車騎將軍贈司
空柔少好學綜習經史尤留心禮儀性強記至
於氏族內外多所諳悉初為世宗挽郎出身司
空行參軍喪母居喪以孝聞永安中除中堅將
軍奉車都尉加冠軍將軍中散大夫元象中隨
例到晉陽高祖以為永安公府長流參軍又令
教授諸子天保初除國子博士中書舍人魏收
撰魏史啓柔等與同其事柔性頗專固自是所

聞收常所嫌憚又參議律令時議者以爲立五等爵邑承襲者無嫡子立嫡孫無嫡孫立嫡子弟無嫡子弟立嫡子孫弟柔以爲無嫡子立嫡孫不應立嫡子弟議曰柔案禮立適以長故謂長子爲嫡嫡子死以嫡子之子爲嫡孫死則曾玄亦然然則嫡子名本爲傳重故喪服曰庶子不爲長子三年不繼祖與禰也禮記公儀仲子之喪檀弓曰何居我未之前聞仲子舍其孫而立其弟何也子服伯子曰仲子亦猶行古人之

道也昔者文王舍伯邑考而立武王發微子舍其孫腯而立弟衍仲子亦猶行古之道鄭注曰仲子爲親者諱耳立子非也文王之立武王權也微子嫡子死立其弟衍殷禮也子游問諸孔子曰不立孫注曰據周禮然則商以嫡子死立嫡子之母弟周以嫡子死立嫡子之子爲嫡孫故春秋公羊之義嫡子有孫而死質家親親先立弟文家尊尊先立孫喪服云爲父後者出母無服小記云祖父卒而後爲祖母後者三年爲

出母無服者喪者不祭故也爲祖母三年者大宗傳重故也今議以嫡子孫死而立嫡子母弟嫡子母弟者則爲父後矣嫡子母弟本非承嫡以無嫡故得爲父後則嫡孫之弟理亦應得爲父後則是父卒然後爲祖後者服斬既得爲祖服斬而不得爲傳重者未之聞也若用商家親親之義本不應嫡子死而立嫡子孫若從周家尊尊之文豈宜舍其孫而立其弟或文或質愚用惑焉小記復云嫡婦不爲舅後者則姑爲

之小功注云謂夫有廢疾他故若死無子不受重者小功庶婦之服凡父母於子舅姑於婦將不傳重於嫡及將所傳重者非嫡服之皆如衆子庶婦也言死無子者謂絶世無子非謂無嫡子如其有子焉得云無後夫雖廢疾無子婦猶以嫡爲名嫡名既在而欲廢其子者其如禮何禮有損益代相沿革必謂宗嫡可得而變者則爲後服斬亦宜有因而改七年夏卒時年五十六柔在史館未久逢勒成之際志存偏黨魏書

中興其内外通親者並虛美過實深為時論所譏焉

馮偉字偉節中山安喜人也身長八尺衣冠甚偉見者肅然敬憚少從李寶鼎遊學李重其聰敏恒別意試問之多所通解尤明禮傳後還鄉里閉門不出將三十年不問生產不交賓客專精覃思無所不通趙郡王出鎮定州以禮迎接命書三至縣令親至其門猶辭疾不起王將命駕致請佐史前後星馳報之縣令又自為其整

冠履不得已而出王下廳事迎之止其拜伏分階而上留之賓館甚見禮重王將舉充秀才固辭不就歲餘請還王知其不願拘束以禮發遣贈遺甚厚一無所納唯受時服而已及還終不交人事郡守縣令每親至其門歲時或置羊酒亦辭不納門徒束修一毫不受耕而飯蠶而衣簞食瓢飲不改其樂竟以壽終

張買奴平原人也經義該博門徒千餘人諸儒咸推重之名聲甚盛歷太學博士國子助教天保中卒

劉軌思渤海人也說詩甚精少事同郡劉敬和敬和事同郡程歸則故其鄉曲多為詩者軌思天統中任國子博士

鮑季詳渤海人也甚明禮聽其離文析句自然大略可解兼通左氏春秋少時恒為李寶鼎都講後亦自有徒衆諸儒稱之天統中卒於太學博士從弟長暄兼通禮傳武平末為任城王湝丞相掾恒在京教授貴遊子弟齊亡後歸鄉里

講經卒於家

邢峙字士峻河間鄚人也少好學耽翫墳典遊學燕趙之間通三禮左氏春秋天保初郡舉孝廉授四門博士遷國子助教以經入授皇太子峙方正純厚有儒者之風厨宰進太子食有菜曰邪蒿峙命去之曰此菜有不正之名非殿下所宜食顯祖聞而嘉之賜以被褥縑纊拜國子博士皇建初除清河太守有惠政民吏愛之以年老謝病歸卒於家

劉晝字孔昭渤海阜城人也少孤貧愛學負笈從師伏膺無倦與儒者李寶鼎同鄉里甚相親愛受其三禮又就馬敬德習服氏春秋俱通大義恨下里少墳籍便杖策入都知太府少卿宋世良家多書乃造焉世良納之恣意披覽晝夜不息河清初還冀州舉秀才入京考策不第乃恨不學屬文方復緝綴辭藻言甚古拙制一首賦以六合為名自謂絕倫吟諷不輟乃歎曰儒者勞而少工見於斯矣我讀儒書二十餘年而

荅策不第始學作文便得如是曾以此賦呈魏收收謂人曰賦名六合其愚已甚及見其賦又愚於名晝又撰高才不遇傳三篇在皇建大寧之朝又頻上書言亦切直多非世要終不見收采自謂博物奇才言好矜大每云使我數十卷書行於後世不易齊景之千駟也而容止舒緩舉動不倫由是竟無仕進天統中卒於家年五十二

馬敬德河間人也少好儒術負笈隨大儒徐遵明學詩禮略通大義而不能精遂留意於春秋左氏沈思研求晝夜不倦解義為諸儒所稱教授於燕趙間生徒隨之者衆河間郡王每於教學追之將舉為孝廉固辭不就乃詣州求舉秀才舉秀才例取文士州將以其純儒無意推薦敬德請試方略乃策問之所荅五條皆有文理乃欣然舉送至京依秀才策問唯得中第乃請試經業問十條並通擢授國子助教遷太學博士天統初除國子博士世祖為後主擇師傅趙

彥深進之入為侍講其妻夢猛獸將來向之敬德走超叢棘妻伏地不敢動敬德占之曰吾當得大官超棘過九卿也爾伏地夫人也後主既不好學敬德侍講甚疏時時以春秋入授武平初猶以師傅之恩超拜國子祭酒加儀同三司金紫光祿大夫領瀛州大中正卒贈開府瀛滄安州諸軍事瀛州刺史其後侍書張景仁封王趙彥深云何容侍書封王侍講翻無封爵於是亦封敬德廣漢郡王子元熙襲元熙字長明少傳父

業兼事文藻以父故自青州集曹參軍超遷通
直侍郎待詔文林館轉正員武平中皇太子將
講孝經有司請擇師友帝曰馬元熙朕師之子
文學不惡可令教兒於是以孝經入授皇太子
儒者榮其世載性和厚在内甚得名譽皇太子
亦親敬之隋開皇中卒於秦王文學
張景仁者濟北人也幼孤家貧以學書爲業遂
工草隷選補内書生與魏郡姚元標潁川韓毅
同郡袁買奴滎陽李超等齊名世宗並引爲賓

客天保八年敕授太原王紹德書除開府參軍
後主在東宫世祖選善書人性行淳謹者令侍
書景仁遂被引擢小心恭慎後主愛之呼爲博
士歷太子門大夫員外散騎常侍諫議大夫後
主登祚除通直散騎常侍及奏御筆點除通字
遂正常侍左右與語猶稱博士胡人何洪珍有
寵於後主欲得通婚朝士以景仁在内官位稍
高遂爲其兄子取景仁第二息子瑜之女因此
表裏恩遇日隆景仁多疾每遣徐之範等治療

給藥物珍羞中使問疾相望於道是後敕有司
恒就宅送御食遷假儀同三司銀青光祿大夫
食恒山縣幹車駕或有行幸在道宿處每送步
障爲遮風寒進位儀同三司尋加開府侍書餘
官並如故每旦須參即在東宫停止及立文林
館中人鄧長顒希旨奏令撫制館事除侍中四
年封建安王洪珍死後長顒猶存舊款更相彌
縫得無墜退除中書監以疾卒贈侍中齊濟等
五州刺史司空公景仁出自寒微本無識見一

旦開府侍中封王其妻姓哥莫知氏族所出容
制音辭事事庸俚既詔除王妃與諸公主郡君
同在朝謁之例見者爲其慙悚子瑜薄傳父業
更無餘伎以洪珍故擢授中書舍人轉給事黃
門侍郎長息子玉起家員外散騎侍郎景仁性
本卑謙及用胡人巷伯之勢坐致通顯志操頗
改漸成驕傲良馬輕裘徒從擁冗高門廣宇
當衢向街諸子不思其本自許貴遊自若頗以
來入體取進一人而已

權會字正理河間鄚人也志尚沈雅動遵禮則
少受鄭易探賾索隱妙盡幽微詩書三禮文義
該洽兼明風角妙識玄象魏定初本郡貢孝廉
策居上第解褐四門博士僕射崔暹引爲館客
甚敬重焉命世子達拏晝師傅之禮會因此聞
達暹欲薦會與馬敬德等爲諸王師會性恬靜
不慕榮勢恥於左宦固辭暹亦識其意遂罷薦
舉尋被尚書符追著作修國史監知太史局事
皇建中轉加中散大夫餘並如故會參掌雖繁

北齊列傳三十六　十六　王毅

教授不闕性甚儒懦似不能言及臨機答難酬
報如響動必稽古辭不虛發由是爲儒宗所推
而貴遊子弟慕其德義者或就其宅或寄宿鄰
家晝夜承閑受其學業會欣然演說未嘗懈怠
雖明風角解玄象至於私室輒不及言學徒有
請問者終無所說每云此學可知不可言諸君
並貴遊子弟不由此進何煩問也會唯有一子
亦不以此術教之其謹密也如此曾令家人遠
行久而不及其行還垂欲至宅乃逢寒雪寄息

他舍會方處學堂講說忽有旋風瞥然吹雪入
戶會乃笑曰行人至何意中停遂命使人令詣
某處追尋果如其語每爲人占筮小大必中但
用爻辭彖象以辯吉凶易占之屬都不經口會
本貧生無僕隸初任助教之日恒乘驢上下且
其職事處多每須經歷及其退食非晚不歸曾
夜出城東門鐘漏已盡會唯獨乘驢忽有二人
牽頭一人隨後有似相助其回動輕漂有異生
人漸漸失路不由本道會心甚怪之遂誦易經

三十九　北齊列傳三十六　十七　丁之才

上篇一卷不盡前後二人忽然離散會亦不覺
墮驢因爾迷悶至明始覺方知墮驢之處乃是
郭外纔去家數里有一子字子襲聰敏精勤幼
有成人之量不幸先亡臨送者爲其傷會唯一
哭而罷時人尚其達命武平年自府還第在路
無故馬倒遂不得語因爾暴亡時年七十六注
易一部行於世會生畏馬位望所至不得不乘
果以此終

張思伯河間樂城人也善說左氏傳爲馬敬德

之次撰刊例十卷行於時亦治毛詩章句以二
經教齊安王廓武平初國子博士
張雕中山北平人也家世貧賤而慷慨有志節
雅好古學精力絕人負笈從師不遠千里徧通
五經尤明三傳弟子遠方就業者以百數諸儒
服其強辨魏末以明經召入霸府高祖令與諸
子講讀起家殄寇將軍稍遷太尉長流參軍定
州主簿從世宗赴并除常山府長流參軍天保
中爲永安王府參軍事顯祖崩於晉陽擢兼祠

部郎中典喪事從梓宮還鄴乾明初除國子博
士遷平原太守坐贓賄失官世祖即位以舊恩除
通直散騎侍郎琅邪王儼求博士精儒學有司
以雕應選時號得人尋爲涇州刺史未幾拜散
騎常侍復爲儼講值帝侍講馬敬德卒乃入授
經書帝甚重之以爲侍讀與張景仁並被尊禮
同入華光殿共讀春秋加國子祭酒假儀同三
司待詔文林館胡人何洪珍大蒙主上親寵與
張景仁結爲婚媾雕以景仁宗室自託於洪珍

傾心相禮情好日密公私之事雕常爲其指南
時穆提婆韓長鸞與洪珍同侍帷幄知雕爲洪
珍謀主甚忌惡之洪珍又奏雕監國史尋除侍
中加開府奏度支事大被委任言多見從特敕
奏事不趨呼爲博士雕自以出於微賤致位大
臣勵精在公有匪躬之節欲立功效以報朝恩
論議抑揚無所回避宮掖不急之費大存減省
左右縱恣之徒必加禁約數譏切寵要獻替帷
扆上亦深倚仗之方委以朝政雕便以澄清爲

己任意氣甚高嘗在朝堂謂鄭子信曰向入省
中見賢家唐令處分極無所以若作數行兵帳
雕不如邕若致主堯舜身居稷契則邕不如我
其矜誕如此長鸞等慮其干政不已陰圖之會
雕與侍中崔季舒等諫帝幸晉陽長鸞因譖之
故俱誅死臨刑帝令段孝言詰之雕致對曰臣
起自諸生謬被抽擢接事累世常蒙恩遇位至
開府侍中光寵隆洽每思塵露微益山海今者
之諫臣實首謀意善功惡無所逃死伏願陛下

珍愛金玉開發神明數引賈誼之倫論説治道令聽覽之間無所擁蔽則臣雖死之日猶生之年歔欷流涕俯而就戮侍衛左右莫不憐而壯之時年五十五子德沖等徙於北邊南安之反德沖及弟德揭俱死德沖和謹謙讓善於人倫聰敏好學頗涉文史以帝師之子早見旌擢歷員外散騎侍郎太師府掾入爲中書舍人隨例待詔其父之戮也德沖在殿庭執事目見冤酷號哭殞絶於地久之乃蘇

孫靈暉長樂武強人也魏大儒秘書監惠蔚靈暉之族曾王父也靈暉少明敏有器度惠蔚一子早卒其家書籍多在焉靈暉年七歲便好學日誦數千言唯尋討惠蔚手録章疏不求師友三禮及三傳皆通宗旨然始就鮑季詳熊安生質問疑滯其所發明熊鮑無以異也舉冀州刺史秀才射策高第授員外將軍後以儒術甄明擢授太學博士遷北徐州治中轉潼郡太守天統中敕令朝臣推舉可爲南陽王綽師者吏部尚書尉瑾表薦之徵爲國子博士授南陽王經王雖不好文學亦甚相敬重啓除其府諮議參軍綽除定州刺史仍隨之鎮綽所爲猖蹶靈暉唯默默憂顇不能諫止綽欲以管記馬子結爲諮議參軍乃表請轉靈暉爲王師以子結爲諮議朝廷以王師三品啓奏不合後主於啓下手答云但用之仍手報南陽書並依所奏儒者甚以爲榮綽除大將軍靈暉以王師領大將軍司馬綽誅停廢從綽死後每至七日及百日終靈

暉恒爲綽請僧設齋轉經行道齊亡後數年卒子萬壽聰識機警博涉羣書禮傳俱通大義有辭藻尤甚詩詠齊末陽休之辟爲開府行參軍隨奉朝請滕王文學豫章長史卒於大理司直

馬子結者其先扶風人也世居涼土太和中入洛父祖俱清官子結兄弟三人皆涉文學陽休之牧西兗子廉子尚子結與諸朝士各有詩言贈陽摠爲一篇酬荅卽詩云三馬俱白眉者也子結以開府行參軍擢爲南陽王管記隨綽定

州綽每出遊獵必令子結走馬從禽子結旣儒
緩衣垂帽落或噭或啼令騎驅之非墜馬不止
綽以爲歡笑由是漸見親狎啓爲諮議云
石曜字白曜中山安喜人亦以儒學進居官至
清儉武平中黎陽郡守值斛律武都出爲兗州
剌史武都即丞相咸陽王世子皇后之兄性甚
貪暴先過衛縣令丞以下聚斂絹數千匹以遺
之及至黎陽令左右諷動曜及郡治下縣官曜
手持一縑而謂武都曰此是老石機杼聊以奉

贈自此來並須出於吏民吏民之物一毫不敢
輒犯武都亦知曜清素純儒笑而不責著君子
十卷言甚淺俗後終於譙州刺史此外行事史
闕焉

贊曰大道旣隱名教是遵以斯建國以此立身
帝圖雜霸儒風未純何以不墜弘之在人

列傳第三十六　北齊書四十四

列傳第三十七　北齊書四十五

隋太子通事舍人李·百藥　撰

文苑

祖鴻勳

李廣

樊遜

劉逖

荀士遜

顏之推　袁奭　朱才　韋道遜　荀仲舉　眭豫　古道子

夫玄象著明以察時變天文也聖達立言化成
天下人文也達幽顯之情明天人之際其在文
乎逖聽三古彌綸百代制禮作樂騰實飛聲若
或言之不文豈能行之遠也子曰文王旣沒文
不在茲大聖踵武邈將千載其間英賢卓犖不
可勝紀咸宜韜筆寢牘未可言文斯固才難不
其然也至夫游夏以文詞擅美顏回則庶幾將
聖屈宋所以後塵卿雲未能輟簡於是辭人才
子波駭雲屬振鵷鷺之羽儀縱雕龍之符采人

謂得玄珠於赤水策奔電於崑丘開四照於春華成萬寶於秋實然文之所起情發於中人有六情稟五常之秀情感六氣順四時之序其有帝資懸解天縱多能摛黼黻於生知問珪璋於先覺譬彫雲之自成五色猶儀鳳之冥會八音斯固感英靈以特達非勞心所能致也縱其情思底滯關鍵不通但伏膺無怠鑽仰斯切馳騖勝流周旋益友彊學廣其聞見專屏於涉求畫繢飾以丹青彫琢成其器用是以學而知之

猶足賢乎已也謂石爲獸射之洞開精之至也積歲解牛砉然游刃習之久也自非渾沌無可鑿之姿窮奇懷不移之情安有至精久習而不成功者焉善乎魏文之箸論也人多不彊力貧賤則懾於饑寒富貴則流於逸樂遂營目前之務而遺千載之功日月逝於上體貌衰於下忽然與萬物遷化斯志士大痛也沈休文云自漢至魏四百餘年辭人才子文體三變然自兹厥後軌轍尤多江左梁末彌尚輕險始自儲宫刑

平流俗雜沾滯以成音故雖悲而不雅爰逮武平政乖時蠹唯藻思之美雅道猶存履柔順以成文蒙大難而能正原夫兩朝叔世俱肆淫聲而齊氏變風屬諸絃管梁時變雅在夫篇什莫非易俗所致並爲亡國之音而應變不殊感物或異何哉蓋隨君上之情欲也有齊自霸圖云啓廣延髦儁開四門以納之舉八紘以掩之鄴京之下煙霏霧集河間邢子才鉅鹿魏伯起范陽盧元明鉅鹿魏季景清河崔長儒河間邢子

明范陽祖孝徵樂安孫彥舉中山杜輔玄北平陽子烈並其流也復有范陽祖鴻勳亦參文士之列天保中李愔陸卬崔瞻陸元規並在中書參掌綸誥其李廣樊遜李德林盧詢祖盧思道始以文章著名皇建之朝常侍王晞獨擅其美河清天統之辰杜臺卿劉逖魏騫亦參知詔敕自愔以下在省唯撰述除官詔旨其關涉軍國文翰多是魏收作之及在武平李若荀士遜李德林薛道衡爲中書侍郎諸軍國文書及大詔

詣俱是德林之筆道衡諸人皆不預也後主雖
溺於群小然頗好諷詠幼稚時曾讀詩賦語人
云經有解作此理不及長亦少留意初因畫屏
風敕通直郎蘭陵蕭放及晉陵王孝式錄古名
賢烈士及近代輕艷諸詩以充圖畫帝彌重之
後復追齊州錄事參軍蕭慤趙州功曹參軍顏
之推同入撰次猶依霸朝謂之館客放及之推
意欲更廣其事又祖珽輔政愛重之推又託鄧
長顒漸說後主屬意斯文三年祖珽奏立文林

北齊列傳三十七　四　任敏

館於是更召引文學士謂之待詔文林館焉珽
又奏撰御覽詔珽及特進魏收太子太師徐之
才中書令崔劼散騎常侍張雕中書監陽休之
監撰珽等奏追通直散騎侍郎韋道遜陸乂太
子舍人王劭衛尉丞李孝基殿中侍御史魏澹
中散大夫劉仲威袁奭國子博士朱才奉車都
尉眭道閑考功郎中崔子樞左外兵郎薛道衡
并省主客郎中盧思道司空東閤祭酒崔德太
學博士諸葛漢奉朝請鄭公超殿中侍御史鄭

子信等入館撰書并敕放慤之推等同入撰例
復令散騎常侍封孝琰前樂陵太守鄭元禮衛
尉少卿杜臺卿通直散騎常侍王訓前兗州長
史羊肅通直散騎常侍馬元熙并省三公郎中
劉珉開府行參軍李師正溫君悠入館亦令撰
書復命特進崔季舒前仁州刺史劉逖散騎常
侍李孝貞中書侍郎李德林續入待詔奏文部
諸人各舉所知又有前濟州長史李翥前廣武
太守魏騫前西兗州司馬蕭溉前幽州長史陸

北齊傳三十七　五　李師順

仁惠鄭州司馬江旰前通直散騎侍郎辛德源
陸開明通直郎封孝騫太尉掾張德沖并省右
民郎高行恭司徒戶曹參軍古道子前司空功
曹參軍劉顗獲嘉令崔德儒給事中李元楷晉
州治中陽師孝太尉中兵參軍劉儒行司空祭
酒陽辟彊司空士曹參軍盧公順司徒中兵參
軍周子深開府參軍王友伯崔君洽魏師騫並
入館待詔又敕右僕射段孝言亦入焉御覽成
後所撰錄人亦有不時待詔付所司處分者凡

此諸人亦有文學膚淺附會親識妄相推薦者十三四焉雖然當時操筆之徒搜求略盡其外如廣平宋孝王信都劉善經輩三數人論其才性入館諸賢亦十三四不逮之也待詔文林亦是一時盛事故存録其姓名自邢子才以還或身終魏朝已入前史或名位既重自有列傳或附其家世或名存後書輒略而不載今綴序祖鴻勳等列於文苑者焉自外有可録者存之篇末

祖鴻勳涿郡范陽人也父崖仕魏歷鴈門咸陽太守治有能名卒於金紫光禄大夫贈中書監幽州刺史謚惠心侯鴻勳弱冠與同郡盧文符並爲州主簿僕射臨淮王彧表薦鴻勳有文學宜試以一官敕除奉朝請人謂之曰臨淮舉卿便以得調竟不相謝恐非其宜鴻勳曰爲國舉才臨淮之務祖鴻勳何事從而謝之彧聞而喜曰吾得其人矣及葛榮南逼出爲防河別將守滑臺永安初元羅爲東道大使署封隆之邢邵李渾李象鴻勳並爲子使除東齊北太守以父老疾爲請竟不之官後城陽王徽奏鴻勳爲司徒法曹參軍事赴洛徽謂之曰吾聞臨淮相舉竟不到門今來何也鴻勳曰今來赴職非爲謝恩轉廷尉正後去官歸鄉里與陽休之書曰陽生大弟吾比以家貧親老時還故郡在本縣之西界有雕山焉其處閑遠水石清麗高巖四匝良田數頃家先有野舍於斯而遭亂荒廢今復經始即石成基憑林起棟蘿生映宇泉流繞階月

松風草緑庭綺合日華雲實傍沼星羅簷下流煙共霄氣而舒卷園中桃李雜椿栢而葱蒨時一褰裳涉澗負杖登峯心悠悠以孤上身飄飄而將逝杳然不復自知在天地間矣若此者久之乃還所住孤坐危石撫琴對水獨詠山阿舉酒望月聽風聲以興思聞鶴唳以動懷企莊生之逍遥慕尚子之清曠首戴萌蒲身衣縕襏出藝粱稻歸奉慈親緩步當車無事爲貴斯已適矣豈必撫塵哉而吾生既繫名聲之韁鏁就良

工之剞劂振佩紫臺之上鼓袖丹墀之下采金匱之漏簡訪玉山之遺文斂精神於丘墳盡心力於河漢摛藻期之鞶繡發議必在芬香茲自美耳吾無取焉嘗試論之夫崐峯積玉光澤者前毀瑶山叢桂芳茂者先折是以東都有挂冕之臣南國見捐情之士斯豈惡梁錦好蔬布哉蓋欲保其七尺終其百年耳今弟官位既達聲華已遠象由齒斃膏用明煎既覽老氏谷神之談應體留侯止足之逸若能飜然清尚解佩捐簪則吾於茲山莊可辦一得把臂入林挂巾垂枝攜酒登巘舒席平山道素志論舊款訪丹法語玄書斯亦樂矣何必富貴乎去矣陽子途乖趣別緬尋此旨杳若天漢已矣哉書不盡意梁使將至敕鴻勳對客高祖曾徵至并州作晉祠記好事者翫其文位至高陽太守在官清素妻子不免寒餒時議高之天保初卒官

李廣字弘基范陽人也其先自遼東徙焉廣博涉羣書有才思文議之美少與趙郡李謇齊名爲邢魏之亞而訥於言敏於行魏安豐王延明鎮徐州署廣長流參軍釋褐盪逆將軍尒朱仲遠牒爲大將軍記室加諫議大夫荆州行臺辛纂上爲行臺郎中尋爲車騎府録事參軍中尉崔暹精選御史皆是世冑廣獨以才學兼御史脩國史南臺文奏多其辭也平陽公淹祖爲中尉轉侍御史顯祖初嗣霸業命掌書記天保初欲以爲中書郎遇其病篤而止廣曾欲早朝未明假寐忽驚覺謂其妻云吾向似睡忽見一人出吾身中語云君用心過苦非精神所堪今辭君去因而惚怳不樂數日便遇疾積年不起資産屢空藥石無繼廣雅有鑒識度量弘遠坦平無私爲士流所愛歲時共贍遺之賴以自給竟以疾終曾薦畢義雲於崔暹廣卒後義雲集其文筆十卷託魏收爲之叙其族人子道亦有文章

樊遜字孝謙河東北猗氏人也祖琰父衡並無官宦而衡性至孝喪父負土成墳植栢方數十畝朝夕號慕遜少學常爲兄仲優饒既而自責

曰名爲人弟獨受安逸可不愧於心乎欲同勤
事業毋馮氏謂之曰汝欲謹小行耶遜感毋言
遂專心典籍恒書壁作見賢思齊四字以自勸
勉屬本州淪陷寓居鄴中爲臨漳小史縣令裴
鑒蒞官清苦致白雀等瑞上清德頌十首鑒大
加賞重擢爲主簿仍薦之於右僕射崔暹與遜
東李廣渤海封孝琰等爲暹賓客人有譏其靖
默不能趣時者遜常服東方朔之言陸沉世俗
避世金馬何必深山蒿廬之下遂借陸沉公子

爲主人擬客難製客誨以自廣後崔暹大會賓
客大司馬襄城王元旭時亦在坐論欲命府僚
暹指遜曰此人學富才高佳行參軍也旭目之
曰豈能就耶遜曰家無蔭第不敢當此武定七
年世宗崩暹徙於邊賓客咸散遜遂徃陳留
而居之梁州刺史劉殺鬼以遜兼錄事參軍仍
舉秀才尚書案舊令下州三載一舉秀才爲五
年已貢開封人鄭祖獻計至此年未合兼別駕
王聰抗議右丞陽斐不能却尚書令高隆之曰

雖遜才學優異待明年仕非遠遜竟還本州八
年轉兼長史從軍南討軍還殺鬼移任潁川又
引遜兼潁州長史天保元年本州復召舉秀州
二年春會朝堂對策罷中書郎張子融奏入至
四年五月遜與定州秀才李子宣等以對策三
年不調被付外上書請從聞罷詔不報梁州重
表舉遜爲秀才五年正月制詔問升中紀號孝
謙對曰臣聞巡嶽之禮勒在虞書省方之義著
於易象徃帝前王匪唯一姓封金刊玉億有餘

人仲尼之觀梁甫不能盡識夷吾之對齊桓所
存未幾然盛德之事必待太平苟非其人更貽
靈譴秦皇無道致雨風之災漢武奢淫有奉車
之害及文叔受命炎精更輝四海安流天下輯
睦劒賜騎士馬駕鼓車乃用張純之文始從伯
陽之說至於魏晉雖各有君皇德而處莫能擬
議蔣濟上言於前徒穢紙墨袁准發論於後終
未施行世歷三朝年將十祀啟聖之期茲爲昌
會然自水德不競函谷封塗天馬息歌苞茅絕

貢義太祖收寶雞之瑞握鳳皇之書體一德以
庄朝屆三分而事主蕩此妖寇易如沃雪但昌
旣受命發乃行誅雖太白出高中國宜戰置之
度外望其遷善伏惟陛下以神武之姿天然之
略馬多葉萇將果山西涼風至白露下北上太
行東臨碣石方欲吞巴蜀而掃靖函苑長洲而
池江漢復恐迎風縱火芝艾共焚按此六軍未
申九伐夫周發牙璋漢馳竹使義在濟民非聞
好戰至如投鼠忌器之說蓋是常談文德懷遠

蔡列傳三十七　十二　陳新

之言豈識權道今三臺令子六郡良家蓄銳須
騎最糧待詔未若龍驤虎賁先收隴右之民電
轉雷驚因取荊南之地昔秦舉長平金精食昴
楚攻鉅鹿枉矢霄流況我威靈能無協讚但使
彼之百姓一覩六軍似見周王若逢司隸然後
除其苛令與其約法振旅而還止戈爲武標金
南海勒石東山紀天地之奇功被風聲於千載
若令馬見不死子陽尚在便欲案明堂之圖草
射牛之禮比德論功多慙往列升中告禪臣用

有疑又問求才審官孝謙對曰臣聞彫獸畫龍
徒有風雲之勢金舟玉馬終無水陸之功三駕
禮賢將收實用一毛不拔復何足取是以堯作
虞賓遂全箕山之操周移商鼎不納孤竹之言
但處士盜名雖云久矣朝臣竊位蓋亦實多漢
拜丞相便有鍾鼓之妖魏用三公乃至孫權之
笑故山林之與朝廷得容非毀肥遯之與賓王
飜有優劣至於時非蹈海而曰羞作秦民事異
出關而言恥從衛亂雖復星干帝座不易高尚

蔡傳三十七　十三

之心月犯少微終存耿介之志自我太嶽之後
克廣洪業禹至神宗舜格文祖陛下受天明之
命光華日月爰自納麓乃格文祖儀天地以設
官象星辰而布職漢家神鳳懃用紀年魏氏青
龍肴將改號上膺列宿咸是異人下法山川莫
非奇士所以畫堂甲觀脩德日新廟鼎歌鍾王
勳歲委循名責實選衆舉能朝無銅臭之公世
絕錢神之論昔百里相秦名存雀籙蕭張輔沛
姓在河書今日公卿抑亦天授與之爲治何欲

伏未必稽首天師方聞牧馬之術滕行山上得治身之道但使帝德休明自彊不息甲夜觀書文日通奏周昌桀紂之論欣然開納劉毅桓靈之比終自含弘高懸王爵唯能是與管庫靡遺滄鹽畢録無令桓譚非讖官止於郡丞趙壹負才位終於計掾則天下宅心幽明知感歲精仕漢風伯朝周匡人去而復歸台星坼而還斂詩稱多士易載羣龍從此而言可以無愧又問釋道兩教孝謙對曰臣聞天道性命聖人所

不言蓋以理絶涉求難爲稱謂伯陽道德之論莊周逍遥之旨遺言取意猶有可尋至若玉簡金書神經祕録三尺九轉之奇絳雪玄霜之異淮南成道犬吠雲中子喬得仙劒飛天上皆是憑虛之説海棗之談求之如係風學之如捕影而燕君齊后秦皇漢帝信彼方士冀遇其真徐福去而不歸欒大往而無獲猶謂升遐倒影抵掌可期祭鬼求神庶或不死江壁既返還入驪山之墓龍媒已至終下茂陵之墳方知劉向之

信洪寶没有餘責王充之非黄帝此爲不相又末葉已來大存佛教寫經西土畫像南宫昆池地黒以爲劫燒之灰春秋夜明謂是降神之日法王自在變化無窮置世界於微塵納須彌於黍米蓋理本虚無示諸方便而妖妄之輩苟家出家藥王燔軀波論灑血假未能然猶當克命寧有改形易貌有異生人恣意放情還同俗物龍宫餘論鹿野前言此而得容道風前墜伏惟陛下受天明命屈已濟民山鬼効靈海神率職

湘中石鷰沐時雨而羣飛臺上銅烏憩和風而杓轉以周都洛邑治在鎬京漢宅咸陽魂歸豐沛汾晉之地王迹維始眷言縛幸且勞經略猶復降情文苑斟酌百家想執玉於瑶池念求珠於赤水竊以王母獻環由感周德上天錫珮實報禹功二班勒史兩馬製書未見三世之辭無聞一乘之旨帝樂王禮尚有時而沿革左道怪民亦何疑於沙汰又問刑罰寬猛孝謙對曰臣聞惟王建國刑以助禮猶寒暑之贊陰陽山川

之通天地爰自末葉法令稍滋秦篆無以窮書
楚竹不能盡載有司因此開以二門高下在心
寒熱隨意周官三典棄之若吹毛漢律九章違
之如覆手遂使長平獄氣得酒而後消東海孝
婦因災而方雪詔書挂壁有善而莫遵姦吏到
門無求而不可皆由上失其道民不見德而議
者守迷不尋其本鍾繇王朗追怨張倉祖訥梅
陶共尤文帝便謂化屍起偃在復肉刑致治興
邦無闕周禮伏惟陛下昧三坐朝留心政術明

罰以糾諸侯申恩以孩百姓黃旗紫蓋邑絶東
南白馬素車將降軹道若復峻典深文臣實未
悟何則人肖天地俱稟陰陽安則願存擾則圖
死故王者之治務先禮樂如有未從刑書乃用
寬猛兼設氷火俱陳未有專任商韓而能長久
昔秦歸士會晉盜來奔舜舉皋陶不仁自遠但
令釋之定國迭作理官龔遂文翁繼為郡守科
間律令一此憲章欣聞汲黯之言泣斷昭平之
罪則天下自治大道公行乳獸含牙蒼鷹垂翅

楚王錢府不復須封漢獄寃因自然蒙理後服
之徒既承風而慕化有截之內皆蹈德而詠仁
號以成康何難之有又問禍福報應孝謙對曰
臣聞五方易辨尚待指南百世可知猶須吹律
況復天道祕遠神迹難源不有通靈孰能盡臨
乘查至於河漢唯覩牽牛假寐遊於上玄止逢
翟火造化之理既寂寞而無傳報應之來固難
得而妄說但秦穆有道勾甚錫手號公涼德蓐
收降禍高明在上定自有知不可謂神冥昧難

信若夫仲尼厄於陳蔡孟軻困於齊梁自是不
遇其時寧關性命之理子胥無首馬遷附下受
誅取辱何可尤人至如協律見親擢舩得幸從
此而言更不足怪周王漂杵致天之罰白起誅
降行己之意是以七百之祚仍加姬氏杜郵之
戮還屬武安昔漢問上計不過日蝕晉策秀才
止於寒火前賢往士咸用為難推古比今臣見
其易然草萊百姓過荷恩私三折寒膠再遊金
馬王言昭賁恩若有神占對失圖伏深悚懼尚

書擢第以遜爲當時第一十二月清河王岳爲大行臺率衆南討以遜從軍明年顯祖納貞陽侯爲梁王岳假遜大行臺郎中使於南與蕭脩侯瑱和解遜往來五日得脩等報書岳因與脩盟于江上大軍還鄴遜仍被都官尚書崔昂舉薦詔付尚書考爲清平勤幹送吏部七年詔令校定羣書供皇太子遜與冀州秀才高乾和瀛州秀才馬敬德許散愁韓同寶洛州秀才傅懷德懷州秀才古道子廣平郡李廉李漢子渤海郡孝廉鮑長暄陽平郡孝廉景孫前梁州府主簿王九元前開府水曹參軍周子深等十一人同被尚書召共刊定時祕府書籍紕繆者多遜乃議曰案漢中壘校尉劉向受詔校書每一書竟表上輒言臣向書長水校尉臣參書大夫公太常博士書中外書合若干本以相比然後校殺青今所讎校供擬極重出自蘭臺御諸甲館向之故事見存府閣即欲刊定必藉衆本太常卿邢子才太子少傅魏收吏部尚書辛術司農

少卿穆子容前黄門郎司馬子瑞故國子祭酒李業興並是多書之家請牒借本參校得失祕書監尉瑾移尚書都坐凡得別本三千餘卷五經諸史殆無遺闕八年詔尚書開東西二省官選所司策問遜爲當時第一左僕射楊愔辟遜爲其府佐遜辭曰門族寒陋訪第必不成乞補員外司馬督愔曰才高不依常例特奏用之九年有詔超除員外將軍後世祖鎮鄴召入司徒府管書記及登祚轉授主書遷員外散騎侍郎天保初病卒

劉逖字子長彭城叢亭里人也祖芳魏太常卿父畡金紫光祿大夫少而聰敏好弋獵騎射以行樂爲事愛交遊善戲謔郡辟功曹州命主簿魏末徵詣霸府世宗以爲永安公浚開府行參軍逖遠離鄉家倦於覊旅發憤自勵專精讀書晉陽都會之所霸朝人士攸集咸務於宴集逖在遊宴之中卷不離手值有文籍所未見者則終日諷誦或通夜不歸其好學如此亦留心文

逖頗工詩詠天保初行平陶縣令坐姦事免十餘年不得調乾明年兼員外散騎常侍使於梁主蕭莊還兼三公郎中皇建元年除太子洗馬肅宗崩從世祖赴晉陽除散騎侍郎兼儀曹郎中久之兼中書侍郎和士開寵要逖附之正授中書侍郎入典機密兼散騎常侍聘陳使主還除通直散騎常侍尋遷給事黃門侍郎修國史加散騎常侍又除假儀同三司聘周使副二國始通禮儀未定逖與周朝議論往復斟酌古今

事多合禮儀兼文辭可觀甚得名譽使還拜儀同三司世祖崩出爲江州刺史祖珽執政徙爲仁州刺史祖珽既出徵還待詔文林館重除散騎常侍奏門下事未幾與崔季舒等同時被戮時年四十九初逖與祖以文義相得結雷陳之契又爲弟俊聘珽之女珽之將免彥深等也先以告逖仍付密啓令其奏聞彥深等頗知之先自申理珽由此疑逖告其所爲及珽被出逖遂遣弟離婚其輕交易絕如此所制詩賦及雜文文筆三十卷子逸民開府行參軍逖弟瞀少聰明好文學天統武平之間歷殿中侍御史兼散騎侍郎迎勞陳使尚書儀曹郎周大象末卒於黎州治中子玄道有人品識用定州騎兵參軍逖從子顗字君卿祖厥魏尚書爲高祖所殺顗父濟及濟弟瑗俱奔江南顗出後武定中從瑗還北瑗賜爵臨穎子大寧中卒於司徒司馬顗好文學工草書風儀甚美歷瀛州外兵參軍司空功曹待詔文林館除大理司直隋開皇中鄜

州司馬卒

荀士遜廣平人也好學有思理爲文清典見賞知音武定末舉司馬秀才迄天保十年不調皇建中馬敬德薦爲主書世祖時轉中書舍人狀貌甚醜以文辭見用曾有事須奏値世祖在後庭因左右轉通者不得士遜姓名乃云醜舍人世祖曰必士遜也看封題果是內人莫不忻笑後主即位累遷中書侍郎號爲稱職與李若等撰典言行於世齊滅年卒

顏之推字介琅邪臨沂人也九世祖含從晉元
東度官至侍中右光祿西平侯父勰梁湘東王繹
鎮西府諮議參軍世善周官左氏之推早傳家
業年十二值繹自講莊老便預門徒虛談非其
所好還習禮傳博覽羣書無不該洽詞情典麗
甚爲西府所稱繹以爲其國左常侍加鎮西墨
曹參軍好飲酒多任縱不脩邊幅時論以此少
之繹遣世子方諸出鎮郢州以之推掌管記值
侯景陷郢州頻欲殺之賴其行臺郎中王則以

獲免屢被免囚送建鄴景平還江陵江繹已自
立以之推爲散騎侍郎奏舍人事後爲周軍所
破大將軍李顯重之薦往弘農令掌其兄平陽
王慶遠書翰值河水暴長具船將妻子來奔經
砥柱之險時人稱其勇決顯祖見而悅之即除奉
朝請引於內館中侍從左右頗被顧眄天保末
從至天池以爲中書舍人令中書郎段孝信將
敕書出示之推之推營外飲酒孝信還以狀言
顯祖乃曰且停由是遂寢河清末被舉爲趙州

功曹參軍尋待詔文林館司徒錄事參軍之推
聰穎機悟博識有才辯工尺牘應對閑明大爲
祖珽所重令掌知館事判署文書尋遷通直散
騎常侍俄領中書舍人帝時有取索恒令中使
傳旨之推稟承宣告館中皆受進止所進文章
皆是其封署於進賢門奏之待報方出兼善於
文字監校繕寫處事勤敏號爲稱職帝甚加恩
接顧遇逾厚爲勳要者所嫉常欲害之崔季舒
等將諫也之推取急還宅故不連署及召集諫

人之推亦被喚入勘無其名方得免禍尋除黃
門侍郎及周兵陷晉陽帝輕騎還鄴窘急計無
所從之推因宦者侍中鄧長顒進奔陳之策仍
勸募吳士千餘人以爲左右取青徐路共投陳
國帝甚納之以告丞相高阿那肱等不願入陳
乃云吳士難信不須募之勸帝送珍寶累重向
青州且守三齊之地若不可保徐浮海南度雖
不從之推計策然猶以爲平原太守令守河津
齊亡入周大象末御史上士隋開皇中太子召

爲學士甚見禮重尋以疾終有文三十卷撰家
訓二十篇並行於世曾撰觀我生賦文致清遠
其詞曰仰浮清之藐藐俯沉奥之茫茫已生民
而立教乃司牧以分疆內諸夏而外夷狄驟五
帝而馳三王大道寢而日隱小雅摧以云亡哀
趙武之作孽怪漢靈之不祥旄頭翫其金鼎典
午失其珠囊瀍澗鞠成沙漠神華泯爲龍荒吾
王所以東運我祖於是南翔晉中宗以瑯邪王南度之推瑯邪人故稱
晉王去琅邪之遷越宅金陵之舊章作羽儀於新

邑樹杞梓於水鄉傳清白而勿替守法度而不
忘逮微躬之九葉頹世濟之聲芳問我良之安
在鍾厭惡於有梁養傳翼之飛獸梁武帝納亡人侯景授其
命遂爲反叛之基子貪心之野狼武帝初養臨川王子正德爲嗣生昭明後正德還本
特封臨賀王猶懷怨恨經叛入北而還積財養士毎有異志也初召禍於絕域重
發釁於蕭牆正德求征侯景至新林叛投景景立爲主以攻臺城雖萬里而
作限聊一葦而可航指金闕以長鎩向王路而
蹶張勤王踰於十萬曾不解其搤吭嗟將相之
骨鯁皆屈體於犬羊臺城陷援軍並問訊二宮致敬於侯景也武皇

忽以厭世白日黯而無光既饗國而五十何克
終之弗康嗣君聽於巨猾毎凜然而負芒自東
晉之違難寓禮樂於江湘迄此幾於三百左衽
浹於四方詠苦胡而永歎吟微管而增傷世祖
赫其斯怒奮大義於沮漳孝元帝時爲荊州刺史授犀函
與鶴膝建飛雲及艅艎北徵兵於漢曲南發餫
於衡陽相州刺史河東王譽雍州刺史岳陽王詧並隸荊州都督府昔承華之
賓帝宴兄亡而弟及昭明太子薨乃立晉安王爲太子逮皇孫之
失寵歎扶車之不立嫡皇孫驩出封豫章王而薨閒王道之

多難各私求於京邑襄陽阻其銅符長沙閉其
玉粒河東岳陽皆昭明子遽自戰於其地豈大勳之暇集
子既殞而姪攻昆亦圍而叔襲褚乘城而宵下
杜倒戈而夜入孝元以河東不供舡艎乃遣世子方等爲刺史大軍掩至河東不暇遣拒世子
信用羣小貪其子女玉帛遂欲攻之故河東急而逆戰世子爲亂兵所害孝元發怒又使鮑泉圍河東而岳陽宣言
大獵即擁衆襲荊州求解湘州之圍時襄陽杜岸兄弟怨其見劫不以實告又不義此行率兵八千夜降岳陽於是
遁走河東府褚顯族據投岳陽所以湘州見陷也行路彎弓而含笑骨肉
相誅而涕泣周旦其猶病諸孝武悔而焉及方
幕府之事肜謬見擇於人羣未成冠而登仕財

解履以從軍(時年十九釋褐湘東國右常侍以軍功加鎮西墨曹參軍)非社稷之能衛(童汪錡)僅書記於階闥罕羽翼於風雲及荊王之定霸始讎恥而圖雪舟師次乎武昌撫軍鎮於夏汭(時遣徐州刺史徐文盛領二萬人屯武昌盧州拒侯景將任約又第二子綏寧度方諸為世子拜中撫軍將軍郢州刺史以盛聲勢)濫充選於多士在參戎之盛列慙四白之調護厠六友之談說(時遷中撫軍外兵參軍掌管記與文珪劉民英等與世子遊處)雖形就而心和匪余懷之所說繄深宮之生貴矧垂堂與倚衡欲推心以厲物樹幼齒以先聲(中撫軍時年十五)

愾敷求之不器乃畫地而取名仗禦武於文吏(以虞預為郢州司馬領城防事)委軍政於儒生(以鮑泉為郢州行事摠攝州府也)值白波之猝駭逢赤舌之燒城王凝坐而對寇白詡拱以臨兵(任約為文盛所困侯景自上救之舟艦弊漏軍饑卒疲數戰失利乃令宋子仙任約步道偷郢州城預無備故陷賊)莫不變蝯而化鵠皆自取首以破腦將睥睨於渚宮先憑凌於他道(景欲攻荊州路由巴陵)懿永寧之龍蟠(永寧公王僧辯據巴陵城善於守禦景不能進)奇護軍之電埽(護軍將軍陸法和破任約於赤亭湖景退走大潰)犇虜快其餘毒縲囚膏乎野草幸先生之無勸賴滕公之我保

(之推執在景軍例當見殺景行臺郎中王則初無舊識再三救護獲免囚以還都)劉鬼錄於岱宗招歸魂於蒼昊(時解衣訖而獲全)荷性命之重賜銜若人以終老賊棄甲而來復肆觜距之鵰鳶積假履而弒帝憑衣霧以上天用速災於四月奚聞道之十年(臺城陷後梁武曾獨坐歎曰侯景於文為小人百日天子及景以大寶二年十一月十九日僭位至明年三月十九日棄城逃竄是一百二十日蓋天道紀大數故文為百日言與公孫述但稟十二而旬歲不同)就狄俘於舊壤陷戎俗於來旋黍離於清廟愴麥秀於空廛鼙鼓卧而不考景鍾毀而莫懸野蕭條以橫骨邑闃寂而無煙疇

百家之或在(中原冠帶隨晉渡江者百家故江東有百譜至是在都者覆滅略盡)覆五宗而翦焉獨昭君之哀奏唯翁主之悲絃(公主子女見辱見讎)經長干以掩抑(長干舊顏家巷)展白下以流連(靖侯以下七世墳塋皆在白下)深燕雀之餘思感桑梓之遺虔得此心於尼甫信茲言乎仲宣遇西土之有衆資方叔以薄伐(永寧公以司徒為大都督)撫鳴劍而雷咤振雄旗而雲寧千里追其飛走三載窮於巢窟屠蚩尤於東郡挂郅支於北闕(既斬侯景烹屍於建業市百姓食之至於肉盡齕骨傳首荊州懸於都街)弔幽魂之寃枉掃園陵之蕪沒殷道

是以再興夏祀於焉不忽但遺恨於炎崑火延
宮而累月（侯景既走義師採穭失火燒宮殿蕩盡也）指余櫂於兩東
侍昇壇之五讓欽漢宮之復覩赴楚民之有望
攝絳衣以奏言忝黃散於官謗（時爲散騎侍郎奏舍人事也）
或校石渠之文（王司徒表送秘閣舊事八萬卷乃詔比校部分爲正御副御重雜三本左民尚書周弘正黃門郎彭僧朗直省學士王珪戴陵校經部左僕射王褒吏部尚書宗懍正員外郎顏之推直學士劉仁英校史部廷尉卿殷不害御史中丞王孝紀中書郎鄧藎金部郎中徐報校子部右衛將軍庾信中書郎王固晉安王文學宗善業直省學士周確校集部也）時參柏梁之唱
顧甂甌之不筭濯波濤而無量屬瀟湘之負罪

（陸納）兼岷峨之自王（武陵王）竚既定以鳴鸞脩東都
之大壯（詔司農卿黃文超營殿）驚北風之復起慘南歌之
不暢（秦兵繼來）守金城之湯池轉絳宮之玉帳（孝元自曉陰陽兵法初聞賊來頗爲厭勝被圍之後每歎息知必敗）徒有道而師直飜無
名之不抗（孝元與宇文丞相斷金結和無何見滅是師出無名）民百萬而囚
虜書千兩而煙煬溥天之下斯文盡喪（北於墳籍少於江東三分之一梁氏剝亂散逸湮亡唯孝元鳩合通重十餘萬史籍以來未之有也兵敗悉焚之海內無復書府）憐嬰孺之何辜矜老疾之無狀奪諸懷而
棄草踣於塗而受掠冤乘輿之殘酷軫人神之

無狀載下車以黜喪揜桐棺之藁葬雲無心以
容與風懷憤而憀悢井伯飲牛於秦中子卿牧
羊於海上留釧之妻人銜其斷絕擊磬之子家
纏其悲愴小臣恥其獨死實有媿於胡顏牽痾
痾而就路（時患脚氣）策駑蹇以入關（官疲驢瘦馬）下無景
而屬蹈上有尋而亟搴嗟飛蓬之日永恨流梗
之無還若乃玄牛之旌九龍之路土圭測影璿
璣審度或先聖之規模乍前王之典故與神鼎
而偕沒切仙弓之永慕爾其十六國之風教七

十代之州壤接耳目而不通詠圖書而可想何
黎氓之匪昔徒山川之猶曩每結思於江湖將
取弊於羅網聆代竹之哀怨聽出塞之嘹朗對
皓月以增愁臨芳罇而無賞日太清之內釁彼
天齊而外侵始蹙國於淮滸遂壓境於江潯（侯景之亂齊氏深斥梁家土宇江北淮北唯餘廬江晉熙高唐新蔡西陽齊昌數郡至孝元之敗於是盡矣以江爲界也）
獲仁厚之麟角剋儁秀之南金爰衆旅而納主
車五百以敻臨（齊遣上黨王渙率兵數萬納梁貞陽侯明爲主）返季子之
觀樂釋鍾儀之鼓琴（梁武聘使謝挺徐陵始得還南凡厥梁臣皆以禮遣）

竊聞風而清耳傾見日之歸心試拂蓍以貞筮
遇交泰之吉林 之推聞梁人返國故有奔齊之心以丙子歲旦筮東行吉不遇泰之
坎乃喜曰天地交泰而更習坎重險行而不失其信此吉卦也但恨小往大來耳後遂吉也 譬欲
秦而更楚假南路於東尋乘龍門之一曲歷砥
柱之雙岑冰夷風薄而雷呴陽侯山載而谷沉
侔挈龜以憑濬類斬蛟而赴深昏揚舲於分陝
曙結纜於河陰 水路七百里一夜而至 追風飈之逸氣從
忠信以行吟遭 命而事旋舊國從於採芑
先廢君而誅相訖變朝而易市 至鄴便值陳興而梁滅故不得還南

遂留滯於漳濱私自憐其何已謝黃鵠之迴集
恧翠鳳之高峙曾微令思之對空竊彥先之仕
纂書盛化之旁待詔崇文之裏 齊武平中署文林館待詔者僕射陽休之祖孝徵以下三十餘人之推專掌其撰修文殿御覽續文章流別等皆詣進賢門奏之
珥貂蟬而就列執麾蓋以入齒 時以通直散騎常侍遷黃門郎也
款一相之故人 故人祖僕射掌機密土納帝令也 賀萬乘之
知己秖夜語之見忌寧懷戚之足恃諫譖言之
矛戟惕險情之山水由重裘以寒勝用去薪而
沸止 時武職疾文人之推蒙禮遇每構創痏故侍中崔季舒等六人以諫誅之推爾日鄰禍而

儕流或有毀之推於祖僕射者僕射察之無實所知如舊不忘 予武成之燕翼遵春
坊而原始唯驕奢之是脩亦佞臣之云使 武成奢侈
後宮御者數百人食於水陸貢獻珍異至乃厭飽棄於廁中褌衣悉羅纈錦繡珍玉織成五百一段爾後宮掖遂為舊事後主之在宮及使駱提婆母陸氏為之又胡人何洪珍等為左右後皆預政亂國焉 惜染
絲之良質惰琢玉之遺祉用夷吾而治臻昵狄
牙而亂起 祖孝徵用事則朝野翕然政刑有綱紀矣駱提婆等苦孝徵以法繩己譖而出之於是教令昏僻至于滅亡 誠怠荒於度政惋驅除之神速肇
平陽之爛熟次太原之破竹 晉州小失便棄軍還并又不守并州奔走向鄴
寔未改於弦望遂 及都 而

昇降懷墳墓之淪覆迷識主而狀人競已棲而
擇木六馬紛其顛沛千官散於奔逐無寒瓜以
療饑靡秋螢而照宿 時在季冬故無此物 讎敵起於舟中
胡越生於輦轂壯安德之一戰邀文武之餘福
屍狼藉其如莽血玄黃以成谷 後主奔後安德王延宗收合餘燼於并州夜戰殺數千人周主欲退齊將之降周者告以虛實故留至明而安德敗也 天命縱不
可再來猶賢死廟而慟哭乃詔余以典郡據要
路而問津 除之推為平原郡據河津以為奔之計 斯呼航而濟水
郊鄉道於善鄰 約以鄴下一戰不剋當與之推入陳 不羞寄公之

禮願爲式微之賓忽成言而中悔矯陰跡而陽親信詔謀於公主競受陷於姦臣（丞相高阿那肱等不願入南又懼失齊主則得罪於周朝故疏間之推所以齊主留之推守平原城而索船度濟向青州阿那肱求自鎮濟州乃啓報應齊主云無賊勿忽忽遂道周軍追齊主而及之）曩九圍以制命令八尺而由人四七之期必盡百六之數溘屯（趙郡李穆叔調妙占天文算術齊初踐祚計止於二十八年至是如期而滅）予一生而三化備荼苦而蓼辛（在揚都值侯景殺簡文而篡位於江陵逢孝元覆滅至此而三爲亡國之人）鳥焚林而鎩翮魚奪水而暴鱗嗟宇宙之遼曠愧無所而容身夫有過而自訟始發矇

於天眞遠絕聖而棄智妄鎖義以羈仁舉世溺而欲拯王道鬱以求申既銜石以填海終荷戟以入秦亡壽陵之故步臨大行以逡巡向使潛於草茅之下甘爲畎畝之人無讀書而學劍莫抵掌以膏身委明珠而樂賤辭白璧以安貧堯舜不能榮其素樸桀紂無以汙其清塵此窮何由而至茲辱安所自臻而今而後不敢怨天而泣麟也之推在齊有二子長曰思魯次曰敏楚不忘本也之推集在思魯自爲序錄

袁奭字元明陳郡人梁司空昂之孫也父君方梁侍中奭蕭莊時以侍中奉使貢莊敗除琅邪王儼大將軍諮議入館遷太中大夫

韋道遜京兆杜陵人曾祖蕭隨劉義眞度江祖儒自宋入魏寓居河南洛陽官至華山太守道遜與兄道密道建道儒並早以文學知名道密魏永熙中開府祭酒因患恍惚沉廢於家道建天保末卒司農少卿道儒歷中書黃門侍郎道遜武平初尚書左中兵加通直散騎侍郎入館加通直常侍

江旰字季陽濟陽人也祖柔之蕭齊尚書右丞叔父革梁都官尚書旰梁末給事黃門郎因使至淮南爲邊將所執送鄴稍遷鄭州司馬入館除太尉從事中郎轉太子家令齊亡逃還建業終於都官尚書

睦豫字道閑趙郡高邑人父寂梁北平太守道閑弱冠州舉秀才天保中參議禮令歷晉州道行臺郎大理正奉車都尉入館遷員外散騎常

侍尋兼祠部郎中隋開皇中卒於洛州司馬蕭宗人仲讓天保時尚書左丞

朱才字待問吴都人蕭莊在淮南以才兼散騎常侍副袁奭入朝莊敗留鄴稍遷國子博士諫議大夫齊亡客遊信都而卒

荀仲舉字士高潁川人世江南仕梁爲南沙令從蕭明於寒山被執長樂王尉粲甚禮之與粲劇飲齧粲指至骨顯祖知之杖仲舉一百或問其故荅云我那知許當是正疑是麈尾耳入館

除符璽郎後以年老家貧出爲義寧太守仲舉與趙郡李槩交款槩死仲舉因至其宅爲五言詩十六韻以傷之詞甚悲切世稱其美

蕭慤字仁祖梁上黄侯曄之子天保中入國武平太子洗馬

古道子河内人父起魏太中大夫道子有幹局當官以彊濟知名歷檢校御史司空田曹參軍自袁奭等俱涉學有文詞荀仲舉蕭慤工於詩詠慤曾秋夜賦詩其兩句云芙蓉露下落楊柳月中疎爲知音所賞

贊曰九流百氏立言立德不有斯文寧資刊勒乃眷淫靡永言麗則雅以正邦哀以亡國

列傳第三十七　北齊書四十五

列傳第三十八　北齊書四十六

隋太子通事舍人李　百藥　撰

循吏

張華原

宋世良　弟世軌

郎基

孟業

崔伯謙

蘇瓊

房豹

路去病

先王疆理天下司牧黎元刑法以禁其姦禮教以防其欲故分職命官共理天下書云知人則哲能官人安人則惠睿哲之君必致清明之臣昏亂之朝多有貪殘之吏高祖撥亂反正以卹隱爲懷故守令之徒才多稱職仍以戰功諸將出牧外藩不識治體無聞政術非唯暗於前言往行乃至始學依判付曹聚斂無猒淫虐不已雖或直繩終無悛革於戲此朝廷之大失大寧以後風雅俱缺賣官鬻獄上下相蒙降及末年黷貨滋甚齊氏循良如辛術之徒非一多以官爵通顯別有列傳如房仲幹之屬在武平之末能卓爾不羣斯固彌可嘉也今掇張華原等列於循吏云

張華原字國滿代郡人也少明敏有器度高祖開驃騎府引爲法曹參軍遷大丞相府屬仍侍左右從於信都深爲高祖所親待高祖每號令三軍常令宣諭意旨周文帝始據雍州也高祖

猶欲以逆順曉之使華原入關說焉周文密有拘留之意謂華原曰若能屈驥足於此當共享富貴不爾命懸今日華原曰渤海王命世誕生殆天所縱以明公蕞爾關右便自隔絕故使華原銜輸公旨明公不以此日改圖轉禍爲福乃欲賜脅有死而已周文嘉其亮正乃使東還高祖以華原久而不返每歎惜之及聞其來喜見於色累遷爲兖州刺史人懷感附寇盜寢息州

獄先有囚千餘人華原皆決遣至年暮唯有重罪者數十人華原亦遣歸家申賀依期至獄先是州境數有猛獸爲暴自華原臨州忽有六駮食之咸以化感所致後卒官州人大小莫不號慕

宋世良字元友廣平人年十五便有膽氣應募從軍北討屢有戰功尋爲殿中侍御史詣河北括戶大獲浮惰還見汲郡城旁多骸骨移書州郡令悉收瘞其夜甘雨霶霈還孝莊勞之曰知卿所括得丁倍於本帳若官人皆如此用心便

是更出一天下也出除清河太守世良才識閑明尤善治術在郡未幾聲問甚高郡東南有曲堤成公一姓阻而居之羣盜多萃於此人爲之語曰寧度東吳會稽不歷成公曲堤世良施八條之制盜奔他境民又謠曰曲堤雖險賊何益但有宋公自屏跡後齊天祿中大赦郡先無一囚羣吏拜詔而已獄內穭生桃樹蓬蒿亦滿每日衙門虛寂無復訴訟者其冬醴泉出於界內及代至傾城祖道有老人丁金剛泣而前謝曰己年九十記三十五政君非唯善治清亦徹底今失賢君民何濟矣莫不攀援涕泣除東郡太守卒官世良強學好屬文撰字略五篇宋氏別錄十卷與弟世軌俱有孝友之譽

世軌幼自嚴整好法律稍遷廷尉卿洛州民聚結欲劫河橋吏捕案之連諸元徒黨千七百人崔暹爲廷尉以之爲反數年不斷及世軌爲少卿判其事爲劫於是殺魁首餘從坐悉捨焉時大理正蘇珍之亦以平幹知名寺中爲之語曰

決定嫌疑蘇珍之視表見裏宋世軌時人以爲寺中二絕南臺囚到廷尉世軌多雪之仍移攝御史將問其濫狀中尉畢義雲不送移往復不止世軌遂上書極言義雲酷擅顯祖引見二人親勑世軌曰我知臺欺寺久卿能執理與之抗衡但守此心勿慮不富貴勑義雲曰卿比所爲誠合死以志在疾惡故且一恕仍顧謂朝臣曰此二人並我骨鯁臣也及疾卒廷尉御史諸繫因聞世軌死皆哭曰宋廷尉死我等豈有生路

世良從子孝主學涉亦好緝綴文藻形皃短陋
而好臧否人物時論甚疾之爲段孝言開府參
軍又薦爲北平王文學求入文林館不遂因非
毁朝士撰別録二十卷會平齊改爲關東風俗
傳更廣見聞勒成三十卷以上之言多妄謬篇
第冗雜無著述體
郎基字世業中山人身長八赤美鬚髯汎涉墳
典尤長吏事起家奉朝請累遷海西鎮將梁吳
明徹率衆攻圍海西基奬勵兵民固守百餘日

軍糧且罄戎仗亦盡乃至削木爲箭剪紙爲羽
圍解還朝僕射楊愔迎勞之曰卿本文吏遂有
武略削木剪紙皆無故事班墨之思何以相過
後帶潁川郡積年留滯數日之中剖判咸盡而
臺報下並允基所陳條綱既疎獄訟清息官民
遐邇皆相慶悅基性清慎無所營求曾語人云
任官之所木枕亦不須作況重於此事唯頗令
寫書潘子義曾遺之書曰在官寫書亦是風流
罪過基答書曰觀過知仁斯亦可矣後卒官柩

將還遠近將送莫不攀轅悲哭
孟業字敬業鉅鹿安國人家本寒微少爲州吏
性廉謹同寮諸人侵盜官絹三十疋與之拒而
不受魏彭城王韶拜定州除典籤長史劉仁之
謂業曰我處其外君居其内同心戮力庶有濟
乎未幾仁之徵入爲中書令臨路啓韶云殿下
左右可信任者唯有孟業願專任之餘人不可
信也又與業別執手曰今我出都君便失援恐
君在後不自保全唯正與直願君自勉業唯有

一馬因瘦而死韶以業家貧令州府官人同食
馬肉欲令厚償業固辭不敢韶乃戲業曰卿邀
名人也對曰業以微細伏事節下既不能裨益
寧可損敗清風後高祖書與韶云典籤姓孟者
極能用心何不置之目前韶高祖之壻也仁之
後爲兗州臨別謂吏部崔暹曰貴州人士唯有
孟業宜銓舉之他人不可信也崔暹問業曰君
往在定州有何政績使劉西兗如此欽歎答曰
禀性愚直唯知自修無他天保初清河王岳拜

司州牧聞業名行復召爲法曹業形皃短小及
謁見岳心鄙其眇小笑而不言後尋業斷決之
處乃謂業曰卿斷決之明可謂有過軀皃之用
尋遷東郡守以寬惠著其年麥一莖五穗其餘
三穗四穗共一莖合郡人以爲政化所感尋以病卒
崔伯謙字士遜博陵人父文業鉅鹿守伯謙少
孤貧善養母高祖召赴晉陽補相府功曹稱之
曰清直奉公良佐也遷瀛州別駕世宗以爲
京畿司馬勞之曰卿騁足瀛部已著康歌督府

務殷是用相授族弟暹當時寵要謙與之寮舊
同門非吉凶未曾造請後除濟北太守恩信大
行乃改鞭用熟皮爲之不忍見血示恥而已有
朝貴行過郡境問人太守治政何如對曰府君
恩化古者所無因誦民爲歌曰崔府君能治政
易鞭鞭布威德民無爭客曰旣稱恩化何由復
威曰長吏憚威民庶蒙惠徵赴鄴百姓號泣遮
道以弟讓在關中不復居内任除南鉅鹿守事
無巨細必自親覽民有貧弱未理者皆曰我自

有白鬚公不慮不決後爲銀青光祿卒
蘇瓊字珍之武强人也父備仕魏至衞尉少卿
瓊幼時隨父在邊嘗謁東荆州刺史曹芝芝戲
問曰卿欲官不對曰設官求人非人求官芝異
其對署爲府長流參軍文襄以儀同開府引爲
刑獄參軍每加勉勞并州嘗有彊盜長流參軍
推其事所疑賊並已拷伏失物家並識認唯不
獲盜贓文襄付瓊更令窮審乃别推得元景融
等十餘人並獲贓驗文襄大笑語前妄引賊者

曰爾輩若不遇我好參軍幾致枉死除瓊累遷
南清河太守其郡多盜及瓊至民吏肅然姦盜
止息或外境姦非輒從界中行過者無不捉送
零陵縣民魏雙成失牛疑其村人魏子賓送至
郡一經窮問知賓非盜者即便放之雙成訴云
府君放賊去百姓牛何處可得瓊不理密走私
訪别獲盜者從此畜牧不收多放散云但付府
君有鄰郡富豪將財物寄置界内曰我物已寄
蘇公矣賊遂去平原郡有妖賊劉黑狗構結徒

侶通於滄海所部人連接村居無相染累鄰邑
於此伏其德郡中舊賊一百餘人悉充左右人
間善惡及長吏飲人一盃酒無不即知瓊性清
愼不發私書道人研爲濟州沙門統資產巨富
在郡多有出息常得郡縣爲徵及欲求謁度知
其意每見則談問玄理應對肅敬研雖爲債數
來無由啓口其弟子問其故研曰每見府君徑
將我入青雲間何由得論地上事郡民趙穎曾
爲樂陵太守八十致事歸五月初得新瓜一雙

自來送穎恃年老苦請遂便爲留仍致於聽事
梁上竟不剖人遂競貢新果至門間知穎瓜猶
在相顧而去有百姓乙普明兄弟爭田積年不
斷各相援引乃至百人瓊召普明兄弟對衆人
諭之曰天下難得者兄弟易求者田地假令得
地失兄弟心如何因而下淚衆人莫不灑泣普
明弟兄叩頭乞外更思分異十年遂還同住每
年春總集大儒衛顗隆田元鳳等講於郡學朝
吏文案之暇悉令受書時人指吏曹爲學生屋

禁斷淫祠婚姻喪葬皆教令儉而中禮又蠶月
預下綿絹度樣於部內其兵賦次第並立明式
至於調役事必先辦郡縣長吏常無十杖稽失
當時州郡無不遣人至境訪其政術天保中郡
界大水人災絶食者千餘家瓊普集部中有粟
家自從貸粟以給付飢者州計戶徵租復欲推
其貸粟綱紀謂瓊曰雖矜飢餧恐罪累府君瓊
曰一身獲罪且活千室何所怨乎遂上表陳狀
使檢皆免人戶保安此等相撫兒子咸言府君

生汝在郡六年人庶懷之遂無一人經州前後
四表列爲尤最遭憂解職故人贈遺一無所受
尋起爲司直廷尉正朝士嗟其屈尚書辛述曰
旣直且正名以定體不慮不申初瓊任清河太
守裴獻伯爲濟州刺史酷於用法瓊恩於養人
房延祐爲樂陵郡過州裴問其外聲祐云唯聞
太守善刺史惡裴云得民譽者非至公祐荅言
若爾黃霸龔遂君之罪人也後有勑州各舉清
能裴以前言恐爲瓊陷瓊申其枉滯議者尚其

公平畢義雲爲御史中丞以猛暴任職理官忌憚莫敢有違瓊推察務在公平得雪者甚衆寺署臺案始自於瓊遷三公郎中趙州及河南中有人頻告謀反前後皆付瓊推撿事多申雪尚書省崔昂謂瓊曰若欲立功名當更思餘理仍數雪反逆身命何輕瓊正色曰所雪者怨枉不放反逆昂大慙京師爲之語曰斷決無疑蘇珍之還左丞行徐州事徐州城中五級寺忽被盜銅像一百區有司徵撿四鄰防宿及蹤跡所疑

逮繫數十人瓊一時放遣寺僧怨訴不爲推賊瓊遣僧謝曰但且還寺得像自送爾後十日抄賊姓名及贓處所徑收掩悉獲實驗賊徒欵引道俗歎伏舊制以淮禁不聽商販輒度南淮歲儉啓聽淮北取糴後北人饑請通糴淮南得商估往還彼此兼濟水陸之利通於河北後爲大理卿而齊亡仕周爲博陵太守

房豹字仲幹清河人祖法壽魏書有傳父翼宗豹體貌魁岸美音儀釋褐府參軍兼行臺郎中隨慕容紹宗紹宗自云有水厄遂於戰艦中浴并自投於水冀以厭當之豹曰夫命也在天豈人理所能延促公若實有災眚恐非禳所能加若其實無何禳之有紹宗笑曰不能免俗爲復爾耳未幾而紹宗遇溺時論以爲知微遷樂陵太守鎮以凝重哀矜貧弱豹階庭簡靜圄囹空虛郡治瀕海水味多鹹苦豹命鑿一井遂得甘泉遐邇以爲政化所致豹罷歸後井味復鹹齊滅還鄉園自養頻徵辭疾終於家

路去病陽平人也風神疎朗儀表瓌異釋褐開府參軍勑用士人爲縣宰以去病爲定州饒陽令去病明閑時務性頗嚴毅人不敢欺然至廉平爲吏民歎服擢爲成安令京城下有鄴臨漳成安三縣輦轂之下舊號難治重以政亂時難綱維不立功臣內戚請囑百端去病消息事宜以理抗答勢要之徒雖厮養小人莫不憚其風格亦至嫌恨自遷鄴以還三縣令治術去病獨爲稱首周武平齊重其能官與濟陰郡守公孫

景茂二人不被替代發詔褒揚隋大業中卒於
冀氏縣令

列傳第三十八　北齊書四十六

列傳第三十九　北齊書四十七

隋太子通事舍人李　百藥　撰

酷吏

邸珎

宋遊道

盧斐

畢義雲

夫人之性靈禀受或異剛柔區別緩急相形未有深察是非莫不肆其情欲至於詳觀水火更佩韋絃者鮮矣獄吏爲患其所從來久矣自魏途不競網漏衆區高祖懲其寛怠頗亦威嚴馭物使內外羣官咸知禁網今錄邸珎等以存酷吏懲示勸勵云

邸珎字寶安本中山上曲陽人也從高祖起義拜爲長史性嚴暴求取無猒後兼尚書右僕射大行臺節度諸軍事珍御下殘酷衆士離心爲民所害後贈定州刺史

宋遊道廣平人其先自燉煌徙焉父季預爲勃

海太守弱冠隨父在郡父亡吏人贈遺一無所
受事毋以孝聞與叔父別居叔父爲奴誣以逆
遊道誘令返雪而殺之魏廣陽王深北伐請爲
鎧曹及爲定州刺史又以爲府佐廣陽王爲葛
榮所殺元徽誣其降賊收錄妻子遊道爲訴得
釋與廣陽王子迎喪返葬中尉酈善長嘉其氣
節引爲殿中侍御史臺中語曰見賊能討宋遊
道孝莊即位除左中兵郎又爲尚書令臨淮王
彧譴責遊道乃執版長揖曰下官謝王瞋不謝

王理即日詣闕上書曰徐州刺史元孚頻有表
云僞梁廣發士卒來圖彭城乞增羽林二千以
孚宗室重臣告請應實所以量奏給武官千人
孚今代下以路阻自防遂納在防羽林八百人辭
云疆境無事乞特還家臣忝局司深知不可尚
書令臨淮王彧即孚之兄子遣省事謝遠三日
之中八度逼迫云宜依判許臣不敢附下罔上
孤負聖明但孚身在任乞師相繼及其代下便
請放還進退爲身無憂國之意所請不合其罪

下科彧乃召臣於尚書都堂云卿一小郎憂國
之心豈厚於我醜罵溢口不顧朝章右僕射臣
世隆吏部郎中臣薛琡已下百餘人並皆聞見
臣實獻直言云臣奉國事在其心亦復何簡貴
賤比自北海入洛王不能致身死難方清宮以
迎暴賊鄭先護立義廣州王復建旗往討趣惡
如流伐善何速今得冠冕百寮乃欲爲私害政
爲臣此言或賜怒更甚臣既不佞干犯貴臣乞
解郎中帝召見遊道嘉勞之彧亦奏言臣忝冠

百寮遂使一郎攘袂高聲肆言頻挫乞解尚書
令帝乃下勑聽解臺郎後除司州中從事時將
還鄴會霖雨行旅擁於河橋遊道於幕下朝夕
宴歌行者曰何時節作此聲也固大癡後神武
自太原來朝見之曰此人宋遊道耶常聞其名
今日始識其面遷遊道別駕後日神武之司州
饗朝士舉觴屬遊道曰飲高歡手中酒者大丈
夫卿之爲人合飲此酒及還晉陽百官辭於紫
陌神武執遊道手曰甚知朝貴中有憎忌卿者

但用心莫懷畏慮當使卿位與之相似於是啓以遊道爲中尉文襄執請乃以吏部郎中崔暹爲御史中尉以遊道爲尚書左丞文襄謂暹遊道曰卿一人處南臺一人處北省當使天下肅然遊道入省劾太師咸陽王坦太保孫騰司徒高隆之司空侯景錄尚書元弼尚書令司馬子如官貸金銀催徵酬價雖非指事贓賄終是不避權豪又奏駁尚書違失數百條省中豪吏王儒之徒並鞭斥之始依故事於尚書省立門名

以記出入早晚令僕已下皆側目魏安平王坐事亡章武二王及諸王妃太妃是其近親者皆被徵責都官郎中畢義雲主其事有奏而禁有不奏輙禁者遊道判下廷尉科罪高隆之不同於是反誣遊道厲色挫辱己遂枉考羣令史證成之與左僕射襄城王旭尚書鄭述祖等上言曰飾僞亂真國法所必去附下罔上王政所不容謹案尚書左丞宋遊道名望本闕功績何紀屬永安之始朝士亡散乏人之際叨竊臺郎躁

行謟言肆其奸詐空識名義不顧典文人鄙其心衆畏其口出州入省歷忝清資而長惡不悛曾無忌諱毁譽由己憎惡任情比因安平王事遂肆其褊心因報隙與郎中畢義雲遞相糺舉又左外兵郎中魏叔道牒云局內降人左澤等爲京畿送省令取保放出大將軍在省日判聽遊道發怒曰往日官府何物官府將此例又云乘前旨格成何物旨格依事請問遊道並皆承引案律對捍詔使無人臣之禮大不敬者死對

捍使者尚得死坐況遊道吐不臣之言犯慢上之罪口稱夷齊心懷盜跖欺公賣法受納苞苴產隨官厚財與位積雖贓污未露而姦詐如是舉此一隅餘詐可驗今依禮據律處遊道死罪是時朝士皆分爲遊道不濟而文襄聞其與隆之相抗之言謂楊遵彥曰此真是鯁直大剛惡人遵彥曰譬之畜狗本取其吠今以數吠殺之恐將來無復吠狗詔付廷尉遊道坐除名文襄使元景康謂曰卿早逐我向并州不爾他經略

殺卿遊道從至晉陽以爲大行臺吏部又以爲
太原公開府諮議及平陽公爲中尉遊道以議
領書侍御史尋以本官兼司徒左長史及文襄
疑黃門郎溫子昇知元瑾之謀繫之獄而餓之
食獘襦而死弃屍路隅遊道收而葬之文襄謂
曰吾近書與京師諸貴論及朝士卿僻於朋黨
將爲一病今卿眞是重舊節義人此情不可奪
子昇吾本不殺之卿葬之何所憚天下人代卿
怖者是不知吾心也尋除御史中尉東萊王道

習參御史選限外投狀道習與遊道有舊使令
史受之文襄怒杖遊道而判之曰遊道稟性遒
悍是非肆己吹毛洗垢瘡疵人物往與郎中蘭
景雲忿競列事十條及加推窮便是虛妄方共
道習凌侮朝典法官而犯特是難原宜付省科
遊道被禁獄吏欲爲脫枷遊道不肯曰此令命
所著不可輒脫文襄聞而免之遊道抗志不改
天保元年以遊道兼太府卿乃於少府覆檢主
司盜截得鉅萬計姧吏返誣奏之下獄尋得出

不歸家俓之府理事卒遺令薄葬不立碑表不
求贈謚贈瓜州刺史武平中以子士素久典機
密重贈儀同三司謚曰貞惠遊道剛直疾惡如
讎見人犯罪皆欲致之極法彈糺見事又好察
陰私問獄察情捶撻嚴酷兗州刺史李子貞在
州貪暴遊道案之文襄以貞預建義勳意將含
忍遊道疑陳元康爲其內密啓云子貞元康交
遊恐其別有請囑文襄怒於尚書都堂集百寮
撲殺子貞又兗州人爲遊道生立祠堂焉題曰

忠清君遊道別劉吉寧等五人同死有欣悅色
朝士甚鄙之然重交遊存然諾之分歷官嚴整
而時大納賄分及親故之艱匱者其男女孤弱
爲嫁娶之臨喪必哀躬親襄事爲司州綱紀與
牧樂昌河西二王乖忤及二王薨每事經恤之
與頓丘李獎一面便定死交獎曰我年位已高
會用弟爲佐史令弟北面於我足矣遊道曰不
能既而獎爲河南尹辟遊道爲中正使者相屬
以衣帢待之握手歡謔元顥入洛將受其命出

使徐州都督元孚與城人趙紹兵殺之遊道爲奨訟寃得雪又表爲請贈廻已考一汎階以益之又與尉𢿫結交託𢿫弟粹於徐州殺趙紹後平之梟粹首於鄴市孫騰使客告市司得錢五百萬後聽收遊道時爲司州中從事令家人作尉粹所親於州陳訴依律判許而奏之勑至市司猶不許遊道杖市司勒使速付騰聞大怒時李奨二子構訓居貧遊道後令其求三富人死事判免之凡得錢百五十萬盡以入構訓其使

北齊列傳三十九　八

氣黨俠如此時人語曰遊道獼猴面陸操科斗形意識不關貌何謂醜者必無情構甞因遊道會客因戲之曰賢從在門外大好人宜自迎接爲通名稱族弟遊山遊道出見之乃獼猴衣帽也奨與構謝之豁然如舊遊道死後構爲定州長史遊道弟三子士遜爲墨曹博陵王管記與典籤共誣奏構構於禁所祭遊道而訴焉士遜晝卧如夢者見遊道怒曰我與構恩義汝豈不知何共小人謀陷清直之士士遜驚跪曰不

敢不敢旬日而卒遊道每戒其子屯蹇性自如此子孫不足以師之諸子奉父言柔和謙遜士素沉密少言有才識中書黃門侍郎遷儀同三司散騎常侍常領黃門侍郎自處機要近二十年周慎温恭甚爲彦深所重初祖珽知朝政出彦深爲刺史珽奏以士素爲東都中侍郎李德林白珽留之由是還除黃門侍郎共參機密士約亦爲善士官尚書左丞

盧斐字子章范陽涿人也父同魏殿中尚書斐

三百　北齊三十九卷　九　吳椿

性殘忍以強斷知名世宗引爲相府刑獄參軍謂之去狂簡斐然成章非佳名字天保中稍遷尚書左丞別典京畿詔獄酷濫非人情所爲無問事之大小拷掠過度於大棒車輻下死者非一或嚴冬至寒置囚於冰雪之上或盛夏酷熱暴之日下枉陷人致死者前後百數又伺察官人罪失動即奏聞朝士見之莫不重跡屏氣皆目之爲盧校書斐後以謗史與李庶俱病鞭死獄中

畢義雲小字陁兒少麤獷俠家在兖州北境常劫掠行旅州里患之晚方折節從官累遷尚書都官郎中性嚴酷事多幹了齊文襄作相以爲稱職令普勾偽官專以車輻考掠所獲甚多然大起怨謗曾爲司州吏所訟云其所減截并改換文書文襄以其推偽衆人怨望並無所問乃拘吏數人而斬之因此銳情訊鞫威名日盛文宣受禪除治書侍御史彈射不避勳親累遷御史中丞繩劾更切然豪横不平頻被怨訟前爲汲

郡太守翟嵩啓列義雲從父兄僧明負官債先任京畿長吏不受其屬立限切徵由此挾嫌數遣御史過郡訪察欲相推繩又坐私藏工匠家有十餘機織錦并造金銀器物乃被禁止尋見釋以爲司徒左長史尚書左丞司馬子瑞奏彈義雲稱天保元年四月竇氏皇后姨祖載日内外百官赴第吊省義雲唯遣御史投名身遂不赴又義雲啓云喪婦孤貧後娶李世安女爲妻世安身雖父服未終其女爲祖已就平吉特乞闇迎不敢備禮及義雲成婚之夕衆儲備設尅日拜閤鳴騶清路盛列羽儀兼差臺吏二十人責其鮮服侍從車後直是苟求成婚誣罔干上義雲資産宅宇足稱豪室忽道孤貧亦爲矯詐法官如此直繩焉寄又駕幸晉陽都坐判拜起居表四品五品已上令預前一日赴南都署表三品已上臨日署訖義雲乃乖例署表之日索表就家先署臨日遂稱私忌不來於是詔付廷尉科罪尋勑免推子瑞又奏彈義雲事十餘條

多煩碎罪止罰金不至除免子瑞從兄消難爲北豫州刺史義雲遣御史張子階詣州采風聞先禁其典籤家客等消難危懼遂叛入周時論歸罪義雲云其覆執子瑞事亦上聞爾前讌賞義雲常預從此後集見稍疎聲望大損乾明初子瑞遷御史中丞鄭子默正被任用義雲之姑即子默祖母遂除度支尚書攝左丞子默誅後左丞便解孝昭赴晉陽高元海留鄴義雲深相依附知其信向釋氏常隨之聽講爲此款密相

所不至及孝昭大漸顧命武成高歸彦至都武成猶致疑惑元海遣犢車迎義雲入北宮參審遂與元海等勸進仍從幸晉陽參預時政尋除兖州刺史給後部鼓吹即起本州軒昂自得意望銓衡之舉見諸人自陳逆許引接又言離別暫時非久在州先有鐃吹至於案部行遊遂兩部並用猶作書與元海論叙時事元海入内不覺遺落給事中李孝貞得而奏之爲此元海漸疏孝貞因是兼中書舍人又高歸彦起逆義雲

在州私集人馬并聚甲仗將以自防實無他意爲人所啓及歸彦被擒又列其朋黨專擅爲此追還武成猶録其往誠竟不加罪除兼七兵尚書義雲性豪縱頗以施惠爲心累世本州刺史家富於財士之匱乏者多有拯濟及貴恣情驕侈營造第宅宏壯未幾而成閨門穢雜聲遍朝野爲郎與左丞宋遊道因公事忿競遊道廷辱之云雄狐之詩千載爲汝義雲一無所荅然酷暴殘忍非人理所及爲家尤甚子孫僕隷常瘡痍被體有孽子善昭性至凶頑與義雲侍婢姧通搒掠無數爲其着籠頭繫之庭樹食以芻秣十餘日乃釋之夜中義雲被賊害即善昭所佩刀也遺之於善昭庭中善昭聞難奔哭家人得佩刀善昭怖便走出投平恩墅舍旦日世祖令舍人蘭子暢就宅推之爾前義雲新納少室范陽盧氏有色貌子暢疑盧姧人所爲將加拷掠盧具列善昭云爾乃收捕繫臨漳獄將斬之邢邵上言此乃大逆義雲又是朝貴不可發乃斬

之於獄弃屍漳水

列傳第三十九　北齊書四十七

隋太子通事舍人李　百藥　撰

外戚

自兩漢以來外戚之家罕有全者其傾覆之跡逆亂之機皆詳諸前史齊氏后妃之族多自保全唯胡長仁以譖訴貽禍斛律光以地勢被戮俱非女謁盛衰之所致也今依前代史官述外戚云爾

趙猛太安狄那人姊爲文穆皇帝繼室生趙郡公琛猛性方直頗有器幹高祖舉義遷南營州刺史卒

婁叡字佛仁武明皇后兄子也父壯魏南部尚書叡少好弓馬有武幹爲高祖帳內都督從破尒朱於韓陵累遷開府儀同驃騎大將軍叡無器幹唯以外戚貴幸而縱情財色爲時論所鄙皇建初封東安王高歸彥反於冀州詔叡往平之還拜司徒公周兵寇東關叡率軍赴援頻戰有功擒周將楊㯹等進大司馬出揔偏師赴懸瓠叡在豫境留停百餘日侵削官私專行非法坐免官尋授太尉薨

尒朱文暢榮第四子也初封昌樂王其姊魏孝莊皇后及四胡敗滅高祖納之待其家甚厚文暢由是拜肆州刺史家富於財招致賓客旣藉門地窮極豪侈與丞相司馬任胄主簿李世林都督鄭仲禮房子建等深相愛狎外示杯酒之交而潛謀逆亂自魏氏舊俗以正月十五日夜爲打竹簇之戲有能中者即時賞帛任胄令仲禮藏刀於袴中因高祖臨觀謀爲竊發事捷之後共奉文暢爲主爲任氏家客薛季孝告高

祖問皆具伏以其姊寵故止坐文暢一房弟文略以兄文羅卒無後襲梁王以兄文暢事當從坐高祖特寬貸文略聰明儁爽多所通習世宗嘗令音永興於馬上彈胡琵琶奏十餘曲試使文略寫之遂得其八世宗戲之曰聰明人多不老壽梁郡其慎之文略對曰命之脩短皆在明公世宗愴然曰此不足慮也初高祖遺令恕文略十死恃此益横多所凌忽平秦王有七百里馬文略敵以好婢賭而取之明日平秦使文略

彈琵琶吹横笛謡詠倦極使卧唱挽歌居數月奪防者弓矢以射人曰不然天子不憶我有司奏之伏法文略嘗大遺魏收請爲其父作佳傳收論尔朱榮比韓彭伊霍蓋由是也

鄭仲禮滎陽開封人魏鴻臚嚴庶子也少輕險有膂力高祖嬖寵其姊以親戚被昵擢帳内都督嘗執高祖弓刀出入隨從任冑爲好酒不憂公事高祖責之冑懼謀爲逆賴武明婁后爲請故仲禮死不及其家

李祖昇趙國平棘人顯祖李皇后之長兄父希宗上黨守祖昇儀容瓌麗垂手過膝睦姻好施文學足以自通仕至齊州刺史爲徒兵所害弟祖勳顯祖受禪除祕書丞及女爲濟南王妃除侍中封丹陽王濟南廢爲光州刺史祖勳性貪慢兼妻崔氏驕豪干政時論鄙之以數坐贓免官無才幹自少及長居官皆因寵無可稱述卒

元蠻魏太師江陽王繼子肅元蠻后之父也歷光禄卿天保十年大誅元氏肅元爲蠻苦請因

是追原之賜姓步六孤氏尋病卒

胡長仁字孝隆安定臨涇人武成皇后之兄父延之魏中書令長仁累遷右僕射及尚書令世祖崩預參朝政封隴東王左丞鄒孝裕郎中陸仁惠盧元亮厚相結託長仁每上省孝裕必方駕而來省務既繁簿案堆積令史欲諮都座日有百數孝裕屏人私話朝退亦相隨仁惠元亮又伺間而往停斷公事時人號爲三佞長仁私遊密席處處追尋孝裕勸其求進和士開深疾

之於是奏除孝裕爲章武守元亮等皆出孝裕
又説長仁曰王陽卧疾士開必來因而殺之入
見太后不過百日失官便代其處士開知其謀
從孝裕爲北營建德守後長仁倚親驕豪無畏
憚士開出爲齊州長仁怨憤謀令刺士開事覺
遂賜死尋而後主納長仁女爲后重加贈謚長
仁弟等前後七人並賜王爵合門貴盛從祖兄
長粲父僧敬即魏孝靜帝之舅位至司空長粲
少而敏悟以外戚起家給事中遷黄門侍郎後

主踐祚長粲被勑與黄門馮子琮出入禁中專
典敷奏世祖崩與領軍婁定遠録尚書趙彦深
和士開高文遥領軍綦連猛高阿那肱僕射唐
邕同知朝政時人號爲八貴於後定遠文遥並
出唐邕專典外兵綦連猛高阿那肱別總武任長
粲常在左右兼宣詔令從幸晉陽後主即位富
於春秋庶事皆歸委長粲長粲盡心毗奉甚得名
譽又爲侍中長仁心欲入處機要之地爲執政不
許長仁疑長粲通謀大以爲恨遂言於太后發
其陰私請出爲州後主不得已從焉除趙州刺
史及辭長粲流涕後主亦惆然至州因沐髮手
不得舉失音卒

列傳第四十 北齊書四十八

隋太子通事舍人李　百藥　撰

方伎

易曰定天下之吉凶成天下之亹亹莫善於著龜是故天生神物聖人則之又神農桐君論本草藥性黃帝岐伯說病候治方皆聖人之所重也故太史公著龜策日者及扁鵲倉公傳皆所以廣其聞見昭示後昆齊氏作霸以來招引英俊但有藝能無不畢策今並錄之以備方伎云

由吾道榮琅邪人少好道法與其同類相求入長太山潛隱具聞道術仍遊鄒魯之間習儒業晉陽人某大明法術乃尋是人爲其家庸力無識之者久乃訪知其人道家符水咒禁陰陽歷數天文藥性無不通解以道榮好尚乃悉授之

是人謂道榮云我本恒岳僊人有少罪過爲天官所謫今限滿將歸卿宜送吾至汾水及河值水暴長橋壞舡渡艱難是人乃臨水禹步以一符投水中流便絕俄頃水積將至天是人徐自沙石上渡唯道榮見其如是傍人咸云水如此長此人遂能浮過共驚異之道榮仍歸本部隱於琅邪山辟穀餌松木茯苓求長生之祕尋爲顯祖追往晉陽至遼山中有猛獸去馬十步所追人驚怖將走道榮以杖畫地成火坑猛獸遽

走俄值國廢道槃歸周隋初乃卒又有張遠遊者顯祖時令與諸術士合九轉金丹及成顯祖置之玉匣云我貪世間作樂不能即飛上天待臨死時取服

王春河東人少好易占明風角遊於趙魏之間飛符上天高祖起於信都引為館客韓陵之戰四面受敵從寅至午三合三離高祖將退軍春叩馬諫曰比未時必當大捷遂縛其子詣王為質不勝請斬之俄而賊大敗其後每征討其言多中位徐州刺史卒

信都芳河間人少明算術為州里所稱有巧思每精研究忘寢與食或墜坑坎嘗語人云算之妙機巧精微我每一思沉思不聞雷霆之聲也其用心如此以術數干高祖為館客授參軍丞相倉曹祖珽謂芳曰律管吹灰術甚微妙絕來既久吾思所不至卿試思之芳遂留意十數日便云吾得之矣然終須河內葭莩灰後得河內葭莩用其術應節便飛餘灰即不動也不為時所重竟不行故此法遂絕云芳又撰次古來渾天地動欹器漏刻諸巧事并畫圖名曰器準又著樂書遁甲經四術周髀宗芳又私撰曆書名為靈憲曆算月有頻大頻小食必以朔證據甚甄明每云何承天亦為此法不能精靈憲若成必當百代無異議書未就而卒

宋景業廣宗人明周易為陰陽緯候之學兼明歷數魏末任北平守顯祖作相在晉陽景業因高德政上言易稽覽圖曰鼎五月聖人君天與

延年齒東北水中庶人王高得之謹案東北水謂渤海也高得之明高氏得天下也是時魏武定八年五月也高德政徐之才並勸顯祖應天受禪乃之鄴至平城都諸大臣沮計將還賀拔仁等又云景業誑王宜斬之以謝天下顯祖曰景業當為帝王師何可殺也還至并顯祖令景業筮遇乾之鼎景業曰乾為君天也易曰時乘六龍以御天鼎五月卦也宜以仲夏吉辰御天受禪或曰陰陽書五月不可入官犯之卒於其

位景業曰此乃大吉王爲天子無復下期豈得不終於其位顯祖大悅天保初授散騎侍郎又有荆次德有術數預知尒朱榮成敗又言代魏者齊葛榮聞之故自號齊王待次德以殊禮問其天人之事對曰齊當興東海出天子今王據渤海是齊地又太白與月并宜速用兵遲則不吉榮不從也

許遵高陽人明易善筮兼曉天文風角占相逆刺其驗若神高祖引爲館客自言禄命不富貴不横死是以任性疏誕多所犯忤高祖常容惜之邙陰之役遵謂李業興曰彼爲火陣我木陣火勝木我必敗果如其言清河王岳以遵爲開府田曹記室岳封王以告遵遵曰蜜蜂亦作王岳後將救江陵遵曰此行致後凶宜辭疾勿去岳曰勢不免去正當與君同行遵曰好與生人相隨不欲共死人同路還岳至京尋喪顯祖無道日甚遵語人曰多折筭來吾筮此狂夫何時當死遂布筭滿床大言曰不出冬冬初我乃不見顯祖以十月崩遵果以九月死

吴遵世字季緒渤海人少學易入恒山從隱居道士遊處數年忽見一老翁謂之云授君開心符遵世跪取吞之遂明占候後出遊京洛以易筮知名魏武帝之將即位也使遵世筮之遇明夷之賁曰初登于天後入于地帝曰何謂也遵世曰初登于天當作天子後入于地不得久也終如其言世祖以丞相在京師居守自致猜疑甚懷憂懼謀將起兵每宿蓍令遵世筮之遵世云不須起動自有大慶俄而趙郡王奉太后令以遺詔追世祖及即祚擢其中書舍人固辭疾一

趙輔和清都人少以明易善筮爲館客高祖崩於晉陽葬有日矣世宗書令顯祖親卜宅兆相於鄴西北漳水北原顯祖與吴遵世擇地頻卜不吉又至一所命遵世筮之遇革遵世等數十人咸云不可用輔和少年在衆人之後進云革卦於天下人皆凶唯王家用之大吉革彖辭云湯武革命應天順民顯祖遽登車顧云即以此

地爲定即義平陵也有一人父疾是人詣館別託相知者筮之遇泰筮者云此卦甚吉疾愈是人喜出後和謂筮者云泰卦乾下坤上然則入土矣豈得言吉果以凶問至和大寧武平中筮後宮誕男女及時日多中遂授通直常侍

皇甫玉不知何許人善相人常游王侯家世宗自潁川振旅而還顯祖從後玉於道旁縱觀謂人曰大將軍不作物會是道北垂鼻涕者顯祖既即位試玉相術故以帛巾袜其眼而使歷摸

諸人至於顯祖曰此是最大達官於任城王曰當至丞相於常山長廣二王並亦貴而各私掐之至石動統曰此弄癡人至供膳曰正得好飲食而已玉嘗爲高歸彥相曰位極人臣但莫反歸彥曰我何爲反玉曰不然公有反骨玉謂其妻曰殿上者不過二年妻以告舍人斛斯慶慶以啓帝帝怒召之玉每照鏡自言當兵死及被召謂其妻曰我今去不迴若得過日午時或當得活既至正中遂斬之○世宗時有吳士雙盲而妙於聲相世宗歷試之聞劉桃枝之聲曰有所繫屬然當大富貴王侯將相多死其手譬如鷹犬爲人所使聞趙道德之聲曰亦繫屬人富貴翕赫不及前人聞太原公之聲曰當爲人主聞世宗之聲不動崔暹私掐之乃謬言亦國主也世宗以爲我羣奴猶當極貴況吾身也

解法選河内人少明相術鑒照人物皆如其言頻爲和士開相中士開牒爲府參軍

魏寧鉅鹿人以善推祿命徵爲館客武成親試

之皆中乃以己生年月託爲異人而問之寧曰極富貴今年入墓武成驚曰是我寧變辭曰若帝王自有法又有陽子術語人曰謡言盧十六雉十四揵子拍頭三十二且四八天之大數太上之祚恐不過此既而武成崩年三十二也

綦毋懷文不知何郡人以道術事高祖武定初官軍與周文戰於邙山是時官軍旗幟盡赤西軍盡黑懷文言於高祖曰赤火色黑水色水能滅火不宜以赤對黑土勝水宜改爲黃高祖遂

改爲赭黃所謂河陽幡者又造宿鐵精以重柔
鋌數宿則成剛以柔鐵爲刀脊浴以五牲之溺
淬以五牲之脂斬甲過三十札今襄國冶家所
鑄宿柔鋌乃其遺法作刀猶甚快利不能截三
十札也懷文云廣平郡南幹子城是干將鑄劒
處其土可以瑩刀懷文官至信州刺史又有孫
正言謂人曰我昔武定中爲廣州士曹聞城人
曹普演言高王諸兒阿保當爲天子至高德之
承之當滅阿保謂天保德之謂德昌也滅年號

承光即承之也

張子信河內人也性清淨頗涉文學少以醫術
知名恒隱於白鹿山時遊京邑甚爲魏收崔季
舒等所禮有贈答子信詩數篇後魏以太中大
夫徵之聽其時還山不常在鄴又善易卜風角
武衛奚永洛與子信對坐有鵲鳴於庭樹鬭而
墮焉子信曰鵲言不善向夕若有風從西南來
歷此樹拂堂角則有口舌事今夜有人喚必不
得往雖勅亦以病辭子信去後果有風如其言
是夜琅邪王五使切召永洛且云勑喚永洛欲
起其妻苦留之稱墜馬腰折詰朝而難作子信
齊亡卒

馬嗣明河內人少明醫術博綜經方甲乙素問
明堂本草莫不咸誦爲人診候一年前知其生
死邢邵子患傷寒嗣明爲此診候脉退告楊愔
云邢公子傷寒不治自差然脉候不出一年便
死覺之晚不可治邢竝侍讌內殿顯祖云子才
兒我欲乞其隨近一郡勿以以子年少未合剖

符讌罷奏云馬嗣明稱大寶脉惡一年內恐死
若其出郡醫藥難求遂寢大寶未朞而卒楊令
患背腫嗣明以練石塗之便差作練石法以麤
黃色石鵝鴨卵大猛火燒令赤內淳醋中自屑
頻燒至石盡取石屑曝乾擣下簁和醋以塗腫
上無不愈後通直散騎常侍針灸孔穴往往與
明堂不同從駕往晉陽至遼陽山中數處見牓
云有人家女病若有能治差者購錢十萬諸名
醫多尋牓至問病狀不下手唯嗣明獨治之其

病由云曾以手將一麥穟即見一赤物長二寸似蛇入其手指中因驚怖倒地即覺手臂疼重漸及半身俱腫痛不可忍呻吟晝夜不絕嗣明爲處方服湯比嗣明從駕還女平復嗣明隋初卒

列傳第四十一　北齊書四十九

列傳第四十二　北齊書五十

隋太子通事舍人李百藥撰

恩倖

郭秀

和士開

穆提婆

高阿那肱

韓鳳

韓寶業

甚哉齊末之嬖幸也蓋書契以降未之有焉心利錐刀居台鼎之任智昏菽麥當機衡之重刑殘閹宦蒼頭盧兒西域醜胡龜兹雜伎封王者接武開府者比肩非直獨守弄臣且復多干朝政賜予之費帑藏以虛杼軸之資剝掠將盡縱龜鼎之祚卜世靈長屬此淫昏無不亡之理齊運短促固其宜哉高祖世宗情存庶政文武任寄多貞幹之臣唯郭秀小人有累明德天保五年之後雖罔念作狂所幸之徒唯左右驅馳內

外藝狎其朝廷之事一不與聞大寧之後姦佞浸繁盛業鴻基以之顛覆生民免夫被髮左衽非不幸也今緝諸凶族爲佞幸傳云其宦者之徒尤是亡齊之一物醜聲穢跡千端萬緒其事闒而不書仍略存姓名附之此傳之末其帝家諸奴及胡人樂工叨竊貴幸今亦出焉

郭秀范陽涿郡人事高祖爲行臺右丞親寵日隆多受賂遺秀遇疾高祖親臨視之問所欲官乃啓爲七兵尚書除未至而卒家無成人子弟

高祖自至其宅親使錄知其家資粟帛多少然後去命其子孝義與太原公已下同學讀書初秀忌楊愔誑脅令其逃亡秀死後愔還高祖追忿秀即日斥孝義終身不齒

和士開字彥通清都臨漳人也其先西域商胡本姓素和氏父安恭敏善人稍遷中書舍人魏孝靜嘗夜中與朝賢講集命安看斗柄所指安荅曰臣不識北斗高祖聞之以爲淳直後爲儀州刺史士開幼而聰慧選爲國子學生解悟捷

疾爲同業所尚天保初世祖封長廣王辟士開府行參軍世祖性好握槊士開善於此戲由是遂有斯舉加以傾巧便僻又能彈胡琵琶因此親狎嘗謂王曰殿下非天人也是天帝也王曰卿非世人也是世神也其深相愛如此顯祖知其輕薄不令王與小人相親善責其戲狎過度徙長城後除京畿士曹參軍長廣王請之也世祖踐祚累除侍中加開府遭母劉氏憂帝聞而悲惋遣武衛將軍呂芬詣宅晝夜扶侍成服後方還其日帝又遣以犢車迎士開入內帝見親

自握手愴惻下泣曉喻良久然後遣還并諸弟四人並起復本官其見親重如此除右僕射帝先患氣因飲輒大發動士開每諫不從屬帝氣疾發又欲飲士開淚下歔欷不能言帝曰卿此是不言之諫因不復飲言辭容止極諸鄙褻以夜繼晝無復君臣之禮至說世祖云自古帝王盡爲灰燼堯舜桀紂竟復何異陛下宜及少壯恣意作樂縱橫行之即是一日快活敵千年國

事分付大臣何慮不辦無為自勤苦也世祖大
悅其年十二月世祖寢疾於乾壽殿士開入侍
醫藥世祖謂士開有伊霍之才殷勤屬以後事
臨崩握士開之手曰勿負我也仍絕於士開之
手後主以世祖顧託深委仗之又先得幸於胡
太后是以彌見親密趙郡王叡與婁定遠等謀
出士開引諸貴人共為計策屬太后觴朝貴於
前殿叡面陳士開罪失云士開先帝弄臣城狐
社鼠受納貨賄穢亂宮掖臣等義無杜口冒死

以陳太后曰先帝在時王等何不道今日欲欺
孤寡耶但飲酒勿多言叡詞色愈厲或曰不出
士開朝野不定叡等或投冠於地或拂衣而起
言詞咆勃無所不至明日叡等　又詣雲龍門令
文遙入奏之太后不聽段韶胡長粲傳言太后
曰梓宮在殯事大忩速欲王等更思量趙郡王
等遂並拜謝更無餘言太后及後主召見問士
開曰先帝羣官之中待臣最重陛下諒闇始爾
大臣皆有覬覦心若出臣正是翦陛下羽翼宜

謂叡等云令士開為州待過山陵然後發遣叡
等謂臣真出必心喜之後主及太后然之告叡
等如士開旨以士開為兗州刺史山陵畢叡等
促士開就路士開載美女珠簾及條諸寶翫以
詣定遠謝曰諸貴欲殺士開蒙王特賜性命用
作方伯今欲奉別謹具上二女子一珠簾定遠
喜謂士開曰欲得還入不士開曰在內久常不
自安今得出實稱本意不願更入但乞王保護
長作大州刺史今日遠出願得一辭覲　二宮定

遠許之士開由是得見太后及後主進說曰先
帝一旦登遐臣媿不能自死觀朝貴勢欲以陛
下謂乾明臣出之後必有大變復何面見先帝
於地下因慟哭帝后皆泣問計將安出士開曰
臣已得入復何所慮正須數行詔書耳於是詔
出定遠青州刺史責趙郡王叡以不臣之罪召
入而殺之復除士開侍中右僕射定遠歸士開
所遺加以餘珎賂之武平元年封淮陽王除尚
書令錄尚書事復本官悉得如故世祖時恒令

士開與太后握槊又出入卧内無復期限遂與太后爲亂及世祖崩後彌自放恣琅耶王儼惡之與領軍庫狄伏連侍中馮子琮御史王子宜武衛高舍洛等謀誅之伏連發京畿軍士帖神武千秋門外并私約束不聽士開入殿其年七月二十五日旦士開依式早參伏連前把士開手曰今有一大好事王子宜便授一函云有勑令王向臺遣兵士防送禁於治書廳事儼遣都督馮永洛就臺斬之時年四十八簿録其家口

後誅儼等上哀悼不視事數日追憶不已詔起復其子道盛爲常侍又勑其弟士佺入内省參典機密詔贈士開假黄鉞十州諸軍事左丞相太宰如故士開禀性庸鄙不闚書傳發言吐論惟以諂媚自資河清天統以後威權轉盛富商大賈朝夕填門朝士不知廉耻者多相附會甚者爲其假子與市道小人同在昆季行列又有一人士曾參士開值疾醫人云王傷寒極重進藥無效應服黄龍湯士開有難色是人云此物甚易與王不須疑慮請爲王先嘗之一舉便盡士開深感此心爲之强服遂得汗病愈其傾朝廷也如此雖以左道事之者不問賢愚無不進擢而以正理干忤者亦頗能捨之士開見人將加刑戮多所營救既得免罪即命諷諭責其珍寶謂之贖命物雖有全濟皆非直道云

穆提婆本姓駱漢陽人也父超以謀叛伏誅提婆母陸令萱嘗配入掖庭後主繈褓之中令其鞠養謂之乾阿㜷遂大爲胡后所昵愛令萱姧

巧多機辯取媚百端宫掖之中獨擅威福天統初奏引提婆入侍後主朝夕左右大被親狎嬉戲醜褻無所不爲寵遇彌隆官爵不知紀極遂至録尚書事封城陽王令萱又佞媚穆昭儀養之爲母是以提婆改姓穆氏及穆后立令萱號曰太姬此即齊朝皇后母氏之位號也視第一品班在長公主之上自武平之後令萱母子勢傾内外矣庸劣之徒皆重跡屏氣焉自外殺生予奪不可盡言晉州軍敗後主還鄴提婆奔投

周軍令萱自殺子孫大小皆弃市籍没其家
高阿那肱善無人也其父市貴從高祖起義那
肱爲庫曲從征討以功勤擢爲武衛將軍肱妙
於騎射便僻善事人毎宴射之次大爲世祖所
愛重又諂悦和士開尤相褻狎士開毎爲之言
彌見親待後主即位累遷并省尚書左僕射封
淮陰王又除并省尚書令肱才伎庸劣不涉文
史識用尤在士開之下而姧巧計數亦不逮士
開既爲世祖所幸多令在東宮侍後主所以大

被寵遇士開死後後主謂其識度足繼士開遂
致位宰輔武平四年令其録尚書事又揔知外
兵及内省機密尚書郎中源師嘗諮肱云龍見
當雩問師云何處龍見作何物顔色師云此是
龍星見須雩祭非是真龍見肱云漢兒強知星
宿其墻面如此又爲右丞相餘如故周師逼平
陽後主於天池校獵晉州頻遣馳奏從旦至午
驛馬三至肱云大家正作樂何急奏聞至暮使
更至云平陽城已陷賊方至乃奏知明早旦即

欲引軍淑妃又請更合一圍及軍赴晉州令肱
率前軍先進仍惣節度諸軍後主謂肱曰戰是
耶不戰是耶肱曰勿戰却守高梁橋安吐根曰
一把子賊馬上刺取擲著汾河中帝意未決諸
内參曰彼亦天子我亦天子彼尚能遠來我何
爲守塹示弱帝曰此言是也於是漸進提婆觀
戰東偏頗有退者提婆怖曰大家去大家去帝
以淑妃奔高梁關開府奚長諫曰半進半退戰
之常體今兵衆全整未有傷敗陛下舍此安之

御馬一動人情驚亂且速還安慰之武衛張常
山自後至亦曰軍尋收回甚整頓圍城兵亦不
動至尊宜迴不信臣言乞將内參往視帝將從
之提婆引帝肘曰此言難信帝遂北馳有軍士
告稱那肱遣臣招引西軍今故聞奏後主令侍
中斛律孝卿檢校孝卿云此人妄語還至晉那
肱腹心告肱謀反又以爲妄斬之乃顛沛還鄴
侍衛逃散唯那肱及内官數十騎從行後主走
渡太行後那肱以數千人投濟州關仍遣覘候

毎奏周軍未至且在青州集兵未須南行及周將軍尉遲迥至關肱遂降時人皆云肱表欵周武必仰生致齊主故不速報兵至使後主被擒肱至長安授大將軍封公爲隆州刺史誅初天保中顯祖自晉陽還鄴陽愚僧阿禿師於路中大叫呼顯祖姓云阿那瓌終破你國是時茹茹主阿那瓌在塞北强盛顯祖尤忌之所以每歲討擊後亡齊者遂屬阿那肱云雖作肱字世人皆稱爲瓌音斯固亡秦者胡蓋懸定於窈冥也

韓鳳字長鸞昌黎人也父永興青州刺史鳳少而聰察有膂力善騎射稍遷都督後主居東宫年幼稚世祖簡都督二十人送令侍衛鳳在其數後主親就衆中牽鳳手曰都督看兒來因此被識數喚共戲後主即位累遷侍中領軍總知内省機密祖珽曾與鳳於後主前論事珽語鳳云强弓長矛无容相謝軍國謀筭何由得爭鳳荅云各出意見豈在文武優劣封昌黎郡王男寳仁尚公主在晉陽賜第一區其公主生男昌

滿月駕幸鳳宅宴會盡日軍國要密無不經手與高阿那肱穆提婆共處衡軸號曰三貴損國害政日月滋甚壽陽陷没鳳與穆提婆聞告敗握槊不輟曰他家物從他去後帝使於黎陽臨河築城戍曰急時且守此作龜茲國子更可憐君臣應和若此其弟萬歲及二子寳行寳信並開府儀同寳信尚公主駕復幸其宅親戚咸蒙官賞鳳母鮮于叚孝言之從母子姊也爲此偏相參附奏遣監造晉陽宫陳德信馳驛檢行見

孝言役官夫匠自營宅卽語云僕射爲至尊起臺殿未訖何容先自營造鳳及穆提婆亦遣孝言分工匠爲己造宅德信還具奏聞及幸晉陽又以官馬與他人乘騎上因此發忿與提婆並除名亦不露其辜仍毁其宅公主離婚復被遣向鄴吏部門參及後主晉陽走還被勑入内尋詔復爵從後主走度河到青州幷爲周軍所獲鳳於權要之中尤嫉人士崔季舒等寃酷皆鳳所爲每朝士諮事莫敢仰視動致呵叱輙詈云

狗大不可耐唯須殺却若見武職雖厮養末品亦容下之仕隋位終於隴州刺史

韓寶業盧勒叉齊紹並高祖舊左右唯門閹驅使不被恩遇歷天保皇建之朝亦不至寵幸但漸有職任寶業至長秋卿勒叉等或爲中常侍世祖時有曹文摽鄧長顒輩亦有至儀同食幹者唯長顒武平中任參宰相干預朝權後寶業勒叉齊紹子徵並封王不過侵暴於後主之朝有陳德信等數十人並肆其姧佞敗政虐人

古今未有多授開府罕止儀同亦有加光祿大夫金章紫綬者多帶侍中中常侍此二職乃數十人又皆封王開府恒出入門禁往來園苑趍侍左右通宵累日承候顏色競進諂諛莫不發言動意多會深旨一戲之賞動踰巨萬丘山之積貪吝無猒猶以波斯狗爲儀同郡君分其幹祿神獸門外有朝貴憩息之所時人號爲解卸廳諸閹或在內多日暫放歸休所乘之馬牽至神獸門階然後升騎飛鞭競走數十爲羣馬塵

必坌諸朝貴爰至唐趙韓駱皆隱聽趍避不敢爲言高祖時有倉頭陳山提蓋豐樂劉桃枝等數十人俱驅馳便僻頗蒙恩遇天保大寧之朝漸以貴盛至武平時皆以開府封王其不及武平者則追贈王爵又有何海及子洪珍皆爲王尤爲親要洪珍弄權勢鬻獄賣官又有穢多之徒胡小兒等數十咸能舞工歌亦至儀同開府封王諸宦者猶以宮掖驅馳便煩左右漸因昵狎以至大官倉頭始自家人情寄深密及於後

主則是先朝舊人以勤舊之勞致此叨竊至於胡小兒等眼鼻深嶮一無可用非理愛好排突朝貴尤爲人士之所疾惡其以音樂至大官者沈過兒官至開府儀同王長通年十四五便假節通州刺史時又有開府薛榮宗常自云能使鬼及周兵之逼言於後主曰臣已發遣斛律明月將大兵在前去帝信之經古冢榮宗謂舍人元行恭是誰冢行恭戲之曰林宗冢復問林宗是誰行恭曰郭元貞父榮宗前奏曰臣向見郭

林宗從冢出着大帽吉莫靴挿馬鞭問臣我阿

貞來不是時孽妄多皆類此

贊曰危亡之祚昏亂之朝小人道長君子道消

列傳第四十二　北齊書五十

北齊列傳卌二　十四

跋

是亦眉山七史之一帝紀及列傳一至二十六涵芬樓舊藏皆宋刊元明遞修本列傳二十七至四十二借自北京圖書館其書爲元明之際所印遠勝於前二十四卷在今日誠僅見矣汲古閣本文宣紀朝夕臨幸時下脱三百二十四字李繪傳而輒竊用未下脱三百二十一字且儳入高隆之傳蓋原書適缺二葉毛氏刊板適率未及校訂誤相聯綴而文義遂不可通是本二葉具存與明監本武英殿本合然以是本與殿本對校乃時有異同祖珽傳倉曹雖云州局乃受山東課輸下接大文綾并連珠孔雀羅等百餘疋令諸嫗擲樗蒲調新曲招城市年少歌

北齊跋　一

儛爲娛遊諸倡家與陳元康穆子容任胄元士亮等爲聲色之遊五十三字又文宣作相珽擬補令史十餘人皆有受納下接據法處絞上尋捨之又盜官遍略一部事發十七字與殿本多不相合然以文義核之亦未嘗不言之成理又列傳第二十元暉業傳是本在元弼前殿本反之以常例言子不當先父而暉業與其祖孝友同時被害孝友傳後繼以暉業史以紀事連類而及例亦恒有按殿本是史考證多引北史通鑑及魏周諸書館臣校刊時或未獲見是本頗疑彼此未必同出一源故異辭如此其多也眉山七史此爲最遜訛文脱句不一而足然亦殊有勝於殿本之處文宣紀天保九年十一月丁

酉大赦內外文武普汎一大階按廢帝紀天保十年十一月太子卽位武成紀河淸元年正月立緯爲太子其下均有內外百官普加汎級之文蓋普汎爲當時法令習語殿本易爲並進殊嫌臆造列傳第九斛律金傳女若有寵諸貴姤人女若無寵天子嫌人措詞何等雋永殿本乃易姤人爲人姤嫌人爲嫌之辭氣鄙倍不可方矣列傳第十二慕容紹宗傳謂可爾不此爾朱榮稱兵入洛欲誅百官私告紹宗之言意謂可否如是也殿本乃作爾謂可不亦失語趣列傳第二十二崔暹傳暹喜躍奏爲司徒中郎時暹欲誇耀其子達拏令昇座講周易屈服朝貴寵之以官喜躍者極言其喜之甚也殿本乃易躍爲擢形容既未曲盡卽擢字無差而擢奏亦嫌倒置列傳第二十六楊愔傳其開府封王諸叨竊恩榮者殿本作開封王無府字一似上文常山王長廣王之外又增一王矣列傳第三十元文遙傳詔特賜姓高氏籍隸宗正第依例歲時入朝殿本易第爲子弟二字以宗正子弟爲句語已不文且文遙爲孝昭顧命之臣武成卽位任遇益隆賜姓高氏正所以優禮老臣豈有視如子弟之理又文遙自鄴遷洛惟有地十頃家貧所資衣食而已殿本無而已二字語意亦欠完足列傳第三十一崔季舒傳庶子長君尚書右丞兵部郎中支鏡玄著作佐郎並流於遠惡蓋兄弟二人同時流放於遠方惡地也殿本乃

作並流於長城是反令其兄弟同居一地非竄逐之意矣列傳第三十四盧潛傳特赦潛以爲岳行臺郎中時潛方坐譏議魏書與王松年李庶等俱被禁止今將起用故先赦之殿本乃易赦爲敕與上文文義不貫陽休之傳齊受禪除散騎常侍修起居注頃之坐詔書脫誤左遷驍騎將軍按魏書官氏志散騎常侍從第三品驍騎將軍第四品故云左遷殿本乃易驍騎爲驃騎驃騎將軍第二品與事實全反矣列傳第三十八孟業傳劉仁之謂吏部崔暹曰貴州人士唯有孟業宜銓舉之他人不可信也殿本後二句作銓舉之文不可忘也仁之於業推舉甚殷故語暹亦極專摯若如殿本所言乖其旨矣列傳第三十九宋游道傳臨喪必哀躬親襄事殿本襄作喪上文既言臨喪矣又何必重言躬親喪事乎以上諸條不過摘其大要其他類似者尚不勝舉則信乎披沙之猶可揀金也余聞人言舊本諸史訛字較殿本爲多按殿本從監本出明人刻書每喜竄易遇舊本不可解者卽臆改之使其文從字順然以言行文則可以言讀書則不可卽以是書言之如列傳第二十四王琳傳兵士透水死十二三透水殿本作投水透投二字南北諸史往往通用王西莊備舉其例不知者必以透爲非矣又列傳第二十五蕭放傳慈烏來集各據一樹爲巢每臨時舒翅悲鳴全似哀泣家人則之則字不可解殿本易之以

伺意自了然然烏知則非測之訛乎又徐之才傳郡廨遭火之才起望夜中不著衣被紅服帕出戾映光爲昂所見戾字殿本作戶誠極明瞭然余竊疑上句斷自出字戾或原作戶火誤併爲戾解爲戶外之火其光反映似亦可通又列傳第二十九魏收傳文襄曰魏收恃才無宜適須出其短殿本作魏收恃才使氣卿須出其短語意固較明顯然無宜適云云亦何嘗不可索解特措詞稍隱峭耳又列傳第三十五李稚廉傳并州王者之基須好長史各舉所知時疋有所稱三朝本疋已訛牙余校諸史凡遇疋字誤者什九明監刊版時疑牙誤脫半字遂改爲雅殿本仍之庸知實非半字之奪而僅爲一筆之訛又列傳第三十七樊遜傳秦穆有道勾甚錫手殿本作勾芒錫祥甚芒形近錫祥與下文降禍對舉義亦允洽糾正誠當然手字究從何來蓋羊古通祥因羊而轉爲手則何如易手爲羊之得反其原乎又顏之推傳牽痾痾而就路自注時患腳氣殿本作痾疾痾痾二字誠鮮疊用然瘠瘠瘦瘦見於爾雅安知彼時無此二字疊用之古語乎又款一相之故人自注故人祖僕射掌璣（璣當作機）欽士納帝令也士納殿本作吐納似矣然尚書舜典龍作納言夙夜出納朕命士出形似故知士實出訛而非吐訛又列傳第三十九宋遊道傳遊道從至晉陽以爲大行臺吏部又以爲太原公開府諸議及平陽公

北齊跋　四

爲中尉遊道以議領書侍御史此以議領書四字必有脫誤殿本作遊道以爲太原侍御史驟讀之似甚順不知侍御史非外職不當冠以地名改者見上文有太原公之稱以爲其官必隸公府但前後不接更增一爲字以聯之於是遂似遊道別舉一人以充斯職是則文義更不可通矣魏官氏志有開府諸議參軍有治書侍御史品秩相等時遊道正官太原公開府諸議竊謂原文議上奪諸字領下奪治字當作遊道以諸議領治書侍御史似較殿本所改爲適又列傳第四十二高阿那肱傳安吐根曰一把子賊刺取郎者汾河中郎者二字殿本作擲取汲古本作一擲郎擲形似故易推測者字無可比擬毛氏去之代以一字殿本且並刪之然郎可改擲者何不可改諸且擲諸汾河語意更爲完滿此不過就文字言之而原文究爲何語則不可知矣尤有證者列傳第三十七有睦豫傳錢氏廿二史攷異曰廣韻睦字下不云又姓它書亦未見睦姓者然諸本皆從目旁按本傳睦豫趙郡高邑人本書崔暹傳趙郡睦仲讓陽屈之魏收傳房延祐辛元植睦仲讓雖夙涉朝位並非史才北史此二傳皆作眭仲讓又魏書逸士傳有眭夸者亦趙郡高邑人又慕容寶傳有中書令眭邃汲古本亦誤作睦而監本則作眭由此推之眭氏必爲趙郡鉅族且當時人物必甚盛竊疑睦豫當爲眭豫之譌猶幸尚從目旁未改

北齊跋　五

爲陸使非然者恐錢氏亦無從致疑矣古之良史紀其所聞所見每用其當日之語言千百年來必有變遷且書成而後幾經寫刻魯魚帝虎更所難免賴有廑存之本去古未遠蹤跡易尋審愼追求或猶可稍得其事實則卽此訛誤之字抑亦古人遺跡之可寶者也使徒就吾輩口耳所習讀其書遇有疑義輒參己見以刪訂之未有不失其眞者不然孔子修春秋何不取郭公夏五之文而竟加以筆削乎竊願讀是書者一思之也海鹽張元濟